住房和城乡建设部“十四五”规划教材
高等学校土木工程学科专业指导委员会规划教材
（按高等学校土木工程本科指导性专业规范编写）

道路勘测设计

（道路与桥梁工程专业方向适用）
（第二版）

张　蕊　主　编
张亚平　副主编
裴玉龙　主　审

中国建筑工业出版社

图书在版编目（CIP）数据

道路勘测设计 ：道路与桥梁工程专业方向适用 / 张蕊主编 ；张亚平副主编. — 2 版. — 北京 ：中国建筑工业出版社，2023.8

住房和城乡建设部“十四五”规划教材　高等学校土木工程学科专业指导委员会规划教材 ：按高等学校土木工程本科指导性专业规范编写

ISBN 978-7-112-28796-3

Ⅰ.①道…　Ⅱ.①张… ②张…　Ⅲ.①道路测量-高等学校-教材②道路工程-设计-高等学校-教材　Ⅳ.①U412

中国国家版本馆 CIP 数据核字（2023）第 100884 号

本书主要介绍了公路与城市道路设计和勘测的基本理论、原理和设计方法。本书在编写过程中充分吸收了国内外先进理论与方法，融入了近年来道路设计的新理念和新技术，加强了与相关交叉学科知识的融合，与行业实践结合更加紧密。全书共分为 10 章，主要内容包括绪论、道路平面设计、道路纵断面设计、道路横断面设计、线形组合设计及安全性评价、道路选线、道路定线方法、道路平面交叉设计、道路立体交叉设计、道路沿线设施与道路景观等。各章均有思考题及练习题供学生学习使用。同时各章配有我国注册道路工程师考试历年真题讲解二维码，读者可参照封底激活后免费观看。

本书可作为高等学校土木工程专业道桥方向、交通工程专业、道路桥梁与渡河工程专业教材，也可供从事公路、城市道路及有关道路工程的设计、施工和科研人员参考。

为更好地支持本课程教学，依托本教材，本书主编单位北京建筑大学“道路勘测设计”教学团队制作了配套慕课，在中国大学 MOOC（慕课）、学银在线学习平台上线，读者可扫描以下二维码学习观看。针对配套多媒体教学课件，选用此教材的老师可以通过以下方式获取：1. 邮箱：jckj@cabp. com. cn；2. 电话：（010）58337285；3. 建工书院：http://edu. cabplink. com。

中国大学慕课

责任编辑：赵　莉　吉万旺
责任校对：芦欣甜

住房和城乡建设部“十四五”规划教材
高等学校土木工程学科专业指导委员会规划教材
（按高等学校土木工程本科指导性专业规范编写）

道路勘测设计（道路与桥梁工程专业方向适用）**（第二版）**

张　蕊　主　编
张亚平　副主编
裴玉龙　主　审

*

中国建筑工业出版社出版、发行（北京海淀三里河路 9 号）
各地新华书店、建筑书店经销
北京科地亚盟排版公司制版
天津安泰印刷有限公司印刷

*

开本：787 毫米×1092 毫米　1/16　印张：24¼　字数：472 千字
2023 年 9 月第二版　2023 年 9 月第一次印刷
定价：**72.00** 元（赠教师课件和数字资源）
ISBN 978-7-112-28796-3
（41238）

出版说明

党和国家高度重视教材建设。2016年，中办国办印发了《关于加强和改进新形势下大中小学教材建设的意见》，提出要健全国家教材制度。2019年12月，教育部牵头制定了《普通高等学校教材管理办法》和《职业院校教材管理办法》，旨在全面加强党的领导，切实提高教材建设的科学化水平，打造精品教材。住房和城乡建设部历来重视土建类学科专业教材建设，从"九五"开始组织部级规划教材立项工作，经过近30年的不断建设，规划教材提升了住房和城乡建设行业教材质量和认可度，出版了一系列精品教材，有效促进了行业部门引导专业教育，推动了行业高质量发展。

为进一步加强高等教育、职业教育住房和城乡建设领域学科专业教材建设工作，提高住房和城乡建设行业人才培养质量，2020年12月，住房和城乡建设部办公厅印发《关于申报高等教育职业教育住房和城乡建设领域学科专业"十四五"规划教材的通知》（建办人函〔2020〕656号），开展了住房和城乡建设部"十四五"规划教材选题的申报工作。经过专家评审和部人事司审核，512项选题列入住房和城乡建设领域学科专业"十四五"规划教材（简称规划教材）。2021年9月，住房和城乡建设部印发了《高等教育职业教育住房和城乡建设领域学科专业"十四五"规划教材选题的通知》（建人函〔2021〕36号）。为做好"十四五"规划教材的编写、审核、出版等工作，《通知》要求：（1）规划教材的编著者应依据《住房和城乡建设领域学科专业"十四五"规划教材申请书》（简称《申请书》）中的立项目标、申报依据、工作安排及进度，按时编写出高质量的教材；（2）规划教材编著者所在单位应履行《申请书》中的学校保证计划实施的主要条件，支持编著者按计划完成书稿编写工作；（3）高等学校土建类专业课程教材与教学资源专家委员会、全国住房和城乡建设职业教育教学指导委员会、住房和城乡建设部中等职业教育专业指导委员会应做好规划教材的指导、协调和审稿等工作，保证编写质量；（4）规划教材出版单位应积极配合，做好编辑、出版、发行等工作；（5）规划教材封面和书脊应标注"住房和城乡建设部'十四五'规划教材"字样和统一标识；（6）规划教材应在"十四五"期间完成出版，逾期不能完成的，不再作为《住房和城乡建设领域学科专业"十四五"规划教材》。

住房和城乡建设领域学科专业“十四五”规划教材的特点：一是重点以修订教育部、住房和城乡建设部“十二五”“十三五”规划教材为主；二是严格按照专业标准规范要求编写，体现新发展理念；三是系列教材具有明显特点，满足不同层次和类型的学校专业教学要求；四是配备了数字资源，适应现代化教学的要求。规划教材的出版凝聚了作者、主审及编辑的心血，得到了有关院校、出版单位的大力支持，教材建设管理过程有严格保障。希望广大院校及各专业师生在选用、使用过程中，对规划教材的编写、出版质量进行反馈，以促进规划教材建设质量不断提高。

住房和城乡建设部“十四五”规划教材办公室

2021年11月

序

近年来，我国高等学校土木工程专业教学模式不断创新，学生就业岗位发生明显变化，多样化人才需求愈加明显。为发挥高等学校土木工程学科专业指导委员会“研究、指导、咨询、服务”的作用，高等学校土木工程学科专业指导委员会制定并颁布了《高等学校土木工程本科指导性专业规范》（以下简称《专业规范》）。为更好地宣传贯彻《专业规范》精神，规范各学校土木工程专业办学条件，提高我国高校土木工程专业人才培养质量，高等学校土木工程学科专业指导委员会和中国建筑工业出版社组织参与《专业规范》研制的专家及相关教师编写了本系列教材。本系列教材均为专业基础课教材，共 20 本。此外，我们还依据《专业规范》策划出版了建筑工程、道路与桥梁工程、地下工程、铁道工程四个专业方向的专业课系列教材。

经过多年的教学实践，本系列教材获得了国内众多高校土木工程专业师生的肯定，同时也收到了不少好的意见和建议。2021 年，本系列教材整体入选《住房和城乡建设部“十四五”规划教材》，为打造精品，也为了更好地与四个专业方向专业课教材衔接，使教材适应当前教育教学改革的需求，我们决定对本系列教材进行修订。本次修订，将继续坚持本系列规划教材的定位和编写原则，即：规划教材的内容满足建筑工程、道路与桥梁工程、地下工程和铁道工程四个主要方向的需要；满足应用型人才培养要求，注重工程背景和工程案例的引入；编写方式具有时代特征，以学生为主体，注意新时期大学生的思维习惯、学习方式和特点；注意系列教材之间尽量不出现不必要的重复；注重教学课件和数字资源与纸质教材的配套，满足学生不同学习习惯的需求等。为保证教材质量，系列教材编审委员会继续邀请本领域知名教授对每本教材进行审稿，对教材是否符合《专业规范》思想，定位是否准确，是否采用新规范、新技术、新材料，以及内容安排、文字叙述等是否合理进行全方位审读。

本系列规划教材是实施《专业规范》要求、推动教学内容和课程体系改革的最好实践，具有很好的社会效益和影响。在本系列规划教材的编写过程中得到了住房城乡建设部人事司及主编所在学校和学院的大力支持，在此一并表示感谢。希望使用本系列规划教材的广大读者继续提出宝贵意见和建议，以便我们在本系列规划教材的修订和再版中得以改进和完善，不断提高教材质量。

高等学校土木工程学科专业指导委员会

中国建筑工业出版社

第二版前言

本书第一版于 2018 年出版，经过几年的教学和实践应用，根据各方意见反馈，结合目前教学实际，本书作者在对第一版进行修改补正的基础上，完成了第二版的全部书稿。

本书仍由原编写团队撰稿，北京建筑大学张蕊主编并统稿，哈尔滨工业大学张亚平副主编，东北林业大学裴玉龙教授主审。全书共分 10 章，北京建筑大学张蕊编写第 1 章绪论、第 4 章道路横断面设计，哈尔滨工业大学张亚平编写第 2 章道路平面设计，苏州科技大学葛婷编写第 3 章道路纵断面设计、第 5 章线形组合设计及安全性评价，东北林业大学王连震编写第 6 章道路选线、第 7 章道路定线方法，东北林业大学程国柱编写第 8 章道路平面交叉设计、第 9 章道路立体交叉设计，北京建筑大学许鹰编写第 10 章道路沿线设施与道路景观。

与第一版相比，本书主要做了以下调整：一是将原第 2 章汽车行驶理论相关内容分别融入第 2 章道路平面设计、第 3 章道路纵断面设计和第 4 章道路横断面设计中，适当减少教材篇幅，与目前教学学时相适应；二是调整了部分章节内容，如 5.3 节简化了安全性评价内容，增加了 5.4 节“BIM 技术在线形设计中的应用”，8.4 节增加了无信号交叉口通行能力计算内容；三是适当考虑了我国注册道路工程师考试特点，完善了各章节内容，并在章末以二维码形式提供了历年真题解析。

为更好地支持本课程教学，依托本教材，本书主编单位北京建筑大学“道路勘测设计”教学团队制作了配套慕课，在中国大学 MOOC（慕课）、学银在线学习平台上线，该慕课于 2021 年获评“北京高校优质本科课程”。慕课使用的多媒体教学课件，于 2019 年获评“北京高校优质本科教材课件”，有需要的读者可以通过以下方式获取：1. 邮箱：jckj@cabp. com. cn；2. 电话：（010）58337285；3. 建工书院：http://edu. cabplink. com。

由于编者水平有限，读者若发现本书有错误和不完善之处，敬请批评指正，以便进一步修正完善。

2023. 2

第一版前言

本书是住房城乡建设部土建类学科专业“十三五”规划教材之一，适用于土木工程专业道路与桥梁工程方向、交通工程专业、道路桥梁与渡河工程专业等。教材主要介绍了公路与城市道路设计和勘测的基本理论、原理和设计方法。本书在编写过程中注重以下几方面内容特色：一是以最新标准和规范为依据编写教材；二是注重国内外道路设计新理念和新技术等最新成果，注重交通工程基础新理论以及交通设计与道路设计的关联性；三是加强新兴学科与交叉学科知识的融合，如道路景观设计、测量新技术、城市规划与城市设计等相关内容均有所体现；四是加强与行业实践的联系，设计图、表等均体现行业设计习惯，对指导课程设计和勘测实习均有较好的帮助。

全书内容主要包括：道路的分类分级与技术标准、汽车行驶理论、道路平面设计、道路纵断面设计、道路横断面设计、道路线形组合设计及线形质量评价、道路选线与定线、道路平面交叉和立体交叉设计、道路沿线设施、道路环境与景观等。通过课程的学习可以使学生了解道路勘测设计的依据、程序、设计文件组成和内容，掌握线形设计有关标准及其制定依据，掌握道路路线几何设计的基本理论与实用方法，掌握公路勘测设计的基本原理与方法，具备道路路线勘测设计的能力。

本书由北京建筑大学张蕊主编并统稿，哈尔滨工业大学张亚平任副主编，东北林业大学裴玉龙教授主审。全书共分 11 章，北京建筑大学张蕊编写第 1 章和第 5 章，哈尔滨工业大学张亚平编写第 2 章和第 3 章，苏州科技大学葛婷编写第 4 章和第 6 章，东北林业大学王连震编写第 7 章和第 8 章，东北林业大学程国柱编写第 9 章和第 10 章，北京建筑大学许鹰编写第 11 章。本书在编写过程中得到中交公路规划设计院、北京市政工程设计研究院、济南市政工程设计研究院、河南省交通规划设计研究院、黑龙江省公路勘察设计院的同行们鼎力配合和帮助，在出版过程中得到北京建筑大学的大力支持，在此一并致谢。

由于编者水平有限，读者若发现本书有错误和不完善之处，敬请批评指正，以便进一步修正补充。

2018.5

目　录

第1章

绪论

本章知识点

【知识点】 道路的分类，道路的功能及其分类，道路的分级与技术标准，道路设计的交通条件（设计车辆、设计车速与运行车速、设计交通量、通行能力与服务水平等），公路网布局规划，公路功能类别确定方法，城市道路网形式及红线规划，道路勘测设计程序及内容。

【重点】 道路的功能与分级，道路设计的交通条件，城市道路网形式，红线规划。

【难点】 道路的功能，道路设计的交通条件的合理使用。

1.1 道路运输概论

现代交通运输系统由铁路、道路、水运、航空及管道等五种运输方式组成，是国民经济的命脉和重要的基础产业，是人和物载运的基本需要和先决条件；现代交通运输系统还是现代社会的生存基础和文明标志，是资源配置和宏观调控的重要工具，也是国土开发、城市和经济布局形成的重要条件，对促进社会分工、大工业发展和规模经济的形成，巩固国家政治统一和加强国防建设，扩大国际经贸合作和人员往来发挥重要作用。系统中各种运输方式由于技术经济特征不同，各有优势，但在满足运输需求下，安全、舒适、快捷是系统服务的共同目标。各种运输方式在国民经济及社会发展服务过程中，需要科学分工、密切协作，实现资源的优化配置，以达到整体效益最大化。

1.1.1 道路运输的特点

道路运输是交通运输的重要组成部分，在整个交通运输系统中处于基础地位。与其他运输方式比较，道路运输有以下优点：

（1）机动灵活，可实现“门到门”的运输。道路运输是最便捷也是唯一具有直达功能的运输方式，可自成完整的运输体系，覆盖面广。

（2）适应性强，适合中短途运输。道路运输可避免中转及重复装卸，可不受批量、时间约束，对有特殊运输需求的中短途运输尤为适宜。

（3）可为其他运输方式的货物进行集散和接运。其他运输方式在组织运输过程中需要道路运输提供集散条件和运输衔接才能形成完整的运输链，道路运输是实现其他各种运输方式高效、快捷转运的重要手段。

（4）道路运输的技术特性简单，宜于投资和发展。随着我国道路网的不断完善，道路运输所占比重越来越大，目前道路交通的发达程度已经成为衡量一个国家经济实力和现代化水平的重要标志。

但道路运输也存在单车运量小、运输成本偏高、运输可持续性差及安全性低、环境污染大等缺点，需要在发展过程中引起重视。

1.1.2 道路的分类

道路是供各种车辆（无轨）和行人等通行的工程设施，按其使用特点分为公路、城市道路、林区道路、厂矿道路和乡村道路等。

1. 公路

公路是指连接城市、乡村和工矿基地等，主要供汽车行驶，具备一定技术条件和设施的道路。

公路按其行政管理属性划分为国道、省道、县道和乡道四类。

(1) 国道(国家干线公路):是指在国家干线网中,具有全国性政治、经济和国防意义,由国家统一规划和确定的公路。包括重要的国际公路、国防公路、连接首都与各省省会、自治区首府和直辖市的公路,连接各大经济中心、交通枢纽、商品生产基地和战略要地的公路。

(2) 省道(省级干线公路):是指在省公路网中,具有全省(自治区、直辖市)政治、经济意义,连接省中心城市和主要经济区的干线公路。

(3) 县道(县级公路):是指具有全县(县级市)政治、经济意义,连接县城和县内主要乡(镇)、主要商品生产和集散地的公路。

(4) 乡道(乡公路):是指为乡(镇)的经济、文化、行政服务的公路。

2. 城市道路

城市道路是指在城市范围内,供车辆及行人通行的,具备一定技术条件和设施的道路,是城市市政设施的重要组成部分。

3. 林区道路

林区道路是指建在林区,主要供各种林业运输工具通行的道路。

4. 厂矿道路

厂矿道路是指主要为工厂、矿山运输车辆通行的道路,通常分为厂内道路、厂外道路和露天矿山道路。

5. 乡村道路

乡村道路是指建在乡村、农场,主要供各种农业运输工具通行的道路,由县统一规划,一般不纳入国家公路等级标准。

各类道路的交通特性、使用性质、任务及行业主管部门均有所不同,在道路建设过程中应遵照不同的行业技术标准和规范执行。另有一些专用道路,如机场道路、港口道路、景区道路、国防公路等,如无专用技术标准,一般按照公路行业技术标准并考虑其特殊性进行建设。

1.2 我国道路发展现状及发展目标

1.2.1 发展现状

《尔雅》中讲到:“道者蹈也;路者露也。”我国在道路规划、建设、交通管理等方面具有悠久的历史。我国是最早用车的国家,公元前3000年前的黄帝时代轩辕氏发明舟车，公元前21世纪商国居士发明马驾车，而1000年以后欧洲才发明了马车。我国也是最早重视道路规划和建设的国家，早在西周就将城乡道路按不同等级进行统一规划，修建了从镐京（今西安市长安区境内）通往各诸侯城邑的牛、马车道路，形成以都城为中心的道路体系。秦始皇统一中国后，颁布“车同轨”法令，大修驰道、直道，使得道路建设得到较大发展。公元前2世纪的西汉，开通了连接欧亚大陆的丝绸之路，由长安出发，经河西走廊、塔里木盆地直达中亚和欧洲，是世界上第一条最长的横贯欧亚大陆的交通干线，对当时东西方各国的交往起到了重要的沟通作用。唐代是我国古代道路发展的极盛时期，初步形成了以城市为中心四通八达的道路网。到清代全国已形成了层次分明、功能较完善的“官马大路”“大路”“小路”系统，分别为京城到各省城、省城至地方重要城市及重要城市到市镇的三级道路，其中“官马大路”长达四千余华里。

1. 公路发展现状

1901年我国开始进口汽车，在原有大车道的基础上开始发展通行汽车的道路。从1906年在广西友谊关修建第一条公路开始到1949年中华人民共和国成立前的40多年间，历经清末、北洋军阀、民国、抗日战争、解放战争各个历史时期，由于社会不稳定，经济落后，加之国民党军队溃败时对道路的破坏，到1949年，全国公路能通车的里程仅有8.07万km，且这些道路缺桥少渡，标准很低，路况极差。

中华人民共和国成立以后，为了迅速恢复和发展国民经济，巩固国防，国家在经济非常薄弱的基础上，对公路建设做出了很大努力，取得了显著成就，到1978年的30年间，我国公路总里程增加到89万km，是中华人民共和国成立初期的11倍。改革开放以来，国家把交通作为国民经济发展的战略重点之一，为公路交通事业快速发展提供了机遇。20世纪80年代，随着改革开放的推进和经济社会的发展，社会对交通的需求迅速增加，大多数干线公路、城市出入口和沿海发达地区堵车、压港现象严重，交通部提出了“五纵七横”12条路线（含支线）的规划布局方案，并于1993年正式部署实施且在2007年已经全部贯通。“五纵七横”国道主干线的规划、建设，初步构筑了我国区域和省际横连东西、纵贯南北、连接首都的国家公路骨架网络，形成了国家高速公路网的雏形，并与其他国道、省道、县乡公路共同组成了我国目前的公路基础设施网络，为国民经济和社会发展提供了坚实的基础和保证。

2004年12月《国家高速公路网规划》发布实施，对我国高速公路骨架进行布局。国家高速公路网是我国公路网中层次最高的公路主通道，是综合运输体系的重要组成部分，作为具有全国性政治、经济、国防意义的重要干线公路，主要连接大中城市，包括国家和区域性经济中心、交通枢纽、重要对外口岸；承担区域间、省际间以及大中城市间的快速客货运输，为全社会生产和生活提供安全、舒适、高效、可持续的运输服务，并为应对自然灾害等突发性事件提供快速交通保障。2013 年发布新的《国家高速公路网规划》采用放射线与纵横网格相结合的布局方案，形成由中心城市向外放射以及横贯东西、纵贯南北的大通道，由 7 条首都放射线、11 条南北纵向线和 18 条东西横向线组成，简称为“71118 网”，总规模约 8.5 万 km，其中：主线 6.8 万 km，地区环线、联络线等其他路线约 1.7 万 km。《国家高速公路网规划》总体上贯彻了“东部加密、中部成网、西部连通”的布局思路，建成后可以在全国范围内形成“首都连接省会、省会彼此相通、连接主要地市、服务全国城乡”的高速公路网络。

2019 年为统筹推进交通强国建设，中共中央、国务院印发实施《交通强国建设纲要》，就基础设施布局完善、立体互联；交通装备先进适用、完备可控；运输服务便捷舒适、经济高效；科技创新富有活力、智慧引领；安全保障完善可靠、反应快速；绿色发展节约集约、低碳环保；开放合作面向全球、互利共赢；人才队伍精良专业、创新奉献；完善治理体系，提升治理能力；保障措施等提出具体要求。要求牢牢把握交通“先行官”定位，适度超前，进一步解放思想、开拓进取、推动交通发展由追求速度规模向更加注重质量效益转变，打造一流设施、一流技术、一流管理、一流服务，建成人民满意、保障有力、世界前列的交通强国，为全面建成社会主义现代化强国、实现中华民族伟大复兴中国梦提供坚强支撑。根据《交通强国建设纲要》，从 2021 年到 21 世纪中叶，分两个阶段推进交通强国建设。到 2035 年，基本建成交通强国。现代化综合交通体系基本形成，人民满意度明显提高，支撑国家现代化建设能力显著增强；拥有发达的快速网、完善的干线网、广泛的基础网，城乡区域交通协调发展达到新高度；基本形成“全国 123 出行交通圈”（都市区 1 小时通勤、城市群 2 小时通达、全国主要城市 3 小时覆盖）和“全球 123 快货物流圈”（国内 1 天送达、周边国家 2 天送达、全球主要城市 3 天送达），旅客联程运输便捷顺畅，货物多式联运高效经济；智能、平安、绿色、共享交通发展水平明显提高，城市交通拥堵基本缓解，无障碍出行服务体系基本完善；交通科技创新体系基本建成，交通关键装备先进安全，人才队伍精良，市场环境优良；基本实现交通治理体系和治理能力现代化；交通国际竞争力和影响力显著提升。

到 21 世纪中叶，全面建成人民满意、保障有力、世界前列的交通强国。基础设施规模质量、技术装备、科技创新能力、智能化和绿色化水平位居世界前列，交通安全水平、治理能力、文明程度、国际竞争力及影响力达到国际先进水平，全面服务和保障社会主义现代化强国建设，人民享有美好交通服务。

2. 城市道路发展现状

中华人民共和国成立初期，新中国对城市进行了新的建设和改造，原有破烂不堪的道路得到了整治，各城市开始建立起较为合理的道路骨架系统，在一些重点城市中进行了大规模的基础设施建设，道路条件明显改善。这个阶段道路容量大于交通量，因而城市交通比较畅通，车速稳定。随着改革开放及城市化水平加快，城市基础设施建设投资不足，造成严重的供需失调，各大中城市普遍产生交通问题。不少大城市开始建设环路、大型立交、高架道路、地铁等。我国 1980～2020 年城市道路建设情况详见表 1-1。基于数字化、信息化、智能化的新型城市基础设施建设加快推进，但目前城市道路网密度仍普遍低于 7km/km^2，尤其是支路密度不足。

我国 1980～2020 年城市道路建设情况 **表 1-1**

年份	道路长度（万 km）	道路面积（亿 m^2）	人均城市道路面积（m^2）
1980	2.9	2.5	2.8
1985	3.8	3.6	1.7
1990	9.5	10.2	3.1
1995	13.0	16.5	4.4
2000	16.0	23.8	6.1
2005	24.7	39.2	10.9
2010	29.4	52.1	13.2
2015	36.5	71.8	15.6
2020	49.3	97.0	18.0

1.2.2 发展目标

1. 公路发展目标

“十三五”阶段我国公路基础设施仍处于集中建设、加快成网的关键阶段。公路基础设施实现了以下建设目标：(1) 构建高品质的快速交通网，完善高速公路网络。加快推进国家高速公路网建设，尽快打通国家高速公路主线待贯通路段，推进建设年代较早、交通繁忙的国家高速公路扩容改造和分流路线建设。有序发展地方高速公路。加强高速公路与口岸的衔接。(2) 强化高效率的普通干线网，推进普通国道提质改造。加快普通国道提质改造，基本消除无铺装路面，全面提升保障能力和服务水平，重点加强西部地区、集中连片特困地区、老少边穷地区低等级普通国道升级改造和未贯通路段建设。(3) 拓展广覆盖的基础服务网，合理引导普通省道发展。积极推进普通省道提级、城镇过境段改造和城市群城际路段等扩容工程，加强与城市干道衔接，提高拥挤路段通行能力。强化普通省道与口岸、支线机场以及重要资源地、农牧林区和兵团团场等有效衔接。全面加快农村公路建设，进一步完善农村公路网络。

“十四五”阶段，我国公路基础设施将达到以下建设目标：高速公路通达城区人口 10 万以上市县，基本实现“71118”国家高速公路主线贯通，普通国道等外及待贯通路段基本消除，东中部地区普通国道基本达到二级及以上公路标准，西部地区普通国道二级及以上公路比例达 70%，沿边沿海国道技术等级结构显著改善，乡镇通三级及以上公路、较大人口规模自然村（组）通硬化路比例均达到 85%以上，路网结构进一步优化，网络覆盖更加广泛。

2. 城市道路发展目标

建立互联互通的城市道路交通网络、提高道路网密度、合理化道路级配是未来城市道路建设目标。但未来城市道路建设应以大力发展绿色交通、公交优先等理念为引导和前提。同时，鼓励交通基础设施与地上、地下、周边空间综合利用，加快地下道路等交通设施与城市地下综合管廊的规划布局，研究大城市地下快速路建设的可行性等是目前城市道路建设与发展的趋势。

1.3 公路与城市道路的分级与技术标准

1.3.1 道路功能及其分类

1. 道路功能

道路功能是指道路能为用路者提供交通服务的特性。道路按功能分类的目的是将道路划分为不同层次的系统，并赋予各系统不同的任务，以期发挥道路系统的最高效能。

道路功能是确定道路技术等级和主要技术指标的主要依据。

2. 公路按功能分类

公路功能包括通过和通达功能。通过功能是道路能为用路者提供安全、快捷、大量交通的特性。通达功能是道路能为用路者提供与出行端点相连接的特性。公路按照功能分为干线公路、集散公路和支线公路。干线公路分为主要干线公路和次要干线公路，集散公路分为主要集散公路和次要集散公路。

(1) 干线公路：是指在一定范围内地区的公路网中占据主干地位和起到主导作用，具有较强的经济、政治、文化或国防等重要服务职能的公路。其中主要干线公路为连接 20 万人口以上的大中城市、交通枢纽、重要对外口岸和军事战略要地，提供省际及大中城市间长距离、大容量、高速度的交通服务。次要干线公路连接 10 万人口以上的城市和区域性经济中心，提供区域内或省际内中长距离、较高容量和较高速度的交通服务。

(2) 集散公路：为干线公路与地方公路连接的公路。主要集散公路连接 5 万人口以上的县（市）、主要工农业生产基地、重要经济开发区、旅游名胜区和商品集散地；提供中等距离、中等容量及中等速度的交通服务；与干线公路衔接，使所有的县（市）在干线公路的合适距离之内。次要集散公路连接1万人口以上的县（市）、大的乡镇和其他交通发生地；提供较短距离、较小容量、较低速度的交通服务；衔接干线公路、主要集散公路与支线公路，疏散干线公路交通、汇集支线公路交通。

（3）支线公路：以服务为主，直接与用路者的出行源点相衔接；衔接集散公路，为地区出行提供接入和通达服务。

公路功能分类指标包括区域层次、路网连接性、交通流特性和公路自身特性等定性和定量指标。不同地区经济发展水平与地形、地貌差异直接影响到分类指标的选取。各地区可根据规划区的实际情况自行确定。公路功能的分类量化指标参见表1-2。

公路功能的分类量化指标 　　**表1-2**

分类指标	功能分类				
	主要干线公路	次要干线公路	主要集散公路	次要集散公路	支线公路
适应地域与路网连接性	人口20万以上的大中城市	人口10万以上重要的市县	人口5万以上的县城或连接干线公路	人口1万以上的乡镇或连接干线公路与支线公路	直接对应于交通发生源
路网服务指数	≥15	10～15	5～10	1～5	<1
期望速度	80km/h以上	60km/h以上	40km/h以上	30km/h以上	不要求
出入控制	全部控制出入	部分控制出入或接入管理	接入管理	视需要控制横向干扰	不控制

3. 城市道路按功能分类

根据城市道路与城市用地的关系、道路两旁用地所产生的交通流的性质，城市道路功能包括交通功能和服务功能。城市道路按功能可分为两类：交通性道路和生活性道路。

（1）交通性道路：以满足交通运输为主要功能的道路，承担城市主要的流量及对外交通的联系。提供长距离、快速、大容量的交通服务。

（2）生活性道路：以满足城市生活性交通要求为主要功能的道路，主要为城市居民购物、社交、游憩等活动服务，要求有较好的公共交通服务条件。

1.3.2 公路的分级与技术标准

1. 公路分级

《公路工程技术标准》JTG B01—2014（以下简称《标准》）规定，我国公路根据交通特性及控制干扰的能力分为高速公路、一级公路、二级公路、三级公路及四级公路等五个技术等级。

高速公路为专供汽车分方向、分车道行驶，全部控制出入的多车道公路。高速公路的设计交通量宜在15000辆小客车/日以上。

一级公路为供汽车分方向、分车道行驶，可根据需要控制出入的多车道公路。一级公路的设计交通量宜在15000辆小客车/日以上。

二级公路为供汽车行驶的双车道公路。二级公路的设计交通量宜为5000～15000辆小客车/日。

三级公路为供汽车、非汽车交通混合行驶的双车道公路。三级公路的设计交通量宜为2000～6000辆小客车/日。

四级公路为供汽车、非汽车交通混合行驶的双车道或单车道公路。双车道四级公路的设计交通量宜在2000辆小客车/日以下；单车道四级公路的设计交通量宜在400辆小客车/日以下。

2. 公路技术标准

公路技术标准是指在一定自然环境条件下能保持车辆正常行驶性能所采用的技术指标体系。公路技术标准充分考虑了与我国国情、经济社会发展阶段、土地资源现状和建设条件的适应性和协调性，是法定的技术要求，公路设计时应当严格遵守。各级公路的主要技术指标如表1-3所示。

各级公路主要技术指标汇总表 **表1-3**

<table>
<tr><th colspan="2">公路等级</th><th colspan="3">高速公路</th><th colspan="3">一级公路</th><th colspan="2">二级公路</th><th colspan="2">三级公路</th><th colspan="2">四级公路</th></tr>
<tr><td colspan="2">设计速度（km/h）</td><td>120</td><td>100</td><td>80</td><td>100</td><td>80</td><td>60</td><td>80</td><td>60</td><td>40</td><td>30</td><td>30</td><td>20</td></tr>
<tr><td colspan="2">车道宽度（m）</td><td>3.75</td><td>3.75</td><td>3.75</td><td>3.75</td><td>3.75</td><td>3.5</td><td>3.5</td><td>3.5</td><td>3.5</td><td>3.25</td><td>3.25</td><td>3.0</td></tr>
<tr><td colspan="2">车道数（条）</td><td>4、6、8</td><td>4、6、8</td><td>4、6</td><td>4、6、8</td><td>4、6</td><td>4</td><td>2</td><td>2</td><td>2</td><td>2</td><td>2</td><td>1</td></tr>
<tr><td rowspan="2">右侧硬路肩宽度（m）</td><td>一般值</td><td>3.00
(2.50)</td><td>3.00
(2.50)</td><td>3.00
(2.50)</td><td>3.00
(2.50)</td><td>3.00
(2.50)</td><td>1.50</td><td>1.50</td><td>0.75</td><td rowspan="2" colspan="2"></td><td rowspan="2" colspan="2"></td></tr>
<tr><td>最小值</td><td>1.50</td><td>1.50</td><td>1.50</td><td>1.50</td><td>1.50</td><td>0.75</td><td>0.75</td><td>0.25</td></tr>
<tr><td rowspan="2">土路肩宽度（m）</td><td>一般值</td><td>0.75</td><td>0.75</td><td>0.75</td><td>0.75</td><td>0.75</td><td>0.75</td><td>0.75</td><td>0.75</td><td>0.75</td><td>0.50</td><td>0.50</td><td>0.25
（双车道）</td></tr>
<tr><td>最小值</td><td>0.75</td><td>0.75</td><td>0.75</td><td>0.75</td><td>0.75</td><td>0.50</td><td>0.50</td><td>0.50</td><td>0.75</td><td>0.50</td><td>0.50</td><td>0.50
（单车道）</td></tr>
<tr><td colspan="2">停车视距（m）</td><td>210</td><td>160</td><td>110</td><td>160</td><td>110</td><td>75</td><td>110</td><td>75</td><td>40</td><td>30</td><td>30</td><td>20</td></tr>
<tr><td rowspan="4">圆曲线最小半径（m）</td><td>最大超高10%</td><td>570</td><td>360</td><td>220</td><td>360</td><td>220</td><td>115</td><td>220</td><td>115</td><td colspan="2"></td><td colspan="2"></td></tr>
<tr><td>最大超高8%</td><td>650</td><td>400</td><td>250</td><td>400</td><td>250</td><td>125</td><td>250</td><td>125</td><td>60</td><td>30</td><td>30</td><td>15</td></tr>
<tr><td>最大超高6%</td><td>710</td><td>440</td><td>270</td><td>440</td><td>270</td><td>135</td><td>270</td><td>135</td><td>60</td><td>35</td><td>35</td><td>15</td></tr>
<tr><td>最大超高4%</td><td>810</td><td>500</td><td>300</td><td>500</td><td>300</td><td>150</td><td>300</td><td>150</td><td>65</td><td>40</td><td>40</td><td>20</td></tr>
</table>

续表

公路等级		高速公路			一级公路			二级公路		三级公路		四级公路	
不设超高圆曲线最小半径（m）	路拱≤2.0%	5500	4000	2500	4000	2500	1500	2500	1500	600	350	350	150
	路拱>2.0%	7500	5250	3350	5250	3350	1900	3350	1900	800	450	450	200
最大纵坡（%）		3	4	5	4	5	6	5	6	7	8	8	9
凸形竖曲线最小半径（m）		11000	6500	3000	6500	3000	1400	3000	1400	450	250	250	100
凹形竖曲线最小半径（m）		4000	3000	2000	3000	2000	1000	2000	1000	450	250	250	100
竖曲线最小长度（m）		100	85	70	85	70	50	70	50	30	25	25	20

其中设计速度是技术标准中最重要的指标，它对公路的几何形状、工程费用和运输效率影响最大。公路应按照设计速度进行路线设计，采用运行速度进行检验，保持线形连续性。同时，还应综合协调公路平面、纵断面和横断面三者之间的关系，做到平面顺适、纵断面均衡、横断面合理。

3. 公路技术等级的选用

公路技术等级的选用应在论证确定公路功能的基础上，结合项目所在地区的综合运输体系、远景发展规划、设计交通量及建设条件综合论证确定。公路技术等级选用应遵循下列原则：

（1）公路技术等级应在确定公路功能的基础上，结合项目所在地区的综合运输体系、远景发展规划和设计交通量论证确定。

（2）主要干线公路应选用高速公路。

（3）次要干线公路应选用二级及以上的技术等级。

（4）主要集散公路连接干线公路与支线公路宜选用一、二级公路。

（5）次要集散公路宜选用二、三级公路。

（6）支线公路宜选用三、四级公路。当设计交通量达到 5000 辆小客车/日时，宜选用二级公路。

一条公路可根据功能和交通量变化，论证分段采用不同的技术等级。为使道路设计更合理并能够顺应地形、地貌与地质等环境条件变化，同一技术等级可分段选用不同设计速度。不同设计等级、设计速度的设计路段之间应选择合理的衔接位置或地点，前后线形指标过渡应顺适，衔接应协调。

为保证道路交通安全，采用不同设计速度的路段不宜变化频繁，一般情况下高速公路一个设计路段长度不宜小于 15km，一级公路、二级公路的一个设计路段的长度不宜小于10km。采用不同技术标准、不同设计速度的设计路段相互衔接的地点一般选在交通量变化处，或者用路者能明显判断前方需要改变行车速度处。如高速公路、一级公路宜设在互通式立体交叉或平面交叉处；二、三、四级公路宜设在交叉口、桥梁、隧道、村镇附近或地形明显变化处。

1.3.3 城市道路分级与技术标准

《城市道路工程设计规范》CJJ 37—2012(2016年版)(以下简称《城规》）规定，城市道路应按道路在城市道路网中的地位、交通功能以及对沿线的服务功能等，分为快速路、主干路、次干路和支路四个等级。各级城市道路主要技术指标如表1-4所示。

（1）快速路：为城市中大量、长距离、快速交通服务的重要道路。应采用中央分隔、全部控制出入、控制出入口间距及形式、配套交通安全与管理设施，实现连续交通流，单向设置不应少于2条车道；快速路两侧不应设置吸引大量车流、人流的公共建筑物的出入口。

（2）主干路：在城市道路网中起骨架作用，是连接城市各主要分区的干线道路，以交通功能为主。应采用机动车与非机动车分隔形式，并控制交叉口间距。主干路两侧不宜设置吸引大量车流、人流的公共建筑物的出入口。

（3）次干路：与主干路结合组成城市道路网，以集散交通功能为主，兼有服务功能。

（4）支路：宜与次干路和居住区、工业区、交通设施等内部道路相连接，解决局部地区交通，以服务功能为主。

各级城市道路主要技术指标 **表1-4**

项目 类别	设计速度（km/h）	设计年限（年）	双向机动车车道数（条）	机动车道宽度（m）	分隔带	横断面形式
快速路	100，80，60	20	≥4	3.75	必须设	二、四幅路
主干路	60，50，40	20	≥4	3.75，3.5	应设	二、三、四幅路
次干路	50，40，30	15	≥2	3.5	可设	单、二、三幅路
支路	40，30，20	15～20	2	3.5	不设	单幅路

在规划阶段确定道路等级后，当遇特殊情况需变更级别时，应进行技术经济论证，并报规划审批部门批准。当道路为货运、防洪、消防、旅游等专用道路使用时，除应满足相应道路等级的技术要求外，还应满足专用道路及通行车辆的特殊要求。

1.4 道路设计的交通条件

1.4.1 设计车辆

设计车辆是指道路设计所采用的具有代表性的车辆，是控制道路几何设计的关键因素。设计车辆应符合国家车辆标准，具有代表性质量、外廓尺寸和运行性能。在实际使用中要根据公路功能、交通组成、车型比例等情况综合确定设计车型。

依据公路的主要服务对象并考虑其代表性特征，公路设计车辆共有五种，分别是小客车、大型客车、铰接客车、载重汽车及铰接列车，其外廓尺寸见表 1-5 和图 1-1。

在确定设计车辆时，干线公路和主要集散公路应满足所有设计车辆的通行要求。次要集散公路应满足小客车、载重汽车和大型客车的通行要求。支线公路应满足小客车和大型客车的通行要求。有特殊通行要求的公路，其设计车辆可经论证来确定。

城市道路的服务对象主要为机动车、非机动车和行人，机动车的设计车辆包括小客车、大型车及铰接客车，其中大型车包含大型普通客车和重型普通货车，与表 1-5 载重汽车外廓尺寸一致。非机动车设计车辆有自行车和三轮车两种，《城规》规定城市道路设计非机动车外廓尺寸见表 1-6。

设计车辆外廓尺寸 **表 1-5**

车辆类型	总长（m）	总宽（m）	总高（m）	前悬（m）	轴距（m）	后悬（m）
小客车	6	1.8	2	0.8	3.8	1.4
大型客车	13.7	2.55	4	2.6	6.5+1.5	3.1
铰接客车	18	2.5	4	1.7	5.8+6.7	3.8
载重汽车	12	2.5	4	1.5	6.5	4
铰接列车	18.1	2.55	4	1.5	3.3+11	2.3

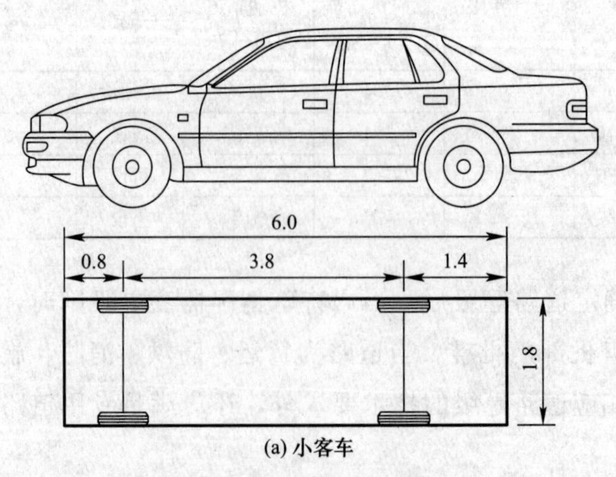

(a) 小客车

图 1-1 设计车辆外廓尺寸图（尺寸单位：m）（一）

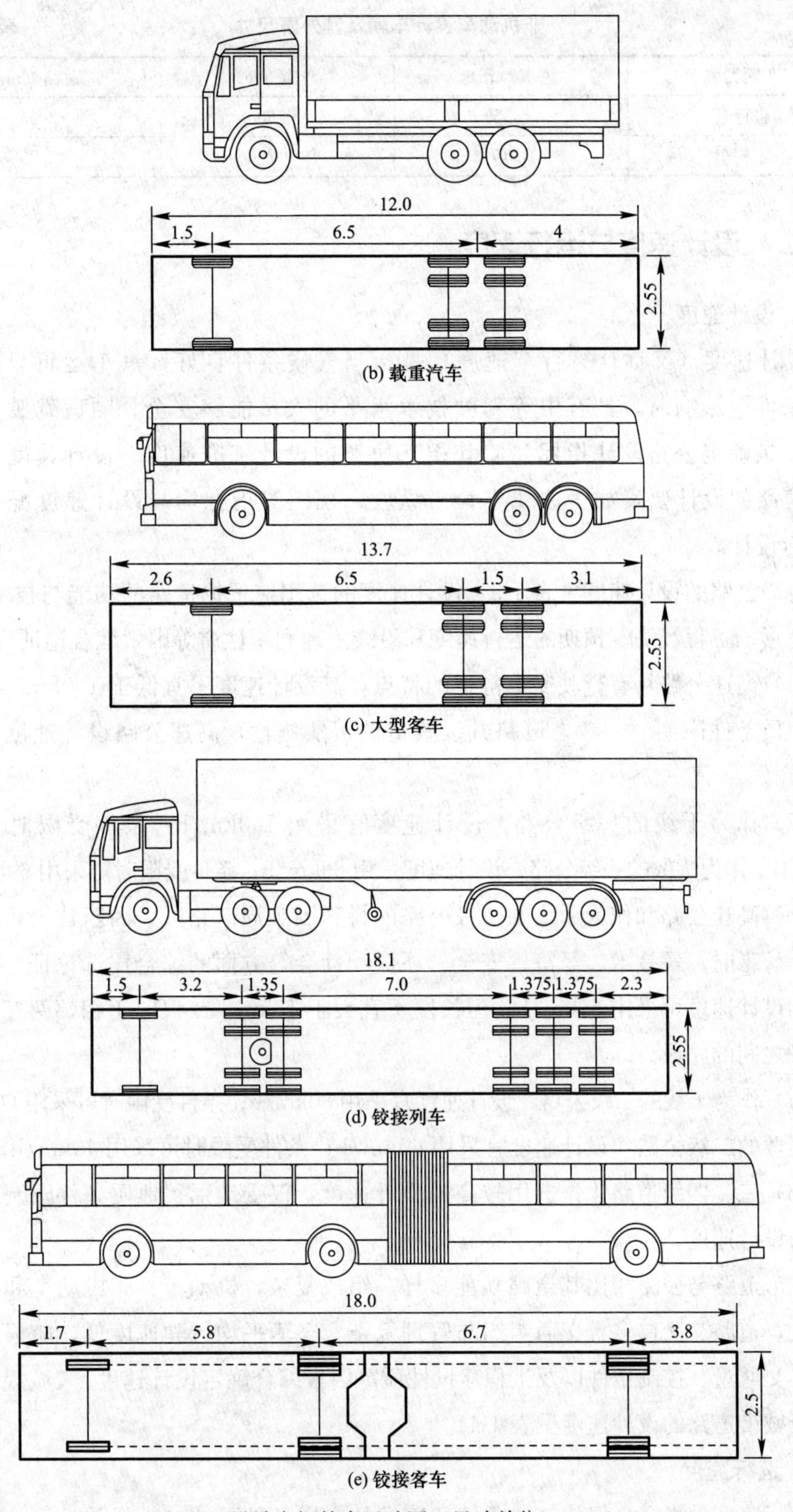

图 1-1 设计车辆外廓尺寸图（尺寸单位：m）（二）

非机动车设计车辆及其外廓尺寸 表 1-6

车辆类型	总长（m）	总宽（m）	总高（m）
自行车	1.93	0.60	2.25
三轮车	3.40	1.25	2.25

1.4.2 设计速度与运行速度

1. 设计速度

设计速度（又称计算行车速度）是指当气候条件良好，汽车运行只受道路本身条件的影响时，具有中等驾驶技术水平的人员能够安全、顺适驾驶车辆的速度，是确定公路设计指标并使其相互协调的设计基准速度。设计速度一经确定，道路的设计要素如平曲线半径、纵坡、视距等指标均与设计速度配合以获得均衡设计。

各级公路的设计速度见表 1-3。设计速度的选用应根据道路的功能与技术等级，结合地形、工程经济、预期的运行速度和沿线土地利用性质等因素综合论证确定：

（1）高速公路具有行驶安全舒适的特点，其设计速度不宜低于 100km/h，受地形、地质条件限制时，考虑道路升级改造的可实施性，高速公路设计速度可选用 80km/h。

（2）作为干线的一级公路，设计速度宜采用 100km/h；条件受限时可采用 80km/h。作为集散的一级公路，设计速度采用 80km/h；条件受限时可采用 60km/h。

（3）高速公路和作为干线的一级公路的特殊困难局部路段，因新建工程可能诱发地质病害时，经技术、经济、安全、环保和社会等方面的综合比选论证，该局部路段的设计速度可采用 60km/h，但长度不宜大于 15km，或仅限于相邻两互通式立体交叉之间的路段。

（4）作为干线的二级公路，设计速度宜采用 80km/h；条件受限时可采用 60km/h。作为集散的二级公路，设计速度宜采用 60km/h；条件受限时可采用 40km/h。

（5）三、四级道路优先选用较高的设计速度，仅受地形、地质条件限制时选用较低的设计速度。

城市道路与公路相比其道路功能多样、组成复杂，机动车、非机动车和行人交通量大，道路交叉口多且交通组织与管理复杂，车辆平均行驶速度低，应根据交通功能、交通量、控制条件以及工程建设性质等因素综合确定设计速度。《城规》规定的各级城市道路的设计速度见表 1-4。

2. 运行速度

运行速度是指在良好的气候条件和正常的交通条件下，一般驾驶员驾驶汽车沿某条道路行驶时实际采用的车速，通常用实际观测或预测的第85%位车速分布表示运行速度，即 v_{85}。

设计速度对一特定路段而言是一固定值，但实际的行驶速度总是随公路线形、车辆动力性能及驾驶员特性等各种条件的改变而变化，只要条件允许，驾驶员总是倾向于采用较高车速行驶。从公路使用者的安全角度考虑，在路线设计中，需要以动态的观点来考虑实际运行速度，以提高公路的安全性。

针对设计速度方法上存在的主要问题，德、法、美、澳等发达国家广泛运用了以运行速度概念为基础的路线设计方法。因为运行速度考虑了公路上绝大多数驾驶员的交通心理需求，以车辆的实际运行速度作为线形设计速度，从而有效地保证了路线所有相关要素如视距、超高、纵坡、竖曲线半径等指标与设计速度的合理搭配，可以获得连续、一致的均衡设计。

我国《公路路线设计规范》JTG D20—2017（以下简称《规范》）规定，采用设计速度进行公路设计时，同时应采用运行速度进行检验。通过运行速度检验并修正线形设计或采用必要的交通安全技术和管理措施从而保证相邻路段运行速度的协调性和一致性，进而提高公路运行安全和使用质量。考虑路段的安全记录以及路侧环境等因素，运行速度一般可作为确定道路限速值的依据。基于运行速度的检验方法相关内容见第5章。

1.4.3 交通量

1. 设计交通量

设计交通量是指拟建道路到预测年限时所能达到的年平均日交通量，是确定道路等级、工程建设规模及道路经济评价的基础。设计交通量应包括该道路趋势交通量、诱增交通量及转移交通量三部分，应分别进行预测，一般采用以汽车起讫点出行矩阵（OD矩阵）为基础的“四阶段法”进行预测。对于二级以下公路或有长期观测资料的改扩建公路可适当简化或采用其他技术，如按照年平均增长率方法计算确定。

$$AADT = ADT \times (1+\gamma)^{n-1} \tag{1-1}$$

式中 $AADT$——设计交通量（pcu/h）；

ADT——计算起始年平均日交通量（pcu/h）；

γ——年平均增长率（%）；

n——预测年限（年）。

公路预测年限既要考虑适应一定时期内的交通需求，又要兼顾公路投资和结构物使用年限等。高速公路和一级公路的预测年限为20年，二、三级公路预测年限为

15 年，四级公路可根据实际情况确定。设计交通量预测年限的起算年为该项目可行性研究报告中的计划通车年。

2. 设计小时交通量

设计小时交通量是确定公路等级、车道数、评价公路运行状态和服务水平的重要参数。为使设计小时交通量的取值既保证交通安全畅通，又能使工程造价经济合理，使公路的综合经济效益达到最佳，一般借助一年中交通量按小时变化的曲线来确定设计小时交通量，如图 1-2 所示。

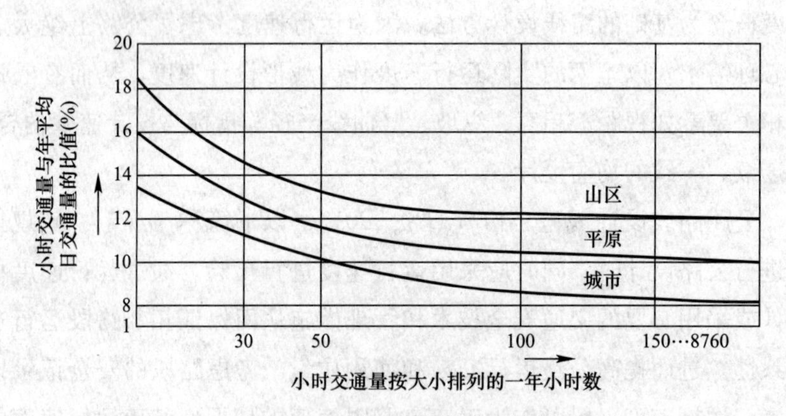

图 1-2　年小时交通量变化曲线

将一年中所有 8760 个小时交通量（双向）按从大到小的顺序排列，序号第 30 位的小时交通量为年第 30 位小时交通量。年第 30 位之前的小时交通量变化显著，曲线斜率大。而从第 30 位之后，小时交通量变化缓慢，曲线平直。研究表明，第 30 位小时交通量与年平均日交通量之比 k 值也十分稳定，所以设计小时交通量一般采用年第 30 位小时交通量。也可根据项目所在地小时交通量的变化特征，采用年第 20～40 位小时之间最经济合理时位的交通量。

在确定设计小时交通量时，应根据观测交通资料绘制交通量变化曲线，没有观测资料的路段可参考道路性质相似、交通特征相仿的其他道路观测资料确定。

设计小时交通量也可根据设计交通量按式（1-2）计算：

$$DDHV = AADT \times D \times K \tag{1-2}$$

式中　$DDHV$——单向设计小时交通量（pcu/h）；

$AADT$——设计交通量（pcu/h），即预测年的年平均日交通量（pcu/h）；

D——方向不均匀系数（%），一般取 50%～60%；

K——设计小时交通量系数（%），为选定时位的小时交通量与年平均日交通量的比值。应根据地区及观测资料特点确定该值。当缺乏观测资料时，设计小时交通量系数可参照表 1-7 取值。

各地区设计小时交通量系数 *K*（%） **表 1-7**

地区		华北	东北	华东	中南	西南	西北
		京、津、冀、晋、蒙	辽、吉、黑	沪、苏、浙、皖、闽、赣、鲁	豫、湘、鄂、粤、桂、琼	川、滇、黔、藏、渝	陕、甘、青、宁、新
近郊	高速公路	8.0	9.5	8.5	8.5	9.0	9.5
	一级公路	9.5	11.0	10.0	10.0	10.5	11.0
	二、三级公路	11.5	13.5	12.0	12.5	13.0	13.5
城间	高速公路	12.0	13.5	12.5	12.5	13.0	13.5
	一级公路	13.5	15.0	14.0	14.0	14.5	15.0
	二、三级公路	15.5	17.5	16.0	16.5	17.0	17.5

3. 车辆折算系数

车辆折算系数是在特定的公路、交通组成条件下，所有非标准车相当于标准车对交通流影响的当量值。道路上行驶的车辆其速度、行驶规律以及占有道路空间的差异较大，但作为道路设计依据的交通量应该折算成某一标准车型。我国《标准》规定的标准车型为小客车，用于道路规划与技术等级划分的机动车折算系数按表 1-8 采用。在统计交通量时，相交支路车辆、路侧停车、畜力车、人力车、自行车等非机动车交通量按路侧干扰因素考虑。

各汽车代表车型及车辆折算系数 **表 1-8**

车型编号	汽车代表车型	车辆折算系数	说明
1	小客车	1.0	座位≤19 座的客车和载质量≤2t 的货车
2	中型车	1.5	座位＞19 座的客车和 2t＜载质量≤7t 的货车
3	大型车	2.5	7t＜载质量≤20t 的货车
4	汽车列车	4.0	载质量＞20t 的货车

1.4.4 通行能力与服务水平

道路规划设计中进行道路通行能力和服务水平分析的目的是确定拟建道路的交通运行质量。在公路的规划和设计中，应进行通行能力和服务水平的分析与评价，使全线服务水平保持协调均衡，在保证必要的车辆运行质量的同时兼顾公路建设的投资成本。一般根据交通流运行特性分为基本路段、匝道、分合流区及交织区等 4 个部分进行分析。

1. 通行能力

通行能力是指在一定的道路、交通、环境条件下，单位时间内道路某个断面上所能通过的最大车辆数，是度量道路疏导交通流能力的指标，也是公路规划、设计和运营管理的重要参数。影响通行能力的因素主要有道路条件、交通条件、控制条件及环境条件。道路条件一般包括车道宽、侧向净空及干扰情况、平纵线形、视距条件等；交通条件一般指的是车辆组成情况。通行能力根据使用性质和要求，通常分为基本通行能力、设计通行能力、可能通行能力三类。

基本通行能力是指在理想的道路、交通条件下，某一车道或横断面上，单位时间所能通过的最大车辆数，是计算各种通行能力的基础。

可能通行能力是指在实际的道路、交通条件下，单位时间内道路某一车道或横断面上所能通过的最大车辆数。计算时以基本通行能力为基础，考虑道路、交通实际状况，根据相应修正系数对基本通行能力进行修正得到。

设计通行能力是指在特定的道路、交通条件下，道路交通运行状态保持在某一设计的服务水平时，单位时间内道路上某一车道或横断面上所能通过的最大车辆数。设计通行能力由可能通行能力与该道路服务水平相应的最大服务交通量和基本通行能力之比（V/C）乘积得到。

2. 服务水平

服务水平是衡量交通流运行条件及驾驶人和乘客所感受的运行服务质量的指标。服务水平通常由速度、交通密度、行驶自由度、交通中断情况、舒适性和便利程度等来描述和衡量。服务等级高的道路车速快、延误少、驾驶人开车的自由度大、舒适性和安全性好，但其服务交通量小；反之允许的服务交通量大，则服务水平低。

我国《标准》根据公路交通负荷状况，以交通流状态为划分条件，将公路服务水平划分为六级。由于用来衡量服务水平等级的主要参数随公路设施类型的不同而有所差异，各类公路设施评价服务水平的主要参数如表 1-9 所示。

各类公路设施评价服务水平的主要参数 **表 1-9**

公路设施类型	评价服务水平的主要参数
高速公路和一级公路的路段	饱和度 V/C 与速度差
互通式立体交叉的匝道及其交织区	饱和度 V/C 和密度
80km/h、60km/h 的二级公路路段	延误率（%）和平均速度（km/h）
40km/h 的三级公路路段（含 40km/h 的山区二级公路路段）	延误率（%）
平面交叉（无信号控制）	延误（s）
收费站	延误指数

高速公路、一级公路以不低于三级服务水平进行设计，二、三级公路以不低于四级服务水平进行设计，四级公路可视需要进行确定。当一、二、三级公路类别高时，应选用较高的服务水平，类别低时，也可降低一级，以节约工程投资。各级公路常用的服务水平及服务交通量如表 1-10～表 1-12 所示。

高速公路路段服务水平分级 **表 1-10**

服务水平等级	V/C	设计速度（km/h）		
		120	100	80
		最大服务交通量［pcu/(h·ln)］	最大服务交通量［pcu/(h·ln)］	最大服务交通量［pcu/(h·ln)］
二	$0.35<V/C\leqslant0.55$	1200	1150	1100
三	$0.55<V/C\leqslant0.75$	1650	1600	1500

一级公路路段服务水平分级 **表 1-11**

服务水平等级	V/C	设计速度（km/h）		
		100	80	60
		最大服务交通量［pcu/(h·ln)］	最大服务交通量［pcu/(h·ln)］	最大服务交通量［pcu/(h·ln)］
三	$0.5<V/C\leqslant0.7$	1400	1250	1100
四	$0.7<V/C\leqslant0.9$	1800	1600	1450

二、三、四级公路路段服务水平分级 **表 1-12**

服务水平等级	延误率（%）	设计速度（km/h）										
		80				60				≤40		
		速度（km/h）	V/C			速度（km/h）	V/C			V/C		
			禁止超车区（%）				禁止超车区（%）			禁止超车区（%）		
			＜30	30～70	≥70		＜30	30～70	≥70	＜30	30～70	≥70
三	≤65	≥67	0.40	0.34	0.31	≥54	0.38	0.32	0.28	0.37	0.25	0.20
四	≤80	≥58	0.64	0.60	0.57	≥48	0.58	0.48	0.43	0.54	0.42	0.35
五	≤90	≥48	1.00	1.00	1.00	≥40	1.00	1.00	1.00	1.00	1.00	1.00

1.5 道路网规划

1.5.1 公路网规划

1. 公路网规划的目的与任务

公路网是指在全国或一个地区，根据交通运输的需要由各级公路组成的四通八达的网状系统。区域内的城市、集镇以及某些运输集散点如大型工矿、农牧业基地、车站、港口等被称为节点或运输点，公路网就是指这些点相互之间的公路连线，各条路线按要求连接起来，形成一个有机的整体，从而构成公路网。

公路网规划是公路建设中一项重要的前期工作，是制订公路建设中长期规划、选择建设项目的主要依据；是确保公路建设合理布局，有秩序地协调发展，防止建设决策、建设布局随意性、盲目性的重要手段；公路在路网中的地位和作用还是确定公路功能的重要因素。公路项目建设以公路网规划为基础，应按其规划要求分段分级逐步实施。

公路网规划的主要任务是：通过深入的调查、必要的勘测和科学的定量分析，在剖析、评价现有公路状况，揭示其内在矛盾的基础上，根据客货流分布特点、发展态势及交通量、运输量的生成变化特征，提出规划期公路发展的总目标和大布局；划分不同路线的性质、功能及技术等级，拟定主要路线的走向和主要控制点，列出分期实施的建设序列，提出确保实施规划目标的政策与措施，科学地预测发展需求，细致地研究合理布局。

2. 公路网规划的基本要求

公路网规划的基本要求是四通八达、干支结合、布局合理、效益最佳。四通八达是要求区域内有一定数量和长度的公路，以满足公路运输覆盖面的要求，充分体现公路运输深入门户的优越性；干支结合是要求各条公路在整体上技术等级结构合理，使干线公路与集散公路及一般地方道路组合协调；布局合理的实质在于公路网的网络性要好，公路走向与技术标准的选定必须满足局部服从整体的要求，并且在宏观上根据实际情况给出公路网可供选择的最佳方案；效益最佳是指公路网方案的最终效益需要通过定性和定量分析进行科学评价并进行优化和决策，从而使公路网在使用中获得较好的经济效益和社会效益。

合理的路网一般应具备几个条件：具有必要的通达深度和公路里程长度；要有与交通量相适应的道路技术标准和使用质量；具有经济合理的平面网络。

3. 公路网布局规划

公路网布局规划是指在对公路网现状进行调查分析、对公路网所在区域社会经济及交通需求进行预测之后，以一定的目标和条件为依据，采用适当的方法选择规划线路将选定的控制节点连接起来，形成未来公路网布局方案的过程。公路网布局规划明确了公路在路网中的性质、功能及技术等级，是开展公路设计的基础和重要依据。

公路网布局规划主要包括确定公路网合理发展规模、选择公路网节点及网络布局等三项主要工作。公路网发展规模一般用公路网密度、公路网通达深度、公路网等级结构、出行距离及出行时间来表示；节点一般根据节点的重要度分为重要节点、较重要节点和一般节点三种；公路网布局的典型形式主要有三角形、棋盘形、放射形、并列形、树杈形、条形及扇形，如图 1-3 所示。

公路网的结构形式受区域内运输点地理位置以及制约公路走向等诸因素的影响而千差万别，各区域的路网图式不可能是相同的格式，图 1-3 为归纳总结的几种典型

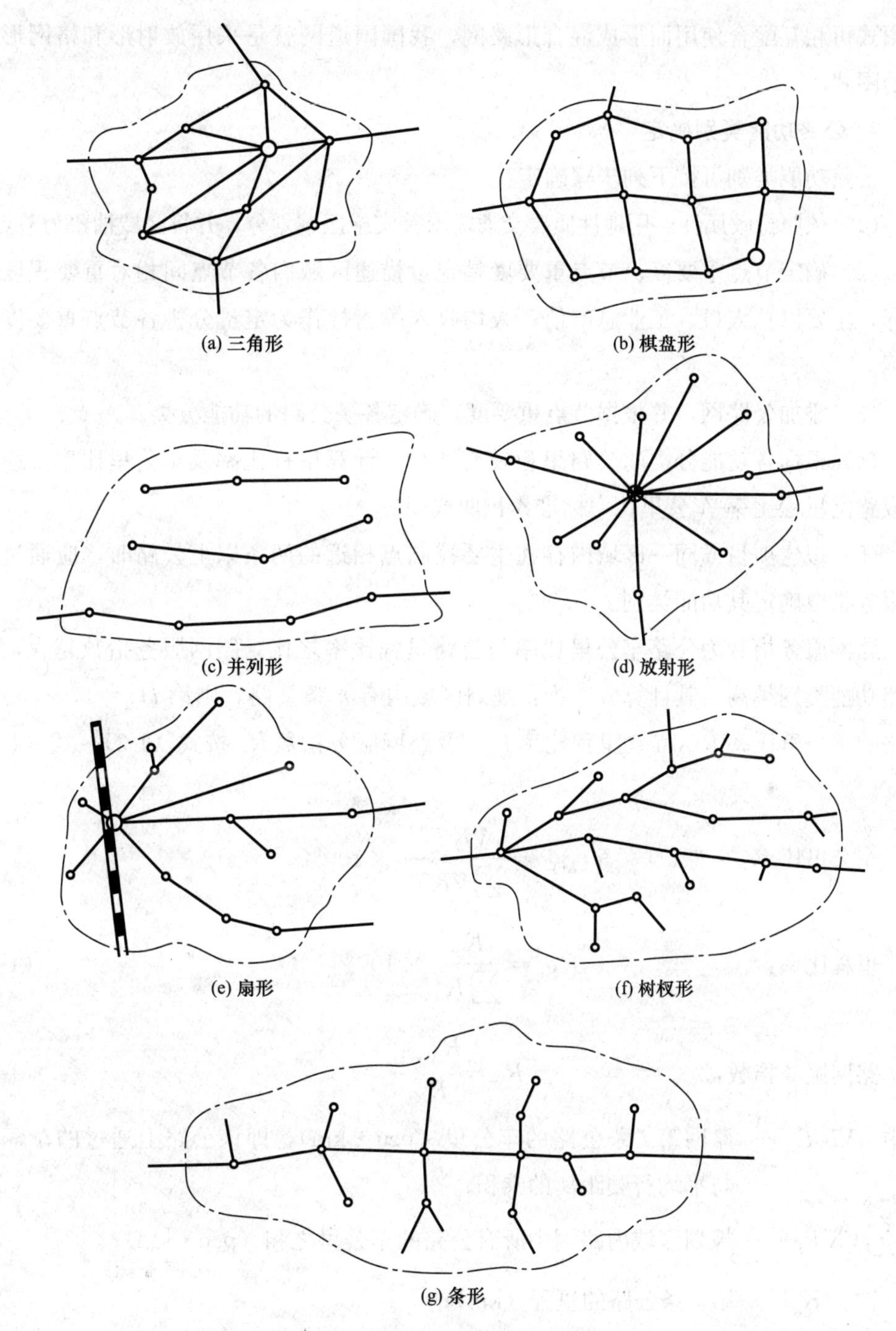

图 1-3 典型公路网结构形式示意图

公路网结构形式。一般而言，平原、微丘区宜采用三角形、棋盘形和放射形路网；而重丘区和山区因受山脉及河川的限制，适宜采用并列形、树杈形或条形路网；区域内的主要运输点（省、市或县的行政机关所在地等）偏于边缘时，可能产生扇形或树杈形路网；在狭长地带的地方道路网中也可以采用条形路网；在较大区域内各种图式可相互配合使用而形成混合形路网，我国国道网就是采用放射形和格网形组合的图式。

4. 公路功能类别确定

公路功能类别可按下列步骤确定：

（1）依照行政属性、用地性质、交通需求等实施区域划分，并将区域抽象为节点。

（2）确定节点重要度。节点重要度是定量描述区域内各节点间相对重要程度的指标，主要以总人口、工业总产值、人均收入等指标作为定量分析各节点重要度的指标。

（3）添加公路网，并根据节点重要度，确定各条公路的功能分类。

（4）根据各功能分类的公路里程及交通量，计算里程比率及车公里比率，绘制形成路网里程比率-车公里比率标准累积曲线图。

（5）拟建项目或同一区域内存在主要控制点相近的两条以上公路时，应通过路网服务指数确定其功能类别。

路网服务指数为公路车公里比率与公路里程比率之比。路网服务指数越大，则公路功能类别越高。其计算方法为：规划区域内有 n 条公路，则第 $i(i=1,\cdots,n)$ 条公路的车公里比率 R_{VMT_i}、里程比率 $R_{\mathrm{K}i}$ 及路网服务指数 R_i 按式（1-3）～式（1-5）计算。

车公里比率：
$$R_{\mathrm{VMT}_i}=\frac{VKT_i}{\sum\limits_i VKT_i}\times 100\% \tag{1-3}$$

里程比率：
$$R_{\mathrm{K}i}=\frac{K_i}{\sum\limits_i K_i}\times 100\% \tag{1-4}$$

路网服务指数：
$$R_i=\frac{R_{\mathrm{VMT}_i}}{R_{\mathrm{K}i}} \tag{1-5}$$

式中 VKT_i——路网第 i 条公路的车公里（pcu·km），即该公路上通过的车辆数与平均行驶距离的乘积；

$\sum\limits_i VKT_i$——规划区域内路网中所有公路的车公里之和（pcu·km）；

K_i——第 i 条公路的里程（km）；

$\sum\limits_i K_i$——规划区域内路网中所有公路的总里程（km）。

节点的层次结构见表 1-13。当一条公路的主要控制点为 A 层节点时，该公路为主要干线公路；当主要控制点为 B 层节点时，该公路应为次要干线公路；当主要控制点为 C 层节点时，该公路应为主要集散公路；当主要控制点为 D 层节点时，该公路应为次要集散公路；当主要控制点为 E 层节点时，该公路应为支线公路。

节点的层次结构　　表 1-13

节点层次	中心节点	主要节点
A	北京	各省会、自治区首府、直辖市、特区
B	省会或自治区首府	各地市政府所在地
C	地市政府所在地	各县（市）政府所在地
D	县（市）政府所在地	各乡、镇政府所在地
E	乡、镇政府所在地	各行政村

1.5.2　城市道路网与红线规划

宏观上城市道路网是公路网的某一节点，微观上城市道路网是由城市范围内所有道路组成的一个系统。城市道路网由城镇管辖范围内的各种不同功能和等级的道路所组成，它是城市总体规划布局的骨架，可为各种交通工具提供安全、迅速、经济、舒适的行驶条件。城市道路对于城市的通风、日照、绿化、公用事业管线敷设、建筑面貌和划分街坊等多方面起着重要作用，是城市市政设施的重要组成部分，也是城市总体规划的重要内容。相较于公路，城市道路的特点是功能多样，组成复杂；车辆多、类型杂、车速差异大，行人交通量大；道路交叉点多，沿线建筑密集；景观和建筑艺术要求高；规划设计影响因素多，政策性强。新建或改建一条城市道路时，须明确该路在城市道路网中的功能、地位及其与相邻道路的关系，以便做出技术、经济合理的设计。

1. 城市道路网结构布局

城市道路网的形式和布局应综合考虑道路使用者的不同要求，协调城市道路的各项功能；充分加强道路网络的整体系统性，促进道路的交通集散能力；适应城市用地布局的特点，合理引导城市的空间拓展；结合地形、地质等自然条件，减少灾害，节约用地；满足城市环境与景观的要求，改善城市环境质量；满足各种工程管线布置的要求等。路网结构形式主要受城市自然条件、城市规模、城市用地布局和形状、对外交通设施以及社会与人文因素等影响。一般城市道路网的结构形式有四种：方格网式、环形放射式、自由式和混合式，如图 1-4 所示。

（1）方格网式：每隔一定间距设置接近平行的干道，在干道之间再布设次要道路，形成方格棋盘状道路网。方格网是最常见的城市道路结构形式，其特点是街坊整齐，有利于建筑布置和方向识别；交叉简单，多为十字形交叉，个别为T形，交通组织简单便利；交通分散，不会造成市中心的交通压力过重；车流重新分配灵活性大，车辆绕行方便；但对角线方向交通不便，非直线系数（两点间实际交通距离与直线距离之比）高达 1.20～1.41。为解决对角线方向交通问题可采用方格对角线式，但由此产生的不规则街坊和畸形交叉口多，故采用的城市不多。方格网式道路网适用于地形平坦的中、小城市或大城市的局部区域。我国许多建于平坦地区的古城，如北京、西安、太原、郑州、石家庄、开封等城市的旧城区均属于方格网式，另外一些沿江（河）、沿海的城市，由于顺应地形而形成了不规则的棋盘状道路网，如洛阳、福州、苏州等城市。

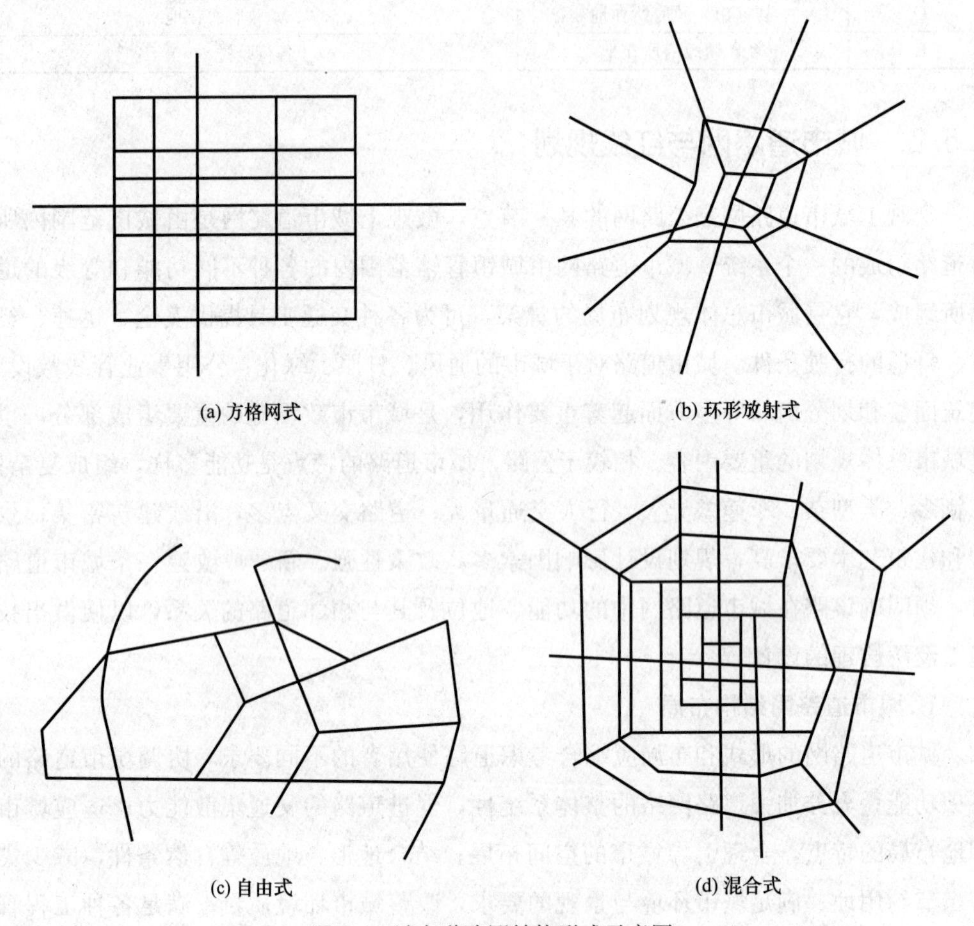

图 1-4　城市道路网结构形式示意图

（2）环形放射式：是由放射式道路和环形道路组成的道路网。放射式道路承担着对外交通联系，环形道路承担各区之间的联系，并连接放射式道路。这种形式的路网一般是由旧城中心地区逐渐向外发展，并在外围区域布设环城道路演变而来。其特点是能使市中心区与郊区、外围相邻各区间交通联系方便；道路有直有曲，易与地形相适应；非直线系数小，一般在 1.1 左右；但市中心地区交通压力大，交通灵活性不如方格网式好，在较小范围使用会出现不规则街坊。为分散市中心交通，放射性干道的布设应止于城市的内环路或二环路，并禁止过境交通进入市区。环形放射式道路网应结合城市自然条件规划，不应机械地追求几何图形。环形放射式道路网适用于大城市或特大城市的干道系统。国内外许多大城市都采用这种道路网形式，如成都、莫斯科、巴黎、伦敦、柏林、东京等城市。

(3) 自由式：道路弯曲自然、无一定规则几何形状的道路网。一般是由于城市地形起伏大，道路结合地形条件而形成的。其特点是能充分利用地形使线形自然顺适，但因路线曲折而使道路非直线系数大、不规则街坊多、建筑用地分散。自由式道路网适用于地形起伏较大的中小城市或大城市的局部区域。我国许多山丘区城市，如重庆、渡口、九江、遵义、南宁、青岛等均属自由式道路网。

(4) 混合式：结合城市用地条件，采用前二种或三种路网形式组合而成的道路网，一般是城市分阶段发展的结果。如在旧城区方格网式路网基础上，分期修建放射道路和环形道路而形成混合式道路网。其特点是能因地制宜，发扬前三种的优点，避免缺点，达到较好的效果。混合式道路网适用于大、中城市的道路系统。我国许多大、中城市，如北京、西安、南京、上海、武汉、杭州、郑州、合肥等都采用混合式道路网。

城市道路网规划技术指标主要有道路网密度、人均占有道路面积、非直线系数、干路间距、道路面积率等。

2. 城市道路红线规划

道路红线是指城市道路用地分界控制线，红线之间的宽度即道路用地范围。规划道路红线目的在于全面规划各级道路、广场、交叉口等用地范围，便于道路设计、施工及两侧建筑物的安排布置，也是各项管线工程设计、施工和调整的主要依据。道路红线通常是由城市规划部门依据城市总体规划确定的道路网形式和各条道路的功能、性质、走向和位置等因素确定的。道路红线规划设计的主要内容包括以下四部分，是城市道路设计的控制性要素：

(1) 确定道路红线宽度：根据道路的性质与功能，考虑适当的横断面形式，定出机动车道、非机动车道、人行道、绿带等各组成部分的合理宽度，确定合理的道路红线宽度。除此以外，还要考虑日照、通风、防空、防火、防地震要求的宽度，建筑艺术要求的宽度等。红线宽度应按照“近远结合，以近为主”的原则来确定，避免红线宽度规划过窄不能满足各种影响因素的需求，给以后改扩建带来困难，或者红线过宽造成用地浪费。

(2) 确定道路红线位置：在城市总平面图基础上，对于新区道路，根据规划路中线的位置，按拟定的红线宽度画出红线。对于旧区改建道路，以少拆迁为原则，计划一次扩宽至红线宽度时，可一侧或两侧拓宽，以一侧拓宽为宜；计划长期控制按红线逐步形成时，可保持现状中线不动，两侧建筑物平均后退。

(3) 确定交叉口形式：按照近、远期规划和交叉口处具体条件，确定交叉口的形式、用地范围、具体位置和主要几何尺寸，并以红线方式绘于平面图上。

(4) 确定控制点坐标和标高：规划道路中线的转折点和各条道路的交叉点即为控制点。控制点的平面坐标可直接实地测量，控制标高由竖向规划确定。

1.6 道路勘测设计程序

道路建设项目基本建设程序一般包括以下几个阶段：立项（项目建议书）、可行性研究（可行性研究报告）、设计（施工图）、施工、通车运行、后评价等。

1.6.1 工程可行性研究

工程可行性研究是道路建设项目的一项重要内容，是项目基本建设程序的重要组成部分，是工程决策民主化、科学化的可靠基础。道路建设项目可行性研究的目的是对项目建设的必要性、技术可行性、经济合理性和实施可能性进行综合性研究论证，为建设项目的决策审批和编制设计任务书提供科学依据。

公路建设项目可行性研究，按其工作阶段分为预可行性研究和工程可行性研究。

预可行性研究重点研究项目建设的必要性和建设时机，初步确定建设项目的通道或走廊带，并对项目的建设规模、技术标准、建设资金、经济效益等进行必要的分析论证，编制研究报告，作为项目建议书的依据。

工程可行性研究要求进行充分的调查研究，通过必要的测量和地质勘察，对可能的建设方案从技术、经济、安全、环境等方面进行综合比选论证，研究确定项目起、终点，提出推荐方案，明确建设规模，确定技术标准，估算项目投资，分析投资效益，编制研究报告。工程可行性研究报告一经批准，即为初步设计应遵循的依据。

公路建设项目可行性研究报告，应在对可能的工程建设方案进行初步比选的基础上，筛选出有比较价值的方案，并进行同等深度的技术、建设费用、经济效益比选。

1.6.2 计划任务书

计划任务书是确定基本建设项目、进行现场勘测和编制设计文件的重要依据，公路勘测设计工作是根据批准的计划任务书进行的。计划任务书一般由提出计划的主管部门下达或下级单位编制后报批。计划任务书一般包括以下内容：(1) 建设依据和意义；(2) 路线的建设规模和修建性质；(3) 路线基本走向和主要控制点；(4) 公路工程技术标准和主要技术标准；(5) 勘测设计阶段的划分及各阶段完成的时间；(6) 建设期限和投资估算；(7) 施工力量的原则安排；(8) 附路线示意图。

计划任务书经批准后，如对建设规模、技术等级标准、路线基本走向等主要内容有变更时，应经原批准机关同意。

1.6.3 勘测设计阶段及其内容

1. 设计阶段

公路勘测设计阶段根据路线的设计和要求，可分为一阶段设计、两阶段设计和三阶段设计。

公路工程基本建设项目一般采用两阶段设计，即初步设计和施工图设计。对于技术简单、方案明确的小型建设项目，可采用一阶段设计，即一阶段施工图设计；技术复杂、基础资料缺乏和不足的建设项目或建设项目中的特大桥、长隧道、大型地质灾害治理等，必要时采用三阶段设计，即初步设计、技术设计和施工图设计。

高速公路、一级公路必须采用两阶段设计。

2. 各设计阶段的主要内容

（1）初步设计：初步设计的目的是基本确定设计方案，是根据批复的可行性研究报告、测设合同的要求进行的，是下一阶段设计的依据，也是控制建设项目投资的依据。

初步设计内容包括：拟定修建原则，选定设计方案，拟定施工方案，计算工程数量及主要材料数量，编制设计概算等。

初步设计在选定方案时，应对路线的走向、控制点和方案进行现场核查，征求沿线地方政府、建设单位及规划、土地、环保等相关部门的意见，基本落实路线布设方案。对建设条件复杂地段的路线、路基、路面、特大桥、大桥、特长及长隧道、互通式立体交叉、服务设施，一般应选择两个或两个以上的方案进行同深度、同精度的测设工作和方案比选，提出推荐方案。

初步设计文件由总体设计、路线、路基路面、桥梁涵洞、隧道、路线交叉、交通工程及沿线设施、环境保护与景观设计、其他工程、筑路材料、施工方案、设计概算等十二篇和附件组成。

（2）技术设计：技术设计应根据初步设计批复意见、测设合同的要求进行设计。技术设计的目的是对重大、复杂的技术问题进一步落实设计方案，通过科学试验、专题研究，加深勘探调查及分析比较，解决初步设计中未解决的问题，落实技术方案，计算工程数量，提出修正的施工方案，修正设计概算。

（3）施工图设计：一阶段施工图设计根据可行性研究报告批复意见、测设合同的要求进行设计；两阶段施工图设计根据初步设计批复意见、测设合同进行设计；三阶段施工图设计根据技术设计批复意见、测设合同进行设计。

施工图设计阶段的目的是对上一阶段采用的方案进行详细设计以满足施工要求，主要工作是进一步对所审定的修建原则、设计方案、技术决定加以具体和深化，最终确定各项工程数量，提出文字说明和适应施工需要的图表资料以及施工组织计划，并编制施工图预算。

施工图设计文件由总体设计、路线、路基路面、桥梁涵洞、隧道、路线交叉、交通工程及沿线设施、环境保护与景观设计、其他工程、筑路材料、施工组织计划、施工图预算等十二篇和附件组成。

1.6.4 道路建设及管理所需的其他程序

与道路勘察设计密切相关的道路建设及管理程序有道路安全性评价及道路环境影响评价，评价内容为道路勘测设计提出了要求和约束条件。

1. 道路安全性评价

道路安全性评价是指道路建设项目的工程质量在满足国家相关技术标准的前提下，评价道路及其设施和交通环境对交通安全的影响。《规范》规定高速公路、一级公路和二级干线公路在设计时要进行安全性评价，其他公路有条件时也可进行交通安全性评价。

安全评价的目的是从道路使用者行车安全的角度，对道路建设项目的各个阶段进行安全性评估，以达到减少交通事故，降低交通事故危害程度，提高道路交通安全水平的目的。

具体内容见第6章。

2. 道路环境影响评价

环境影响评价是指对道路建设全过程可能造成的环境影响进行分析论证，并在此基础上提出采取的防治措施和对策。新建或改扩建的高速公路、一级公路和二级公路建设项目要进行环境影响评价。

道路环境影响评价的目的是对道路选线、设计、施工等过程，特别是运营管理阶段可能带来的环境影响进行预测和分析，提出相应的防治措施，为道路选线、设计及建成后的运营管理提供科学依据。

道路环境影响评价的具体内容包括社会环境影响评价、生态环境影响评价、水土保持、声环境影响评价、景观影响评价、地表水环境影响评价、环境空气影响评价、事故污染风险分析等内容。

1.7 本课程研究的内容

1.7.1 本课程研究内容

本课程主要研究对象是公路和城市道路，其理论和方法同样也适用于其他各种道路。

道路是一种带状的三维空间结构物，主要包括路基、路面及桥涵、隧道、挡墙等附属结构物等工程实体。道路设计分为几何设计和结构设计两大部分，几何设计是对道路空间几何形状的研究，是本课程研究的范围；结构设计是对道路各工程实体的研究，属于各相关课程学习研究的范围。道路及道路附属结构物的结构设计是以几何设计为基础的，而几何设计也需要考虑各结构物设计的要求。

道路几何设计的目标是保证车辆和行人的交通行为安全、快速、经济、舒适以及路容美观，因此人、车、路和环境等诸多因素都能影响和约束道路几何设计。本课程主要研究道路交通特性、驾驶人员的心理和乘客感受、汽车的行驶性能、道路建设与运营对环境的影响、建设经济等因素与道路各几何元素的关系。

本教材以公路勘测和设计为主，城市道路仅涵盖由于其不同道路性质及服务特征所需的设计内容。本教材主要包含四部分，一是道路的几何设计，包括平、纵、横断面设计及线形评价；二是道路交叉，包括平面交叉和立体交叉；三是道路选线及定线；四是道路附属设施设计。

1.7.2 本课程研究方法

道路几何设计涉及人、车、路和环境等诸多因素，道路交通特性、驾驶者的心理状态等都与道路几何设计有着密切的关系，这就要求在设计时要深入调查、综合研究各方面产生的作用，从而设计出技术先进、方案合理、坚固耐用、经济节约的道路。

本课程为实践性很强的课程，为掌握本课程的理论及知识一般随课堂教学配置课程设计及道路勘测实习等实践性教学环节。

本课程的学习除了需要理解和掌握路基路面和桥涵等相关专业课程知识外，还与工程制图、工程测量、工程地质、水文以及汽车理论等专业基础课知识有关，应在学习过程中综合运用。

小结及学习指导

本章内容包括道路交通运输的特点及道路的分类，我国道路发展概况及目标，道路的功能及分类，道路的分级与技术标准，道路设计需要考虑的交通条件（设计车辆、设计车速与运行车速、设计交通量、通行能力与服务水平等），公路网布局规划，公路功能类别确定方法，城市道路网形式及其优缺点，红线规划的内容，道路勘测设计程序及内容，本课程研究的内容等。

通过本章的学习，要求了解道路发展概况及道路勘测设计的阶段和任务、本课程的学习任务和目标，熟悉道路的分类、公路网规划的基本要求和内容、公路勘测设计的依据及设计阶段和任务，掌握道路功能及分类、道路的分级与技术标准、道路勘测设计需要考虑的交通条件、城市路网形式及红线规划内容。

习题及思考题

1-1 道路运输的特点是什么？

1-2 简述道路功能及按照功能的公路分类。

1-3 我国公路与城市道路的分级和技术标准是什么？如何确定公路的技术等级？

1-4 什么是设计速度？简述采用设计速度的道路设计方法。

1-5 什么是道路红线？城市道路红线规划的内容是什么？

1-6 用于道路设计的交通量有哪几种？在道路设计中如何使用？

第1章真题解析

第 2 章

道路平面设计

本章知识点

【知识点】 平面线形要素、特点，直线的最大长度和最小长度及直线的运用，圆曲线最小半径的确定及圆曲线要素计算，缓和曲线的作用与性质，缓和曲线的形式及缓和曲线长度的确定，设有缓和曲线的平曲线要素计算及主点桩号推算，平面线形设计的一般原则，平面线形组合设计及计算，道路平面设计成果及设计流程。

【重点】 直线的运用，圆曲线最小半径的计算与确定，缓和曲线的形式及缓和曲线长度的确定，设有缓和曲线的平曲线要素计算及主点桩号推算，平面线形组合设计及计算，道路平面设计成果及设计流程。

【难点】 圆曲线半径的选取，设有缓和曲线的平曲线要素计算，平面线形组合设计及计算。

道路是一带状三维空间人工构造物，其中线是一条空间曲线。一般来说，路线是指道路中线的空间形状，路线的平面线形则是道路中线在水平面上的投影，沿着中线竖直剖切，再行展开就成为纵断面，中线各点的法向切面是横断面。路线设计是指确定路线空间位置和各部分几何尺寸的工作。为方便研究和使用，通常将路线设计划分为平面设计、纵断面设计和横断面设计。本章主要介绍道路平面基本线形、平面线形组合设计及计算、平面设计成果等。

2.1 概述

2.1.1 路线

公路和城市道路的路线位置均受社会经济、自然地理和技术条件等因素的制约。设计者的任务是在调查研究、掌握大量材料的基础上，设计出一条有一定技术标准、满足行车要求、工程费用最省的路线。在设计的顺序上，一般是在尽量顾及纵断面、横断面的前提下先定平面，沿这个平面线形进行高程测量和横断面测量，取得地面线和地质、水文及其他必要的资料后，再设计纵断面和横断面。为求得线形的均衡、土石方数量合理以及构造物的节省，必要时再修改平面，这样经过几次反复，最终得到满意的结果。

2.1.2 平面线形要素

行驶中的汽车其导向轮旋转面与车身纵轴之间的夹角有下列三种关系：

(1) 角度为零；

(2) 角度为常数；

(3) 角度为变数。

与上述三种状态对应的行驶轨迹线为：

(1) 曲率为零的线形——直线；

(2) 曲率为常数的线形——圆曲线；

(3) 曲率为变数的线形——缓和曲线。

现代道路平面线形是由直线、圆曲线、缓和曲线组合构成的，称为“平面线形三要素”。在低速道路上，为简化设计，也可以只使用直线和圆曲线两种要素。近代高速公路平面线形也有只用曲线不用直线，或者曲线为主直线为辅的工程实例。这说明平面线形三要素是基本组成，各要素所占比例及使用频率并无统一规定。各要素使用合理、配置得当，均可满足汽车行驶要求。道路的平面设计是根据汽车行驶的力学性质和行驶轨迹要求，考虑道路使用者的视觉、心理与生理方面的需求，合理地确定平面线形三要素的几何参数，保持线形的连续性和均衡性，并注意使线形与地形、地物、环境和景观相协调。

2.2 直线

作为平面线形要素之一的直线，在公路和城市道路中使用最为广泛。其主要优点如下：

(1) 两点之间距离以直线为最短，因此一般在选、定线时，只要地势平坦，无大的地物、地形障碍，选、定线人员都会首先考虑使用直线。

(2) 笔直的道路给人以简捷、直达的良好印象，在美学上直线也有其自身的视觉特点。

(3) 汽车在直线上行驶受力简单，方向明确，驾驶操作简易。

(4) 从测设上看，直线只需定出两点，就可方便地测定方向和距离。

由于直线具有上述这些优点，因此在道路平面线形设计中经常被采用，同时也被广泛应用于其他各种线形工程设计中。然而，从行车安全和线形美观来看，过长的直线，线形呆板，行车单调，易使驾驶人产生疲劳，也容易发生超车和超速行驶，行车时驾驶人难以估计车间距离，在直线上夜间相向行车会产生眩光等。长直线线形大多数情况下难以与地物、地形相协调、吻合，若长度运用不当，不仅破坏了道路整体线形的连续性，也不便达到线形设计自身的协调，在山岭重丘区还会使工程量增大。所以在运用直线线形并决定其长度时，必须持谨慎态度，不宜采用过长的直线。

2.2.1 直线的最大长度

直线的最大长度应有所限制。当采用长直线线形时，为弥补景观单调的缺陷，应根据道路沿线具体情况采取对应的措施，并且还要注意下列问题：

(1) 在长直线上纵坡不宜过大，因为在长陡下坡路段行驶很容易导致超速行车。

(2) 道路两侧地形过于空旷时，宜采取种植不同树种或设置一定建筑物、雕塑、广告牌等措施，以改善单调的景观。

(3) 长直线与大半径凹形竖曲线组合为宜，这样可以使生硬呆板的直线得到一些改善和缓和。

(4) 长直线尽头的平曲线，必须采取设置标志、增加路面抗滑能力等安全措施。

根据国外研究资料，对于设计速度大于等于 60km/h 的公路，最大直线长度为以汽车按设计速度行驶70s左右的距离，即相当于20V的长度。其中，在城镇附近或其他景色有变化的地点大于20V是可以接受的；在景色单调的地点最好控制在20V以内；而在特殊的地理条件下应特殊处理，若作某种限制是不现实的。无论高速公路还是一般公路，在任何情况下都要避免追求长直线的错误倾向。当因条件限制采用长直线时，应结合运行速度进行安全分析评价，增设必要的提醒和警示标志。

2.2.2 直线的最小长度

考虑到线形的连续和驾驶的方便，相邻两曲线之间应有一定的直线长度，这个直线长度是指前一曲线的终点到后一曲线的起点之间的距离。

1. 同向曲线间的直线最小长度

同向曲线是指两个转向相同的圆曲线中间用直线或缓和曲线衔接，或两个不同半径圆曲线径向连接而成的平面线形，如图2-1(a)所示。转向相同的同向曲线之间插入较短的直线段时，在视觉上容易产生把直线和两端的曲线看成为反向曲线的错觉；当直线过短时甚至把两个曲线看成是一个曲线，这种线形破坏了道路整体线形的连续性，且容易造成驾驶操作的失误，设计中应尽量避免。这种同向曲线间插入短直线的曲线组合，通常被称为断背曲线。因此，《规范》规定：当设计速度$V\geqslant$60km/h时，同向圆曲线间的直线最小长度（以“m”计）以不小于设计速度（以“km/h”计）的6倍为宜。对低速道路（$V\leqslant$40km/h）可参考执行。在受条件限制时，无论高速路还是低速路，都宜在同向曲线之间插入大半径曲线或将两曲线设计成复曲线、卵形曲线或C形曲线。

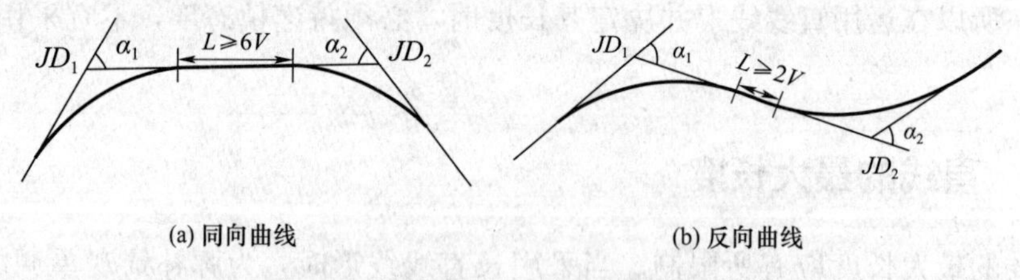

图2-1 相邻曲线间的直线最小长度

2. 反向曲线间的直线最小长度

反向曲线是指两个转向相反的圆曲线之间以直线或缓和曲线衔接，或两圆曲线径向连接而成的平面线形，如图2-1(b)所示。《规范》规定：当设计速度$V\geqslant$60km/h时，反向曲线间最小直线长度（以“m”计）以不小于行车速度（以“km/h”计）的2倍为宜。若反向曲线分别已设缓和曲线，在受到限制的地段也可将两反向缓和曲线首尾相接，但被连接的两条缓和曲线和圆曲线宜满足一定的条件。

曲线间的直线最小长度还应考虑曲线超高和加宽过渡的需求。

2.2.3 直线的运用

道路平面线形采用直线时应注意线形与地形、环境的关系，并应符合直线的最大长度和最小长度的使用原则；在运用直线线形并确定其长度时，必须慎重考虑，并需要遵守宜直则直、宜曲则曲的原则。在下述地段可采用直线：

(1) 完全不受地形、地物限制的平坦地区或山间谷地；

(2) 城镇及其近郊，或规划方正的地区等；

(3) 长大桥梁、隧道等构造物路段；

(4) 路线交叉点及其附近；

(5) 双车道公路提供超车的路段。

2.3 圆曲线

圆曲线是平面线形中常用的线形要素。各级公路不论转角大小均需要设置圆曲线。圆曲线的设计主要是确定其半径值。本节将讨论圆曲线半径值的选定及圆曲线实际运用等问题。

2.3.1 圆曲线的特点

圆曲线作为平面线形要素之一，主要具有以下特点：

(1) 圆曲线上任意点的曲率半径 $R=$ 常数，曲率 $1/R=$ 常数，故测设和计算简单。

(2) 圆曲线上任意一点都在不断改变方向，比直线更能适应地形的变化，由不同半径的多个圆曲线组合而成的复曲线，对地形、地物和环境有更强的适应能力。

(3) 汽车在圆曲线上行驶时由于离心力的影响，必然会对汽车的安全性和舒适性等产生不利影响，圆曲线半径越小、行驶速度越高，不利影响越大。

(4) 由于汽车在圆曲线上行驶时各车轮轨迹半径不同，比直线上行驶占用的路面宽度更宽。

(5) 汽车在小半径的圆曲线内侧行驶时，视距条件较差，视线会受到路堑边坡或其他障碍物的阻挡，易发生行车事故。

2.3.2 圆曲线的几何要素

如图 2-2 所示，圆曲线的几何要素为：

$$T=R\tan\frac{\alpha}{2}$$

$$L=\frac{\pi}{180}\alpha R=0.01745\alpha R$$

$$E=R\left(\sec\frac{\alpha}{2}-1\right)$$

$$J=2T-L$$

式中 T——切线长（m）；

L——曲线长（m）；

E——外距（m）；

J——超距或校正值（m）；

α——转角（°）；

R——圆曲线半径（m）。

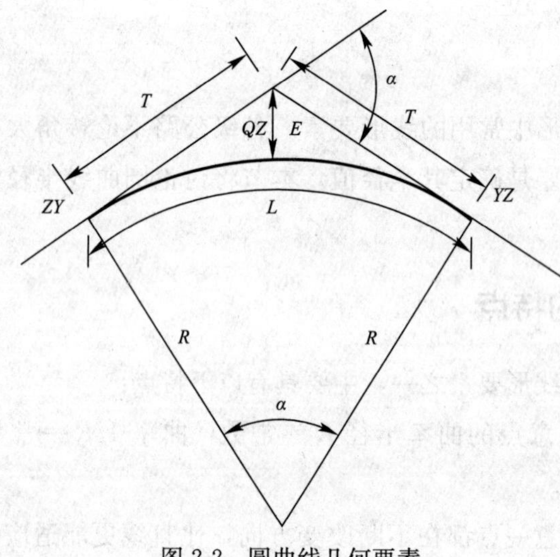

图 2-2 圆曲线几何要素

2.3.3 圆曲线半径

行驶在曲线上的汽车由于受离心力作用，其稳定性受到影响，而离心力的大小与圆曲线半径成反比，半径越小越不利。离心力的作用点在汽车的重心，方向水平，背离圆心。离心力大小为：

$$F=\frac{Gv^2}{gR} \tag{2-1a}$$

式中 F——离心力（N）；

R——平曲线半径（m）；

G——汽车总重力（N）；

v——汽车行驶速度（m/s）；

g——重力加速度（m/s^2）。

曲线上汽车的受力分析如图 2-3 所示。汽车在有横向超高的平曲线上行驶时，其车重的水平分力可以抵消一部分离心力的作用，其余由汽车轮胎与路面之间的横向摩阻力与之平衡。

将离心力 F 与汽车重力 G 分解为平行于路面的横向力 X 和垂直于路面的竖向力 Y，即：

$$X = F\cos\alpha - G\sin\alpha \qquad (2\text{-}1b)$$

$$Y = F\sin\alpha + G\cos\alpha \qquad (2\text{-}1c)$$

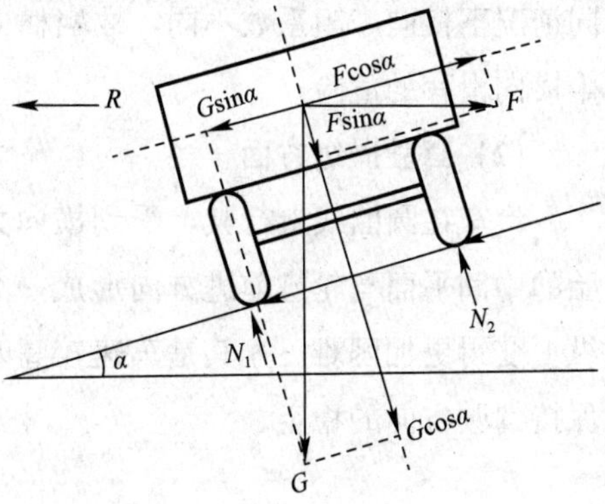

图 2-3　曲线上汽车的受力分析

由于路面倾角 α 一般很小，则 $\sin\alpha \approx \tan\alpha = i_h$，$\cos\alpha \approx 1$，从而：

$$X = F - G \cdot i_h = \frac{Gv^2}{gR} - Gi_h = G\left(\frac{v^2}{gR} - i_h\right) \qquad (2\text{-}1d)$$

上式中横向力 X 是汽车行驶的不稳定因素，竖向力 Y 是稳定因素。就横向力而言，其值大小无法反映不同重量汽车的稳定程度，因此采用横向力系数来衡量稳定性程度，其意义为单位车重所受的横向力，即：

$$\mu = \frac{X}{G} = \frac{V^2}{127R} - i_h \qquad (2\text{-}1e)$$

式中　R——平曲线半径（m）；

μ——横向力系数；

V——汽车行驶速度（km/h）；

i_h——超高横坡度。

利用此式可得圆曲线半径值为：

$$R = \frac{V^2}{127(\mu + i_h)} \qquad (2\text{-}2)$$

在车速 V 一定的情况下，最小半径 R_{min} 取决于容许的最大横向力系数 μ_{max} 和该圆曲线的最大超高值 i_{hmax}。

1. **横向力系数 μ**

横向力的存在对行车产生种种不利影响，μ 越大越不利，表现在以下几方面：

（1）行车安全方面

汽车在路面上不发生滑移的前提条件是横向力系数 μ 不大于轮胎与路面之间的横向摩阻系数 φ_h，即 $\mu \leqslant \varphi_h$。

φ_h 与车速、路面及轮胎等有关。一般情况下干燥路面上约为 0.4～0.8，在潮湿的沥青路面上则降低到 0.25～0.4，路面结冰和积雪时，降低到 0.2 以下。可见在不同情况下横向摩阻系数不同，故当横向力系数大于横向摩阻系数时，汽车就会有发生横向滑移的危险。

（2）驾驶操纵方面

汽车在圆曲线上行驶，受到横向力的作用，弹性轮胎会产生横向变形，导致轮胎的中间平面与轮迹前进方向形成一个横向偏移角（图 2-4），从而使汽车在方向操纵上变得更加困难。尤其是车速较高时，如横向偏移角超过 5°，一般驾驶员就不易保持驾驶方向的稳定。

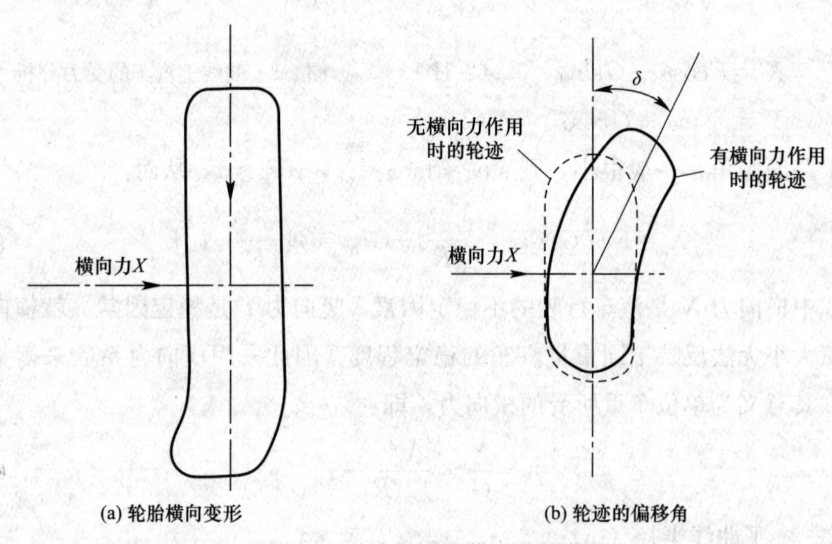

图 2-4　汽车轮胎的横向偏移角

（3）燃料消耗和轮胎磨损方面

横向力系数的存在使得车辆的燃油消耗和轮胎磨损增加，不同横向力系数对应的燃料消耗和轮胎磨损情况是不同的，表 2-1 为实测的燃料消耗和轮胎磨损情况。

燃料消耗和轮胎磨损　　表 2-1

横向力系数 μ	燃料消耗（%）	轮胎磨损（%）
0	100	100
0.05	105	160
0.10	110	220
0.15	115	300
0.20	120	390

（4）乘客舒适性方面

当横向力系数过大时，汽车将无法连续稳定行驶，有时还需要减速。同时，μ 值的增大还会增加驾驶员在圆曲线行驶中的紧张程度和驾驶难度，乘客也会感到不舒适。据试验，乘客的心理随 μ 的变化如下：

当$\mu<0.10$时，不感到有曲线存在，很平稳；

当$\mu=0.15$时，稍感到有曲线存在，但尚平稳；

当$\mu=0.20$时，已感到有曲线存在，乘客稍感不稳定；

当$\mu=0.35$时，感到有曲线存在，不稳定；

当$\mu>0.40$时，非常不平稳，有车辆发生倾覆的危险感。

综上所述，μ值的选用关系到行车的安全、经济与舒适，必须制定一个合理的范围。研究表明，μ值随行车速度变化在0.10～0.16区间比较合理，车速高时取低值，车速低时取高值。

2. **超高横坡度 i_h**

在圆曲线上行驶的汽车会受到离心力的作用，设置超高能够抵消部分离心力，由于道路上行驶车辆的速度差异较大，尤其是在混合交通的公路上，不仅要兼顾快车，也要兼顾慢车。如果超高值过大，超出轮胎与路面间的横向摩阻系数，慢车或停驶车辆有沿路面最大合成坡度下滑的危险，因此要选择合适的超高横坡度才能保证行车安全。

最大超高横坡度的确定不仅要根据公路所在地区的气候条件，而且应充分考虑驾驶人和乘客的心理反应。山岭区、城市郊区、交叉口及有相当数量的非机动车公路的最大超高横坡度比一般路段要小些。《标准》规定的各级公路圆曲线最大超高横坡度见表2-2。

各级公路圆曲线最大超高横坡度 **表2-2**

公路技术等级	高速公路、一级公路	二级公路、三级公路、四级公路
一般地区（%）	8或10	8
积雪冰冻地区（%）	6	
城镇区域（%）	4	

二级公路、三级公路、四级公路接近城镇且混合交通量较大的路段，车速受到限制时，其最大超高横坡度可按表2-3采用。

车速受限制时的二、三、四级公路最大超高横坡度 **表2-3**

设计速度（km/h）	80	60	40	30	20
最大超高横坡度（%）	6	4	2		

《城规》规定的城市道路圆曲线最大超高横坡度见表2-4。

城市道路最大超高横坡度 **表2-4**

设计速度（km/h）	100、80	60、50	40、30、20
最大超高横坡度（%）	6	4	2

3. 圆曲线最小半径的计算

汽车在圆曲线上行驶时保持稳定的必要条件是汽车所受横向力被轮胎与路面之间的摩阻力抵消，若横向力大于摩阻力，则汽车出现横向滑移。因此在设计时应确保横向力系数 μ 不超过横向摩阻系数 φ_h。

《标准》和《规范》根据不同横向力系数及超高值，对不同等级的公路确定了对应的极限最小半径、一般最小半径和不设超高的最小半径。

(1) 极限最小半径

极限最小半径是保证车辆按照设计速度安全行驶所规定的圆曲线半径最小值，是路线设计中的极限值。《标准》规定的圆曲线最小半径的极限值是根据各级公路采用的设计速度，在不同的超高值条件下，按横向力系数 μ=0.10～0.17，根据式（2-2）计算取整得到，见表 2-5。

圆曲线极限最小半径 表 2-5

设计速度（km/h）		120	100	80	60	40	30	20
最大超高	10%	570	360	220	115	—	—	—
	8%	650	400	250	125	60	30	15
	6%	710	440	270	135	60	35	15
	4%	810	500	300	150	65	40	20

(2) 一般最小半径

一般最小半径是指各级公路能保证按设计速度行驶的车辆安全、舒适的最小圆曲线半径，它是通常情况下推荐采用的最小半径值，《标准》中的一般最小半径值是按横向力系数 μ=0.05～0.06 计算取整得到，见表 2-6。

圆曲线一般最小半径值 表 2-6

设计速度（km/h）	120	100	80	60	40	30	20
一般最小半径（m）	1000	700	400	200	100	65	30

在选用圆曲线的半径值时，一方面要考虑汽车行驶的稳定性和乘客的舒适性，另一方面也要考虑工程的可行性和工程量的限制，合理选用不小于一般最小值的圆曲线半径。

(3) 不设超高的最小半径

不设超高的最小半径是指曲线半径较大时，离心力较小，靠轮胎与路面间的摩阻力就足以保证汽车安全稳定行驶所采用的最小半径，这时路面就可以不设超高。从舒适和安全的角度考虑，应把横向力系数控制到最小值，以使乘客在圆曲线上与在直线上有大致相同的感觉。《标准》规定的不设超高的最小半径值是根据 μ=0.035、

i=1.5%和μ=0.040、i=2.0%分别计算取整得到，见表2-7。

不设超高的圆曲线最小半径值 **表2-7**

设计速度（km/h）		120	100	80	60	40	30	20
不设超高的最小半径（m）	路拱≤2.0%	5500	4000	2500	1500	600	350	150
	路拱>2.0%	7500	5250	3350	1900	800	450	200

《城规》对不同设计速度的城市道路确定了对应的圆曲线最小半径值，见表2-8。

城市道路圆曲线最小半径 **表2-8**

设计速度（km/h）		100	80	60	50	40	30	20
不设超高的最小半径（m）		1600	1000	600	400	300	150	70
设超高的最小半径（m）	一般值	650	400	300	200	150	85	40
	极限值	400	250	150	100	70	40	20

4. 圆曲线的最大半径

选取圆曲线半径时，在地形等条件允许的前提下，应尽量采用大半径圆曲线，使行车舒适，但半径大到一定程度时，其几何性质与直线已无太大区别，容易给驾驶人造成判断上的错误而带来不良后果，同时也不便于测设及道路养护维修。研究表明，当圆曲线半径大于9000m时，视线集中的300～600m范围内的视觉效果同直线没有区别。因此，《规范》规定圆曲线最大半径值不宜超过10000m。

2.3.4 圆曲线的运用及主点桩号推算

道路平面设计时，应根据沿线地形、地物等条件，尽量选用较大半径圆曲线，以保证行车安全舒适。在选定圆曲线半径时既要技术合理，又要经济适用；既不盲目采用高标准而过分增加工程量，也不只考虑眼前通行要求而采用低标准。

（1）选定圆曲线半径应与地形相适应，以采用极限最小半径的4～8倍或超高为2%～4%对应的圆曲线半径。

（2）地形条件受限制时，应采用大于或接近一般最小半径的圆曲线半径；地形条件特殊困难不得已时，方可采用圆曲线极限最小半径。

（3）在选用圆曲线半径时，应与设计速度相适应，同相衔接路段的平、纵线形要素相协调，构成连续、均衡的曲线线形。

（4）应同纵面线形相配合，避免小半径曲线与陡坡相重叠。

（5）每个弯道半径值的确定，应根据实地的地形、地物、地质、人工构造物及其他条件的要求，用外距、切线长、曲线长、曲线上任意点线位、合成纵坡等控制条件反算，并结合标准综合确定。

对于未设置缓和曲线的单圆曲线，其几何要素为 T、L、E 和 J，其计算公式和公式中符号意义如 2.3.2 节所述。在圆曲线上有三个主点桩，如图 2-2 所示，其主点桩号推算如下：

$$ZY(\text{桩号}) = JD(\text{桩号}) - T$$

$$YZ(\text{桩号}) = ZY(\text{桩号}) + L$$

$$QZ(\text{桩号}) = YZ(\text{桩号}) - L/2$$

$$JD(\text{桩号}) = QZ(\text{桩号}) + J/2$$

【例 2-1】 已知某弯道交点 JD_5，桩号为 K4+099.510，$R=200\text{m}$，转角 $\alpha=30°04'$，试计算曲线要素和主点桩号。

解：（1）曲线要素计算

$$T = R \cdot \tan\frac{\alpha}{2} = 200 \times \tan\frac{30°04'}{2} = 53.715\text{m}$$

$$L = \frac{\pi}{180} \cdot \alpha \cdot R = \frac{\pi}{180} \times 30°04' \times 200 = 104.952\text{m}$$

$$E = R\left(\sec\frac{\alpha}{2} - 1\right) = 200 \times \left(\sec\frac{30°04'}{2} - 1\right) = 7.088\text{m}$$

$$J = 2T - L = 2 \times 53.715 - 104.952 = 2.478\text{m}$$

（2）主点桩号计算

JD_5	K4+099.510
$-T$	53.715
ZY	K4+045.795
$+L$	104.952
YZ	K4+150.747
$-\frac{L}{2}$	52.476
QZ	K4+098.271
$+\frac{J}{2}$	1.239
JD_5	K4+099.510（校核无误）

2.4 缓和曲线

缓和曲线是道路平曲线形要素之一，它是设置在直线与圆曲线之间或半径相差较大的两个转向相同的圆曲线之间的一种曲率连续变化的曲线。在现代高速公路上，有时缓和曲线所占比例超过了直线和圆曲线，成为平面线形主要组成部分。在城市道路上，缓和曲线也被广泛使用。

2.4.1 缓和曲线的作用与性质

1. 缓和曲线的作用

当汽车从直线进入圆曲线时，司机应逐渐改变前轮的转向角，使其适应相应半径的圆曲线。前轮的逐渐转向是在进入圆曲线前的某一段内完成的。在直线上半径为无穷大，在进入圆曲线上时，半径为 R，从直线过渡到圆曲线，汽车的行驶曲率半径不断变化，为适应这一变化所设置的路段即为缓和曲线段。

(1) 曲率连续变化，行车更加平顺

汽车转弯行驶的过程中，存在一条曲率连续变化的轨迹线，无论车速高低这条轨迹线都是客观存在的，它的形式和长度则随行驶速度、曲率半径和驾驶员转动方向盘的快慢而定。在低速行驶时，驾驶员尚可利用路面的富余宽度将汽车保持在车道范围内，但在高速行驶时，汽车有可能超越自己的车道驶出一条很长的过渡性轨迹线。从安全性考虑，需要设置一条驾驶员易于遵循的缓和曲线，使车辆在进入或离开圆曲线时不致侵入邻近车道。

(2) 离心加速度逐渐变化，旅客感觉舒适

汽车行驶在圆曲线上产生离心力，离心力的大小与圆曲线的曲率成正比。汽车由直线驶入圆曲线或由圆曲线驶入直线，曲率的突变会使乘客有不舒适的感觉，所以应在曲率不同的直线和圆曲线、圆曲线和圆曲线之间，设置一条过渡性曲线以缓和离心加速度的变化，增加行车舒适感。

(3) 作为超高和加宽变化的过渡段，行车更加平稳

道路横断面从直线上的双坡断面过渡到圆曲线上的单坡断面和由直线上的正常宽度过渡到圆曲线上的加宽宽度，一般是在缓和曲线长度内完成的。为避免车辆在这一过渡行驶中急剧地左右摇摆，并保证路容的美观，需设置一定长度的缓和曲线。

(4) 与圆曲线配合，增加线形美观

圆曲线与直线直接衔接，在连接处曲率突变，视觉上有不平顺的感觉。设置缓和曲线后，线形连续圆滑，增加线形的美观，同时从外观上也可感到安全，如图 2-5 所示。

2. 缓和曲线的性质

缓和曲线的方程式应与汽车行驶轨迹一致。为研究汽车由直线进入圆曲线的行驶轨迹，假定汽车是等速行驶，驾驶员匀速转动方向盘，该轨迹的曲线半径与转角 ϕ 成反比例变化。汽车的转角 ϕ 从公路直线段上为零增加到圆曲线上的固定值（图 2-6）。

(a) 不设缓和曲线

(b) 设置缓和曲线

图 2-5　直线与曲线连接效果图

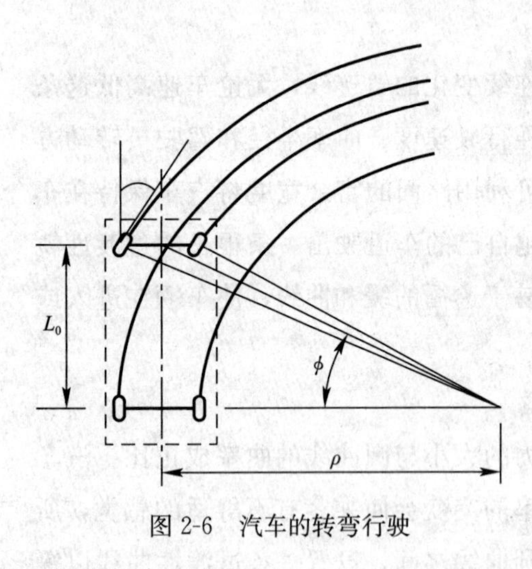

图 2-6　汽车的转弯行驶

汽车在曲线上行驶轨迹的曲线半径 ρ 的方程式，可参照图 2-6 推求。

设汽车在缓和曲线上的行驶速度为 v(m/s)，行驶 t 秒后，方向盘转动角度为 φ，前轮的转动角为 ϕ，两者的关系：

$$\phi = K \cdot \varphi \quad (K \leqslant 1)$$

方向盘转动的角速度为 ω，t(秒）后的转动角度为 $\varphi=\omega \cdot t$，则前轮的转动角度为：

$$\phi = K \cdot \varphi = K \cdot \omega \cdot t$$

设汽车前后轮轴距为 L_0，则汽车的转动半径为：

$$\rho = \frac{L_0}{\tan\phi} \approx \frac{L_0}{\phi} = \frac{L_0}{K \cdot \omega \cdot t}$$

汽车沿缓和曲线行驶 t(秒）后，在曲线上行驶的距离为 l，则：

$$l = v \cdot t = v \cdot \frac{L_0}{K \cdot \omega} \cdot \frac{1}{\rho}$$

设 $v \cdot \dfrac{L_0}{K \cdot \omega} = C$ 常数，则：

$$l = \frac{C}{\rho} \tag{2-3}$$

式中　l——汽车自直线终点开始转弯，经 t(秒）后行驶的距离（m）；

ρ——汽车行驶 t(秒）后在 l 处的曲率半径（m）；

C——常数。

此式即为汽车等速行驶、匀速转动方向盘所产生的轨迹。汽车行驶轨迹半径随其行驶距离而递减，即缓和曲线上任一点的半径与其距起点的距离成反比，且二者乘积为常数。

2.4.2 缓和曲线的形式

回旋线、双扭线、三次抛物线等曲线均具备上述缓和曲线的性质，且在极角较小（5°～6°）时几乎没有差别，回旋线是公路上最常用的一种缓和曲线，《标准》规定我国公路采用回旋线作为缓和曲线。

1. 回旋线的性质和基本公式

回旋线是一种按照特定的规律变化的变曲率曲线。这一性质与前述驾驶员以匀速转动方向盘，汽车由直线驶入圆曲线或圆曲线驶入直线的轨迹线相符，其基本公式为：

$$\rho l = A^2 \tag{2-4}$$

式中 l——回旋线上某点到原点的曲线长（m）；

ρ——回旋线上某点的曲率半径（m）；

A——回旋线参数。

回旋线参数 A 表征回旋线曲率变化的缓急程度，在回旋线内 ρ 随 l 的变化而变化。在回旋线起点，曲率为零，曲率半径为无穷大；在缓和曲线终点处，ρ 与缓和曲线连接的圆曲线半径 R 相等，缓和曲线长为 l_s 则 $Rl_s = A^2$。回旋线（图 2-7）的本质特征是：

$$\frac{dk}{dl} = \pm \frac{1}{A^2}$$

式中 k——回旋线上某点的曲率。

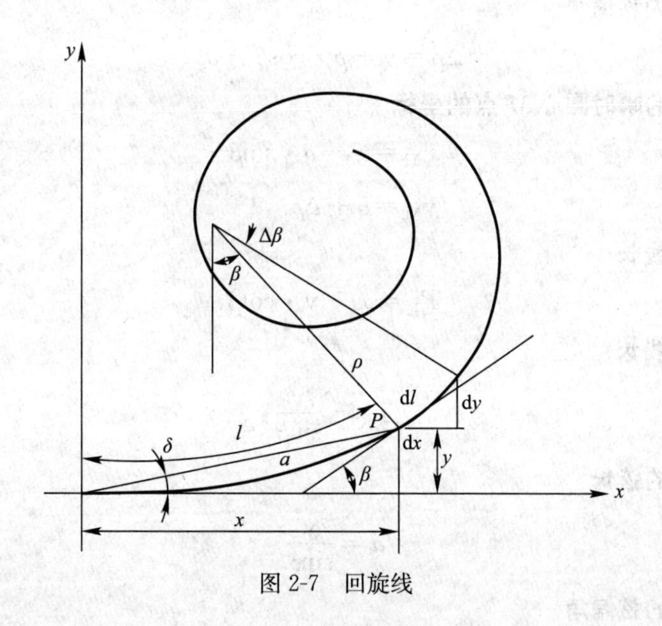

图 2-7 回旋线

从上式可以发现，曲率 k 随弧长 l 线性变化：A 越大，曲率 k 越小，曲线拐弯越缓；A 越小，曲率 k 越大，曲线拐弯越急。

回旋线要素（图 2-8）计算公式如下：

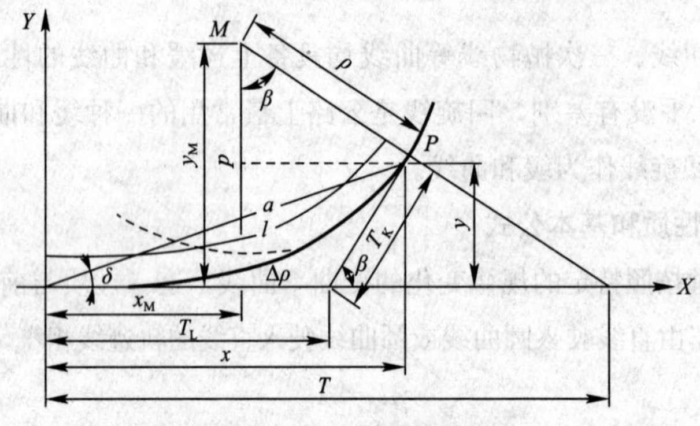

图 2-8 回旋线要素

(1) 任意点 *P* 处的曲率半径

$$\rho=\frac{A^2}{l}=\frac{l}{2\beta}=\frac{A}{\sqrt{2\beta}}$$

(2) *P* 点的回旋线长

$$l=\frac{A^2}{\rho}=2\beta\rho=A\sqrt{2\beta}$$

(3) *P* 点的缓和曲线角

$$\beta=\frac{l}{2\rho}=\frac{l^2}{2A^2}=28.6479\cdot\frac{1}{\rho}$$

(4) 曲线内移值

$$\Delta\rho=y+\rho\cdot\cos\beta-\rho$$

(5) *P* 点的瞬时圆心 *M* 点的坐标

$$x_M=x-\rho\cdot\sin\beta$$

$$y_M=\rho+\Delta\rho$$

(6) 长切线长

$$T_L=x-y\cdot\cot\beta$$

(7) 短切线长

$$T_K=\frac{y}{\sin\beta}$$

(8) *P* 点的弦长

$$a=\frac{y}{\sin\delta}$$

(9) *P* 点的弦偏角

$$\delta=\arctan\frac{y}{x}\approx\frac{\beta}{3}=9.5493\cdot\frac{1}{\rho}$$

2. 回旋线的相似性

回旋线的曲率是连续变化的，其与曲线长度的变化成线性关系。这时，可以认为回旋线的形状只有一种，只要改变参数 A 就能得到不同大小的回旋线，A 相当于回旋线的放大系数，$A=1$ 时的回旋线叫作单位回旋线。

根据相似性，可由单位回旋线要素计算任意回旋线的要素。在各要素中，可划分为长度要素（切线长、曲线长、内移值、直角坐标）和非长度要素（缓和曲线角、弦偏角），具体计算过程如下：

$$\text{回旋线长度要素}=\text{单位回旋线长度要素}\times A$$

$$\text{回旋线非长度要素}=\text{单位回旋线非长度要素}$$

2.4.3 缓和曲线长度的确定

1. 缓和曲线的最小长度

车辆需要在缓和曲线上完成由直线上曲率为零到圆曲线上 $1/R$ 的过渡行驶，要求缓和曲线有足够的长度，以使驾驶员能从容地转动方向盘，让乘客舒适、线形美观流畅，圆曲线上超高和加宽的过渡也能在缓和曲线内完成。因此应规定缓和曲线的最小长度，可从以下几方面考虑：

(1) 旅客感觉舒适

汽车在缓和曲线上行驶时，由离心力产生的离心加速度 $a=v^2/\rho$，并在 t 时间内从缓和曲线的起点到达缓和曲线终点，汽车通过缓和曲线全长 l_s，曲率半径 ρ 由 ∞ 均匀地变化到 R，离心加速度由 0 均匀地增加到 v^2/R，所以离心加速度的增长率为：

$$a_s=\frac{a}{t}=\frac{v^2}{Rt}$$

设汽车等速行驶，则：

$$t=\frac{l_s}{v}$$

$$a_s=\frac{v^3}{Rl_s}$$

故
$$l_s=\frac{v^3}{Ra_s}$$

若以 V(km/h) 表示设计速度，则最小缓和曲线长度 $l_{s(min)}$ 的计算公式为：

$$l_{s(min)}=0.0214\frac{V^3}{Ra_s} \tag{2-5}$$

式中 V——设计速度（km/h）；

a_s——离心加速度变化率（m/s^3）；

R——圆曲线半径（m）。

离心加速度变化率 a_s 的采用值，各国不尽相同。一般对于高速路，英国采用 $0.3m/s^3$，美国采用 $0.6m/s^3$，我国一般控制在 $0.5\sim0.6m/s^3$ 范围内。

(2) 超高渐变率适中

由于在缓和曲线上设置超高过渡段，如果过渡段太短则会因路面急剧地由双向横坡变为单向横坡而形成一种扭曲路面，对行车和路容均不利。

在超高过渡段上，路面外侧逐渐抬高，从而形成一个"附加坡度"，当圆曲线上的超高值一定时，这个附加坡度就取决于过渡段长度，附加坡度或称超高渐变率太大或太小都不好，太大会使行车左右剧烈摇摆影响行车安全，太小对排水不利。

《规范》规定了适中的超高渐变率，由此可导出过渡段最小长度的计算公式：

$$l_{s(\min)}=\frac{B'\Delta i}{p} \tag{2-6}$$

式中 B'——旋转轴至行车道外侧边缘（设置路缘带时为路缘带外侧边缘）的宽度（m）；

Δi——超高坡度（超高值）与路拱坡度代数差（%）；

p——超高渐变率。

(3) 行驶时间不宜过短

缓和曲线不管其参数如何，都不可使汽车倏忽而过，致使驾驶操纵来不及调整，而不能很好地适应线形变化的情况。急促的线形变化会使旅客感觉不适，因而要对车辆在缓和曲线上的最短行程时间加以限制，我国将汽车在缓和曲线上的行程时间定为3s，则缓和曲线最小长度为：

$$l_{s(\min)}=\frac{V}{1.2} \tag{2-7}$$

式中 V——设计速度（km/h）。

根据影响缓和曲线长度的各项因素，《规范》规定了各级公路缓和曲线最小长度，如表2-9所示。《城规》规定了城市道路的最小缓和曲线长度，如表2-10所示。

公路缓和曲线最小长度 **表2-9**

设计速度（km/h）	120	100	80	60	40	30	20
缓和曲线最小长度（m）	100	85	70	50	35	25	20

城市道路缓和曲线最小长度 **表2-10**

设计速度（km/h）	100	80	60	50	40	30	20
缓和曲线最小长度（m）	85	70	50	45	35	25	20

2. 缓和曲线参数 A 值的确定

由公式 $Rl_s = A^2$ 可知，进行公路平面线形设计时，可以通过选定缓和曲线长度或选定缓和曲线参数 A 值的办法，来决定从直线过渡到缓和曲线的曲率变化快慢程度。《标准》规定回旋线参数及其长度应根据线形设计以及对安全、视觉、景观等的要求，选用较大的数值。

缓和曲线长度不应小于超高过渡段的长度。《规范》规定的缓和曲线最小长度基本满足双车道公路以中线为旋转轴设置超高过渡段的长度，但对以双车道边线为旋转轴或者行车道数量较多或较宽的公路，则超高所需过渡段长度可能会更长一些。

上面讨论的是在条件受限时缓和曲线的最小长度，当圆曲线半径较大且车速较高时，缓和曲线的长度应随圆曲线半径的增大而增长。从视觉条件要求上，根据缓和曲线最小转向角 $\beta_1 = 0.0556\text{rad}$ 和最大转向角 $\beta_2 = 0.5000\text{rad}$，可获得视觉上协调、舒顺的线形。

由 $\beta = \dfrac{l}{2R} = \dfrac{A^2}{2R^2}$，$A^2 = R \cdot l$ 得：

$$A^2 = 2R^2\beta$$

故

$$A = R\sqrt{2\beta}$$

$\beta = \beta_1$时，$A = R\sqrt{2\times 0.0556} = \dfrac{R}{3}, l = \dfrac{A^2}{R} = \dfrac{R}{9}$

$\beta = \beta_2$时，$A = R\sqrt{2\times 0.5} = R$，$l = R$

可知，A 取值区间为 $R/3 \sim R$，l 取值区间为 $R/9 \sim R$。

上述关系只适用于 R 在某种范围之间。经验证明，当 R 接近 100m 时，通常取 $A = R$；当 $R < 100\text{m}$，取 $A \geqslant R$；当圆曲线半径较大时，可选择 A 在 $R/3$ 左右；如 R 超过了 3000m，宜使 $A < R/3$。

3. 缓和曲线的省略

在直线和圆曲线之间设置缓和曲线后，圆曲线产生内移值 p，在 l_s 一定的情况下，p 与圆曲线半径成反比；当半径大到一定程度时，p 值甚微，即使直线与圆曲线直接相连，汽车也能完成曲率渐变行驶，因为在车道的富余宽度中已包含该内移值。故《规范》规定在下述情况下可不设缓和曲线：

（1）在直线与圆曲线间，当圆曲线半径大于或等于“不设超高的最小半径”时；

（2）半径不同的同向圆曲线间，当小圆半径大于或等于“不设超高的最小半径”时；

（3）小圆半径大于表 2-11 中所列复曲线中小圆临界曲线半径，且符合下列条件之一时：

1）小圆曲线按规定设置相当于最小回旋线长的回旋线时，其大圆与小圆的内移值之差不超过 0.10m；

2）设计速度大于等于 80km/h 时，大圆半径（R_1）与小圆半径（R_2）之比小于 1.5；

3）设计速度小于 80km/h 时，大圆半径（R_1）与小圆半径（R_2）之比小于 2。

《城规》规定不设缓和曲线的最小圆曲线半径如表 2-12 所示。

复曲线中小圆临界曲线半径 **表 2-11**

设计速度（km/h）	120	100	80	60	40	30
临界曲线半径（m）	2100	1500	900	500	250	130

城市道路不设缓和曲线的最小圆曲线半径 **表 2-12**

设计速度（km/h）	100	80	60	50	40
不设缓和曲线的最小圆曲线半径（m）	3000	2000	1000	700	500

2.4.4 带有缓和曲线的平曲线计算公式

1. 要素计算

在圆曲线两端与直线连接处分别插入一段回旋线，即构成带缓和曲线的平曲线，一般两端的缓和曲线长度相等，这种组合形式叫基本型，如图 2-9 所示。其要素计算公式为：

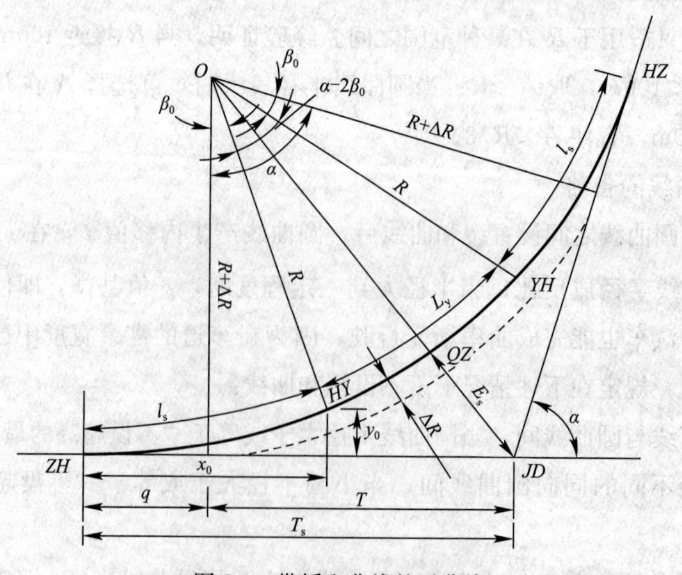

图 2-9 带缓和曲线的平曲线

$$\Delta R=\frac{l_s^2}{24R}-\frac{l_s^4}{2384R^3}$$

$$q=\frac{l_s}{2}-\frac{l_s^3}{240R^2}$$

$$\beta_0=\frac{90^\circ}{\pi}\cdot\frac{l_s}{R}=28.6479\frac{l_s}{R}$$

$$T_s=(R+\Delta R)\tan\frac{\alpha}{2}+q$$

$$L_s=(\alpha-2\beta_0)\cdot\frac{\pi}{180}\cdot R+2l_s \text{ 或 } L_s=\frac{\pi}{180}\cdot\alpha\cdot R+l_s$$

$$L_y=L_s-2l_s$$

$$E_s=(R+\Delta R)\sec\frac{\alpha}{2}-R$$

$$J_s=2T_s-L_s$$

式中 T_s——总切线长（m）；

L_s——总曲线长（m）；

E_s——外距（m）；

J_s——校正数（m）；

R——主曲线半径（m）；

α——路线转角（°）；

β_0——缓和曲线终点处（即 HY 或 YH 处）的缓和曲线角（°）；

q——缓和曲线切线增值（m）；

ΔR——设缓和曲线后，主圆曲线的内移值（m）；

l_s——缓和曲线长度（m）；

L_y——平曲线中圆曲线长度（m）。

2. 主点桩号计算

ZH(桩号)$=JD$(桩号)$-T_s$

HY(桩号)$=ZH$(桩号)$+l_s$

YH(桩号)$=HY$(桩号)$+L_y$

HZ(桩号)$=YH$(桩号)$+l_s$

QZ(桩号)$=HZ$(桩号)$-L_s/2$

JD(桩号)$=QZ$(桩号)$+J_s/2$(验算)

2.5 平面线形设计

2.5.1 平面线形设计一般原则

1. 平面线形应直捷、连续、均衡，并与地形、地物相适应，与周围环境相协调

平面线形应宜直则直，宜曲则曲，不片面追求直曲，这是美学、经济和环境保护的要求。

2. 满足驾驶员和乘客在视觉和心理上的要求

高速公路、一级公路以及设计速度大于 60km/h 的公路，应注重立体线形设计，尽量做到线形连续、指标均衡、视觉良好、景观协调、安全舒适。设计速度越高，线形设计所考虑的因素就应越周全。

3. 保持平面线形的均衡与连贯

为使一条公路上的车辆尽量以均匀的速度行驶，应注意各线形要素保持连续性而不出现技术指标的突变。以下几点在设计时应充分注意：

（1）长直线尽头不能接小半径曲线；

（2）高、低标准之间要有过渡。

4. 应避免连续急弯的线形

这种线形给驾驶者造成不便，给乘客的舒适性也带来不良影响。设计时可在曲线间插入足够长的直线或缓和曲线。

5. 平曲线应有足够的长度

汽车在道路的曲线路段上行驶，如平曲线长度过短，驾驶操纵来不及调整，在高速行驶时是不安全的。因此，平曲线应有一定长度，一般应大于 3s 行程。《规范》规定平曲线的最小长度应满足表 2-13 要求。

平曲线最小长度　　表 2-13

设计速度（km/h）	120	100	80	60	40	30	20
一般值	600	500	400	300	200	150	100
最小值	200	170	140	100	70	50	40

路线转角大小反映了路线的舒顺程度，一般来说，转角 α 有利于行车，但转角也不宜太小。转角过小，即使设置了较大半径，也容易把长曲线错认为比实际的要短，造成急转弯的错觉。《规范》规定当交点转角不得已小于或等于 7°时，应按表 2-14 设置足够长的曲线。

公路转角小于或等于7°时的平曲线长度 **表 2-14**

设计速度（km/h）	120	100	80	60	40	30	20
一般值	1400/Δ	1200/Δ	1000/Δ	700/Δ	500/Δ	350/Δ	280/Δ
最小值	200	170	140	100	70	50	40

Δ 为路线转角值（°），当 Δ＜2°时，按 2°计算。

2.5.2 平面线形要素组合设计

1. 简单型

直线与圆曲线的组合形式，即按直线—圆曲线—直线的顺序组合而成，如图 2-10 所示。

2. 基本型

按直线—缓和曲线（A_1）—圆曲线—缓和曲线（A_2）—直线的顺序组合而成的形式，如图 2-11 所示。当两回旋线的参数相等，即 $A_1=A_2$ 时，称为对称基本型；当 $A_1 \neq A_2$ 时称为非对称基本型，其 $A_1 : A_2$ 不应大于 2.0。

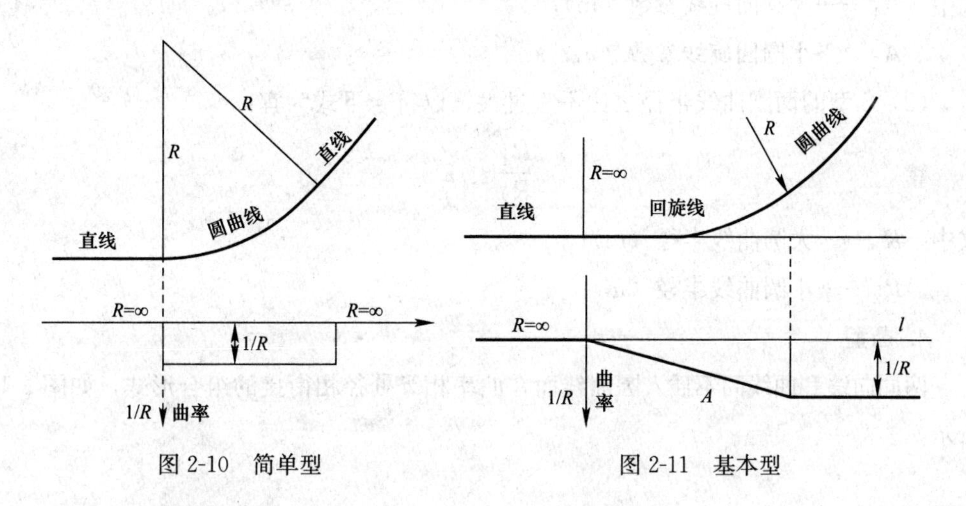

图 2-10 简单型　　图 2-11 基本型

A 值的选择使回旋线—圆曲线—回旋线的长度之比接近 1∶1∶1 为宜，并注意满足设置基本型平曲线的几何条件：

$$\alpha \geqslant 2\beta_0$$

式中 α——路线转角；

β_0——缓和曲线角。

3. S 型

即用缓和曲线连接两条反向圆曲线的组合形式，如图 2-12 所示。

（1）考虑行驶力学和线形协调、超高缓和，S 型曲线相邻两个回旋线参数 A_1 和 A_2 宜相等，若采用不同的参数时，其值相差不宜过大，应符合下式：

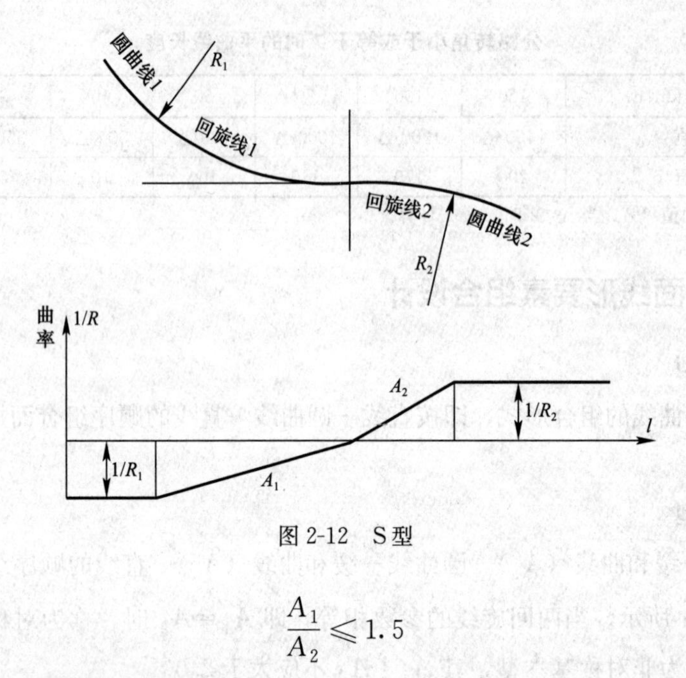

图 2-12　S 型

$$\frac{A_1}{A_2} \leqslant 1.5$$

式中　A_1——大圆回旋线参数（m）；

　　　A_2——小圆回旋线参数（m）。

（2）S 型的两圆曲线半径之比不宜过大，以符合下式为宜：

$$\frac{R_1}{R_2} \leqslant 2$$

式中　R_1——大圆曲线半径（m）；

　　　R_2——小圆曲线半径（m）。

4. 凸型

两同向缓和曲线间不插入圆曲线而在曲率相等处径相衔接的组合形式，如图 2-13 所示。

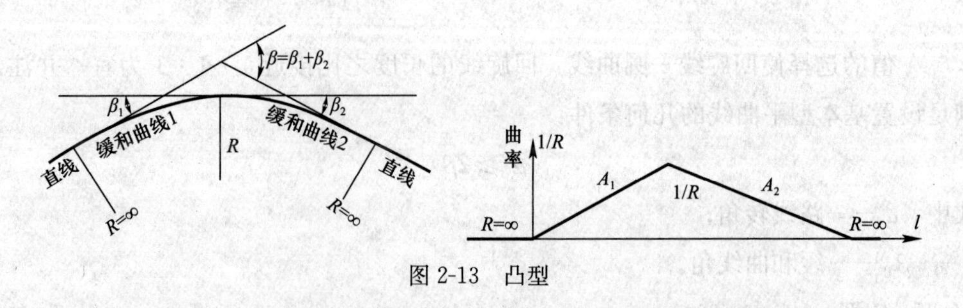

图 2-13　凸型

（1）凸型曲线的回旋线参数及其衔接点处的半径值，应分别符合容许最小回旋线参数值和圆曲线一般最小半径的规定。

（2）在设计中，一般情况下最好不采用凸型，只有在地形条件受限且对接点曲率半径相当大时才考虑采用。

5. **复曲线组合形式**

复曲线是指两个或两个以上半径不同、转向相同的圆曲线径相连接或插入缓和曲线的组合曲线，后者又叫卵型曲线。根据其是否插入缓和曲线可以有以下几种形式。

(1) 圆曲线直接相连的组合形式

按直线—圆曲线 (R_1)—圆曲线 (R_2)—直线的顺序组合构成，如图 2-14 所示。

(2) 两端带缓和曲线的组合形式

按直线—缓和曲线 (A_1)—圆曲线 (R_1)—圆曲线 (R_2)—缓和曲线 (A_2)—直线的顺序组合构成，如图 2-15 所示。

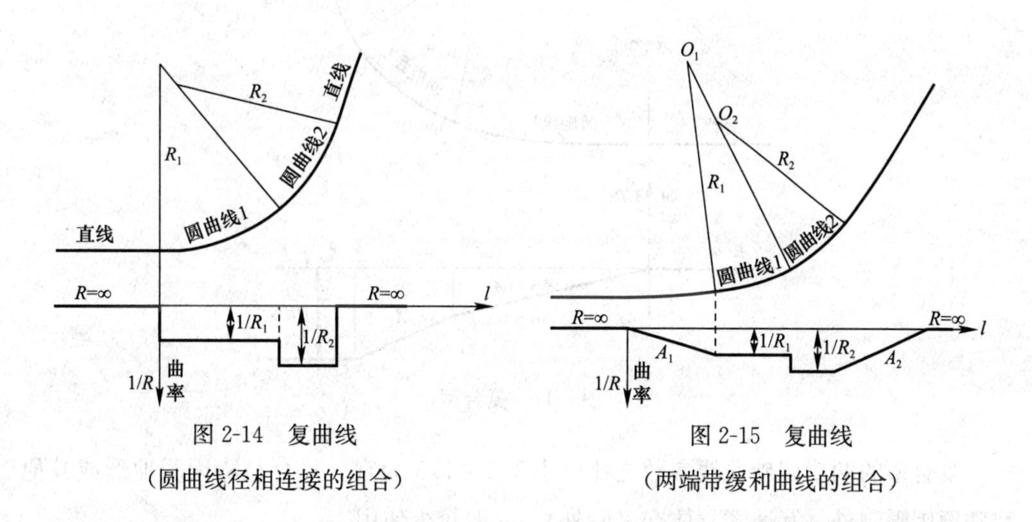

图 2-14 复曲线

(圆曲线径相连接的组合)

图 2-15 复曲线

(两端带缓和曲线的组合)

(3) 卵型曲线

按直线—圆曲线 (R_1)—缓和曲线 (A)—圆曲线 (R_2)—直线的顺序组合构成，如图 2-16 所示。

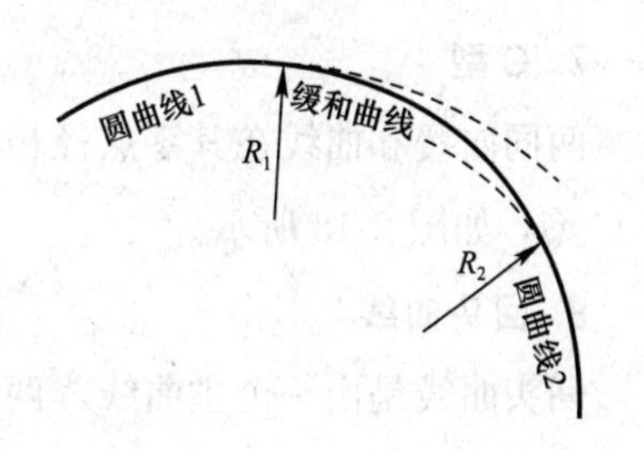

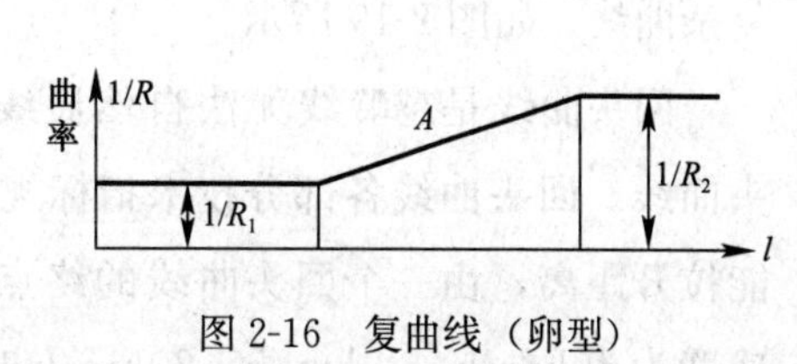

图 2-16 复曲线 (卵型)

1) 卵型回旋曲线的参数最好在下列范围之内：

$$\frac{R_2}{2} \leqslant A \leqslant R_2$$

2) 两圆曲线半径之比以满足下式为宜：

$$\frac{R_2}{R_1} = 0.2 \sim 0.8$$

3) 两圆曲线内移值 ΔR 之差以满足下式为宜：

$$\frac{\Delta R}{R_2}=0.003\sim0.03$$

式中 ΔR——两圆曲线内移值之差值（m）；

R_1——大圆曲线半径（m）；

R_2——小圆曲线半径（m）。

6. 复合型

两个及两个以上的同向缓和曲线，在曲率相等处径相连接的组合形式称之为复合型，如图 2-17 所示。

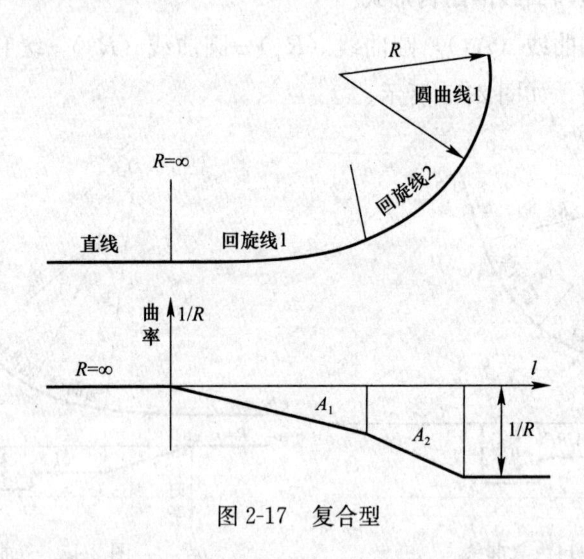

图 2-17 复合型

复合型的两个回旋曲线参数之比以小于 1∶1.5 为宜。复合型除因受地形或其他特殊原因限制外（互通式立体交叉除外），一般较少使用。

7. C 型

两同向缓和曲线在其零点径相连接（即连接处曲率为 0，$R=\infty$）的组合形式叫作 C 型，如图 2-18 所示。

8. 回头曲线

回头曲线是由一个主曲线，两个辅曲线和主、辅曲线间所夹的直线段而组成的复杂曲线，如图 2-19 所示。

回头曲线是越岭线无法自然展线时的一种展线方式，一般应尽量避免使用回头曲线。回头曲线各部分技术指标规定如表 2-15 所示。两相邻回头曲线间应尽可能拉开距离，由一个回头曲线的终点至下一个回头曲线起点的距离，当路线设计速度为 40km/h、30km/h、20km/h 时，应分别不小于 200m、150m、100m。回头曲线前后的线形应连续、均匀、通视良好，两端宜布设过渡性曲线，且设置限速标志、交通安全设施等。

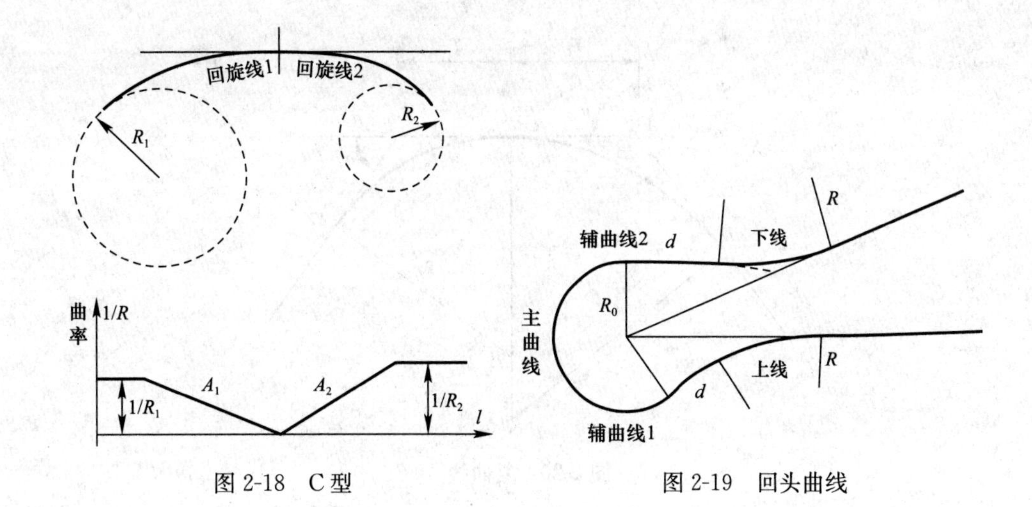

图 2-18　C型　　　　图 2-19　回头曲线

回头曲线技术指标　　　　**表 2-15**

主线设计速度（km/h）	40		30	20
回头曲线设计速度（km/h）	35	30	25	20
圆曲线最小半径（m）	40	30	20	15
缓和曲线最小长度（m）	35	30	25	20
超高横坡度（%）	6	6	6	6
双车道路面加宽值（m）	2.5	2.5	2.5	3
最大纵坡（%）	3.5	3.5	4	4.5

2.5.3　平面组合线形计算示例

下面给出复曲线和S型平面线形设计的计算示例。

1. 复曲线

(1) 两圆曲线径相连接的情况

该类复曲线是两个或两个以上不同半径同向圆曲线直接相连的组合形式。多用辅助基线法，按切线长度控制条件计算推定圆曲线半径。

如图 2-20，AB 为基线，α_1、α_2 为辅助交点转角，均由实测得到。若 R_1 已选定，则 R_2 为：

$$R_2=\frac{AB-R_1\cdot\tan\frac{\alpha_1}{2}}{\tan\frac{\alpha_2}{2}}=\frac{T_2}{\tan\frac{\alpha_2}{2}}$$

当为多交点曲线时，则可从已知半径 R_1 的交点 A 开始，逐一用切线控制法计算出各交点 2、3、…的圆曲线半径 R_2、R_3、…，即可敷设曲线。

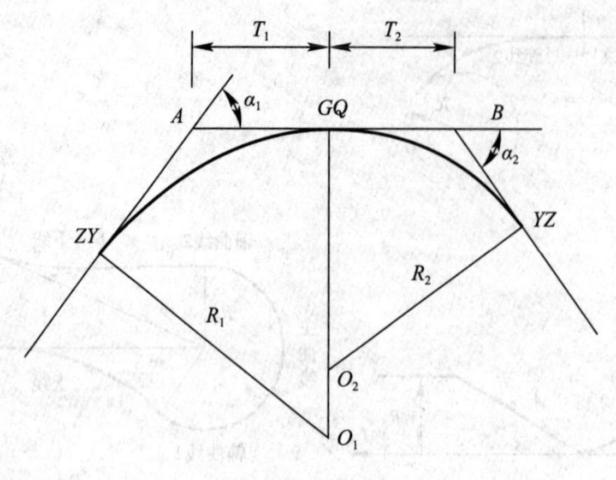

图 2-20　复曲线

【例 2-2】　已知某复曲线，基线 $AB=61.77\text{m}$，$\alpha_1=59°14'$，$\alpha_2=57°44'$，$R_1=50\text{m}$，试计算 R_2。

【解】 切线长为：

$$T_1=R_1\cdot\tan\frac{\alpha_1}{2}=50\times\tan\frac{59°14'}{2}=28.42\text{m}$$

$$T_2=AB-T_1=61.77-28.42=33.35\text{m}$$

$$R_2=\frac{T_2}{\tan\frac{\alpha_2}{2}}=\frac{33.35}{\tan\frac{57°44'}{2}}=60.49\text{m}$$

（2）带缓和曲线的情况

由于复曲线中间或两端带有缓和曲线，其计算方法各不相同，下面分三种情况，举例说明具体的计算方法。

1）两圆曲线径相衔接，公切点不在基线上的计算，如图 2-21 所示。

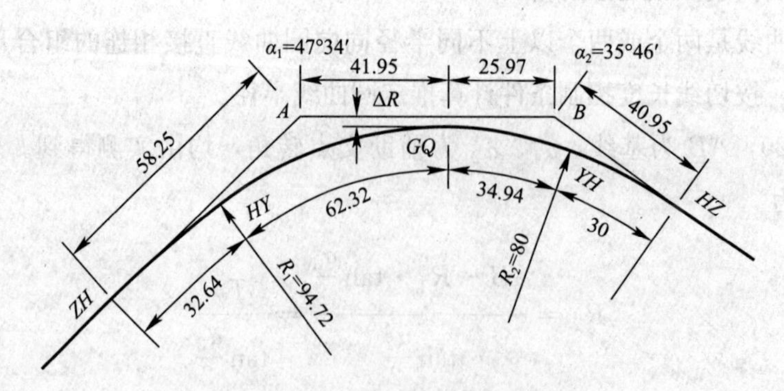

图 2-21　复曲线计算（单位：m）

【例 2-3】　已知某公路设计速度 $V=40\text{km/h}$，$\alpha_1=47°34'$，$\alpha_2=35°46'$，基线

$AB=67.92\text{m}$；已拟定 $R_2=80\text{m}$，$l_{s_2}=30\text{m}$，试计算曲线要素（要求公切点 GQ 不在基线 AB 上），如图 2-21 所示。

【解】 ① 计算曲线 2

$$\Delta R_2=\frac{l_{s_2}^2}{24R_2}=\frac{30^2}{24\times80}=0.47\text{m}$$

$$q_2=\frac{l_{s_2}}{2}-\frac{l_{s_2}^3}{240R_2^2}=\frac{30}{2}-\frac{30^3}{240\times80^2}=14.98\text{m}$$

交点 2 到公切点的距离：

$$T_{\text{B}}=(R_2+\Delta R_2)\cdot\tan\frac{\alpha_2}{2}=(80+0.47)\times\tan\frac{35°46'}{2}=25.97\text{m}$$

曲线 2 在前切线方向的切线长：

$$T_{s_2}=T_{\text{B}}+q_2=25.97+14.98=40.95\text{m}$$

曲线 2 的圆曲线长：

$$L_{y_2}=\frac{\pi}{180}\alpha_2R_2-\frac{l_{s_2}}{2}=\frac{\pi}{180}\times35°46'\times80-\frac{30}{2}=34.94\text{m}$$

交点 2 的曲线总长：

$$L_{s_2}=L_{y_2}+l_{s_2}=34.94+30=64.94\text{m}$$

② 计算曲线 1

交点 1 到公切点的距离：

$$T_{\text{A}}=AB-T_{\text{B}}=67.92-25.97=41.95\text{m}$$

由于两圆曲线必须在公切点相接，故两圆曲线的内移值相等，即：

$$\Delta R_1=\Delta R_2=0.47\text{m}$$

由简单圆曲线切线长公式得：

$$T_{\text{A}}=(R_1+\Delta R_1)\cdot\tan\frac{\alpha_1}{2}$$

$$R_1=\frac{T_{\text{A}}}{\tan\frac{\alpha_1}{2}}-\Delta R_1=\frac{41.95}{\tan\frac{47°34'}{2}}-0.47=94.72\text{m}$$

又知：

$$\Delta R_1=\frac{l_{s_1}^2}{24R_1},\quad \Delta R_2=\frac{l_{s_2}^2}{24R_2}$$

由 $\Delta R_1=\Delta R_2$ 得：

$$\frac{l_{s_1}^2}{24R_1}=\frac{l_{s_2}^2}{24R_2}$$

$$l_{s_1}=l_{s_2}\cdot\frac{\sqrt{R_1}}{\sqrt{R_2}}$$

由此式可计算出曲线 1 所需的缓和曲线长度：

$$l_{s_1}=30\times\frac{\sqrt{94.72}}{\sqrt{80}}=32.64\text{m}$$

曲线 1 的切线增长值：

$$q_1=\frac{l_{s_1}}{2}-\frac{l_{s_1}^3}{240R_1^2}=\frac{32.64}{2}-\frac{32.64^3}{240\times94.72^2}=16.30\text{m}$$

曲线 1 在后切线方向的切线长：

$$T_{s_1}=T_A+q_1=41.95+16.30=58.25\text{m}$$

曲线 1 的圆曲线长：

$$L_{y_1}=\frac{\pi}{180}\alpha_1R_1-\frac{l_{s1}}{2}=\frac{\pi}{180}\times47°34'\times94.72-\frac{32.64}{2}=62.32\text{m}$$

曲线 1 的曲线总长：

$$L_{s_1}=L_{y_1}+l_{s_1}=62.32+32.64=94.96\text{m}$$

整个复曲线的曲线总长：

$$L_s=L_{s_1}+L_{s_2}=94.96+64.94=159.90\text{m}$$

2）两圆曲线径相衔接，公切点在基线上的计算。

【例 2-4】 所有已知数据同例 2-3，要求公切点在基线 AB 上。

【解】 本例中注有编号的公式来源参见本例题后的详细说明。

① 计算曲线 2

$$\Delta R_2=0.47\text{m}(\text{同例 2-3})$$

$$q_2=14.98\text{m}(\text{同例 2-3})$$

交点 2 到公切点距离：

$$T_B=\frac{R_2+\Delta R_2-R_2\cos\alpha_2}{\sin\alpha_2}=\frac{80+0.47-80\times\cos35°46'}{\sin35°46'}=26.62\text{m}\tag{2-8}$$

曲线 2 在前切线方向的切线长：

$$\begin{aligned}T_{s_2}&=q_2+\frac{R_2-(R_2+\Delta R_2)\cos\alpha_2}{\sin\alpha_2}\\&=14.98+\frac{80-(80+0.47)\times\cos35°46'}{\sin35°46'}=40.14\text{m}\end{aligned}\tag{2-9}$$

曲线 2 的圆曲线长：

$$L_{y_2}=\frac{\pi}{180}\alpha_2R_2-\frac{l_{s_2}}{2}=\frac{\pi}{180}\times35°46'\times80-\frac{30}{2}=34.94\text{m}$$

曲线 2 的曲线总长：

$$L_{s_2}=L_{y_2}+l_{s_2}=34.94+30=64.94\text{m}$$

② 求算曲线 1 的半径，取 $l_{s_1}=30$，中间参数：

$$A=\frac{1-\cos\alpha_1}{\sin\alpha_1}=\frac{1-\cos47°34'}{\sin47°34'}=0.44$$

$$B=-(AB-T_B)=-(67.92-26.62)=-41.30$$

$$C=\frac{l_{s_1}^2}{24\sin\alpha_1}=\frac{30^2}{24\times\sin47°34'}=50.81$$

$$R_1=\frac{-B+\sqrt{B^2-4AC}}{2A}$$

$$R_1=\frac{41.30+\sqrt{41.30^2-4\times0.44\times50.81}}{2\times0.44}=92.48\text{m}$$

$$\Delta R_1=\frac{l_{s_1}^2}{24R_1}=\frac{30^2}{24\times92.48}=0.40\text{m}$$

$$q_1=\frac{l_{s_1}}{2}-\frac{l_{s_1}^3}{240R_1^2}=\frac{30}{2}-\frac{30^3}{240\times92.48^2}=14.99\text{m} \tag{2-10}$$

计算曲线 1 沿后切线方向的切线长：

$$T_{s_1}=q_1+\frac{R_1-(R_1+\Delta R_1)\cdot\cos\alpha_1}{\sin\alpha_1}$$

$$=14.99+\frac{92.48-(92.48+0.40)\times\cos47°34'}{\sin47°34'}=55.37\text{m} \tag{2-11}$$

计算交点 1 到公切点的距离：

$$T_A=\frac{R_1+\Delta R_1-R_1\cdot\cos\alpha_1}{\sin\alpha_1}$$

$$=\frac{92.48+0.40-92.48\times\cos47°34'}{\sin47°34'}=41.31\text{m} \tag{2-12}$$

$T_A+T_B=26.61+41.31=67.92\text{m}$（等于基线 AB 长，计算正确）

计算曲线 1 圆曲线长：

$$L_{y_1}=\frac{\pi}{180}\times47°34'\times92.48-\frac{30}{2}=61.78\text{m}$$

$$L_{s_1}=L_{y_1}+L_{s_1}=61.78+30=91.78\text{m}$$

总曲线长

$$L=L_{s_1}+L_{s_2}=91.78+64.94=156.72\text{m}$$

【说明】 式（2-8）～式(2-12）的来源如下所示：

设非对称基本型平曲线，其平曲线两端的缓和曲线长为 l_{s_1}、l_{s_2}，半径为 R，转角为 α，则根据交点前切线、后切线的长度公式：

$$T_H = q_1 + \frac{R + \Delta R_2 - (R + \Delta R_1) \cdot \cos\alpha}{\sin\alpha}$$

$$T_Q = q_2 + \frac{R + \Delta R_1 - (R + \Delta R_2) \cdot \cos\alpha}{\sin\alpha}$$

将复曲线视为由两个非对称的基本型曲线构成。令交点 1 的 $l_{s_1} \neq 0$ 而 $l_{s_2} = 0$，则：

$T_{s_1} = T_H$，　可得式(2-11)

$T_A = T_Q$，　可得式(2-12)

令交点 2 的 $l_{s_1} = 0$，$l_{s_2} \neq 0$，则：

$T_B = T_H$，　可得式(2-8)

$T_{s_2} = T_Q$，　可得式(2-9)

由几何关系 $T_A + T_B = AB$，建立一元二次方程：

$$\frac{1 - \cos\alpha_1}{\sin\alpha_1} \cdot R_1^2 - (AB - T_B)R_1 + \frac{l_{s_1}^2}{24\sin\alpha_1} = 0$$

令 $A = \frac{1-\cos\alpha_1}{\sin\alpha_1}$，$B = -(AB - T_B)$，$C = \frac{l_{s_1}^2}{24\sin\alpha_1}$得：

$$AR_1^2 + BR_1 + C = 0$$

解此一元二次方程可得式（2-10）。

3）卵型曲线的计算。

【例 2-5】 如图 2-22 所示，已知某公路设计速度 $V = 40\text{km/h}$，实测 $\alpha_1 = 50°30'$，$\alpha_2 = 42°02'$，基线 $AB = 70.78\text{m}$，已拟定 $R_1 = 60\text{m}$，$l_{s_1} = 40\text{m}$，试计算卵型曲线要素。

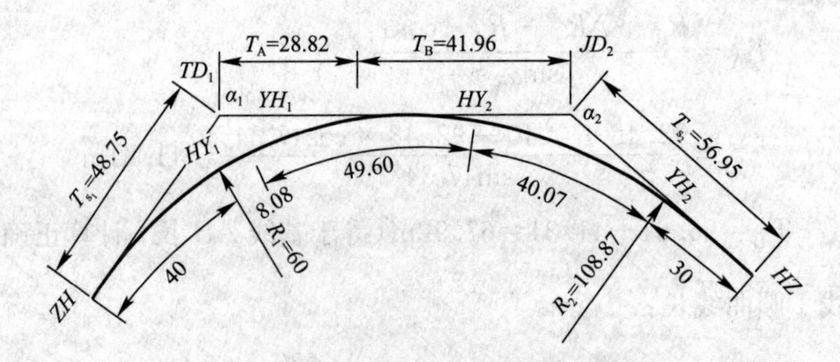

图 2-22　卵型曲线（单位：m）

【解】 ① 计算曲线 1

由基本型曲线公式可计算出曲线 1 的要素：

$$\Delta R_1 = 1.11\text{m}$$

$$q_1 = 19.93\text{m}$$

$$T_{s_1}=(R_1+\Delta R_1)\cdot\tan\frac{\alpha_1}{2}+q_1$$

$$=(60+1.11)\times\tan\frac{50°30'}{2}+19.93$$

$$=48.75\text{m}$$

未设缓和曲线时，曲线 1 的切线长，即公切点到交点 1 的距离：

$$T_A=T_{s_1}-q_1=48.75-19.93=28.82\text{m}$$

未设缓和曲线时，曲线 1 的曲线长：

$$L_1=\frac{\pi}{180}\alpha_1R_1=\frac{\pi}{180}\times50°30'\times60=52.88\text{m}$$

曲线 1 的总曲线长：

$$L_{s_1}=L_1+\frac{l_{s_1}}{2}=52.88+\frac{40}{2}=72.88\text{m}$$

② 计算曲线 2

公切点到交点 2 的距离：

$$T_B=AB-T_A=70.78-28.82=41.96\text{m}$$

对于曲线 2：

$$R_2+\Delta R_2=T_B\cdot\cot\frac{\alpha_2}{2}$$

拟用曲线 2 的缓和曲线长为 30m，将 $\Delta R_2=\frac{l_{s_2}^2}{24R_2}$代入上式得：

$$R_2+\frac{l_{s_2}^2}{24R_2}=T_B\cdot\cot\frac{\alpha_2}{2}$$

$$R_2+\frac{30^2}{24R_2}=41.96\cdot\cot\frac{42°02'}{2}$$

解此一元二次方程，得：

$$R_2=108.87\text{m}$$

曲线 2 的曲线要素即可计算：

$$q_2=\frac{l_{s_2}}{2}-\frac{l_{s_2}^3}{24R_2^2}=15.00-0.09=14.90\text{m}$$

$$T_{s_2}=T_B+q_2=41.96+14.90=56.86\text{m}$$

$$L_2=\frac{\pi}{180}\alpha_2R_2=\frac{\pi}{180}\times42°02'\times108.87=79.87\text{m}$$

曲线 2 的曲线总长：

$$L_{s_2}=L_2+\frac{l_{s_2}}{2}=79.87+\frac{30}{2}=94.87\text{m}$$

曲线总长：

$$L_s=L_{s_1}+L_{s_2}=72.88+94.87=167.75\text{m}$$

中间缓和曲线要素计算：

$$\Delta R_F=\Delta R_1-\Delta R_2=1.11-0.34=0.77\text{m}$$

中间缓和曲线的 R_F（R_F 为两圆曲线曲率差的倒数）：

$$R_F=\frac{R_1\cdot R_2}{R_2-R_1}=\frac{60\times 108.87}{108.87-60}=133.66\text{m}$$

中间缓和曲线的长度：

$$l_F=\sqrt{24R_F\cdot\Delta R_F}=\sqrt{24\times 133.66\times 0.77}=49.70\text{m}$$

插入中间缓和曲线后，曲线1的圆曲线长：

$$L_{y_1}=L_1-\frac{l_{s_1}}{2}-\frac{l_F}{2}=52.88-20-24.85=8.03\text{m}$$

曲线2的圆曲线长：

$$L_{y_2}=L_2-\frac{l_{s_2}}{2}-\frac{l_F}{2}=79.87-15-24.85=40.02\text{m}$$

L_{y_1}、L_{y_2} 均大于零，说明 l_F 可以插入。

2. S型及C型曲线

S型曲线是两个反向的基本型曲线首尾相接的组合形式，而C型曲线则是两同向的基本型曲线首尾相接的组合形式。其共同的几何特征是：两回旋曲线间的直线长度为零，即计算时要满足的条件是：

$$AB=T_1+T_2$$

式中 AB——两交点间距；

T_1——第一曲线切线长；

T_2——第二曲线切线长。

计算时通常按控制条件确定并计算一个曲线要素，则第二个曲线的曲线半径（或缓和曲线长度）则用切线长控制反算确定，再计算出第二个曲线的曲线要素。通常采用试算法进行，先拟定 R 反求 l_s 或先确定 l_s 反求 R。试算工作一般经过两个循环便可达到要求的精度。下面以S型曲线为例介绍其计算方法。

【例2-6】 S型曲线计算

已知某公路两交点 JD_1、JD_2 间距为130.26m，要求构成S型曲线。如图2-23所示（图中仅示出 JD_2 对应的曲线部分），已知曲线1的切线长 $T_1=62.82\text{m}$，JD_2

的转角 $\alpha_2=17°56'$，试确定 JD_2 的曲线半径。

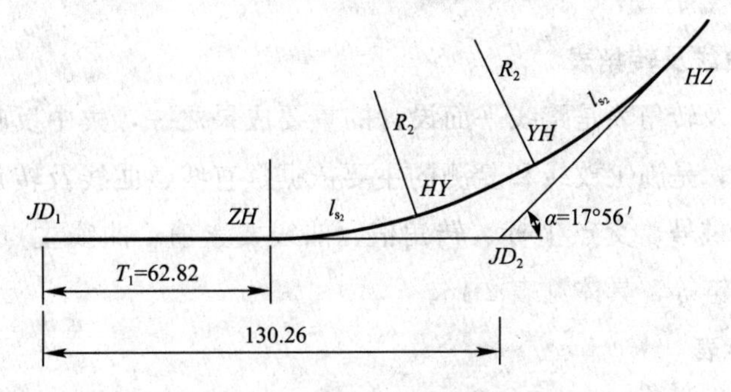

图 2-23　S 型曲线计算（单位：m）

【解】 初拟曲线 2 的缓和曲线长 $l_{s_2}=40\text{m}$。

由 S 型曲线的几何条件可得：

$$T_2=AB-T_1=130.26-62.82=67.44\text{m}$$

切线增长值可近似按下式计算：

$$q_2\approx\frac{l_{s_2}}{2}=20\text{m}$$

由 $T_2=(R_2+\Delta R_2)\tan\frac{\alpha_2}{2}+q_2$ 得：

$$R_2+\Delta R_2=\frac{T_2-q_2}{\tan\frac{\alpha_2}{2}}=\frac{67.44-20}{\tan\frac{17°56'}{2}}=300.66\text{m}$$

初算：

$$\Delta R_2\approx\frac{l_{s_2}^2}{24R'_2}=\frac{40^2}{24\times300.66}=0.22\text{m}$$

曲线 2 的半径：

$$R_2=300.66-0.22=300.44\text{m}$$

验算：

$$\Delta R_2=\frac{40^2}{24\times300.44}=0.22\text{m}$$

与初算相同，半径可以采用。

2.6　道路平面设计成果

道路平面设计成果主要有直线、曲线及转角表，逐桩坐标表，路线平面设计图等。

2.6.1 道路平面设计有关计算表

1. 直线、曲线及转角表

直线、曲线及转角表是路线平面设计的重要成果之一，集中反映了道路平面设计的成果和数据，是施工放线和复测的主要依据。直线、曲线及转角表中的元素包括交点号、交点桩号、交点坐标、转角值、曲线要素值、曲线主点桩号、直线长、计算方位角、断链等，具体见表 2-16。

2. 逐桩坐标表

高等级公路的线形指标高，表现在平面上是圆曲线半径较大、缓和曲线较长，在测设和放样时须采用坐标法，方能保证其测量精度。某道路逐桩坐标如表 2-17 所示。

2.6.2 道路平面设计图

道路平面设计图是道路设计文件的重要组成部分，其全面、清晰地反映道路平面位置、线形和几何尺寸，以及沿线人工构造物和重要设施的位置和所经地区的地形、地物等，是设计人员设计意图的重要体现。

1. 公路路线平面设计图

公路路线平面设计图是指包括道路中线在内的有一定宽度的带状地形图，一般常用 1∶2000 比例尺绘制，地势平坦地区可用 1∶5000 比例尺绘制。地形特别复杂地段的路线初步设计、施工图设计须用 1∶500 或 1∶1000 比例尺绘制。如为路线局部纸上移线，则比例尺应视具体情况酌情放大。带状地形图的测绘宽度，一般为中线两侧各 100～200m。对于 1∶5000 的地形图，测绘宽度每侧应不小于 250m。如有比较线，应将比较线包括进去。

路线一律按前进方向从左至右绘制，一般在平面图中应标示出道路沿线的地形、地物，平面控制点，高程控制点，线位及平曲线交点，公里桩、百米桩及平曲线主要桩位，断链位置及前后桩号，各种构造物的位置以及县以上境界等，标出指北图式，列出平曲线要素表。高速公路、一级公路及采用坐标控制的其他等级公路还应示出坐标网格、互通式立体交叉平面布置形式、跨线桥（包括分离式立体交叉桥）位置及交叉方式、复杂平面交叉位置及形式。

公路路线平面设计图示例见图 2-24。

2. 城市道路平面设计图

城市道路与公路相比，里程较短而路幅较宽，因此，绘图比例尺的选用上一般比公路大。在进行道路施工图设计时，通常采用 1∶1000～1∶500 的比例尺绘制。绘图的范围，一般在道路两侧红线以外各 20～50m，或中线两侧各 50～150m，等级

直线、曲线及转角表

表 2-16

项目名称：

交点号	交点坐标		交点桩号	转角值	曲线要素值（m）							曲线主点桩号					直线长度及方向			备注
	N（X）	E（Y）			半径	缓和曲线长度	缓和曲线参数	切线长度	曲线长度	外距	校正值	第一缓和曲线起点	第一缓和曲线终点或圆曲线起点	曲线中点	第二缓和曲线起点或圆曲线终点	第二缓和曲线终点	直线段长（m）	交点间距（m）	计算方位角	
1	2	3	4	5	6	7	8	9	10	11	12	13	14	15	16	17	18	19	20	21
JD_0	445781.0038	322536.148	K0+000	81°18′06″													59.051	122.120	48°42′42″	
JD_1	445762.563	322656.867	K0+122.12	32°30′24″	100	35	59.161	63.287	50.478	10.455	6.096	K0+59.051	K0+94.051	K0+121.527	K0+144.212	K0+179.212	160.715	270.182	31°30′54″	
JD_2	445535.1443	322801.868	K0+385.637	64°6′18″	100	35	59.161	46.303	20.822	4.560	1.783	K0+339.927	K0+374.927	K0+385.044	K0+395.088	K0+430.088	179.523	282.523	42°54′54″	
JD_3	445411.8537	323056.069	K0+666.308	72°48′48″	100	35	59.161	57.074	40.011	8.027	4.137	K0+609.611	K0+644.611	K0+665.715	K0+684.655	K0+719.655	585.809	687.653	15°30′12″	
JD_4	445614.3187	323713.241	K1+350.234	57°18′36″	200	35	83.666	45.64	20.822	2.223	0.457	K1+305.464	K1+340.464	K1+349.641	K1+359.616	K1+394.616	212.374	385.798	25°0′42″	
JD_5	445822.3831	324038.124	K1+734.773	82°24′18″	500	35	132.288	128.369	183.056	12.244	3.683	K1+606.990	K1+641.990	K1+734.18	K1+825.693	K1+860.693	233.025	447.626	37°42′24″	
JD_6	445881.3919	324481.843	K2+179.95	59°48′18″	200	35	83.666	86.449	97.578	11.794	5.32	K2+093.718	K2+128.718	K2+179.357	K2+225.471	K2+260.471	84.991	232.295	71°36′18″	
JD_7	445764.6497	324682.672	K2+406.263	48°30′24″	60	35	45.826	61.659	40.36	15.212	12.958	K2+345.463	K2+380.463	K2+405.67	K2+420.465	K2+455.465	304.756	487.576	54°48′48″	
JD_8	446087.4252	325048.112	K2+881.382	76°30′48″	200	35	83.666	121.742	156.889	25.764	16.595	K2+760.222	K2+795.222	K2+880.789	K2+951.775	K2+986.775	295.925	504.768	38°24′48″	
JD_9	445970.2445	325539.091	K3+369.801	38°6′0″	200	35	83.666	86.449	97.578	11.794	5.32	K3+282.700	K3+317.700	K3+369.208	K3+417.000	K3+452.000	909.533	1047.226	18°36′6″	
JD_{10}	445146.1729	326185.301	K4+412.776	56°42′6″	200	35	83.666	51.007	31.289	3.04	0.725	K4+364.331	K4+399.331	K4+412.183	K4+429.310	K4+464.310	463.432	682.509	53°30′0″	
JD_{11}	444771.6344	326755.862	K5+95.812	69°42′54″	300	35	102.47	170.442	247.6	36.889	23.285	K4+927.742	K4+962.742	K5+095.219	K5+207.813	K5+242.813	456.753	696.811	20°0′0″	
JD_{12}	445012.323	327409.784	K5+769.182	49°42′54″	300	35	102.47	70.426	69.667	4.801	1.186	K5+699.566	K5+734.566	K5+768.589	K5+805.971	K5+840.971				
ZD	445161.9277	327584.907	K6+000																	

设计：　　　　复核：　　　　审核：

某道路逐桩坐标表　　表 2-17

桩号	坐标值		桩号	坐标值	
	X	*Y*		*X*	*Y*
K0＋000	322629.000	52990.000	K0＋630	322056.960	53002.890
K0＋030	322599.000	52990.000	K0＋640	322053.122	53006.885
K0＋060	322569.000	52990.000	K0＋660	322035.929	53024.281
K0＋090	322539.000	52990.000	K0＋670.540	322028.159	53031.400
K0＋120	322509.000	52990.000	K0＋690	322012.904	53043.470
K0＋150	322479.000	52990.000	K0＋690.150	322012.782	53043.558
K0＋180	322449.000	52990.000	K0＋709.750	321996.297	53054.146
K0＋185.300	322443.703	52989.969	K0＋720	321987.297	53059.049
K0＋210	322421.967	52978.241	K0＋744.760	321964.993	53069.796
K0＋240	322395.583	52963.962	K0＋750	321960.240	53072.001
K0＋270	322369.199	52949.684	K0＋780	321933.026	53084.628
K0＋300	322342.814	52935.406	K0＋800.700	321914.249	53093.340
K0＋318.200	322326.808	52962.744	K0＋810	321905.807	53097.240
K0＋330	322316.408	52921.168	K0＋835.700	321882.172	53107.323
K0＋353.200	322295.488	52911.159	K0＋840	321878.141	53108.821
K0＋360	322289.156	52908.681	K0＋862.740	321856.436	53115.577
K0＋390	322260.239	52900.838	K0＋870	321849.388	53117.315
K0＋420	322230.395	52898.194	K0＋889.770	321829.970	53121. 003
K0＋446.330	322204.170	52900.225	K0＋900	321819.826	53122. 325
K0＋450	322200.550	52900.830	K0＋924.770	321795.157	53124. 547
K0＋480	322171.632	52908.665	K0＋930	321789.944	53124. 960
K0＋510	322144.538	52921.455	K0＋959.790	321760.386	53128.549
K0＋539.460	322120.521	52938.453	K0＋960	321760.179	53128.589
K0＋540	322120.110	52938.802	K0＋990	321731.412	53136.942
K0＋570	322098.527	52959.621	K1＋020	321704.705	53150.511
K0＋574.460	322095.435	52962.836	K1＋039.900	321688.589	53162.163
K0＋600	322077.742	52981.255	K1＋050	321680.995	53168.820

编制：　　复核：

高的范围大些，等级低的范围可小些，特殊情况例外。

城市道路平面设计图一般应标明：路线、规划红线、车道线、人行道线、分隔带、路缘带、道路沿线出入口、平面交叉及立体交叉、各种地上地下管线的走向和位置、雨水口、窨井、排水沟等。必要时，可另绘排水干管、支管平面布置图纸或专用线路平面布置图。

施工图设计阶段的城市道路平面设计图示例见图 2-25。

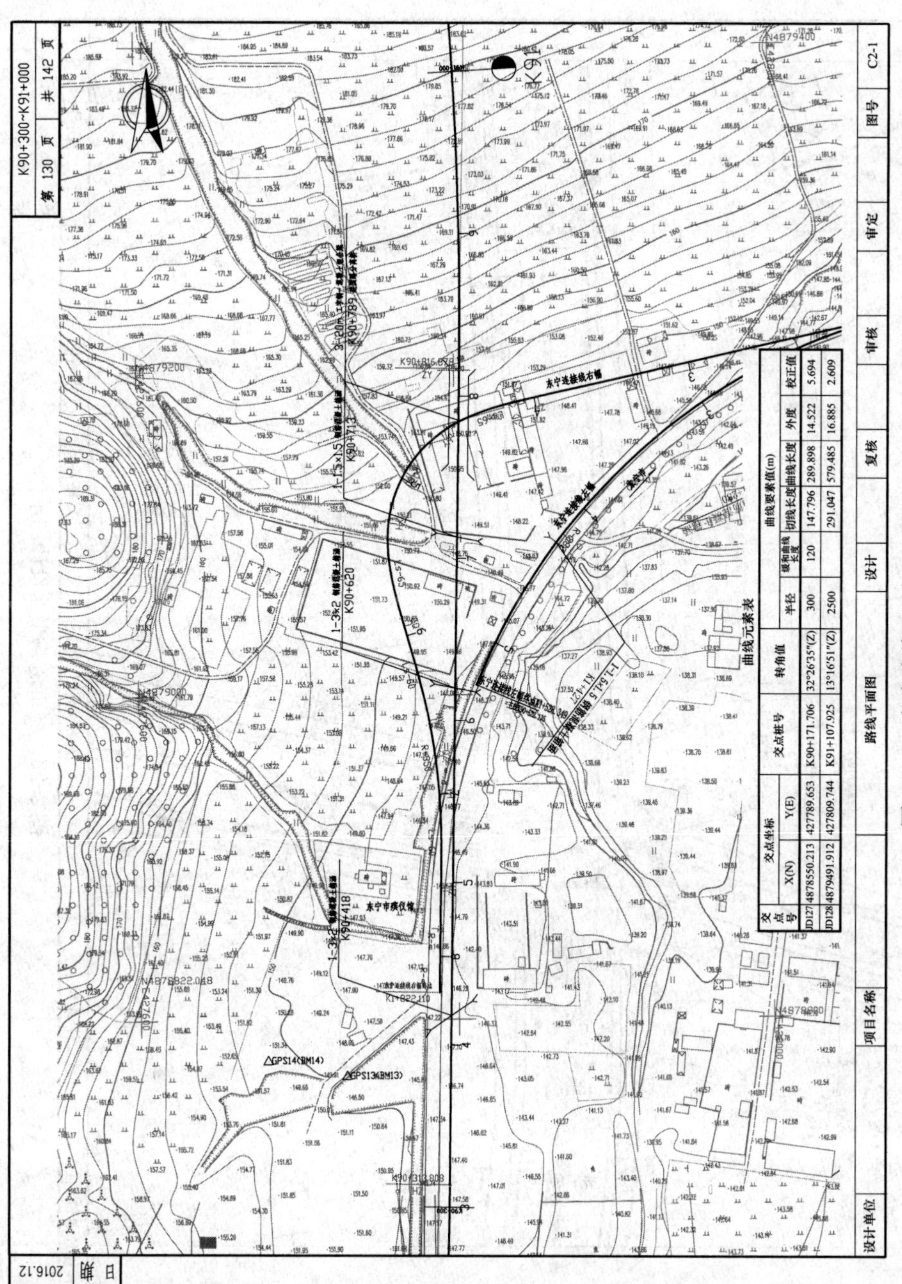

图 2-24 公路路线平面设计图示例

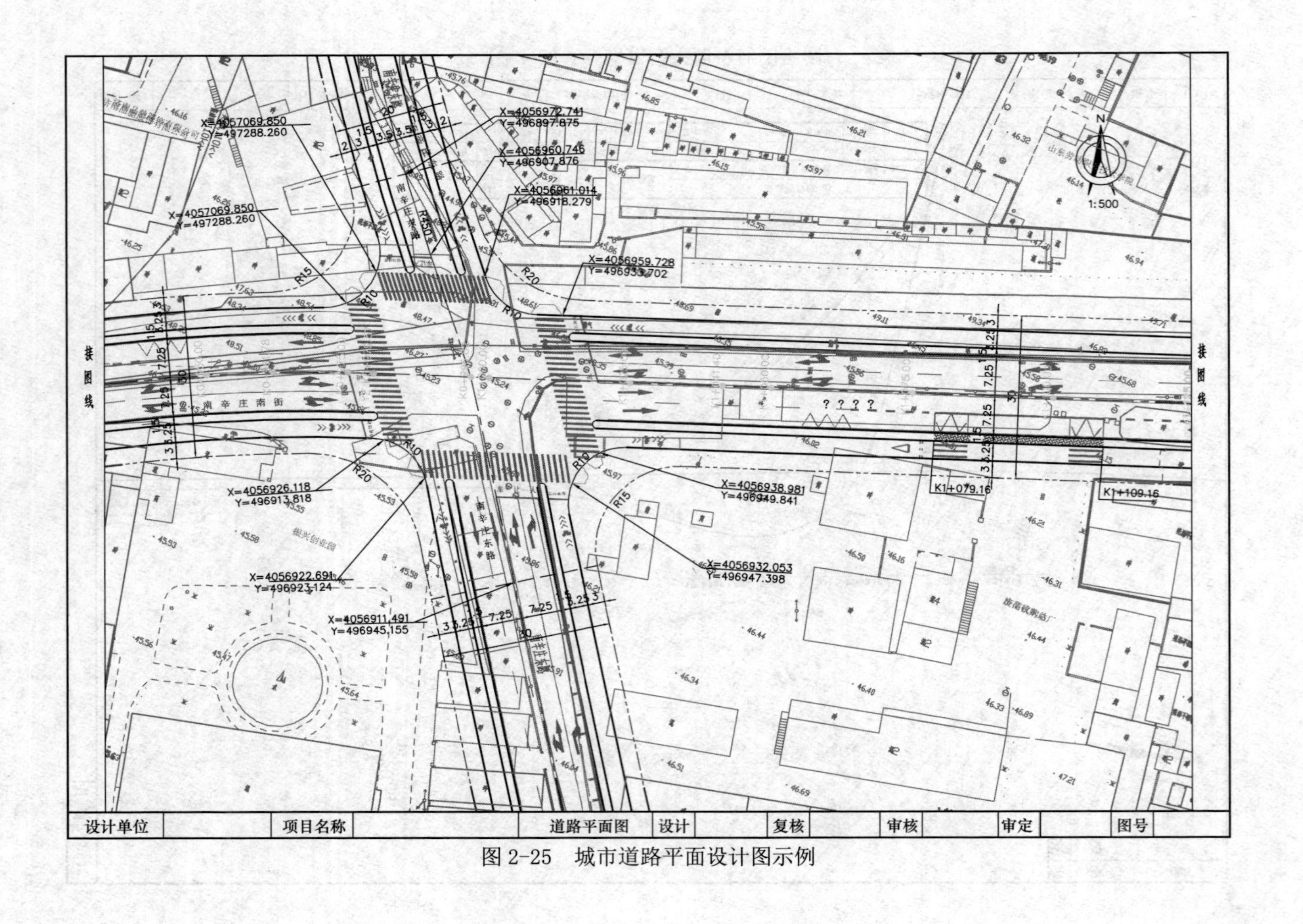

图 2-25　城市道路平面设计图示例

小结及学习指导

本章内容包括平面线形要素、特点，直线最大长度和最小长度的限定，圆曲线最小半径的计算和确定，缓和曲线的作用和性质，缓和曲线的形式以及缓和曲线长度的确定，设有缓和曲线的平曲线要素计算及主点桩号推算，平面线形设计的一般原则，平面线形组合设计及计算，道路平面设计的成果及设计流程。

通过本章的学习，要求掌握平面线形三要素的特点及运用条件，了解直线长度的限定要求，掌握圆曲线半径和缓和曲线长度计算确定方法，熟悉平面线形设计的一般原则，能进行平面线形要素组合设计和计算，了解路线平面设计的成果和设计流程。

习题及思考题

2-1 为什么要设置缓和曲线？意义何在？

2-2 为什么要限制直线的长度？

2-3 为什么道路上设置缓和曲线采用回旋线？回旋线的特征有哪些？

2-4 公路的最小圆曲线半径有几种？公路最小圆曲线半径与城市道路最小圆曲线半径间存在的差异是什么？

2-5 设某二级公路设计速度为 80km/h，路拱横坡为 2%。

(1) 试求不设超高的圆曲线半径及设置超高（$i_h=8\%$）的极限最小半径（μ 值分别取 0.035 和 0.15）。

(2) 当采用极限最小半径时，缓和曲线长度应为多少（路面宽 $B=9$m，超高渐变率取 1/150）？

2-6 如图 2-26 所示，山岭区某三级公路测设中，测得某相邻两交点偏角为 JD_{14} 右偏 46°52′00″，JD_{15} 左偏 11°20′30″，若选取 $R_{14}=65$m，$R_{15}=120$m，试求两交点间的最短距离。如实测交点间距离为 62.45m，应选择 R_{15} 为多少合适（$V=30$km/h，缓和曲线长按最小值取 25m）？

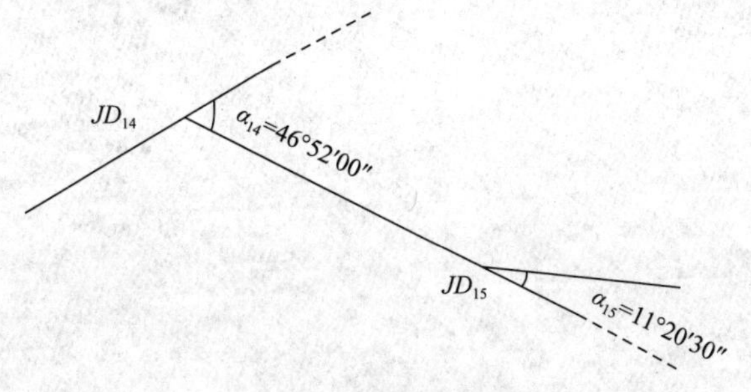

图 2-26　习题 2-6 图

第 2 章真题解析

第 3 章

道路纵断面设计

本章知识点

【知识点】纵断面设计内容、设计原则，纵坡设计依据，最大、最小纵坡及坡长设计，竖曲线要素和高程计算，竖曲线最小半径和最小长度限制，爬坡车道设计条件和构成，纵断面设计方法、步骤、注意事项和设计成果。

【重点】纵断面设计原则，最大、最小纵坡及坡长设计，竖曲线要素计算，竖曲线最小半径和最小长度限制，纵断面设计步骤。

【难点】竖曲线要素计算，竖曲线最小半径和最小长度限制。

纵断面是沿道路中心线竖向剖切然后展开的剖面。纵断面设计的主要任务就是根据汽车的动力特性、道路等级、自然地理条件以及工程经济性等因素，研究纵断面设计线的几何构成以及与平面线形的组合关系，以便达到行车安全、迅速，工程和运输经济合理及乘客舒适等目的。

3.1 概述

3.1.1 纵断面设计主要内容

图 3-1 为路线纵断面示意图，图上主要有两条线：一条是地面线，它是根据中线上各桩点的地面高程点绘的一条不规则折线，反映了沿道路中线的地面起伏变化情况；另一条是道路纵断面设计线，它是经过技术、经济以及美学等多方面比较后定出的一条具有规则形状的几何线形，反映了道路路线的起伏变化情况。纵断面图是道路纵断面设计的主要成果，也是道路设计的技术文件之一。将道路的平面图和纵断面图进行组合，就可以明确道路的空间走向和位置。

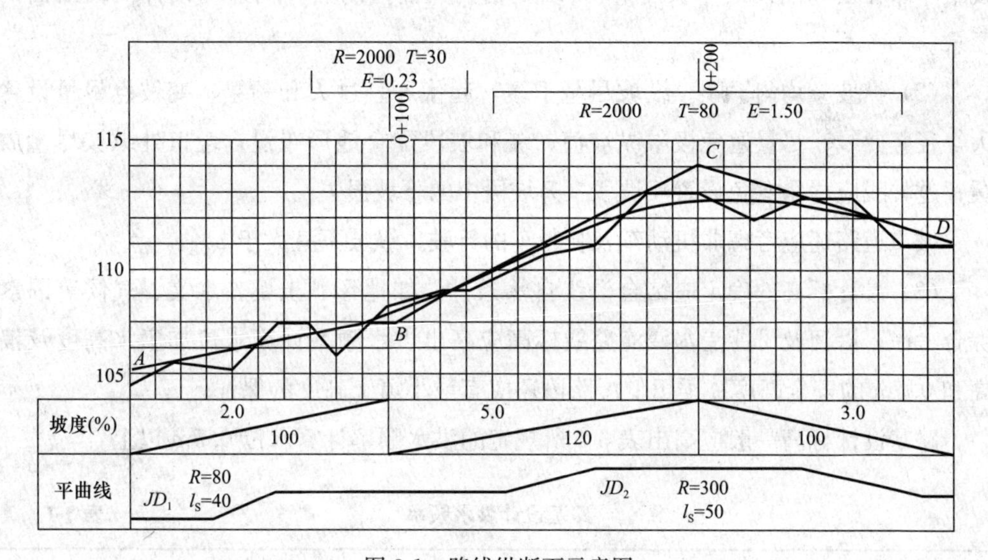

图 3-1 路线纵断面示意图

纵断面设计线是由直线（即均匀坡度线）和竖曲线构成。直线有上坡和下坡之分，是用坡度和坡长（水平长度）表示的。两直坡的变坡点处为平顺行车及必要的视距设置竖曲线，按坡度转折形式的不同，分为凸形竖曲线和凹形竖曲线，其大小用曲线半径和水平投影长度表示。

路中线的原地面标高，称为地面标高，其连线即为地面线。对于纵断面上的设计标高，即路基设计标高，《规范》规定如下：

对于新建公路，高速公路和一级公路宜采用中央分隔带的外侧边缘标高；二、三、四级公路采用路基边缘标高，在设置超高、加宽地段为设超高、加宽前该处标高。对于改建公路，一般遵照新建公路的规定执行，也可视具体情况而采用中央分隔带中线或者行车道中线处的标高作为设计标高。

对于城市道路，设计标高指建成后的行车道中线路面标高或中央分隔带中线标高。

设计标高与地面标高之差，即为该处的施工高度，当设计标高大于地面标高时为路堤（填方），当设计标高小于地面标高时为路堑（挖方）。

3.1.2 纵断面设计的一般原则

纵断面设计的主要内容是根据道路等级、沿线自然条件和构造物控制标高等，确定路线合适的标高、各坡段的纵坡度和坡长，并设计竖曲线。基本要求是将纵断面线形诸要素组合成汽车行驶平顺舒适、视觉连续的线形，并保证填挖经济平衡。在进行道路纵断面设计时，一般应遵循以下原则：

（1）应满足纵坡及竖曲线的各项规定（最大纵坡、最小纵坡、坡长限制、竖曲线最小半径及竖曲线最小长度等），以及相关高程控制点和构造物设计对纵断面的要求。

（2）纵坡应均匀平顺。纵坡尽量平缓，起伏不宜过大和频繁；变坡点尽量设置大半径竖曲线，尽量避免极限纵坡值；缓和坡段配合地形布设；垭口处纵坡尽量放缓；越岭线应尽量避免设置反坡段（升坡段中的下坡损失）。

城市道路还应考虑非机动车及自行车的行驶，纵坡不宜大于3%。

（3）设计标高的确定应结合沿线自然条件，如地形、土壤、水文、气候等因素综合考虑；沿河及可能受水浸淹路线标高应高出洪水频率计算水位加壅水高度及浪高和0.5m的安全高度；稻田低湿路段还应有最小填土高度的保证。

路基设计标高一般应高出表3-1所规定的洪水频率计算水位0.5m以上。

路基设计洪水频率 **表3-1**

公路等级	高速公路	一级公路	二级公路	三级公路	四级公路
设计洪水频率	1/100	1/100	1/50	1/25	按具体情况确定

沿河及受水浸淹的路基边缘高程应高出规定设计洪水频率的计算水位（并包括壅水和浪高）至少0.5m。

城市周边地区的公路路基设计洪水频率应结合城市防洪标准，考虑救灾通道、排洪和泄洪需求综合确定。

（4）纵断面设计应与平面线形和周围地形景观相协调，应考虑人体视觉心理上的要求，按平竖曲线相协调及半径的均衡来确定纵断面的设计线。

(5) 应争取填挖平衡，尽量移挖作填，以节省土石方量，降低工程造价。

(6) 依路线的性质要求，适当照顾当地民间运输工具、农业机械、农田水利等方面的要求。

(7) 城市道路的纵坡及设计标高的确定，还应考虑沿线两侧街坊地坪标高及保证地下管线最小覆土厚度的要求。一般应使缘石顶面标高低于两侧街坊或建筑物的地坪标高。

3.2 纵坡及坡长设计

3.2.1 纵坡

1. 最大纵坡

最大纵坡是指在纵坡设计时各级道路允许采用的最大坡度值。它是纵断面设计中的一项重要控制指标，直接影响道路路线的长短、使用质量的好坏、行车安全以及运输成本和工程造价。

汽车沿陡坡行驶时，因克服升坡阻力和其他阻力需增大牵引力，车速便会降低，若陡坡过长，将导致汽车水箱“开锅”（即沸腾）、气阻等情况，严重时可能会引发发动机熄火，使驾驶条件恶化；下坡时为克服车辆下滑需频繁制动刹车，制动器易发热失灵引发事故；当道路泥泞时，情况更为严重。为保证车辆能以适当的车速在道路上安全行驶不致发生危险，应在道路纵断面线形设计时对纵坡最大值进行限制。目前，各级道路允许的最大纵坡主要是依据车辆的爬坡性能、道路等级、自然条件、车辆行驶安全、道路通行能力以及工程和运营经济等因素综合确定的。

(1) 汽车爬坡性能

道路上行驶的车型较多，不同类型的车辆间的动力性能和制动性能不尽相同。其上坡时的爬坡能力和下坡时的制动效能存在一定的差异，相应的对公路的最大纵坡要求均不相同。依据道路上行驶的车辆类型及其所具有的动力特性来确定汽车在规定速度下的爬坡能力和下坡的安全性，是确定道路最大纵坡的常用方法。

小汽车的爬坡性能和行驶速度受纵坡大小的影响较小，而载重汽车及铰接车随坡度的加大车速会显著下降，直接影响道路的通行能力和行车安全。根据我国的实际情况，在确定道路最大纵坡时应以国产典型载重汽车作为标准车型，目前使用较多的是东风 EQ-140 型载重汽车及 SK661 铰接车。

考虑不同类型汽车的行驶性能，在确定最大纵坡时需要分析以下几种情况。

理想最大纵坡是指设计车型在油门全开的情况下，持续以希望速度等速行驶所能克服的纵坡。希望速度对小客车为设计速度，对载重车为汽车的最大行驶速度。在不大于理想最大纵坡的坡道上载重车能以最大速度行驶，可使载重车与小客车、重车与轻车之间的速差最小，相互干扰小，道路通行能力大。

不限长度最大纵坡是指设计车型在油门全开情况下，持续以容许速度等速行驶所能克服的纵坡。容许速度一般为设计速度的 1/2～2/3，高速路取低限，低速路取高限。

理想最大纵坡虽好，但常因地形等条件限制，不是总能争取到。有必要允许车速由希望速度降到容许速度，以获得较大纵坡，在不限长度最大纵坡上，汽车将以容许速度等速行驶。

当汽车在纵坡小于或等于不限长度最大纵坡的坡道上行驶时，只要初速度大于容许速度，汽车至多减速到容许速度；当纵坡大于不限长度最大纵坡时，为防止汽车行驶速度低于容许速度，应对其坡长加以限制。

（2）道路等级

不同的道路等级对应于不同的设计速度。根据汽车的动力特性曲线可知，如图 3-2 所示，其中 D 为动力因数。其含义是：某类型汽车在海平面高度上，满载情况下，单位车重所具有的后备驱动力，用以表达汽车克服行驶阻力的性能。稳定行

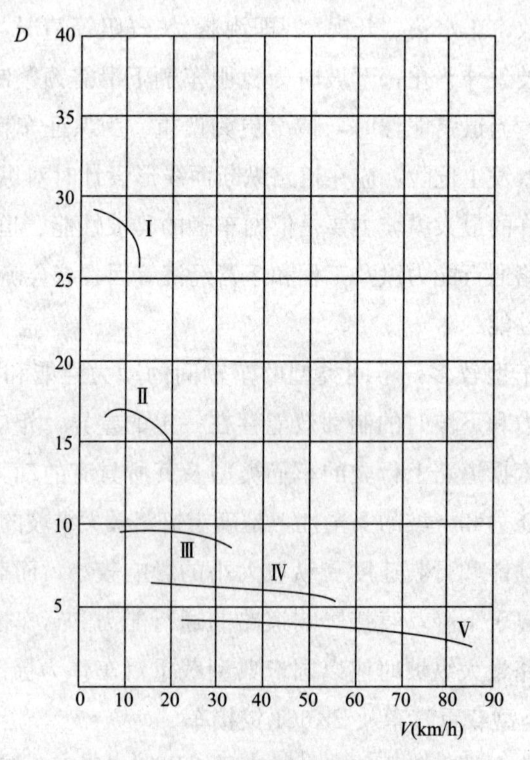

图 3-2　某汽车动力特性图

驶时，汽车的爬坡能力与行驶速度成反比，车速越高对应的爬坡能力越低。等级高的道路其通行能力大，要求的速度也快，相应地其纵坡要求小。因此，不同等级和性质的道路，其最大纵坡的限制也不一样，在确定路线最大纵坡时必须以保证各等级道路具有规定的设计速度作为前提。

（3）自然条件

公路所经地区的地形起伏情况、海拔高度、气候条件等也会影响汽车的行驶条件和爬坡能力，对于长期处于冰冻地区的道路应避免采用陡坡，以防止行车下滑等不安全因素的产生。

（4）车辆行驶安全

车辆沿纵向行驶安全的最基本要求是保证纵向稳定性。纵向稳定性即指汽车在坡度较大的坡道上行驶时，抵抗绕后轴或者前轴倾翻以及纵向倒溜的能力。

除了上述四个因素外，确定最大纵坡时还要考虑工程和运营经济等因素。我国《标准》对汽车在坡道上行驶情况进行了大量调查、试验，并广泛征求了各有关方面特别是驾驶员的意见，经综合分析各影响因素后研究确定了最大纵坡推荐值，我国《标准》和《城规》规定的各级公路和城市道路最大纵坡值见表 3-2 和表 3-3。

各级公路最大纵坡 **表 3-2**

设计速度（km/h）	120	100	80	60	40	30	20
最大纵坡（%）	3	4	5	6	7	8	9

城市道路机动车道最大纵坡 **表 3-3**

设计速度（km/h）		100	80	60	50	40	30	20
最大纵坡（%）	一般值	3	4	5	5.5	6	7	8
	极限值	4	5	6		7	8	

设计速度为 120km/h、100km/h、80km/h 的高速公路受地形条件或其他特殊情况限制时，经技术经济论证，最大纵坡值可增加 1%。

改扩建公路设计速度为 40km/h、30km/h、20km/h 的利用原有公路的路段，经技术经济论证，最大纵坡值可增加 1%。

四级公路位于海拔 2000m 以上或积雪冰冻地区的路段，最大纵坡不应大于 8%。

位于城镇附近且非汽车交通量较大的路段，其纵坡可根据情况适当放缓。

大、中桥上纵坡不宜大于 4%，桥头引道纵坡不宜大于 5%，位于城镇混合交通繁忙处的桥梁、桥上及引道纵坡不得大于 3%。

隧道及其洞口两端路线的纵坡：隧道内纵坡应小于 3%，但短于 100m 的隧道不受此限；高速和一级公路的中、短隧道，当条件受限时，经技术经济论证后，最大纵坡不宜大于4%。

新建道路应采用小于或等于最大纵坡一般值；改建道路、受地形条件或其他特殊情况限制时，可采用最大纵坡极限值。

除快速路外的其他等级道路，受地形条件或其他特殊情况限制时，经技术经济论证后，最大纵坡极限值可增加1%。

积雪或冰冻地区的快速路最大纵坡不应大于3.5%，其他等级道路最大纵坡不应大于6%。

2. 高原纵坡折减

高海拔地区随海拔高度的增加，大气压力、空气温度和密度都逐渐减小，汽车发动机功率和动力性能受到影响。另外，空气密度的减小使得汽车散热能力下降，发动机过热使得汽车水箱中的水易于沸腾而破坏冷却系统。因此，在高原地区为避免上述情况，在道路纵坡设计时应采用较小的纵坡值。

《规范》规定：设计速度小于或等于80km/h、位于海拔3000m以上的高原地区公路，最大纵坡应按表3-4的规定予以折减。最大纵坡折减后小于4%时应采用4%。

高原纵坡折减值　　表3-4

海拔高度（m）	3000～4000	4000～5000	5000以上
纵坡折减（%）	1	2	3

3. 最小纵坡

为了保证挖方路段、设置边沟的低填方路段和其他横向排水不畅的路段排水通畅，以防止水渗入路基而影响其稳定性，应设置不小于0.3%的纵坡，一般情况下采用不小于0.5%为宜。对于横向排水不畅的路段或长路堑路段，采用平坡（0%）或小于0.3%的纵坡时，其边沟应进行纵向排水设计。对于干旱地区以及横向排水良好、不产生路面积水的路段，也可不受此最小纵坡的限制。

3.2.2 坡长

坡长是指两变坡点间的水平直线距离。坡长限制，主要是对一般纵坡的最小长度和较陡纵坡的最大长度加以限制，即最小坡长和最大坡长两个方面。

1. 最小坡长

最小坡长的限制是从汽车行驶平顺性、乘客的舒适性、纵断面视距和相邻两竖曲线的布设等方面考虑的。若纵断面上变坡点过多，坡长过短，会使车辆行驶颠簸和变换挡位频繁，加剧驾驶劳累，影响行车安全和舒适。其次，若坡长过短，变坡点间将无法设置相邻两竖曲线的切线长，无法插入适当竖曲线来缓和纵坡的要求，尤其是对于两凸形变坡点间的距离难以满足行车视距要求。所以，纵坡坡长设计应具有一定的最小长度。

最小坡长通常规定汽车以设计速度行驶9～15s的行程为宜。对于高速路，最小坡长采用9s行程；对于低速路，为满足行车和布线的要求可取大值。《规范》规定了各级公路的最小坡长，见表3-5。

各级公路最小坡长 **表3-5**

设计速度（km/h）	120	100	80	60	40	30	20
最小坡长（m）	300	250	200	150	120	100	60

我国城市道路最小坡长通常规定为10s的行驶距离。另外，在一段坡长设置的两个竖曲线不得搭接。加罩道路、老桥利用接坡段、尽端道路及坡差小的路段，最小坡长的规定可适当放宽。《城规》规定了各级城市道路的最小坡长，见表3-6。

城市道路最小坡长 **表3-6**

设计速度（km/h）	100	80	60	50	40	30	20
最小坡长（m）	250	200	150	130	110	85	60

2. 最大坡长

道路纵坡的大小及其坡长对汽车正常行驶有很大影响。纵坡越陡、坡长越长，对行车影响越大，汽车上坡时需克服坡度阻力采用低速挡行驶，使行车速度显著下降，若坡长过长，长时间使用低速挡行驶会使发动机过热、水箱沸腾，行驶无力、甚至熄火，影响道路通行能力和行车安全；而下坡时，则因坡度过陡、坡段过长需频繁制动，易使制动器发热而失效，对行车安全不利。最大坡长为纵坡达到一定限制时对纵坡坡长的限制长度，它是针对采用同一坡度值的单一坡段而言的。

影响最大坡长的因素很多，包括海拔高度、装载数量、汽车自身性能等。《规范》规定最大坡长如表3-7所示。

各级公路不同纵坡的最大坡长（m） **表3-7**

纵坡坡度（%）	设计速度（km/h）						
	120	100	80	60	40	30	20
3	900	1000	1100	1200	—	—	—
4	700	800	900	1000	1100	1100	1200
5	—	600	700	800	900	900	1000
6	—	—	500	600	700	700	800
7	—	—	—	—	500	500	600
8	—	—	—	—	300	300	400

续表

纵坡坡度（%）	设计速度（km/h）						
	120	100	80	60	40	30	20
9	—	—	—	—	—	200	300
10	—	—	—	—	—	—	200

《城规》规定：对于城市道路，当设计速度≤30km/h时，由于车速低，爬坡能力大，坡长可不受表3-8的限制。非机动车道纵坡≥2.5%时，纵坡最大坡长应符合表3-9的规定。

城市道路机动车最大坡长　　表3-8

设计速度（km/h）	100	80	60			50			40		
纵坡（%）	4	5	6	6.5	7	6	6.5	7	6.5	7	8
最大坡长（m）	700	600	400	350	300	350	300	250	300	250	200

城市道路非机动车道最大坡长　　表3-9

纵坡（%）		3.5	3.0	2.5
最大坡长（m）	自行车	150	200	300
	三轮车	—	100	150

高速公路和一级公路纵坡及坡长的选用应充分考虑车辆运行质量的要求。对高速公路，即使纵坡为2%，其坡长也不宜过长。

3. 缓和坡段

在纵断面设计中，对于连续上坡路段，当陡坡的长度达到限制坡长时，应设置一段缓坡，为汽车提供一个能够加速的纵坡条件，使其行驶速度能够恢复到容许最低速度以上，并能够继续以不低于容许最低速度的实际速度行驶。

《规范》规定：对于连续上坡路段，应根据载重汽车上坡时的速度折减变化，在不大于表3-7规定的坡长间设置缓和坡段。当设计速度小于或等于80km/h时，缓和坡段的纵坡应不大于3%；当设计速度大于80km/h时，缓和坡段的纵坡应不大于2.5%。缓和坡段的长度应大于表3-5规定的最小坡长的规定。

缓和坡段的具体位置应结合纵向地形起伏情况，尽量减少填挖方工程数量，同时应考虑路线的平面线形要素。在一般情况下，缓和坡段宜设置在平面的直线或较大半径的平曲线上，以便充分发挥缓和坡段的作用，提高整条道路的使用质量。在必须设置缓和坡段而地形又困难的地段，可以将缓和坡段设于半径比较小的平曲线上，但应适当增加缓和坡段的长度，以使缓和坡段端部的竖曲线位于小半径平曲线之外。这种要求对提高行驶质量、保证行车安全是十分必要的。

3.2.3 平均纵坡

平均纵坡（i_p）是指在一定长度范围内，路线在纵向所克服的相对高差与该路段的水平距离之比。它是衡量纵断面线形质量的重要指标之一。即：

$$i_p = \frac{H}{L}(\%) \tag{3-1}$$

式中 H——相对高差（m）；

L——路线长度（m）。

在进行路线纵坡设计时，当地形困难、高差很大时，设计时可能不断交替地运用最大纵坡（并达到限制坡长）和缓和坡段（往往接近最短坡长），形成所谓的“台阶式”纵断面，不能保证使用质量。实际调查和研究发现，在连续下坡时，若驾驶员为了控制速度、频繁地使用行车制动器，可能因制动毂温度过高、逐步丧失制动效能，而引起车辆失控等安全问题。

为了合理地运用最大坡度、坡长和缓和坡段，保证纵坡均衡匀顺，避免机械地套用指标，以确保行车安全和舒适，《规范》规定：二级及二级以下公路的越岭路线连续上坡或下坡路段，相对高差为200～500m时，平均纵坡应不大于5.5%；相对高差大于500m时，平均纵坡应不大于5%。任意连续3km路段的平均纵坡宜不大于5.5%。

对于高速公路和一级公路，应采用合理的平均纵坡，以提高纵坡路段的通行能力和运行安全，其连续长、陡下坡路段的平均坡度与连续坡长不宜超过表3-10的规定。超过时应重点对上行方向的通行能力和服务水平、下行方向的行车安全进行检验、分析和评价，提出路段速度控制和通行管理方案，完善交通工程和安全设施，并论证增设货车强制停车区。

连续长、陡下坡的平均坡度与连续坡长 **表3-10**

平均坡度（%）	<2.5	2.5	3.0	3.5	4.0	4.5	5.0	5.5	6.0
连续坡长（km）	不限	20.0	14.8	9.3	6.8	5.4	4.4	3.8	3.3
相对高差（m）	不限	500	450	330	270	240	220	210	200

3.2.4 纵坡设计的一般规定

为使纵坡设计经济合理，必须在全面掌握勘测资料的基础上，结合选（定）线的纵坡安排意图，经过综合分析、反复比较定出设计纵坡。纵坡设计一般需要满足以下规定：

（1）纵坡设计必须满足《标准》和《规范》的规定和要求。一般不轻易使用各级道路的最大纵坡值和不同纵坡最大坡长值，而应当留有一定的余地，只有在为争取高度利用有利地形，或避开工程艰巨地段等不得已时，方可采用。

（2）为保证车辆能以一定速度安全顺适地行驶，纵坡应具有一定的平顺性，起伏不宜过大和过于频繁。对连续长、陡纵坡路段的上坡或下坡方向，应分别对上坡方向的路段通行能力和服务水平、下坡方向的行车安全进行检验分析。

（3）纵坡设计应综合考虑沿线地形、地下管线、地质、水文、气候和排水等条件，视具体情况加以处理。各种地形条件下纵坡设计应遵循下列要求：

① 平原地形的纵坡应均匀、平缓；

② 丘陵地形的纵坡应避免过分迁就地形而起伏过大；

③ 越岭线的纵坡应力求均匀，不应采用最大值或接近最大值的坡度，更不宜连续采用不同纵坡最大坡长值的陡坡夹短距离缓坡的纵坡线形；

④ 山脊线和山腰线，除结合地形不得已时采用较大的纵坡外，在可能条件下应采用平缓的纵坡。

（4）道路纵坡设计应考虑路基工程的填挖平衡，并利用挖方就近作为填方，以避免对自然地面横坡与环境的影响。

（5）对连接段纵坡，如大、中桥引道及隧道两端接线等，纵坡应和缓，避免产生突变。在交叉口前后的道路，考虑行车安全和交叉口竖向设计，其纵坡也应平缓一些。位于积雪冰冻地区的公路，应避免采用陡坡。

（6）在实地调查的基础上，公路应充分考虑通道、农田水利等方面的要求；城市道路应充分考虑管线综合、沿街建筑地坪标高的要求。

3.3 竖曲线

纵断面上两相邻纵坡线的交点为变坡点。当汽车行驶在纵坡变坡点时，为了缓和因车辆动能变化而产生的冲击和保证视距的需要而在变坡点处所设置的纵向曲线，称为竖曲线。设变坡点处两直坡段的坡度值分别为 i_1 和 i_2，上坡为正，下坡为负，其代数差用坡度差 ω 表示，即 $\omega=i_2-i_1$。当 ω 为正时，变坡点在竖曲线下方，表示凹形竖曲线；ω 为负时，变坡点在竖曲线上方，表示凸形竖曲线（图 3-3）。

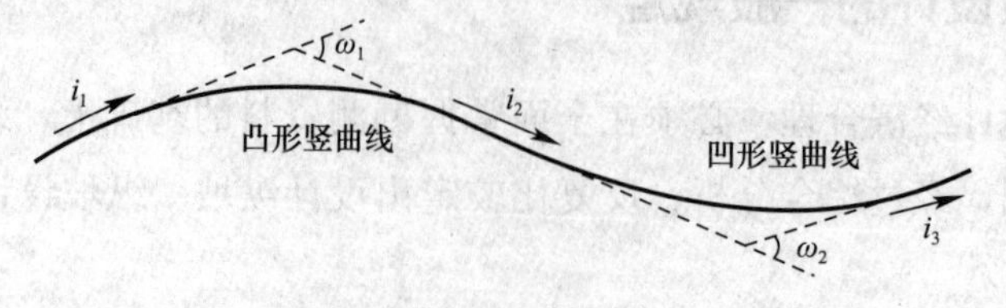

图 3-3　竖曲线示意图

竖曲线线形一般有圆曲线和二次抛物线两种形式。由于竖曲线的前后坡差很小，抛物线呈非常平缓的线形，在使用范围内两者几乎没有差别，但在设计和计算上，抛物线相对方便，因此实际竖曲线设计时常采用二次抛物线形。

3.3.1 竖曲线计算

1. 竖曲线要素计算

竖曲线要素计算主要包括竖曲线长、竖曲线半径、竖曲线切线长和竖曲线上任一点的竖距等，其中竖曲线切线长是指变坡点到竖曲线起点或终点的距离。如图 3-4 所示，在图示坐标系下，二次抛物线的一般方程可表示为：

$$y=\frac{1}{2k}x^2+ix \tag{3-2}$$

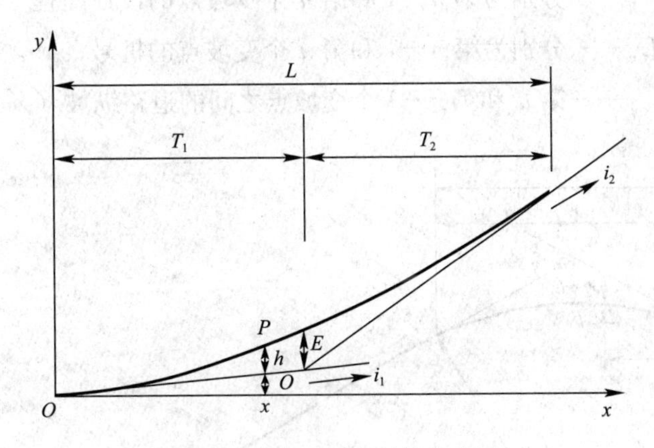

图 3-4 竖曲线要素计算示意图

竖曲线上任一点 P 的斜率为：$i=\frac{\mathrm{d}y}{\mathrm{d}x}=\frac{x}{k}+i_1$

抛物线上任一点的曲率半径为：$R=\left[1+\left(\frac{\mathrm{d}y}{\mathrm{d}x}\right)^2\right]^{3/2}\Big/\frac{\mathrm{d}^2y}{\mathrm{d}x^2}$

式中$\frac{\mathrm{d}y}{\mathrm{d}x}=i$，$\frac{\mathrm{d}^2y}{\mathrm{d}x^2}=\frac{1}{k}$，代入上式，得：$R=k(1+i^2)^{3/2}$

因为 i 介于 i_1 和 i_2 之间，且 i_1、i_2 均很小，故 i^2 可略去不计，则：$R\approx k$

当 $x=0$ 时，$i=i_1$，则：

$$y=\frac{x^2}{2R}+i_1x \tag{3-3}$$

当 $x=L$ 时，$i=\frac{L}{k}+i_1=i_2$，则：

$$k=\frac{L}{i_2-i_1}=\frac{L}{\omega},\quad 即 R=\frac{L}{\omega}$$

则竖曲线长度：
$$L=R|\omega| \tag{3-4}$$

因为 $T=T_1\approx T_2$，则竖曲线切线长：
$$T=\frac{L}{2}=\frac{R|\omega|}{2} \tag{3-5}$$

竖曲线上任一点竖距 h：
$$h=\frac{x^2}{2R} \tag{3-6}$$

竖曲线外距 E：
$$E=\frac{T^2}{2R}\text{或}E=\frac{R\omega^2}{8}=\frac{L\omega}{8}=\frac{T\omega}{4} \tag{3-7}$$

2. 竖曲线高程计算

如图 3-5 所示，设计中可以根据当前变坡点的高程和桩号依次推算下一个变坡点的设计高程，公式如下：

$$H_{n+1}=H_n+(L_{n+1}-L_n)\cdot i_{n+1} \tag{3-8}$$

式中 H_{n+1}、H_n——分别为第 $n+1$ 和第 n 个变坡点的设计高程（m）；

L_{n+1}、L_n——分别为第 $n+1$ 和第 n 个变坡点的桩号；

i_{n+1}——第 n 和第 $n+1$ 个变坡点之间的道路纵坡（%）。

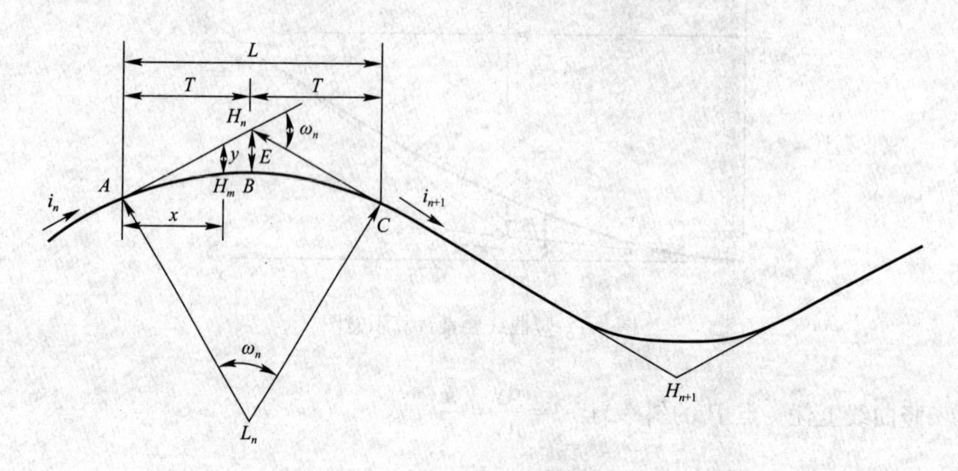

图 3-5 竖曲线几何元素

变坡点前后切线上任意点设计高程：

$$H_m=H_n-(T-x)\cdot i_n \tag{3-9}$$

当 $x=0$ 时，即为竖曲线起点高程。利用上式还可计算直坡段上任意点的设计高程。

竖曲线上任意点设计高程：

$$H_{竖}=H_m\pm y \tag{3-10}$$

当为凹形竖曲线时取“+”，凸形竖曲线取“−”。

【例 3-1】 某二级公路，变坡点桩号为 K4+050.00，高程为 582.86m，$i_1=+5\%$，$i_2=-4\%$，竖曲线半径 $R=3000$m。试计算竖曲线诸要素以及桩号为 K3+950.00

和 K4＋360.00 处的设计高程。

【解】（1）计算竖曲线要素

坡度差：$\omega=i_2-i_1=-0.04-0.05=-0.09$，为凸形。

曲线长：$L=R\omega=3000\times0.09=270.00\text{m}$

切线长：$T=\dfrac{L}{2}=\dfrac{270}{2}=135.00\text{m}$

外距：$E=\dfrac{T^2}{2R}=\dfrac{135.00^2}{2\times3000}=3.04\text{m}$

（2）计算设计高程

竖曲线起点桩号＝(K4＋050.00)－135.00＝K3＋915.00

竖曲线起点高程＝582.86－135.00×0.05＝576.11m

竖曲线终点桩号＝(K4＋050.00)＋135.00＝K4＋185.00

竖曲线终点高程＝582.86－135.00×0.04＝577.46m

1）桩号 K3＋950.00 处，位于竖曲线内：

横距 x_1＝(K3＋950.00)－(K3＋915.00)＝35.00m

竖距 $h_1=\dfrac{x_1^2}{2R}=\dfrac{35.00^2}{2\times3000}=0.20\text{m}$

切线高程＝576.11＋35.00×0.05＝577.86m

设计高程＝577.86－0.20＝577.66m

2）桩号 K4＋360.00 处，落于竖曲线外，位于直坡段上：

设计高程＝582.86－(360.00－50.00)×0.04＝570.46m

3.3.2 竖曲线设计

1. 竖曲线设计标准制定原理

竖曲线的设计要考虑众多因素的限制，其中有三个限制因素决定着竖曲线的最小半径或最小长度。

(1) 缓和冲击

汽车在竖曲线上行驶时，产生径向离心力。这个力在凹形竖曲线上是增重，在凸形竖曲线上是减重。这种增重与减重达到某种程度时，旅客就有不舒适的感觉，同时对汽车的悬挂系统也有不利影响，所以在确定竖曲线半径时，对离心加速度应加以控制。汽车在竖曲线上行驶时其离心加速度为：

$$a=\frac{v^2}{R}=\frac{V^2}{12.96R}(\text{m/s}^2) \tag{3-11}$$

式中　v、V——均为行驶车速，单位分别为 m/s、km/h；

R——竖曲线半径（m）。

根据试验，认为离心加速度 a 限制在 $0.5\sim0.7\text{m/s}^2$ 是比较合适的。但考虑避免冲击造成的不舒适感，以及视觉平顺等的要求，限制 $a=0.278\text{m/s}^2$ 左右，则：

$$R_{\min}=\frac{V^2}{3.6} \text{或} L_{\min}=\frac{V^2\omega}{3.6} \tag{3-12}$$

(2) 行程时间不宜过短

汽车从直坡段行驶到竖曲线上，尽管竖曲线半径较大，当变坡角较小时，竖曲线长度也很短。其长度过短，汽车倏忽而过，驾驶员产生变坡很急的错觉，旅客也会感到不舒适。因此，应限制汽车在竖曲线上的行程时间不宜过短。最短应满足 3s 行程，即：

$$L_{\min}=\frac{V}{3.6}t=\frac{V}{1.2} \tag{3-13}$$

(3) 满足视距的要求

汽车行驶在竖曲线上，若为凸形竖曲线，如果半径太小，会阻挡驾驶员的视线。若在凹形竖曲线上时，也同样存在视距问题。对地形起伏较大地区的道路，在夜间行车时，若竖曲线半径过小，前灯照射距离近，影响行车速度和安全；高速公路及城市道路跨线桥、门式交通标志及广告宣传牌等，如果它们正好处在凹形竖曲线上方，也会影响驾驶员的视线。因此为了保证行车安全，对竖曲线的最小半径和最小长度应加以限制。

2. 凸形竖曲线

凸形竖曲线最小半径和最小长度应以满足停车视距要求为主，按竖曲线长度 L 和停车视距 S_T 的关系分为两种情况。

(1) $L<S_T$（如图 3-6a 所示）

$$h_1=\frac{d_1^2}{2R}-\frac{t_1^2}{2R}，\text{则 } d_1=\sqrt{2Rh_1+t_1^2}$$

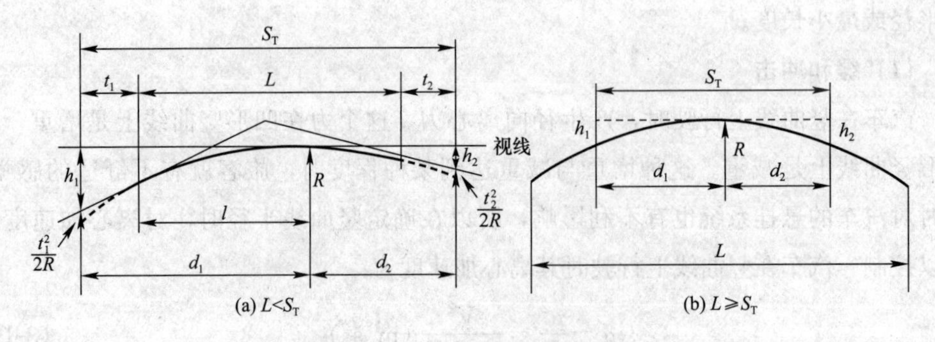

图 3-6　凸形竖曲线计算图示

$$h_2=\frac{d_2^2}{2R}-\frac{t_2^2}{2R}，则\ d_2=\sqrt{2Rh_2+t_2^2}$$

式中　h_1——驾驶员视线高度，即计算目高，取 $h_1=1.2\text{m}$；

　　h_2——障碍物高度，即计算物高，取 $h_2=0.1\text{m}$。

由 $t_1=d_1-l=\sqrt{2Rh_1+t_1^2}-l$，得：

$$t_1=\frac{Rh_1}{l}-\frac{l}{2}$$

由 $t_2=d_2-(L-l)=\sqrt{2Rh_2+t_2^2}-(L-l)$，得：

$$t_2=\frac{Rh_2}{L-l}-\frac{L-l}{2}$$

视距长度 $S_T=t_1+L+t_2=\frac{Rh_1}{l}+\frac{L}{2}+\frac{Rh_2}{L-l}$

令 $\frac{\mathrm{d}S_T}{\mathrm{d}l}=0$，解此得 $l=\frac{\sqrt{h_1}}{\sqrt{h_1}+\sqrt{h_2}}L$，代入上式：

$$S_T=\frac{R}{L}(\sqrt{h_1}+\sqrt{h_2})^2+\frac{L}{2}=\frac{(\sqrt{h_1}+\sqrt{h_2})^2}{\omega}+\frac{L}{2}$$

$$L_{\min}=2S_T-\frac{2(\sqrt{h_1}+\sqrt{h_2})^2}{\omega}=2S_T-\frac{4}{\omega} \tag{3-14}$$

（2）$L\geqslant S_T$（如图 3-6b 所示）

$$h_1=\frac{d_1^2}{2R}，则\ d_1=\sqrt{2Rh_1}$$

$$h_2=\frac{d_2^2}{2R}，则\ d_2=\sqrt{2Rh_2}$$

$$S_T=d_1+d_2=\sqrt{2R}(\sqrt{h_1}+\sqrt{h_2})\ 或\ S_T=\sqrt{\frac{2L}{\omega}}(\sqrt{h_1+h_2})$$

$$L_{\min}=\frac{S_T^2\omega}{2(\sqrt{h_1}+\sqrt{h_2})^2}=\frac{S_T^2\omega}{4} \tag{3-15}$$

比较以上两种情况，显然式（3-15）计算结果大于式（3-14），应将式（3-15）作为有效的控制。

根据缓和冲击、行程时间及视距要求三个限制因素，可计算出在各设计速度时的凸形竖曲线最小半径和最小长度，如表 3-11 所示。《标准》和《规范》规定的一般最小半径为极限最小半径的 1.5～2.0 倍，在条件许可时以尽量采用大于一般最小半径的竖曲线为宜。竖曲线最小长度极限值相当于各级道路设计速度的 3s 行程，即用式（3-13）计算取整而得。设计中，为了行车安全和舒适，《规范》规定应采用最小长度的一般值，一般值近似为极限值的 2.5 倍。

凸形竖曲线最小半径和最小长度　　表 3-11

设计速度 (km/h)	停车视距 S_T	缓和冲击 $L_{min}=\frac{V^2\omega}{3.6}$	视距要求 $L_{min}=\frac{S_T^2\omega}{4}$	《规范》规定值（m）			
				竖曲线半径		竖曲线最小长度	
				一般值	极限值	一般值	极限值
120	210	4000ω	11025ω	17000	11000	250	100
100	160	2778ω	6400ω	10000	6500	210	85
80	110	1778ω	3025ω	4500	3000	170	70
60	75	1000ω	1406ω	2000	1400	120	50
40	40	444ω	400ω	700	450	90	35
30	30	250ω	225ω	400	250	60	25
20	20	111ω	100ω	200	100	50	20

3. 凹形竖曲线

凹形竖曲线的最小长度，应满足两种视距的要求：一是保证夜间行车安全，前灯照明应有足够的距离；二是保证跨线桥下行车有足够的视距。

(1) 夜间行车前灯照射距离要求

1）当 $L<S_T$（如图 3-7a 所示）时，因 $S_T=L+l$，则 $l=S_T-L$

$$h+S_T\tan\delta=\frac{(L+l)^2}{2R}-\frac{l^2}{2R}=\frac{\omega(2S_T-L)}{2}$$

解得 $L_{min}=2(S_T-\frac{h+S_T\tan\delta}{\omega})$

式中　h——车前灯高度，$h=0.75$m；

δ——车前灯光束扩散角，$\delta=1.5°$。

将已知数据代入，得：

$$L_{min}=2\left(S_T-\frac{0.75+0.026S_T}{\omega}\right) \tag{3-16}$$

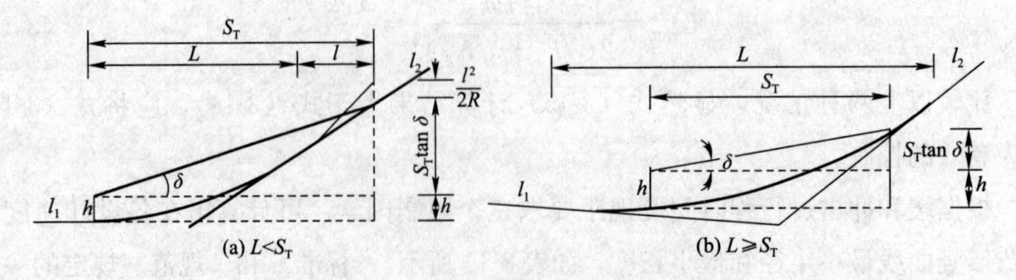

图 3-7　车前灯照射距离计算图示

2）当 $L\geqslant S_T$（如图 3-7b 所示）时，

$$h+S_{\mathrm{T}}\tan\delta=\frac{S_{\mathrm{T}}^{2}}{2R}=\frac{S_{\mathrm{T}}^{2}\omega}{2L}$$

$$L_{\min}=\frac{S_{\mathrm{T}}^{2}\omega}{2(h+S_{\mathrm{T}}\tan\delta)}$$

将已知数据代入，得：

$$L_{\min}=\frac{S_{\mathrm{T}}^{2}\omega}{1.5+0.0524S_{\mathrm{T}}} \tag{3-17}$$

显然，式（3-17）计算结果大于式（3-16），应以式（3-17）作为有效控制。

（2）跨线桥下行车视距要求

1）当 $L<S_{\mathrm{T}}$（如图 3-8a 所示）时，

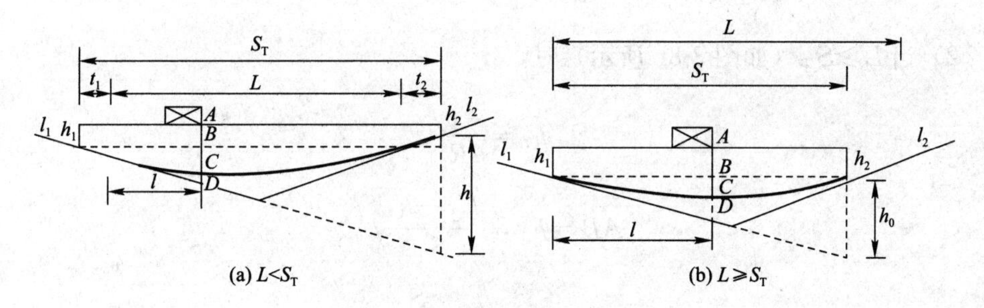

图 3-8　车前灯照射距离计算图示

$$h_{0}=\frac{(L+t_{2})^{2}}{2R}-\frac{t_{2}^{2}}{2R}$$

$$AB=h_{1}+\frac{h_{2}-h_{1}}{S_{\mathrm{T}}}(t_{1}+l)$$

$$BD=h_{0}\frac{t_{1}+l}{S_{\mathrm{T}}}=\left[\frac{(L+t_{2})^{2}}{2R}-\frac{t_{2}^{2}}{2R}\right]\frac{t_{1}+l}{S_{\mathrm{T}}}$$

$$CD=\frac{l^{2}}{2R}$$

因 $S_{\mathrm{T}}=t_1+L+t_2$，则 $t_2=S_{\mathrm{T}}-t_1-L$

$$h=AB+BD-CD=h_{1}+\frac{h_{2}-h_{1}}{S_{\mathrm{T}}}(t_{1}+l)+\frac{L(t_{1}+l)}{2RS_{\mathrm{T}}}(2S_{\mathrm{T}}-2t_{1}-L)-\frac{l^{2}}{2R}$$

由 $\mathrm{d}h/\mathrm{d}l=0$ 解出 l，代入上式并整理，得：

$$h_{\max}=h_{1}+\frac{\left[2S_{\mathrm{T}}t_{1}+R(h_{2}-h_{1})+\frac{L}{2}(2S_{\mathrm{T}}-2t_{1}-L)\right]\left[R(h_{2}-h_{1})+\frac{L}{2}(2S_{\mathrm{T}}-2t_{1}-L)\right]}{2RS_{\mathrm{T}}^{2}}$$

由 $\mathrm{d}h_{\max}/\mathrm{d}t_1=0$ 可解出 t_1，代入上式，得：

$$h_{max}=h_1+\frac{[2R(h_2-h_1)+(2S_T+L)]^2}{8RL(2S_T-L)}$$

解得：

$$L_{min}=2S_T-\frac{4h_{max}}{\omega}\left[1-\frac{h_1+h_2}{2h_{max}}+\sqrt{\left(1-\frac{h_1}{h_{max}}\right)\left(1-\frac{h_2}{h_{max}}\right)}\right]$$

式中　h_{max}——桥下设计净高，$h_{max}=4.5\text{m}$；

h_1——驾驶员视线高度，$h_1=1.5\text{m}$；

h_2——障碍物高度，$h_2=0.75\text{m}$。

将已知数据代入，则：

$$L_{min}=2S_T-\frac{26.92}{\omega} \tag{3-18}$$

2）当$L\geqslant S_T$（如图 3-8b 所示）时，

$$h_0=\frac{S_T^2}{2R}$$

$$AB=h_1+\frac{h_2-h_1}{S_T}l$$

$$BD=h_0\frac{l}{S_T}=\frac{S_T}{2R}l$$

$$CD=\frac{l^2}{2R}$$

同理可得：

$$h=h_1+\frac{h_2-h_1}{S_T}l+\frac{S_T}{2R}l-\frac{l^2}{2R}$$

由 $dh/dl=0$ 解出 l，代入上式并整理，得：

$$h_{max}=h_1+\frac{1}{2R}\left[\frac{R(h_2-h_1)}{S_T}+\frac{S_T}{2}\right]^2$$

$$L_{min}=\frac{S_T^2\omega}{[\sqrt{2(h_{max}-h_1)}+\sqrt{2(h_{max}-h_2)}]^2}$$

将已知数据代入，得：

$$L_{min}=\frac{S_T^2\omega}{26.92} \tag{3-19}$$

比较以上两式，应以式（3-19）作为有效控制。

根据影响竖曲线最小半径的三个限制因素，可计算出凹形竖曲线最小半径，如表 3-12 所示。表中显示凹形竖曲线最不利的情况是径向离心力的冲击，故应以式（3-12）作为有效控制。《标准》和《规范》规定的一般最小半径为极限最小半径的 1.5～2.0 倍，在条件许可时以尽量采用大于一般最小半径的竖曲线为宜。凹形竖曲线最小长度同凸形竖曲线。

凹形竖曲线最小半径 **表 3-12**

计算行车速度（km/h）	停车视距 S_T	缓和冲击 $\frac{V^2\omega}{3.6}$	夜间行车照明 $\frac{S_T^2\omega}{1.5+0.0524S_T}$	桥下视距 $\frac{S_T^2\omega}{26.92}$	《规范》规定值（m）	
					一般最小半径	极限最小半径
120	210	4000ω	3527ω	1683ω	6000	4000
100	160	2778ω	2590ω	951ω	4500	3000
80	110	1778ω	1666ω	449ω	3000	2000
60	75	1000ω	1036ω	209ω	1500	1000
40	40	444ω	445ω	59ω	700	450
30	30	250ω	293ω	33ω	400	250
20	20	111ω	157ω	15ω	200	100

《城规》对城市道路竖曲线最小半径与最小长度也作了相应的规定，见表 3-13。一般情况下应大于或等于一般值，特别困难时可采用极限值。

竖曲线最小半径与竖曲线最小长度 **表 3-13**

设计速度（km/h）		100	80	60	50	40	30	20
凸形竖曲线（m）	一般值	10000	4500	1800	1350	600	400	150
	极限值	6500	3000	1200	900	400	250	100
凹形竖曲线（m）	一般值	4500	2700	1500	1050	700	400	150
	极限值	3000	1800	1000	700	450	250	100
竖曲线长度（m）	一般值	210	170	120	100	90	60	50
	极限值	85	70	50	40	35	25	20

3.3.3 竖曲线设计的一般规定

竖曲线是否平顺，在视觉上往往是影响线形质量的主要因素。竖曲线设计应满足以下要求：

（1）宜选用较大的竖曲线半径。当条件受限制时，宜采用大于或接近于竖曲线最小半径的一般值；地形条件特殊困难而不得已时，方可采用竖曲线最小半径的极限值。对于设计速度大于或等于 60km/h 的公路，竖曲线设计宜采用较长的竖曲线和长直线坡段的组合。相邻纵坡代数差小时，应采用较大的竖曲线半径。有条件时，为获得平顺而连续且视觉良好的纵断面线形，宜采用大于或等于表 3-14 所列视觉所需要的竖曲线半径值。

视觉所需要的最小竖曲线半径值　　表 3-14

设计速度（km/h）	竖曲线半径（m）	
	凸形	凹形
120	20000	12000
100	16000	10000
80	12000	8000
60	9000	6000

（2）同向竖曲线应避免“断背曲线”。同向竖曲线特别是同向凹形竖曲线之间，直线坡段接近或达到最小坡长时，宜合并设置为单曲线或复曲线，如图 3-9(a) 所示。

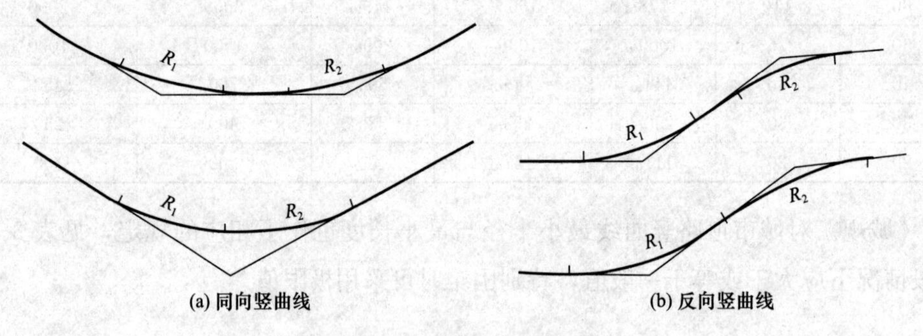

图 3-9　相邻竖曲线的衔接

（3）对于相邻反向竖曲线，为使增重与减重间和缓过渡，中间最好插入一段直坡段。若两竖曲线半径接近极限值时，直坡段至少应为设计速度的 3s 行程。当半径比较大时，亦可直接连接，如图 3-9(b) 所示。

（4）双车道公路在有超车需求的路段，应考虑超车视距要求，采用较大的凸形竖曲线半径或设置必要的标志、标线等设施。

3.4　爬坡车道

爬坡车道是在陡坡路段的上坡方向、行车道的外侧增设的供载重车辆行驶的专用车道。

在纵坡较大的路段上，车辆在公路上行驶的自由度不仅受交通量大小的制约，还要受载重车辆在长大纵坡上为克服较大的坡度阻力而减速慢行的影响。由于小汽车与载重车辆的速度差较大，超车需求增多、“强超硬会”的可能性增大，对行车安全极为不利。同时也降低了快速行驶的自由度，影响了整个公路的通行能力。为了消除这些不利影响，在上坡路段为慢速车辆设置爬坡车道，将其从主线车流中分离出去，从而提高主线车流的行驶自由度和行车安全性是目前普遍采用的措施。

3.4.1 爬坡车道设计条件

对于四车道高速公路、一级公路以及二级公路连续上坡路段，设置爬坡车道时应对载重汽车的运行速度下降情况、路段通行能力及技术经济指标进行验算和论证。《规范》规定当出现以下情况之一者，宜在上坡方向行车道右侧设置爬坡车道：

（1）沿连续上坡方向载重汽车的运行速度降低到表 3-15 所列的容许最低速度以下时，宜设爬坡车道。

上坡方向容许最低速度 **表 3-15**

设计速度（km/h）	120	100	80	60	40
容许最低速度（km/h）	60	55	50	40	25

（2）单一纵坡坡长超过表 3-7 所列的最大坡长的规定或上坡路段的设计通行能力小于设计小时交通量时。

（3）设置爬坡车道与不设爬坡车道改善主线纵坡进行技术经济比较论证，设置爬坡车道的效益费用比、行车安全性较优时，宜设爬坡车道。

爬坡车道设计通行能力的计算方法与主线通行能力的计算方法相同。设计中，对于货车混入率较高的连续上坡路段，应结合交通量、车型组成和货车主导性车型的性能条件，对设置爬坡车道方案进行合理论证。对隧道、大桥、高架构造物及深挖路段，当因设置爬坡车道而使得工程费用增加很大时，经论证可不设爬坡车道。六车道及以上的高速公路、一级公路可不设爬坡车道。

3.4.2 爬坡车道设计

1. 横断面组成

爬坡车道设于主线上坡方向行车道右侧，如图 3-10 所示。高速公路、一级公路以及二级公路连续上坡路段的爬坡车道宽度不小于 3.5m 且不大于 4.0m，包括设于左侧路缘带的宽度 0.5m。

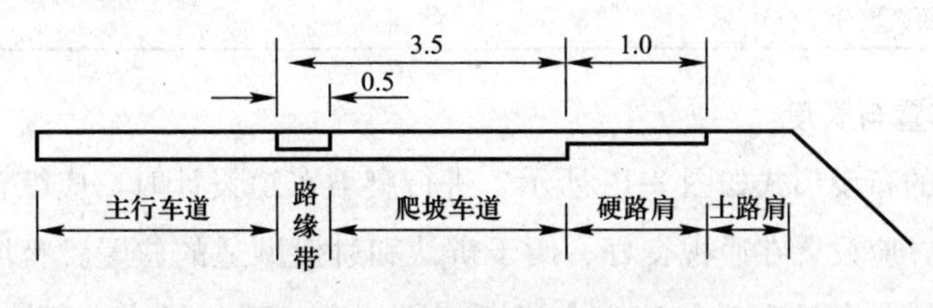

图 3-10 爬坡车道横断面组成

高速公路、一级公路爬坡车道外侧应设置硬路肩，以提供安全行车所需的余宽，条件受限时，硬路肩宽度不应小于 0.75m，见图 3-11(a)；爬坡车道长度大于 500m 时，应按规定设置紧急停车带。二级公路的爬坡车道可利用硬路肩，当需保留原来供混合车辆行驶的硬路肩时，爬坡车道紧靠行车道外侧设置，将原硬路肩部分移至爬坡车道的外侧，见图 3-11(b)。

高速公路、一级公路爬坡车道长度大于 500m 时，应按规定在其右侧设置紧急停车带。

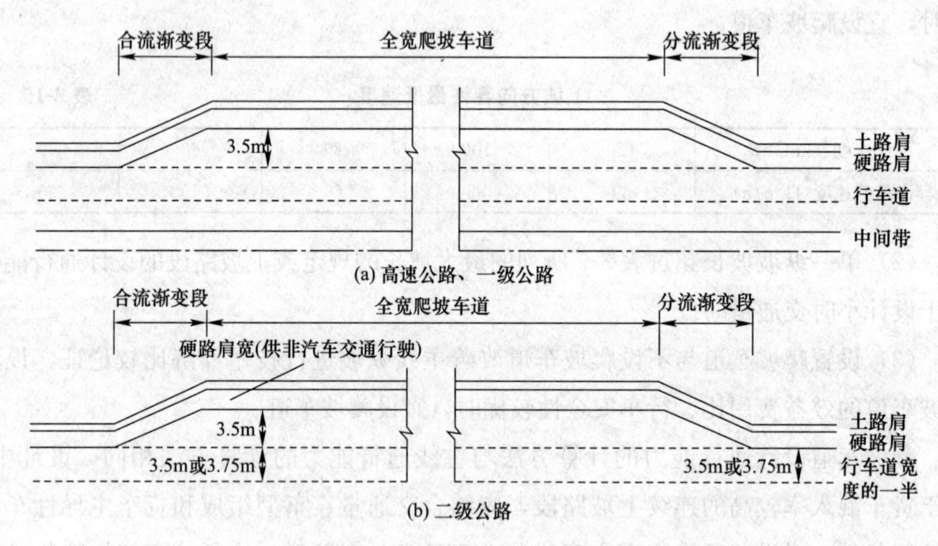

图 3-11　爬坡车道平面布置示意图

2. 超高与加宽

爬坡车道的超高坡度是按爬坡车道的行车速度确定的，因爬坡车道行车速度低于主线行车速度，故爬坡车道的超高小于主线的超高。为了行车安全起见，两者间应满足表 3-16 的对应关系。超高坡度的旋转轴应为爬坡车道内侧边缘线。爬坡车道的曲线加宽值应采用一个车道曲线加宽的规定。

爬坡车道的超高值　　**表 3-16**

主线的超高坡度（%）	10	9	8	7	6	5	4	3	2
爬坡车道的超高坡度（%）	5		4					3	2

3. 平面布置与长度

爬坡车道的布设形式如图 3-12 所示。进行爬坡车道设计时，应综合考虑它与线形设计的关系，应设置在通视良好、便于辨认和过渡顺适的位置。爬坡车道的总长度由分流渐变段、爬坡车道长度和合流渐变段长度三部分组成。爬坡车道的起点，应设于陡坡路段上载重汽车运行速度降低至表 3-15 中“容许最低速度”处。爬坡车道的终点，应设于载重汽车爬经陡坡路段后恢复至“容许最低速度”处，或陡坡路段后延伸的附加长度的端部。该陡坡路段后延伸的附加长度规定见表 3-17。

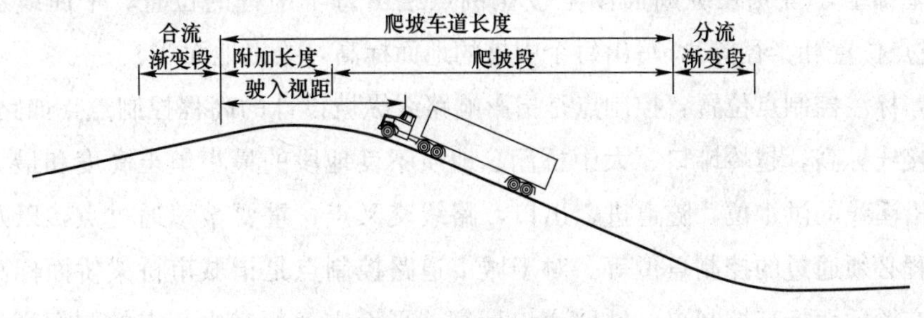

图 3-12 典型爬坡车道

陡坡路段后延伸的附加长度 **表 3-17**

附加段纵坡（%）	下坡	平坡	上坡			
			0.5	1.0	1.5	2.0
附加长度（m）	100	150	200	250	300	350

相邻两爬坡车道相距较近时，宜将两爬坡车道直接相连，成为一个连续的爬坡车道。

爬坡车道起、终点处应设置分流、合流渐变段，其长度应符合表 3-18 的规定。

爬坡车道分流、合流渐变段长度 **表 3-18**

公路技术等级	分流渐变段长度（m）	合流渐变段长度（m）
高速公路、一级公路	100	150～200
二级公路	50	90

3.5 纵断面设计方法及设计成果

3.5.1 纵断面设计方法

1. 纵断面设计步骤

路线纵断面设计主要是指纵坡设计（俗称拉坡）和竖曲线设计。由于路线是一条空间带状曲线，路线的平面、纵断面和横断面相互影响，因而在纵断面设计之前的选（定）线阶段，设计人员实际上已对纵坡设计的部分内容进行过考虑。在室内进行纵断面设计时，设计人员一般要根据实地选（定）线时的意图，以及桥涵、地质等方面对路线纵断面设计的要求，综合考虑工程技术与工程经济因素，定出路线的纵坡，再选择合适的竖曲线半径，最后才计算出各桩号的设计标高和填挖值。其具体步骤如下：

（1）准备工作：内业设计人员在熟悉有关设计标准、路线设计要求和勘测设计资料的基础上，首先在纵断面图上按比例点绘出每个中桩的位置、平曲线示意图（起、讫点位置和半径等），写出每个中桩的地面标高，绘出地面线。

（2）标注控制点位置：控制点是指影响路线纵坡设计的高程控制点，如路线起、讫点的接线标高，越岭垭口、大中桥涵、地质不良地段的最小填土高度和最大挖方深度，沿溪线的洪水位，隧道进、出口，路线交叉点，重要城镇通过点，以及其他路线高程必须通过的控制点位等。对于城市道路控制点是指城市桥梁桥面标高控制点、立交桥桥面标高控制点、铁路道口标高、平面交叉相交中心点控制标高等。这些控制点都应作为纵断面设计时的控制依据。

对于山区道路，除应标出上述控制点外，还应根据路基填挖平衡要求来选择控制路中心处填挖的高程点，即“经济点”，以降低工程造价。需要注意的是经济点并不一定是填挖平衡的点。如图 3-13 所示，当地面横坡不大，可在中桩地面标高上下找到填挖方基本平衡的标高，该标高即为经济点；当地面横坡较陡时，填方往往不宜填稳，坡脚伸得较远时，采用多挖少填或全部挖出路基的方法比砌筑护坡经济，这时多挖少填或全挖路基的标高为经济点；而当地面坡度很陡，无法填方时，需砌筑挡墙，此时宁愿全部挖出路基或深挖，该全挖路基或深挖路基的标高即为经济点。

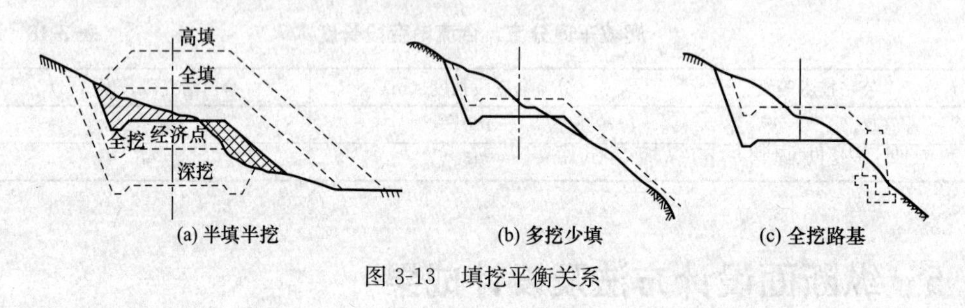

图 3-13　填挖平衡关系

设计时“经济点”通常可用路基断面透明模板在绘有地面线的横断面图上确定下来，如图 3-14 所示。模板可用透明描图纸胶片制成，其上按横断面测图的比例绘出路基宽度 B（挖方地段还要包括两侧边沟所占宽度）和各种不同坡度的边坡线。使用时将模板扣在有关中桩的横断面上，使两者的中线重合，然后上下移动模板，直到能使填、挖面积大致相等时，则停止移动，此时模板上的路基顶面与该中桩的地面高之间的差值就是经济填、挖值，再将此差值的大小按比例点绘到纵断面图的相应中桩位置上，即为该断面经济点的位置。

（3）试坡：在已标出“控制点”和“经济点”的纵断面图上，根据技术标准、选线意图，结合地面起伏情况，本着以“控制点”为依据，照顾多数“经济点”的原则，在这些点位间进行穿插和裁弯取直，试定出若干坡度线。经过对各种可能的坡度线方案进行反复比较，最后选出既符合技术标准，又能满足控制点要求，而且

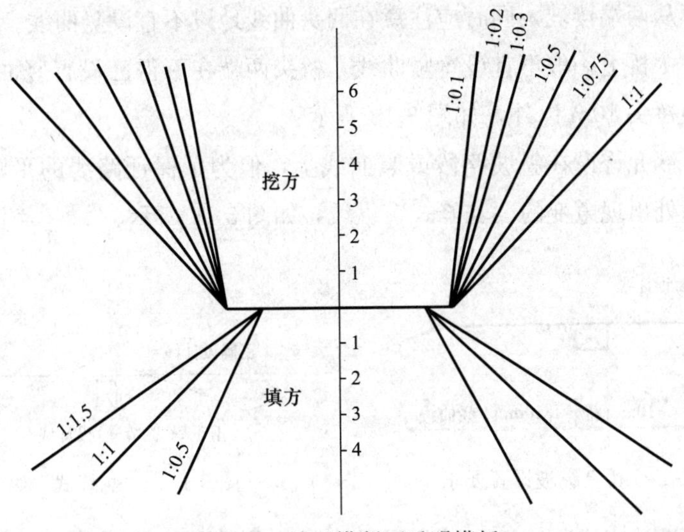

图 3-14　路基横断面透明模板

土石方数量较省的设计线作为初定坡度线，再将前后坡度线延长交汇，即可定出各变坡点的初步位置。

(4) 调整坡度线：试定纵坡后，首先将所定的坡度与选（定）线时考虑的坡度进行比较，两者应基本符合。若有较大差异，则应全面分析，找出原因，然后对照《标准》或《规范》检查设计的最大纵坡、坡长限制等指标是否超过规定限制，以及平纵线形组合是否适宜等。若发现有问题，应进行调整，调整方法包括抬高、降低、延长、缩短坡度线和加大、减小纵坡度等。调整时应以少脱离控制点、少变动填挖值为原则，以使调整后的纵坡与试定期纵坡变化不太大。

(5) 核对：根据调整后的坡度线，选择有控制意义的重点横断面，如高填深挖、陡峭山坡路基、挡土墙、重要桥涵等断面，在纵断面图上直接读出对应中桩的填（挖）高度。然后按该填（挖）值用模板在横断面图上"戴帽子"，检查是否有填挖过大、坡脚落空或挡土墙工程过大等情况，发现有问题，应及时调整纵坡。

(6) 定坡：纵坡设计在经调整核对无误后即可定坡。所谓定坡，就是逐段把坡度线的坡度值、变坡点位置（桩号）和高程确定下来。变坡点一般调整到 10m 整桩位上，变坡点的高程则是根据坡度、坡长依次计算确定。

(7) 设置竖曲线：根据道路等级和地形情况，结合《标准》和《规范》的相应规定，确定竖曲线半径，并计算竖曲线要素。

(8) 设计高程计算：当路线的纵坡和竖曲线确定后，即可根据道路桩号所在位置计算设计高程。中桩设计标高与原地面标高之差即为路基施工高度，当两者之差为正时是填方；为负时是挖方。

2. 设计时应注意的问题

(1) 设置回头曲线路段，路线纵坡有特殊规定，因此应先定出回头曲线部分的纵坡，然后再从两端接坡。同时应注意在回头曲线地段不宜设竖曲线。

（2）大、中桥上一般不宜设置竖曲线，桥头两端在不得已设置竖曲线时，其起、终点应设在距桥头 10m 以外，如图 3-15 所示。

（3）小桥涵允许设在斜坡路段或竖曲线上，但为了保证路线的平顺性，应尽量避免在小桥涵处出现急变的“驼峰式”纵坡，如图 3-16 所示。

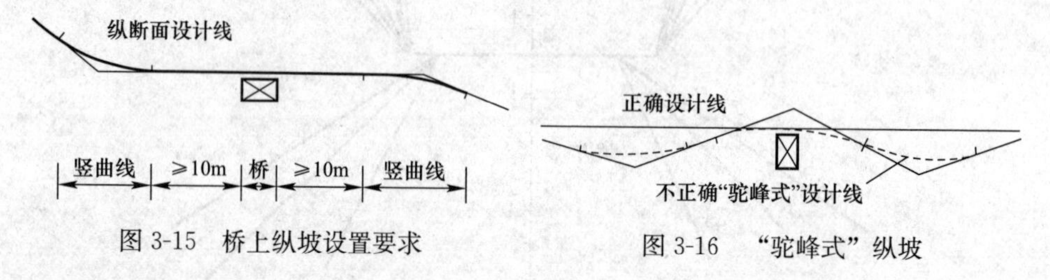

图 3-15　桥上纵坡设置要求　　图 3-16　“驼峰式”纵坡

（4）纵坡设计应注意交叉口处的纵坡衔接。公路与公路平面交叉，一般宜设在较小坡段。较小坡段最小长度应不小于《标准》规定，紧接较小坡段的纵坡应不大于 3%，山区工程艰巨地段应不大于 5%。

3.5.2　纵断面设计成果

路线纵断面图是纵断面设计的最终成果之一，也是道路设计文件的重要组成部分。纵断面设计图一般采用直角坐标，以横坐标表示里程及桩号，纵坐标表示高程。为了突出地形起伏变化情况，横纵坐标一般采用不同的比例尺，横坐标比例尺一般与路线平面图一致，为 1∶2000 或 1∶5000；纵坐标比例尺一般为 1∶200 或 1∶500，或根据地形起伏情况确定。

如图 3-17 所示，公路纵断面设计图一般由上、下两部分组成。上半部分主要用来绘制地面线和纵断面设计线，主要包括以下内容：①竖曲线位置及其要素；②地面线、设计线、高程；③沿线桥涵及人工构造物的位置、结构类型、孔数及孔径等；④与公路、铁路交叉的桩号及路名；⑤沿线跨越河流名称、位置、现有水位及最高洪水位；⑥水准点位置、编号和高程；⑦断链桩位置、桩号及长短链关系等。下半部分主要用来填写和标注相关数据和设计信息，主要包括：土壤地质情况；坡度、坡长；填挖高度；设计高程、地面高程；里程及桩号；直线与平曲线等内容。

城市道路纵断面图横坐标比例尺一般为 1∶1000～1∶500，纵坐标比例尺一般为 1∶100～1∶50。其纵断面图上除包含道路中线的地面线、纵断面设计线、施工高度（填挖值）、土壤地质情况、沿线桥涵外，还应标出排水管道孔径、沿线交叉口位置和标高；在市区主干道纵断面图上，还应标注出相交道路的路名与交叉口的交点标高及主要出入口标高等，如图 3-18 所示。

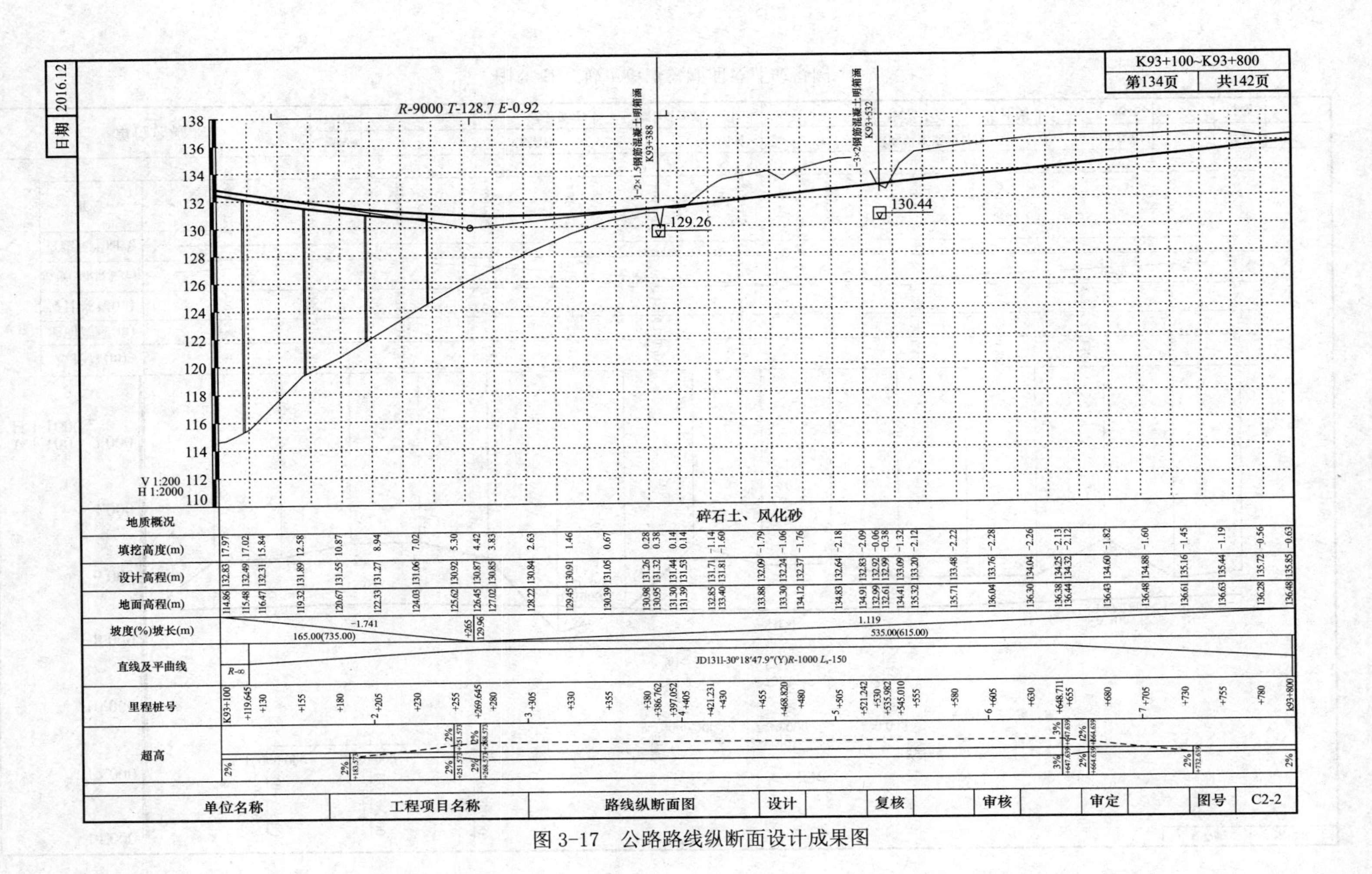

图 3-17 公路路线纵断面设计成果图

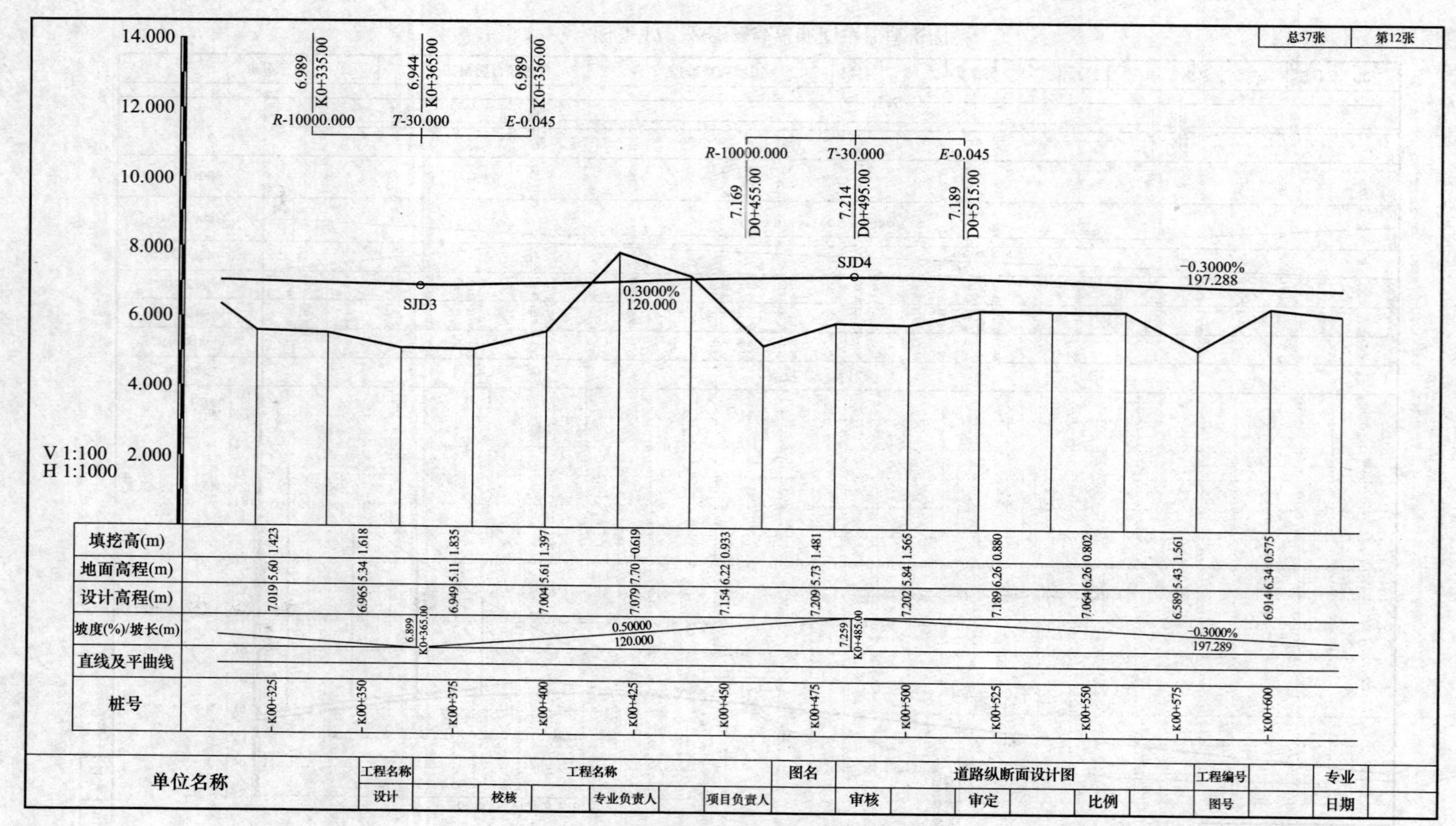

图 3-18　城市道路纵断面设计成果图

小结及学习指导

本章内容包括道路的纵断面设计原则，纵坡及坡长设计，竖曲线要素和高程计算，竖曲线最小半径和最小长度限制，爬坡车道设计条件和构成，纵断面设计方法、步骤、注意事项和设计成果。

通过本章的学习，要求掌握纵断面设计原则，了解最大、最小纵坡及坡长设计限制，熟悉竖曲线要素和高程计算，了解竖曲线最小半径和最小长度限制，能进行纵断面设计。

习题及思考题

3-1 何为路线纵断面？如何确定路基设计标高？

3-2 纵断面上为何要设置凹形和凸形竖曲线？如何确定它们的最小半径？

3-3 已知某条道路的滚动阻力系数为 0.015，如果东风 EQ-140 型载重车装载 90%时，挂 V 档以 30km/h 的速度等速行驶，试求 $H=0$ 和 $H=1500\text{m}$ 海拔高度上所能克服的最大坡度。

3-4 设某条道路规定的最大纵坡为 5%，当汽车以 80km/h 的速度在半径为 250m、超高横坡度为 8%的平曲线上行驶时，求折减后的最大纵坡度。

3-5 某条道路变坡点桩号为 K10+200.00，高程为 578.21m，$i_1=5\%$，$i_2=-3\%$，竖曲线半径为 5000m。

(1) 判断凸、凹性；

(2) 计算竖曲线要素；

(3) 计算竖曲线起点、K10+150.00、K10+200.00、K10+350.00、终点的设计标高。

3-6 某城市Ⅰ级主干道，其纵坡分别为 $i_1=-2.5\%$、$i_2=+1.5\%$，变坡点桩号为 K1+520.00，标高为 429.00m，见图 3-19。由于受地下管线和地形限制，曲线中点处的标高要求不低于 429.30m，且不高于 429.40m，试确定竖曲线的半径，并

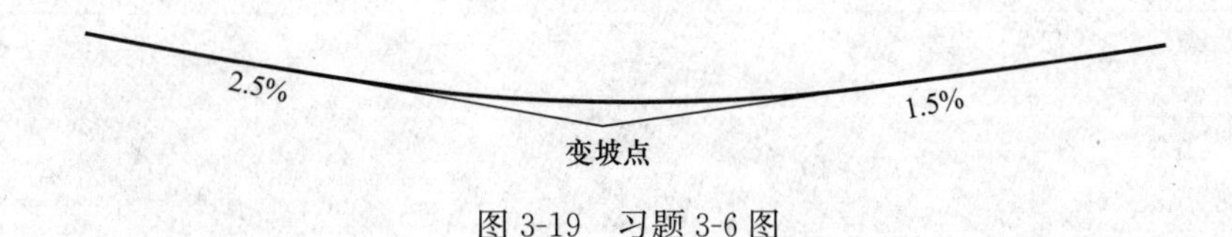

图 3-19 习题 3-6 图

计算 K1＋500.00、K1＋520.00、K1＋515.00 点的设计标高。

3-7 什么是缓和坡段？其设置的条件和位置是什么？

3-8 为何要设置爬坡车道？如何设置？

3-9 试述路线纵断面设计的步骤。

第 3 章真题解析

第 4 章

道路横断面设计

本章知识点

【知识点】 横断面布置类型，横断面组成（行车道、路侧带、分隔带、路肩等），平曲线超高与加宽，行车视距及其保证，建筑限界与建筑用地，路基横断面设计步骤及设计成果，路基土石方计算与调配。

【重点】 横断面布置类型及组成，平曲线超高与加宽，行车视距及其保证。

【难点】 超车视距及其组成，平曲线超高与加宽过渡设计。

道路横断面是指道路中线上任意一点的法向切面，它是由横断面设计线和地面线组成。

道路横断面设计的任务是在道路功能及等级确定的条件下，在特定的交通运行状况及服务交通量等条件下，研究所需的道路横断面的几何构造，如车道数、车道宽度等，并在分析其他一些设计要素，如分隔带、路肩宽度、爬坡车道等对通行能力和运行特性的影响的条件下，确定其在横断面中的作用及几何尺寸。

公路与城市道路横断面的组成有所不同。公路横断面的主要组成有：车行道、路肩、分隔带、边沟、边坡、绿化带、挡土墙等；城市道路横断面的组成有：车行道、人行道、分隔带、路缘石、绿化带等。路线横断面设计只限于与行车直接有关的路幅部分，即两侧路肩外缘（城市道路为规划红线）之间各组成部分的宽度及横向坡度等问题。

4.1 道路横断面类型

4.1.1 公路横断面布置类型

公路根据路幅布置类型的不同，可分为单幅双车道、多幅多车道及单车道三种类型，如图 4-1 所示。

(1) 单幅双车道

单幅双车道公路是指整体式供双向行车的双车道公路，如图 4-1(a) 所示。一般二级公路、三级公路和部分四级公路都属于这一类型。这种类型公路适应的交通量范围大，最高可适应年平均日交通量 15000 辆，设计速度范围为 20～80km/h，在公路总里程中所占比重较大。这类公路的特点是部分车道可借用对向车道进行超车，服务的交通量车型复杂，允许机非混行，并可能受到行人交通的干扰。

(2) 多幅多车道

多幅多车道公路是指由于设置分隔带或分离式路基而形成的“多幅”路，将上下行或不同类型车辆分开。一般包括两种类型，双幅多车道及复合式断面，一般高速公路、一级公路属于这一类型。双幅四、六、八车道的情况下，一般采用双幅多车道，如图 4-1(b) 所示。当车道数大于等于十条时，为避免车辆交织的影响而降低通行能力，将单方向多车道通过分隔带划分为内幅和外幅进行交通组织和管理，如图 4-1(c) 所示。内幅可通行过境交通及客运车辆，外幅可通行区域交通或货运交通。

分离式路基是相对于整体式路基而言的，一般考虑建设条件、用地等因素，为了利用地形或处于风景区等原因需要因地制宜将道路做成两条独立的单向行车的道路。高速公路和一级公路应根据沿线地形、地质等条件，选用整体式路基断面形式或分离式路基断面形式。必要时，应对采用整体式与分离式路基、高低路堤、半桥半隧等路线方案进行比选论证。

(3) 单车道

单车道公路适用于交通量小、地形复杂、工程艰巨的山区公路或地方性道路，设计速度较低的四级公路属于该类型。这种类型的公路为满足超车及错车需要，应在不大于 300m 的距离内选择有利地点设置错车道，并使驾驶者能看到相邻两错车道之间的车辆。设置错车道路段的路基宽度应不小于 6.5m，有效长度应不小于 20m，如图 4-2 所示。

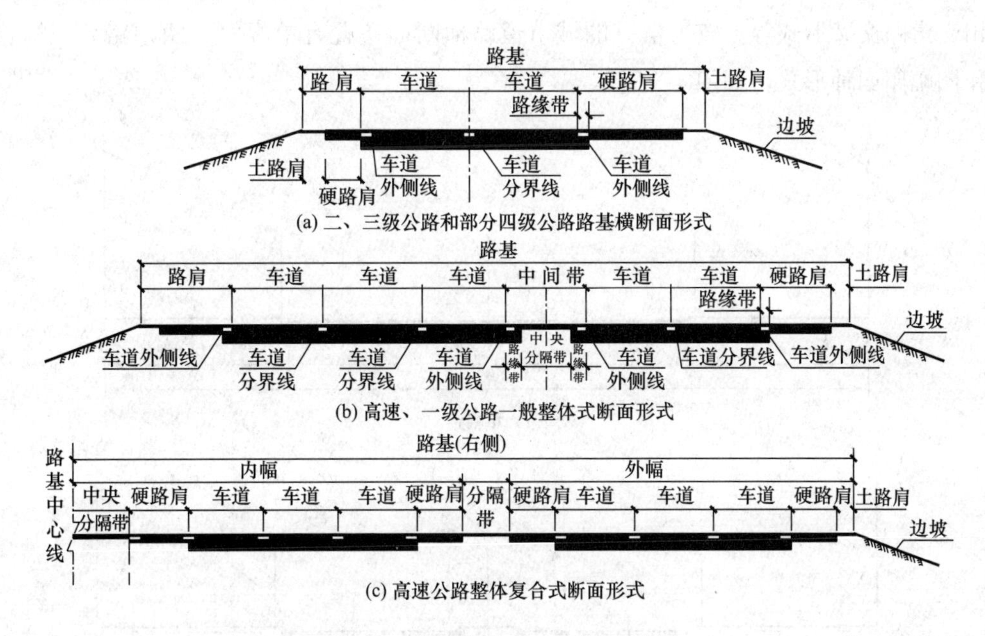

图 4-1　公路横断面一般布置形式

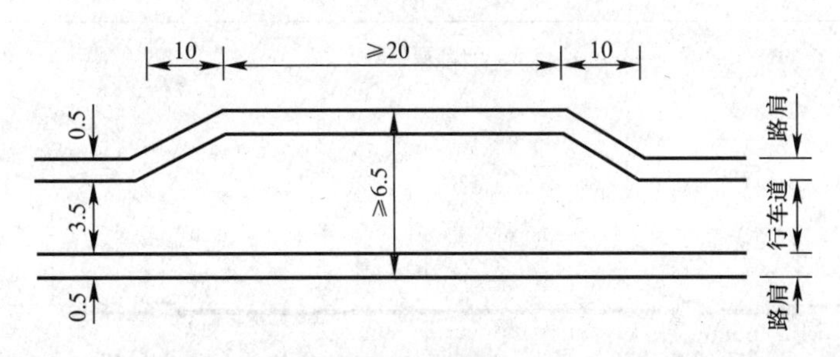

图 4-2　错车道布置示意图（尺寸单位：m）

公路横断面布置形式应根据公路功能、等级、交通量与交通组成、地形条件、横断面各组成部分的功能综合确定。应根据实际情况灵活选用整体式与分离式路基；

根据道路功能灵活选用中央分隔带护栏和形式，以利于选择路基横断面形式和宽度。对于小交通量、路网末梢、戈壁、沙漠、草原等建设条件下的项目，应以保证安全为前提设计横断面并为改扩建预留空间。不同路段横断面应统一协调，合理处理过渡段。除了上述一般横断面布置形式所满足的使用功能外，公路路基横断面布置还应满足交通工程和安全设施等设置的需求及其他特殊情况的需求，如非机动车、行人及慢行车辆的需求。

4.1.2　城市道路横断面布置类型

影响城市道路横断面形式与组成部分的因素很多，如城市规模大小、道路红线宽度、交通量、车辆类型与组成、设计速度、地理位置、排水方式、结构物的位置、相交道路交叉形式等。较为常见的城市道路横断面布置有单幅路、两幅路、三幅路和四幅路四种形式，如图 4-3 所示。

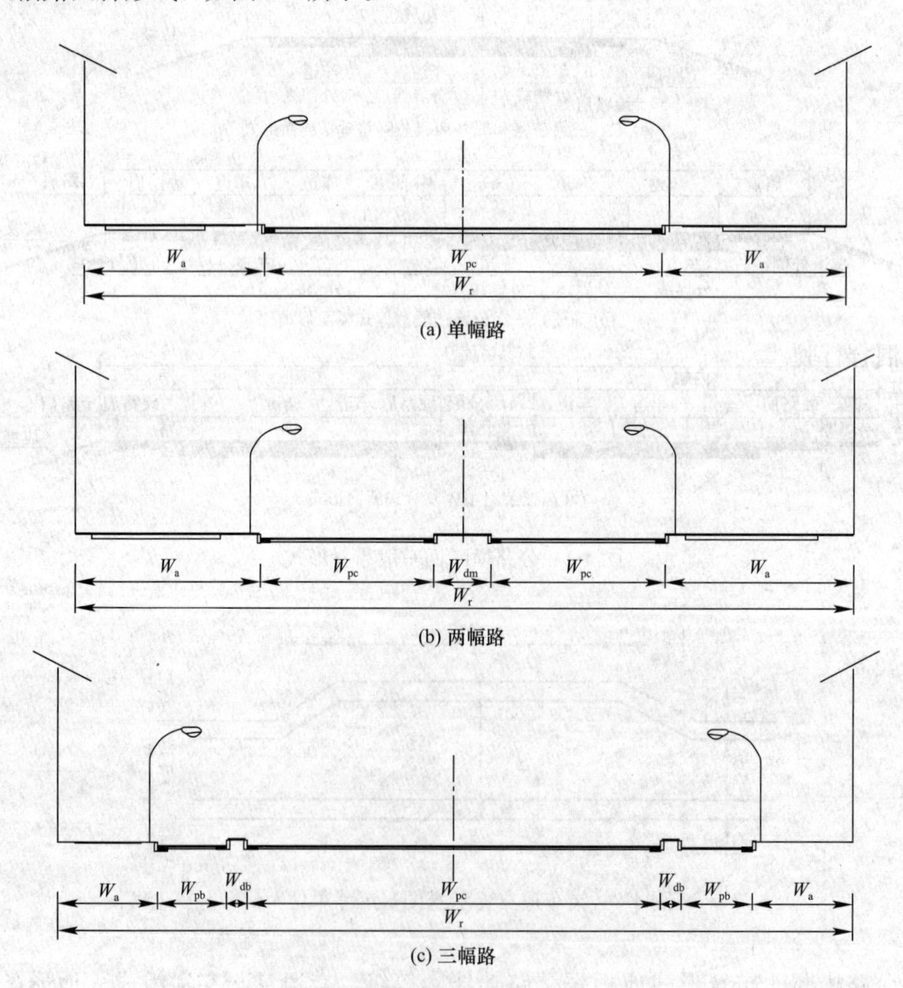

图 4-3　城市道路横断面布置形式（一）

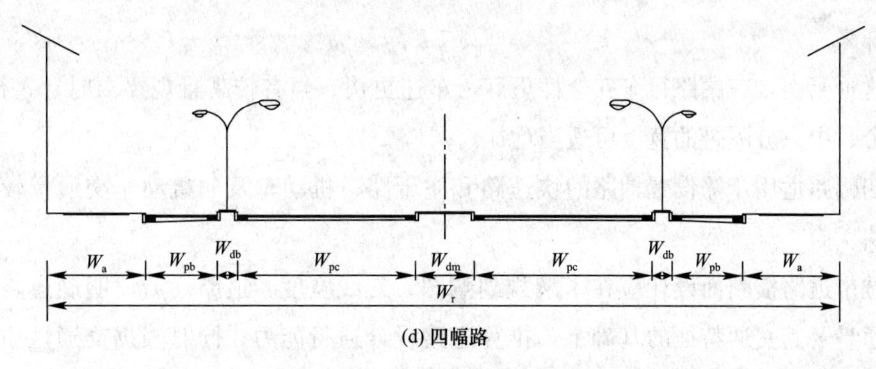

图 4-3　城市道路横断面布置形式（二）

（1）单幅路

俗称“一块板”，所有车辆都在同一个车行道平面上混合行驶。

这种断面形式占地少，投资省，但车辆混合行驶，通行能力小，对交通安全不利，公共汽车停靠站附近与非机动车相互干扰。

单幅路适用于机动车交通量不大、非机动车较少、红线较窄的次干路，交通量较少、车速低的支路，以及用地不足、拆迁困难的老城区道路。集文化、旅游、商业功能为一体的且红线宽度在 40m 以上，具有游行、迎宾、集合等特殊功能的主干路，也可采用单幅路断面。

（2）两幅路

俗称“二块板”，通过中央分隔带，将对向行驶的车流分隔开来，机动车与非机动车混合行驶。

这种断面避免了对向行车的干扰，机动车通行能力及行驶速度较单幅路有所提高。对绿化、照明、管线敷设均较有利。

两幅路适用于不设置辅路的快速路，机动车交通量不大、非机动车较少的主干路，红线宽度较宽的次干路，如中心商业区、经济开发区、风景区、高科技园区或别墅区道路、郊区道路、城市出入口道路均可考虑使用。

（3）三幅路

俗称“三块板”，在单幅路的基础上机动车与非机动车之间设置分隔带，将机动车和非机动车分隔开来。

这种断面避免了机非相互干扰，保障了交通安全，提高了机动车的行驶速度，占地较多，投资较大，公交乘客上下车时需穿越非机动车道，对非机动车有干扰。

三幅路适用于机动车和非机动车交通量较大的主干路、需设置辅路的主干路、红线宽度较宽的次干路。

（4）四幅路

俗称“四块板”，在三幅路的基础上，通过设置中央分隔带，将对向行驶的车流分隔开来。

这种断面较三幅路行车安全性更好，车速更快。当有较高景观要求时，人行道、两侧带、中央分隔带的宽度可适当增加。

四幅路适用于需设置辅路的快速路和主干路、机动车及非机动车交通量较大的主干路。

城市道路横断面设计应在了解规划意图、红线宽度、道路性质、明确道路服务的交通量及其交通特征的基础上，推算道路设计通行能力；同时根据交通性质、交通发展要求与地形条件，考虑地上、地下管线的铺设、沿街绿化布置等要求；结合市内的通风、日照、城市用地条件等，在规划部门确定的道路红线宽度范围内确定横断面形式与各组成部分尺寸，并考虑节约用地。

城市道路与城市用地、市政管网设施关系较为密切，改扩建工程难度都较大。因此，在横断面设计时，应尽可能按规划断面一次实施。受投资、拆迁限制，需分期实施时，应做多方案比较，按远期需求预留发展条件。近期应根据现有交通量，考虑正常增长及建成后交通发展确定道路各组成部分，并根据市政管网规划预留管线位置或预埋过街管线，以免远期实现规划断面时伐树、挪杆或掘路。

4.2 道路横断面组成

道路横断面组成及宽度应根据道路功能和技术等级、设计交通量、沿线环境、横断面各组成部分的功能及交通组织与管理情况综合确定。

4.2.1 行车道

车道宽度是道路上供一列车辆安全顺适行驶所需要的宽度，该宽度包括设计车辆的外廓宽度和错车、超车或并列行驶所必需的余宽等，如图 4-4 所示。

(1) 机动车道

机动车道宽度可根据设计车辆宽度、设计交通量、交通组成和机动车的行驶速度等因素确定，按式（4-1）进行计算：

$$B=n\times b \tag{4-1}$$

其中：
$$n=\frac{DDHV}{C},\ b=a+c$$

式中 B——行车道宽度（m）；

n——车道数（条）。高速公路、一级公路各路段的车道数应根据预测的交通量、设计速度、服务水平等确定。当需要增加时，基本路段的车道数应按双数两侧对称增加；

b——一条车道的宽度（m）；

$DDHV$——单向设计小时交通量（pcu/h）；

C——一条车道的设计通行能力（pcu/h）；

a——车辆的几何宽度，一般取载重汽车的车厢宽度，$a=2.5$m；

c——侧向余宽，包括车与车、车与边界之间的余宽（m）。根据实测数据，该值与行车速度、路侧环境、驾驶员心理及车辆状况有关。

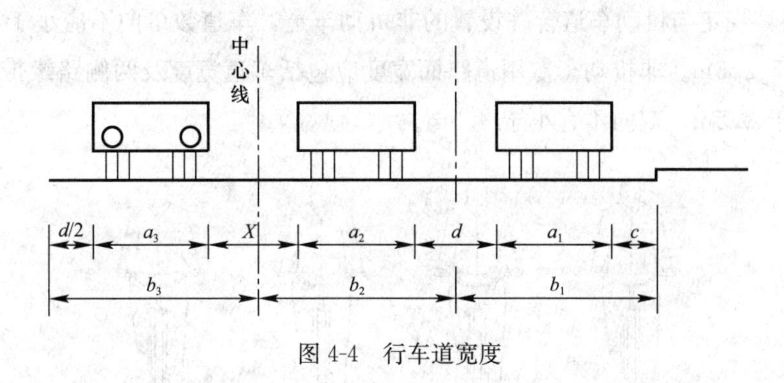

图 4-4　行车道宽度

在确定车道宽度时还要考虑交通组成、交通组织管理方式的影响。《标准》规定的各级公路车道宽度见表 4-1、城市道路一条机动车道最小宽度见表 4-2。

各级公路车道宽度　　**表 4-1**

设计速度（km/h）	120	100	80	60	40	30	20
车道宽度（m）	3.75	3.75	3.75	3.50	3.50	3.25	3.00

城市道路一条机动车道最小宽度　　**表 4-2**

车型及车道类型	设计速度（km/h）	
	>60	≤60
大型车或混行车道（m）	3.75	3.50
小客车专用车道（m）	3.50	3.25

（2）非机动车道

非机动车道是指主要供自行车、三轮车行驶的车道，在城市道路及公路非机动车密集路段应考虑设置，并应尽可能使机非分离以提高安全性及通行能力。

非机动车道宽度包含两部分：由高峰小时交通量和通行能力确定的非机动车通行宽度、车道两侧的安全距离，如图 4-5 所示。

非机动车的单一车道宽度由车身宽、载物宽和车身两侧所需的横向安全距离确定。自行车行驶时横向可能出现不同的组合方式，按照自行车并行考虑，一条自行车道的宽度，按自行车车身宽度 0.6m 和左右各不得超出车把 0.15m 的载物宽度计算，考虑行驶时的左右摆幅宽度，一条自行车道宽度采用 1.0m。一条三轮车道的宽度，按三轮车车身宽度 1.25m 和左右各不得超出车身 0.2m 的载物宽度计算，考虑行驶时的左右摆幅宽度，一条三轮车道宽度采用 2.0m。

靠边行驶的非机动车，受非机动车道两侧的缘石、护栏、侧墙、雨水进水口、路面平整度和绿化等影响，要求设置 0.25m 的安全距离。非机动车专用道路面宽度应包括车道宽度及两侧路缘带宽度。

《城规》规定与机动车道合并设置的非机动车道，车道数单向不应小于 2 条，宽度不应小于 2.5m。非机动车专用道路面宽度应包括车道宽度及两侧路缘带宽度，单向不宜小于 3.5m，双向不宜小于 4.5m。

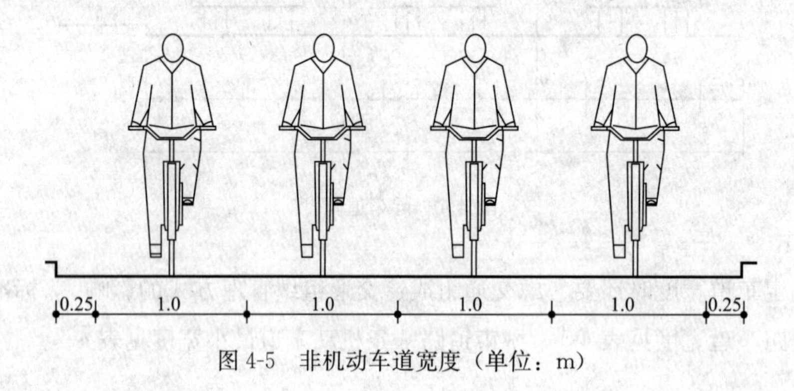

图 4-5　非机动车道宽度（单位：m）

在确定非机动车道宽度时，要适当留有余地，尽可能为调整交通组织提供可能。

4.2.2　路侧带

路侧带是指城市道路行车道外侧至道路红线部分的宽度，一般由人行道、绿化带、设施带组成，如图 4-6 所示。

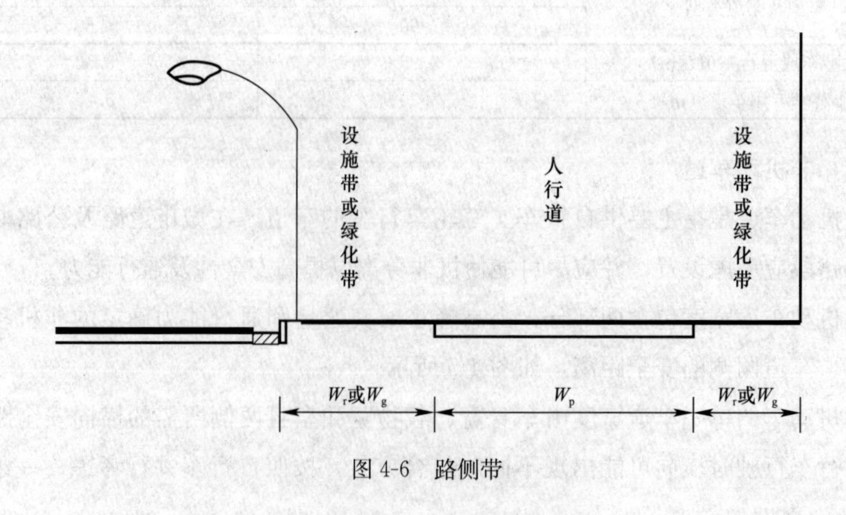

图 4-6　路侧带

(1) 人行道

人行道指的是道路中用路缘石或护栏及其他类似设施加以分隔的专供行人通行的部分。城市道路或公路行人密集的路段需要设置人行道。

人行道宽度应根据道路类别、功能、行人流量、绿化、沿街建筑性质及布设公共服务设施的需求设置。

人行道宽度必须满足行人的通行需求，要保证行人步行安全、顺畅，按照高峰小时流量与1m宽人行道通行能力的比值确定，《城规》根据所在位置人流密集程度及行人步行特征规定了人行道最小宽度，如表4-3所示。

单侧人行道最小宽度 **表4-3**

项目	人行道最小宽度（m）	
	一般值	最小值
各级道路	3.0	2.0
商业或公共场所集中路段	5.0	4.0
火车站、码头附近路段	5.0	4.0
长途汽车站	4.0	3.0

人行道宽度还应考虑道路景观功能与横断面中各部分宽度的协调关系，各类道路的单侧人行道宽度宜与道路总宽度之间有适当的比例，其合适的比值可参考表4-4选用，行人流量大的道路应采用较高值。

单侧人行道宽度与道路总宽度比值参考表 **表4-4**

道路类别	横断面形式			道路类别	横断面形式		
	单幅路	两幅路	三幅路		单幅路	两幅路	三幅路
快速路		1/8～1/6		次干路	1/6～1/4		1/7～1/4
主干路	1/7～1/5		1/8～1/5	支路	1/5～1/3		

(2) 绿化带及设施带

设施带是指在道路两侧为护栏、灯柱、标志牌、垃圾桶、邮筒等道路公共服务设施设置提供的场地，一般取值范围在0.5～1.5m之间。

绿化带是指在道路路侧为行车及行人遮阳并美化环境，保证植物正常生长的场地。当种植单排行道树时，绿化带最小宽度为1.5m。绿化带的宽度应符合现行行业标准《城市道路绿化规划与设计规范》的相关要求。

绿化带和设施带是人行道的重要组成部分，二者可结合设置，在横断面设计时应充分考虑这部分的宽度，以免行人步行的有效宽度被挤占，不能有效满足行人通行需求。

4.2.3 分隔带

(1) 中间带

高速公路、一级公路的整体式路基及城市道路两幅路和四幅路在路中设置中间带，中间带由两条左侧路缘带和中央分隔带组成，中央分隔带由防护设施和两侧对应的余宽组成，如图 4-7 所示。中间带越宽效果越好，但有些地区采用宽中间带是困难的，我国采用窄中间带。

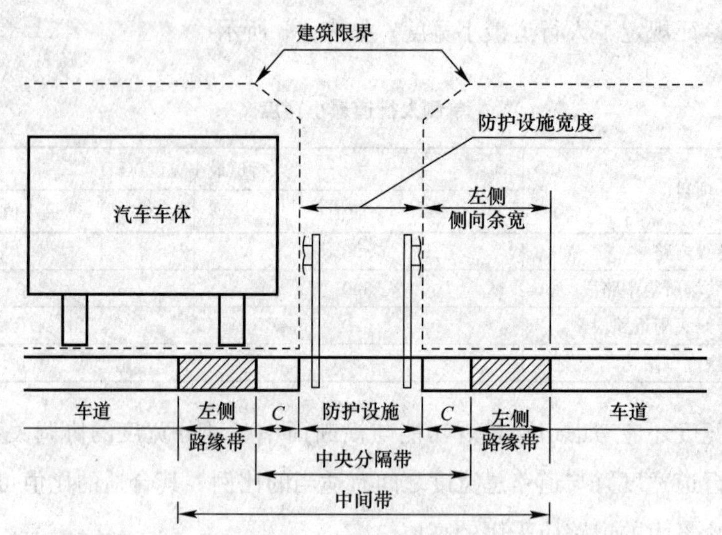

图 4-7 采用波形梁护栏时中间带示意图（未设置路缘石）

中间带的作用是：

① 将对向车流分开，避免车辆驶入对向车道或任意掉头，减少交通干扰，提高道路通行能力及行车安全。

② 可作为设置道路标志和其他交通管理设施的场地，也可利用该位置设置行人过街的安全岛。

③ 一定宽度的中间带、种植花草灌木或设置防眩网的中间带可防止夜间对向车灯眩光，并能起到美化路容和优化环境的作用。

④ 路缘带有一定宽度且颜色醒目，可引导驾驶员视线，中间带处的侧向余宽提高了行车的安全和舒适性。

确定中间带宽度需要考虑以下因素：

1）中央分隔带的宽度

中央分隔带的宽度应根据公路项目中央分隔带的功能确定，如设置护栏、防眩网、桥墩以及种植要求等。高速公路和作为干线的一级公路，中央分隔带宽度应根据其对向分隔、设置安全护栏等功能的需要确定。作为集散的一级公路，中央分隔带功能主要是分隔对向交通，中央分隔带宽度应根据中央隔离设施的宽度确定。

2）左侧路缘带宽度

《规范》规定左侧路缘带一般宽度如表 4-5 所示，当受地形、地物限制或多车道公路内侧仅供小汽车通行时，最小可采用 0.5m。

左侧路缘带宽度 **表 4-5**

设计速度（km/h）		120	100	80	60
左侧路缘带宽度（m）	一般值	0.75	0.75	0.50	0.50
	最小值	0.50	0.50	0.50	0.50

3）侧向余宽

中央分隔带的设置还需满足左侧路缘带和中央分隔带两侧余宽所构成的侧向余宽的要求，如图 4-7 所示。侧向安全余宽是当车辆保持一定速度行车时，行车道两侧需要预留的安全距离，即车道边线到路侧障碍物，如护栏设施、路侧边坡的安全距离。由于这些车道车辆与路侧障碍物需要长时间并行，侧向安全余宽对驾驶员心理影响较大，不足时会严重影响行车速度进而影响车道的通行能力，高速公路行车道侧向安全余宽见表 4-6。

高速公路行车道侧向安全余宽 **表 4-6**

运行速度（km/h）	车道侧向安全余宽	
	左侧（m）	右侧（m）
120	1.25	1.75
100	1.00	1.50
80	0.75	0.75

中央分隔带应在不小于 2km 的间距设置开口并配有活动护栏，目的是使车辆在必要时可通过开口到反方向车道行驶，以供维修、养护、应急抢险时使用。

（2）两侧带

布置在横断面两侧的分车带叫作两侧带，其作用与中间带基本相同。两侧带常用于城市道路的横断面设计，它可以分隔快车道与慢车道、机动车道与非机动车道、车行道与人行道等，还可作为公交停靠站台使用。《城规》规定的城市道路中间带及两侧带宽度如表 4-7 所示。

城市道路分车带最小宽度 **表 4-7**

设计速度（km/h）		中间带		两侧带	
		≥60	<60	≥60	<60
路缘带宽度（m）	机动车道	0.50	0.25	0.50	0.25
	非机动车道	—	—	0.25	0.25

续表

设计速度（km/h）		中间带		两侧带	
		≥60	<60	≥60	<60
侧向余宽（m）	机动车道	0.50	0.25	0.25	0.25
	非机动车道	—	—	0.25	0.25
分隔带最小宽度（m）		2.00	1.50	1.50	1.50

4.2.4 路肩

路肩是指位于车行道外缘至路基边缘具有一定宽度的带状部分。各级公路均要设置路肩，城市道路一般与两侧建筑或广场相接，不需要设置路肩，当其两侧为自然地面或排水边沟时，应设保护性路肩。路肩具有如下作用：

① 保护及支撑路面结构；

② 增加行车道侧向余宽和提供侧向通视条件；

③ 为故障车辆提供临时停放空间，并可作为救援通道使用；

④ 对未设置人行道的道路，可供行人、自行车通行；

⑤ 为各类护栏、标志牌提供设置空间，也可作为埋设地下管线的位置；

⑥ 作为道路养护操作的工作场地。

路肩从构造上可分为硬路肩和土路肩两类。各级公路右侧路肩宽度可参考表 4-8。

右侧路肩宽度 **表 4-8**

公路技术等级（功能）		高速公路			一级公路（干线功能）	
设计速度（km/h）		120	100	80	100	80
右侧硬路肩宽度（m）	一般值	3.00（2.50）	3.00（2.50）	3.00（2.50）	3.00（2.50）	3.00（2.50）
	最小值	1.50	1.50	1.50	1.50	1.50
土路肩宽度（m）	一般值	0.75	0.75	0.75	0.75	0.75
	最小值	0.75	0.75	0.75	0.75	0.75

公路技术等级（功能）		一级公路（集散功能）和二级公路		三级公路、四级公路		
设计速度（km/h）		80	60	40	30	20
右侧硬路肩宽度（m）	一般值	1.50	0.75	—	—	—
	最小值	0.75	0.25			
土路肩宽度（m）	一般值	0.75	0.75	0.75	0.75	0.25（双车道）
	最小值	0.50	0.50			0.50（单车道）

注：1. 正常情况下，应采用“一般值”；特殊情况经论证可采用“最小值”。
2. 高速公路和作为干线的一级公路以通行小客车为主时，右侧硬路肩宽度可采用括号内数值。
3. 高速公路局部设计速度采用 60km/h 的路段，右侧硬路肩宽度不应小于 1.5m。

1）硬路肩

硬路肩是指与行车道相邻、进行了铺装的路肩，其宽度含路缘带宽度 0.5m。其主要功能是提供高速行车的侧向安全余宽和为故障车辆提供临时停靠空间。右侧硬路肩宽度与路肩功能、交通量和车型组成有关。高速公路和一级公路分离式断面、双向八车道及以上多车道高速公路还应设置左侧硬路肩以满足内侧车道事故车辆临时停放，保障通行能力和行车安全。

高速公路和作为干线公路的一级公路的右侧路肩小于2.5m时，应设置紧急停车带，以满足紧急停车需求。

2）土路肩

土路肩是指不加铺装的土质路肩。二级公路非汽车交通量大的路段，可考虑利用硬路肩和土路肩进行加固来设置慢车道。在路肩上设置交通设施时，不得侵入公路建筑限界，必要时应加宽路基。

4.3 平曲线加宽设计

汽车在曲线上行驶时，各车轮的行驶轨迹不同，在弯道内侧的后轮行驶轨迹半径最小，靠近弯道外侧的前轮行驶轨迹半径最大。当转弯半径较小时，这一现象更为突出。为适应汽车在平曲线上行驶时后轮轨迹偏向曲线内侧的需要，在平曲线内侧相应增加路面和路基的宽度称为平曲线加宽。

4.3.1 加宽值

普通汽车的加宽值为b，可由图4-8所示的几何关系求得：

$$b=R-(R_1+B)$$

而

$$R_1+B=\sqrt{R^2-A^2}=R-\frac{A^2}{2R}-\frac{A^4}{8R^3}-\cdots$$

故

$$b=\frac{A^2}{2R}+\frac{A^4}{8R^3}+\cdots$$

上式第二项以后的数值很小，可省略不计，则一条车道的加宽$b_{单}$为：

$$b_{单}=\frac{A^2}{2R} \tag{4-2}$$

式中　A——汽车后轴至前轴保险杠的距离（m）；

R——圆曲线半径（m）。

对有N个车道的行车道：

$$b = \frac{NA^2}{2R} \tag{4-3}$$

半挂车的加宽值由图 4-9 的几何关系求得：

$$\begin{cases} b_1 = \dfrac{A_1^2}{2R} \\ b_2 = \dfrac{A_2^2}{2R'} \end{cases} \tag{4-4}$$

式中 b_1——牵引车的加宽值（m）；

b_2——拖车的加宽值（m）；

A_1——牵引车保险杠至第二轴的距离（m）；

A_2——第二轴至拖车最后轴的距离（m）。

其余符号见图 4-9。

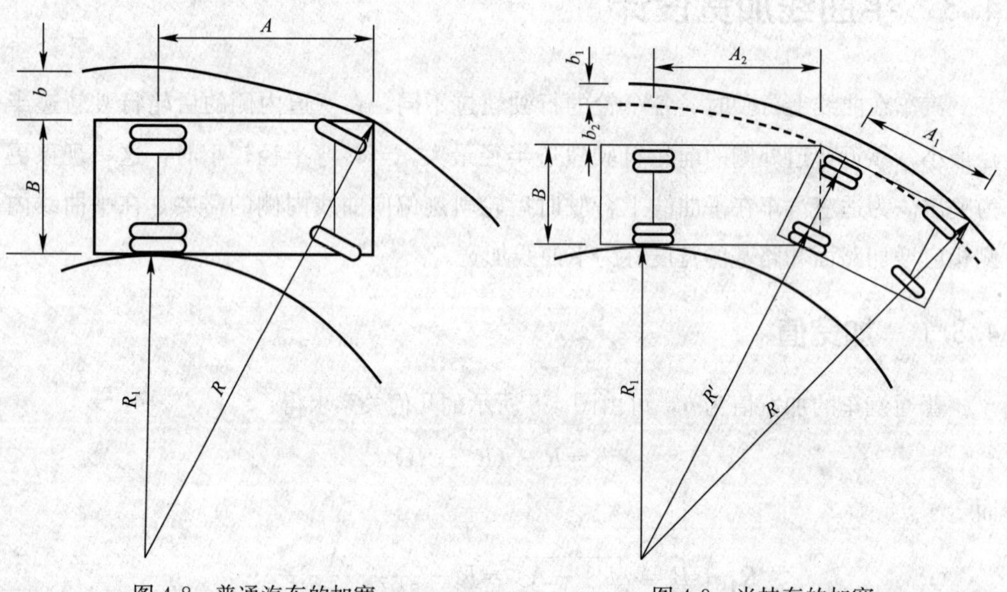

图 4-8 普通汽车的加宽　　图 4-9 半挂车的加宽

由于 $R'=R-b_1$，而 b_1 与 R 相比甚微，可取 $R'\approx R$，则半挂车的加宽值为：

$$b = b_1 + b_2 = \frac{A_1^2 + A_2^2}{2R} \tag{4-5}$$

令 $A_1^2+A_2^2=A^2$，式（4-5）仍为式（4-3）形式，但 A 的含义不同。

根据实测，汽车转弯加宽还与车速有关，一个车道横向摆动加宽值 b' 的计算由经验公式得：

$$b' = \frac{0.05v}{\sqrt{R}} \tag{4-6}$$

式中 v——汽车转弯时行驶速度（m/s）。

考虑车速的影响，圆曲线上路面的加宽值按式（4-7）计算：

$$b = N\left(\frac{A^2}{2R} + \frac{0.05v}{\sqrt{R}}\right) \tag{4-7}$$

根据五种标准车型的外廓尺寸、轴距加前悬的长度，分别计算并整理，可得不同半径对应的三类加宽值。《标准》规定的双车道路面加宽值见表 4-9，城市道路圆曲线加宽值可根据上述加宽值的计算方法进行计算。有特殊车辆通行的专用公路应根据特殊车辆验算确定加宽值。

双车道公路圆曲线加宽值（m） **表 4-9**

圆曲线半径（m）/ 加宽类别	$200 \leq R \leq 250$	$150 \leq R < 200$	$100 \leq R < 150$	$70 \leq R < 100$	$50 \leq R < 70$	$30 \leq R < 50$	$25 \leq R < 30$	$20 \leq R < 25$	$15 \leq R < 20$
第 1 类	0.4	0.5	0.6	0.7	0.9	1.3	1.5	1.8	2.2
第 2 类	0.6	0.7	0.9	1.2	1.5	2.0	—	—	—
第 3 类	0.8	1.0	1.5	2.0	2.7	—	—	—	—

二、三、四级公路的圆曲线半径小于或等于 250m 时，应设置加宽。圆曲线加宽值应根据公路功能、技术等级和实际交通组成确定。承担干线功能的二级公路，应采用第 3 类加宽值；承担集散功能的二级公路和三级公路，在考虑铰接列车通行时，应采用第 3 类加宽值；不考虑通行铰接列车时，可采用第 2 类加宽值；承担支线功能的三级公路和四级公路可采用第 1 类加宽值。

圆曲线上的路面加宽应设置在圆曲线的内侧，各级公路的路面加宽后，路基也应相应加宽。

单车道公路路面加宽值应为表 4-9 规定值的一半。双车道公路采取强制性措施实行分向行驶的路段，其圆曲线半径较小时，内侧车道的加宽值应大于外侧车道的加宽值，设计时应通过计算分别确定。

城市道路受条件限制时，次干路和支路可在圆曲线两侧加宽。《城市道路路线设计规范》CJJ 193—2012 规定了不同圆曲线半径下每条车道的加宽值，如表 4-10 所示。

城市道路每条车道的加宽值 **表 4-10**

加宽类型	汽车前悬加轴距（m）	车型	圆曲线半径（m）								
			$200 < R \leq 250$	$150 < R \leq 200$	$100 < R \leq 150$	$80 < R \leq 100$	$70 < R \leq 80$	$50 < R \leq 70$	$40 < R \leq 50$	$30 < R \leq 40$	$20 < R \leq 30$
第 1 类	0.8+3.8	小客车	0.30	0.30	0.35	0.40	0.40	0.45	0.50	0.60	0.75
第 2 类	1.5+6.5	大型车	0.40	0.45	0.60	0.65	0.70	0.90	1.05	1.30	1.80
第 3 类	1.7+5.8+6.7	铰接车	0.45	0.60	0.75	0.90	0.95	1.25	1.50	1.90	2.75

4.3.2 加宽过渡

圆曲线范围内加宽为不变的全加宽值，两端需设置加宽缓和段，使其加宽值由零逐渐按一定规则增加到圆曲线起点处的全加宽值。在加宽过渡段内，路面宽度及路基宽度逐渐过渡变化。加宽过渡方法根据道路性质和等级可采用不同方法，应尽量保证宽度变化自然、平滑，避免突变。

1. **比例过渡**

在加宽过渡段全长范围内按其长度成比例逐渐加宽，如图 4-10 所示。加宽过渡段内任意点的加宽值 b_x 如式（4-8）所示：

$$b_x = \frac{L_x}{L} b \tag{4-8}$$

式中 L_x——任意点距过渡段起点的距离（m）；

L——加宽过渡段全长（m）；

b——圆曲线上的全加宽（m）。

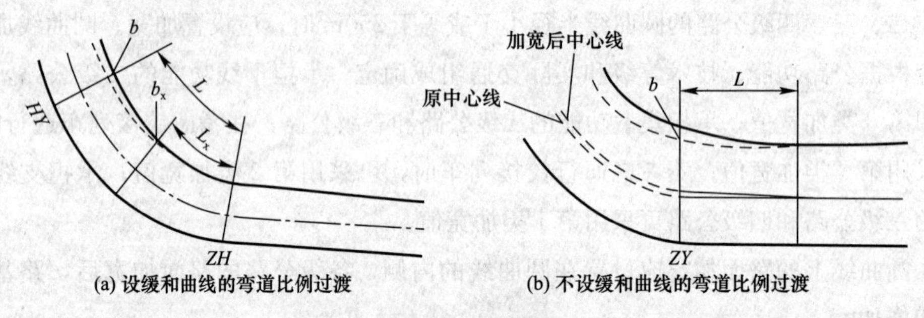

(a) 设缓和曲线的弯道比例过渡　(b) 不设缓和曲线的弯道比例过渡

图 4-10　加宽的过渡

比例过渡计算简单，但经加宽后的路面内侧边线与行车轨迹不符，过渡段的起、终点出现破折，路容也不美观，仅限于二、三、四级公路加宽过渡。

2. **高次抛物线过渡**

在加宽过渡段内插入一条高次抛物线，抛物线上任意点的加宽值 b_x 如式（4-9）所示：

$$b_x = (4k^3 - 3k^4) b \tag{4-9}$$

式中 k——$k = \frac{L_x}{L}$，符号意义同前。

抛物线过渡加宽后的路面内侧边缘圆滑、美观，适用于对路容有一定要求的高速公路和一级公路的路面宽度过渡。

3. **回旋线过渡**

在加宽过渡段路面内侧插入回旋线，不但中线上有回旋线，而且加宽后的路面边线也是回旋线，与行车轨迹相符，保证了行车的顺适与线形的美观，适用于高速公路和一、二级公路的下列路段路面宽度过渡：

① 位于大城市近郊的路段；

② 桥梁、高架桥、挡土墙、隧道等构筑物处；

③ 设置各种安全防护设施的路段。

4.3.3 加宽过渡段长度

对设有缓和曲线或有超高过渡段的平曲线，加宽过渡段应采用与缓和曲线或超高过渡段相同的长度。既不设缓和曲线，又不设超高的平曲线，加宽过渡段长度应按渐变率1：15且长度不小于10m的要求设置。

4.4 平曲线超高设计

4.4.1 路拱横坡

为利于路面排水，将路面做成中央高于两侧具有一定横坡的拱起形状，称为路拱，一般采用1.5%～4.0%。

路拱对排水有利，但对行车安全不利。路拱横坡使车重产生水平分力，增加行车不稳定性；当车辆在有水或潮湿的路面上制动时，会有侧向滑移的危险且制动距离增加。为此路拱大小及形状的设计应兼顾两方面的影响。

路面排水与路面平整度、透水性及当地自然条件有关：高级路面的路拱横坡小，低级路面的路拱横坡大；干旱地区可取低值，多雨地区宜取高值。分离式路基为有利排水每一侧车道可设置成双向路拱。

为避免出现过大的合成坡度给行车带来不利影响，当纵坡较大时应验算合成坡度是否超过允许值。路拱各点高差太大影响道路美观，道路越宽路拱横坡度应越平缓。在有分隔带的路基上，通常采用向路基外侧倾斜的单向横坡。非机动车道及人行道宜采用单向横坡，坡向朝雨水设施设置一侧。

土路肩透水性好，其排水性能低于路面，其横坡度一般宜比路拱横坡大1.0%～2.0%，硬路肩根据使用材料及路肩宽度，其横坡可与路面横坡相同，也可稍大。

4.4.2 超高及其作用

为抵消或减小车辆在平曲线路段上行驶时所产生的离心力，将路面做成外侧高于内侧的单向横坡形式，称为平曲线超高。合理设置超高，可以全部或部分抵消离心力，提高汽车在平曲线上行驶的稳定性与舒适性。

当圆曲线半径小于相应的不设超高最小半径时，应设置超高。当汽车匀速行驶时，圆曲线上所产生的离心力是常数，超高横坡度应是与圆曲线半径相适应的全超高。而在缓和曲线上曲率是变化的，其离心力也是变化的，因此在缓和曲线上应设逐渐变化的超高。四级公路不设缓和曲线，但圆曲线上若设有超高，应提供相应的超高过渡段。

4.4.3 超高横坡度

曲线超高与行车速度和路面横向摩阻力密切相关，超高横坡度 i_h 应根据行车速度、平曲线半径，结合公路条件、自然条件等由汽车在圆曲线上行驶时力的平衡方程式得到：

$$i_h = \frac{v^2}{127R} - \mu \tag{4-10}$$

由于横向力的存在对车辆的行驶稳定性及行车舒适性均有不利影响，因此在确定超高横坡度时应考虑把横向力减至最低程度，可参照表 4-12 根据所在地区、设计速度及圆曲线半径选用超高横坡度。

(1) 最大超高横坡度

极限最小半径（R_{min}）是与最大超高值（i_{hmax}）相对应的。各级公路圆曲线最大超高的规定见第 2 章。

在二、三、四级公路接近城镇且混合交通量较大的路段，由于车辆行驶速度有所降低，加上城镇路面排水也不允许设置大的超高，因此在上述路段，最大超高值应适当降低，其最大超高值见表 4-11。

车速受限时最大超高值 i_{hmax} **表 4-11**

设计速度（km/h）	80	60	40、30、20
超高值（%）	6	4	2

(2) 最小超高横坡度

各级道路圆曲线部分的最小超高值应与该道路直线部分的路拱横坡度值一致。

在具体的公路项目设计中，应首先选定项目采用的最大超高值，然后根据设计速度、圆曲线半径，通过计算确定圆曲线的超高横坡度值。当采用运行速度进行设计检验时，应根据运行速度和圆曲线半径计算确定其超高采用值。

需要注意的是，高速公路、一级公路整体式路基的纵坡较大处，其上下行车道可采用不同的超高值；分向行驶的多车道公路，其纵坡较大的路段，上下坡的运行速度会有明显差异，此时也可采用不同的超高值，以策安全。

部分设计速度圆曲线半径与超高坡度值 **表 4-12**

设计速度(km/h)		120				100				80			
		一般情况			积雪冰冻	一般情况			积雪冰冻	一般情况			积雪冰冻
		10%	8%	6%		10%	8%	6%		10%	8%	6%	
超高(%)	2	5500(7550)~2950	5500(7550)~2860	5500(7550)~2730	5500(7550)~2780	4000(5250)~2180	4000(5250)~2150	4000(5250)~2000	4000(5250)~2090	2500(3350)~1460	2500(3350)~1410	2500(3350)~1360	2500(3350)~1390
	3	2950~2080	2860~1990	2730~1840	2780~1910	2180~1520	2150~1480	2000~1320	2090~1410	1460~1020	1410~960	1360~890	1390~940
	4	2080~1590	1990~1500	1840~1340	1910~1410	1520~1160	1480~1100	1320~920	1410~1040	1020~770	960~710	890~600	940~680
	5	1590~1280	1500~1190	1340~970	1410~1070	1160~920	1100~860	920~630	1040~770	770~610	710~550	600~400	680~490
	6	1280~1070	1190~980	970~710	1070~810	920~760	860~690	630~440	770~565	610~500	550~420	400~270	490~360
	7	1070~910	980~790			760~640	690~530			500~410	420~320		
	8	910~790	790~650			640~540	530~400			410~340	320~250		
	9	790~680				540~450				340~280			
	10	680~570				450~360				280~220			

4.4.4 合成坡度

合成坡度是指在设有超高的平曲线上，纵坡与超高横坡度组成的坡度，亦即道路的流水线方向坡度（图 4-11）。其计算公式为：

$$I=\sqrt{i^2+i_{\mathrm{h}}^2} \tag{4-11}$$

式中 I——合成坡度（%）；

i——路线纵坡度（%）；

i_{h}——超高横坡度（%）。

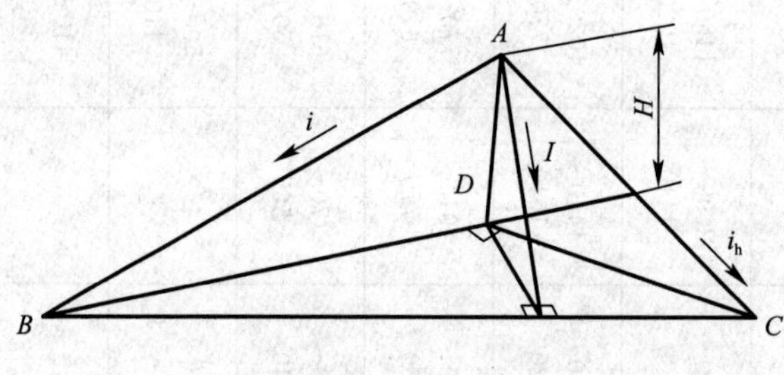

图 4-11 合成坡度

由于合成坡度是由纵向坡度与横向坡度组合而成的，其坡度值比原路线纵坡大。在设有平曲线的坡道上，最大坡度一般是斜向路基边缘的，当纵坡大而平曲线半径小时，由于合成坡度的影响会使汽车沿合成坡度方向滑移，给行车带来危险。将合成坡度限制在某一范围内可避免陡坡与急弯的组合对行车产生的不利影响，以保证车辆在弯道上安全而顺适地运行。

我国《规范》规定各级公路最大合成坡度不得大于表 4-13 的规定。当陡坡与小半径平曲线相叠加时，宜采用较小的合成坡度。

公路最大合成坡度 **表 4-13**

公路技术等级	高速公路、一级公路				二级公路、三级公路、四级公路				
设计车速（km/h）	120	100	80	60	80	60	40	30	20
合成坡度值（%）	10.0	10.0	10.5	10.5	9.0	9.5	10.0	10.0	10.0

对于冬季路面有积雪、结冰的地区，车辆横移性增大；自然横坡陡峻的傍山路段，斜向滑移后果严重；非汽车交通比率高的路段，斜向滑移将对非机动车造成较大危害。对于这些路段，其合成坡度必须小于 8%。

由于合成坡度涉及路面排水，若合成坡度过小则排水不畅，路面积水易使汽车滑移，前方车辆溅水造成的水幕影响通视，使行车易发生事故。《规范》规定各级公路的最小合成坡度不宜小于 0.5%；在超高过渡的变化处，当合成坡度小于 0.5%

时，应采用综合排水措施，保证路面排水畅通。

城市道路最大合成坡度除设计速度为 20km/h 道路为 8.0%外，其余道路最大合成坡度为 7.0%，积雪冰冻地区最大合成坡度小于等于 6.0%。

4.4.5　超高过渡方式

1. 无中间带道路的超高过渡

若超高值等于路拱横坡度，路面由直线上双向倾斜路拱形式过渡到圆曲线上具有超高的单向倾斜形式，只需行车道外侧绕中线逐渐抬高，直至与内侧横坡相等为止，如图 4-12 所示。

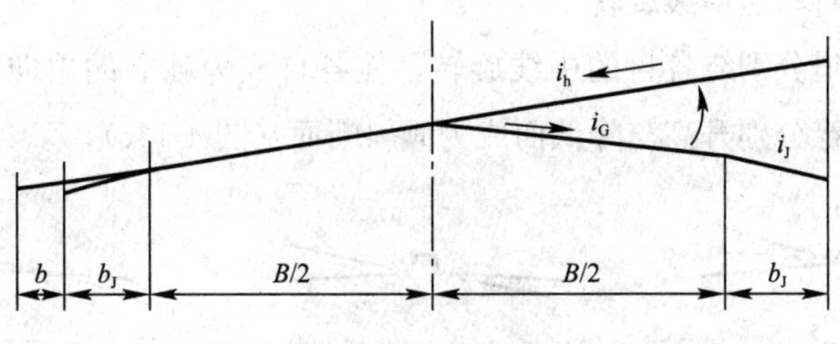

图 4-12　超高值等于路拱时的过渡

当超高值大于路拱横坡度时，可分别采用以下三种过渡方式：

（1）绕内侧车道边缘线旋转

先将外侧车道绕路中线旋转，待达到与内侧车道构成单向横坡后，整个断面再绕未加宽前的内侧车道边缘线旋转，直至超高值（图 4-13a）。

（2）绕路中线旋转

先将外侧车道绕路中线旋转，待达到与内侧车道构成单向横坡后，整个断面仍绕中线旋转，直至超高值（图 4-13b）。

（3）绕外侧车道边缘线旋转

先将外侧车道绕外边缘线旋转，内侧车道随中线的降低而降低，待达到单向横坡后，整个断面仍绕外侧车道边缘线旋转，直至超高值（图 4-13c）。

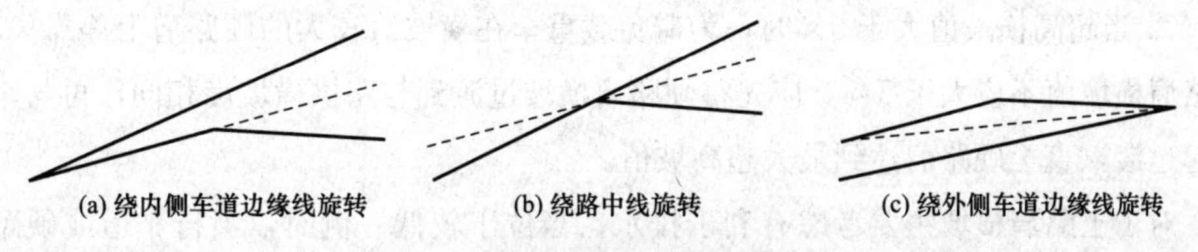

图 4-13　无中间带道路的超高过渡

三种方法中，绕内侧车道边缘线旋转的方法由于车道内侧不降低，利于路基纵向排水，一般多用于新建工程。绕路中线旋转可保持中线高程不变，且在超高值一定的情况下，外侧边缘的抬高值较小，多用于旧路改建工程。而绕外侧车道边缘线旋转是一种特殊设计，仅用于路基外缘标高受限制或对路容美观有特殊需求的地点。

2. **有中间带道路的超高过渡**

(1) 绕中间带的中线旋转

将外侧行车道绕中间带边线旋转，待达到与内侧行车道构成单向横坡后，整个断面一同绕中央分隔带中线旋转，直至超高值。此时中央分隔带呈倾斜状（图 4-14a）。

(2) 绕中央分隔带边线旋转

将两侧行车道分别绕中央分隔带边线旋转，使各自成为独立的单向超高断面。此时中央分隔带维持原水平状态（图 4-14b）。

(3) 绕各自行车道中线旋转

将两侧行车道分别绕各自的中线旋转，使各自成为独立的单向超高断面。此时中央分隔带两边缘分别升高与降低而成为倾斜断面（图 4-14c）。

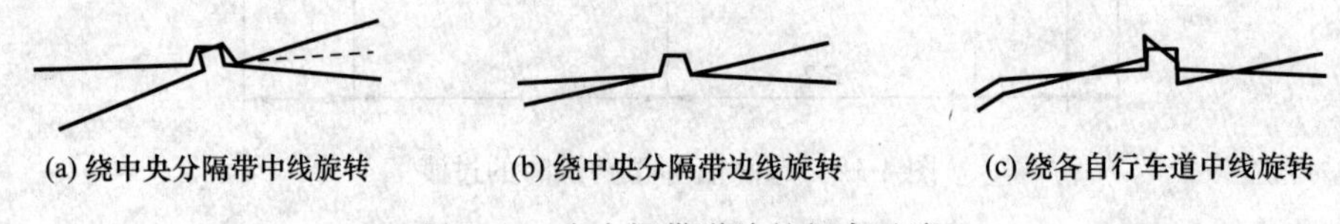

(a) 绕中央分隔带中线旋转　(b) 绕中央分隔带边线旋转　(c) 绕各自行车道中线旋转

图 4-14　有中间带道路的超高过渡

三种超高方式可按中间带宽度和车道数选用。中间带宽度较窄时（≤4.5m）可采用绕中央分隔带中线旋转；各种宽度的中间带都可采用绕中央分隔带边线旋转；对双向车道数大于 4 条的公路可采用绕各自行车道中线旋转。城市道路的超高过渡方式与公路相同。分离式断面的道路因上、下行车道是各自独立的，其超高的设置及其过渡可按两条无分隔带的道路分别处理。

当有硬路肩时，硬路肩是否随车行道超高主要考虑载重车在硬路肩停靠及是否有利施工：

① 当超高横坡值小于等于 5%时，硬路肩采用与相邻车道相同的横坡值，以利于施工，其超高过渡段与车道也应相同，且采用与车道相同的超高渐变率。

② 当超高横坡值大于 5%时，为避免载重车在横坡值较大的硬路肩上停靠失稳，硬路肩横坡值不应大于 5%，应先将硬路肩横坡过渡到与路拱横坡度相同，再与车道一起过渡，直至硬路肩达到最大超高坡值。

对于土路肩横坡主要考虑有利于排水，当位于较低一侧时，当行车道或硬路肩横坡值大于或等于 3%时，应与行车道或硬路肩横坡度相同；行车道或硬路肩横坡值小于 3%时，应比行车道或硬路肩横坡值大 1%或 2%。在较高一侧的土路肩横坡应采用 3%或 4%的反向横坡。

4.4.6 超高过渡段长度

从直线上的双向横坡过渡到圆曲线上的单向横坡的路段称为超高过渡段。为保证行车舒适、路容美观和排水通畅，超高过渡段需保证一定的长度。

超高过渡段一般采用线性过渡渐变方式，公路超高过渡段最小长度按式（4-12）计算：

$$L_c = \frac{B'\Delta_i}{p} \tag{4-12}$$

式中 L_c——超高过渡段长度（m）；

B'——超高旋转轴至行车道（设路缘带时为路缘带）外侧边缘的宽度（m），对于双车道公路，当绕内边线旋转时，$B'=B$；当绕中线旋转时，$B'=B/2$，B 为行车道宽度，有中间带道路 B'为左侧路缘带、行车道及右侧路缘带宽度之和，有硬路肩时，还要考虑硬路肩所占的宽度；

Δ_i——超高横坡度与路拱横坡度的代数差（%），对于双车道公路，当绕内边线旋转时，$\Delta_i = i_h$；当绕中线旋转时，$\Delta_i = i_h - i_G$，i_G 为路拱横坡度，i_h 为超高值；

p——超高渐变率，即旋转轴线与行车道（设路缘带时为路缘带）外边线之间的相对坡度，各级公路超高渐变率最大值见表 4-14，城市道路超高渐变率最大值见表 4-15。

各级公路最大超高渐变率 **表 4-14**

设计速度（km/h）	超高旋转轴位置		设计速度（km/h）	超高旋转轴位置	
	中线	内边线		中线	内边线
120	1/250	1/200	40	1/150	1/100
100	1/225	1/175	30	1/125	1/75
80	1/200	1/150	20	1/100	1/50
60	1/175	1/125			

城市道路最大超高渐变率 **表 4-15**

设计速度（km/h）	80	60	50	40	30	20
超高渐变率	1/150	1/125	1/115	1/100	1/75	1/50

由式（4-12）计算的超高过渡段长度，应取为 5m 的整倍数，并不小于 10m。

为行车舒适，超高过渡段应不小于按式（4-12）计算的长度，从利于排除路面雨水考虑，横坡度路拱横坡从 2%（或 1.5%）过渡到 0%路段的超高渐变率不得小于 1/330，即超高过渡段又不能设置得太长。一般在确定缓和曲线长度时，应考虑超高过渡段所需的最短长度和保证排水的最大长度，使超高过渡在回旋线全长范围内进行。

确定超高过渡段长度时有以下几种特殊情况应注意：

（1）有时因照顾线形的协调性，设置较长的回旋线时，超高过渡段可设置在回旋线的某一段范围之内，全超高断面设在缓圆点处。回旋线较长的六车道及以上的公路为保证排水宜增设路拱线，如图 4-15 所示。

（2）若计算出的 $L_c > L_s$，应修改平面线形，使 $L_s \geqslant L_c$。当平面线形无法修改时，可将超高过渡起点前移，使超高过渡从缓和曲线起点前的直线路段开始。

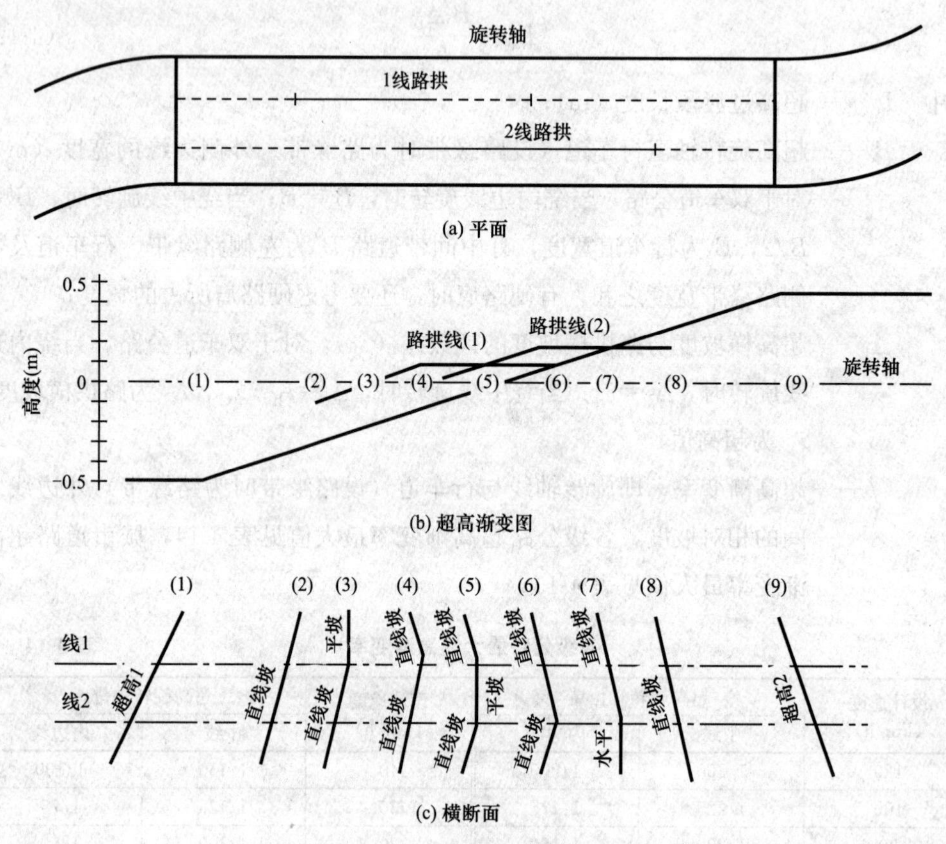

图 4-15　增设路拱的超高方式

（3）四级公路不设缓和曲线，其加宽、超高过渡应分别按照规定进行计算，取其较长者，但最短应符合渐变率加宽 1∶15 且不小于 10m 的要求，且设在紧接圆曲线起（终）点的直线上。受地形或其他特殊情况限制时，如直线长度不足，容许超高过渡段在直线和圆曲线上各分配一半。

对线形设计要求较高的公路，应在超高过渡段的起终点间插入一段二次抛物线，使之连接圆滑、舒顺。

4.4.7　横断面超高值计算

在公路工程施工中，路面的路拱横坡或超高横坡不便于用坡度值来控制，而是通过道路横断面的一些特殊点与设计标高的高差来控制。因此当平曲线设置超高以后，道路中线和内、外侧边线与设计标高之差 h，应计算并列于“路基设计表”中，以便于施工。

1. 无中间带的道路

无中间带的道路超高方式有三种，常用方式为绕内边线旋转和绕中线旋转。无中间带的道路超高值计算公式列于表 4-16 和表 4-17 中，可参看图 4-16。对于有硬路肩的公路，表和图未列出相关内容，还应考虑硬路肩随行车道超高过渡的需要进行推算。

绕内边线旋转超高值计算公式　　表 4-16

<table>
<tr><th colspan="2" rowspan="2">超高位置</th><th colspan="2">计算公式</th><th rowspan="2">注</th></tr>
<tr><th>$x\leqslant x_0$</th><th>$x>x_0$</th></tr>
<tr><td rowspan="3">圆曲线上</td><td>外缘 h_c</td><td colspan="2">$b_J i_J+(b_J+B)i_h$</td><td rowspan="6">1. 计算结果均为与设计高程之差；
2. 双坡阶段长度：
$x_0=\frac{i_G}{i_h}L_c$
3. x 距离处的加宽值：$b_x=\frac{x}{L_c}b$；
4. 内外侧边线降低和抬高值是在 L_c 内按线性过渡，路容有要求时可采用高次抛物线过渡</td></tr>
<tr><td>中线 h'_c</td><td colspan="2">$b_J i_J+\frac{B}{2}i_h$</td></tr>
<tr><td>内缘 h''_c</td><td colspan="2">$b_J i_J-(b_J+b)i_h$</td></tr>
<tr><td rowspan="3">过渡段上</td><td>外缘 h_{cx}</td><td colspan="2">$b_J(i_J-i_G)+[b_J i_G+(b_J+B)i_h]\frac{x}{L_c}\left(或\approx\frac{x}{L_c}h_c\right)$</td></tr>
<tr><td>中线 h'_{cx}</td><td>$b_J i_J+\frac{B}{2}i_G$</td><td>$b_J i_J+\frac{B}{2}\cdot\frac{x}{L_c}i_h$</td></tr>
<tr><td>内缘 h''_{cx}</td><td>$b_J i_J-(b_J+b_x)i_G$</td><td>$b_J i_J-(b_J+b_x)\frac{x}{L_c}i_h$</td></tr>
</table>

绕中线旋转超高值计算公式　　表 4-17

<table>
<tr><th colspan="2" rowspan="2">超高位置</th><th colspan="2">计算公式</th><th rowspan="2">注</th></tr>
<tr><th>$x\leqslant x_0$</th><th>$x>x_0$</th></tr>
<tr><td rowspan="3">圆曲线上</td><td>外缘 h_c</td><td colspan="2">$b_J(i_J-i_G)+\left(b_J+\frac{B}{2}\right)(i_G+i_h)$</td><td rowspan="6">1. 计算结果均为与设计高程之差；
2. 双坡阶段长度：
$x_0=\frac{2i_G}{i_G+i_h}L_c$
3. x 距离处的加宽值：$b_x=\frac{x}{L_c}b$
4. 内外侧边线降低和抬高值是在 L_c 内按线性过渡，路容有要求时可采用高次抛物线过渡</td></tr>
<tr><td>中线 h'_c</td><td colspan="2">$b_J i_J+\frac{B}{2}i_G$</td></tr>
<tr><td>内缘 h''_c</td><td colspan="2">$b_J i_J+\frac{B}{2}i_G-\left(b_J+\frac{B}{2}+b\right)i_h$</td></tr>
<tr><td rowspan="3">过渡段上</td><td>外缘 h_{cx}</td><td colspan="2">$b_J(i_J-i_G)+\left(b_J+\frac{B}{2}\right)(i_G+i_h)\frac{x}{L_c}\left(或\approx\frac{x}{L_c}h_c\right)$</td></tr>
<tr><td>中线 h'_{cx}</td><td colspan="2">$b_J i_J+\frac{B}{2}i_G$(定值)</td></tr>
<tr><td>内缘 h''_{cx}</td><td>$b_J i_J-(b_J+b_x)i_G$</td><td>$b_J i_J+\frac{B}{2}i_G-\left(b_J\ \frac{B}{2}+b_x\right)\frac{x}{L_c}i_h$</td></tr>
</table>

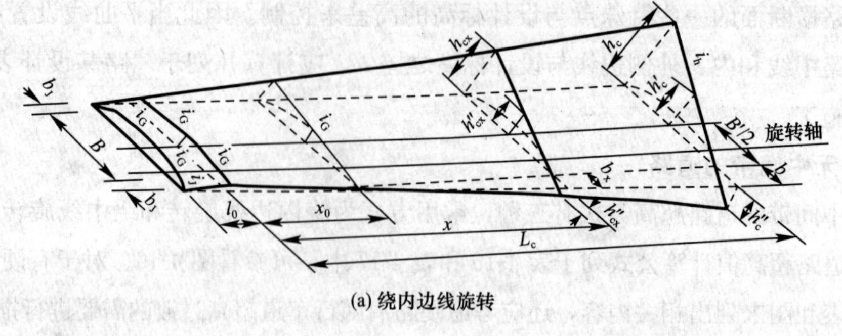

(a) 绕内边线旋转

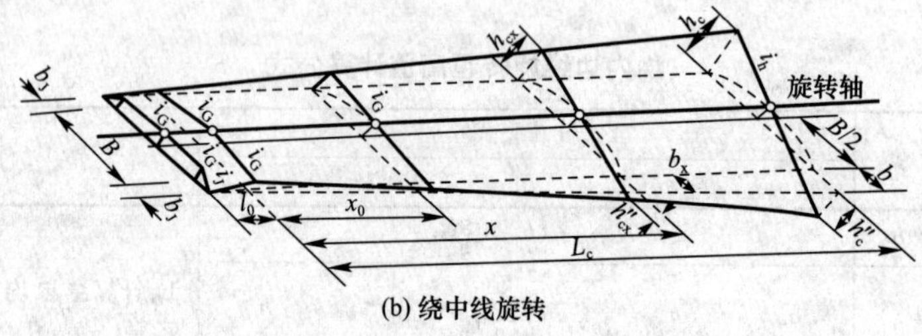

(b) 绕中线旋转

图 4-16　超高过渡方式图

表 4-16、表 4-17 和图 4-16 中各字母的含义如下：

B——路面宽度（m）；

b_J——路肩宽度（m）；

i_G——路拱横坡度；

i_J——路肩横坡度；

i_h——超高横坡度；

L_c——超高过渡段长度（图中为缓和曲线长度，m）；

l_0——路肩横坡度由 i_J 变为 i_G 所需的距离，一般可取 1.0m；

x_0——与路拱同坡度的单向超高点到超高过渡段起点的距离（m）；

x——超高过渡段中任一点至起点的距离（m）；

h_c——路基外缘最大抬高值（m）；

h'_c——路中线最大抬高值（m）；

h''_c——路基内缘最大降低值（m）；

h_{cx}——x 距离处路基外缘抬高值（m）；

h'_{cx}——x 距离处路中线抬高值（m）；

h''_{cx}——x 距离处路基内缘抬高值（m）；

b——圆曲线加宽值（m）；

b_x——x 距离处路基加宽值（m）。

2. 有中间带的道路

设有中间带道路的超高方式有三种，其中常用方法是绕中央分隔带边线旋转和绕各自行车道中线旋转。在超高过程中，内外侧同时从超高过渡段起点开始绕各自旋转轴旋转，外侧逐渐抬高，内侧逐渐降低，直到 HY（或 YH）点达到全超高。计算公式列于表 4-18 和表 4-19 中，可参看图 4-17 和图 4-18。表 4-18、表 4-19 仅列出了行车道外边线和中央分隔带边线的超高计算，硬路肩外边线、路基边线的超高可根据路肩横坡和路肩宽度从行车道外边线推算。

绕中央分隔带边线旋转超高值计算公式 表 4-18

超高位置		计算公式	x 距离处行车道横坡值	注
外侧	C	$(b_1+B+b_2)\ i_x$	$i_x=\frac{i_G+i_h}{L_c}x-i_G$	1. 计算结果均为与设计高程之差； 2. 设计高程为中央分隔带外侧边缘 D 点的高程； 3. 加宽值 b_x 按加宽计算公式计算； 4. 当 $x=L_c$ 时，为圆曲线上的超高值
	D	0		
内侧	C	0	$i_x=\frac{i_h-i_G}{L_c}x+i_G$	
	D	$-(b_1+B+b_x+b_2)i_x$		

绕各自行车道中线旋转超高值计算公式 表 4-19

超高位置		计算公式	x 距离处行车道横坡值	注
外侧	C	$\left(\frac{B}{2}+b_2\right)i_x-\left(\frac{B}{2}+b_1\right)i_z$	$i_x=\frac{i_G+i_h}{L_c}x-i_G$	1. 计算结果均为与设计高程之差； 2. 设计高程为中央分隔带外侧边缘 D 点的高程； 3. 加宽值 b_x 按加宽计算公式计算； 4. 当 $x=L_c$ 时，为圆曲线上的超高值
	D	$-\left(\frac{B}{2}+b_1\right)(i_x+i_z)$		
内侧	C	$\left(\frac{B}{2}+b_1\right)(i_x-i_z)$	$i_x=\frac{i_h-i_G}{L_c}x+i_G$	
	D	$-\left(\frac{B}{2}+b_x+b_2\right)i_x-\left(\frac{B}{2}+b_1\right)i_z$		

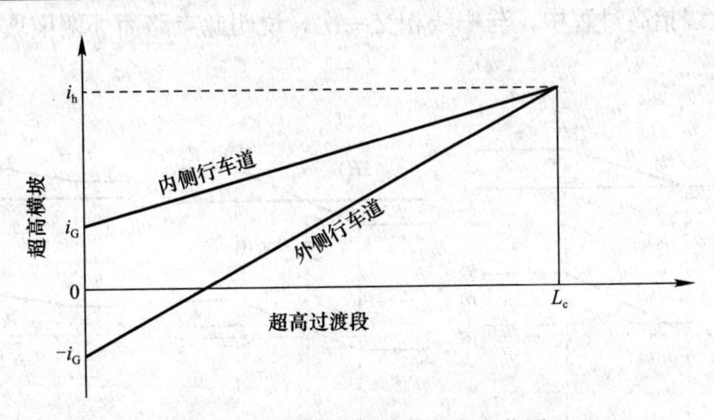

图 4-17 行车道超高横坡度变化图

表 4-18、表 4-19 和图 4-17、图 4-18 中各字母的含义如下：

B——左侧（或右侧）行车道宽度（m）；

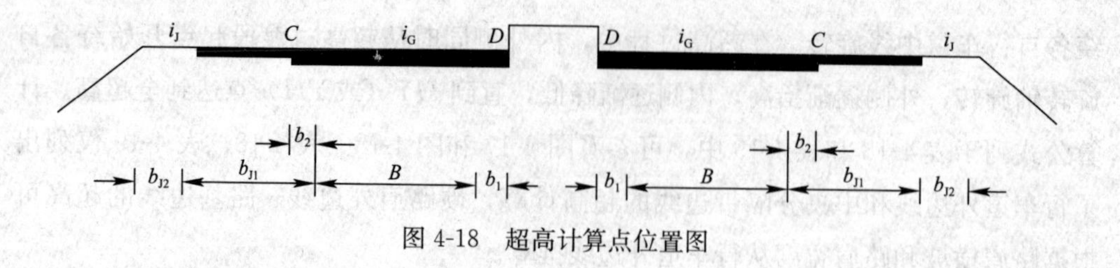

图 4-18　超高计算点位置图

b_1——左侧路缘带宽度（m）；

b_2——右侧路缘带宽度（m）；

b_x——x 距离处路基加宽值（m）；

i_h——超高横坡值；

i_G——路拱横坡度；

i_z——单向行车道左半幅路拱横坡度（%）；

x——超高过渡段中任一点至起点的距离（m）。

4.4.8　超高设计图

在进行路线设计时，为直观反映沿线的路面，路肩横坡度变化情况及横断面各计算点与旋转轴的相对高差变化情况，在路线纵断面图上需绘出全线的超高设计图，尤其是高等级公路，还应绘制超高方式的大样图。该图以旋转轴为横坐标轴，相对高程为纵坐标。

图 4-19(a) 是基本型曲线的超高设计图。从缓和曲线（等于超高过渡段长）起点开始超高，外侧逐渐抬高，内侧逐渐降低，至缓和曲线终点超高达到全值，其间是按直线变化的，这符合缓和曲线上的曲率变化规律，也符合行车离心力的变化规律。在路面外侧边线抬高过程中，与中线相交一次，说明此点路面外侧横坡为 0，对横向排水不利。

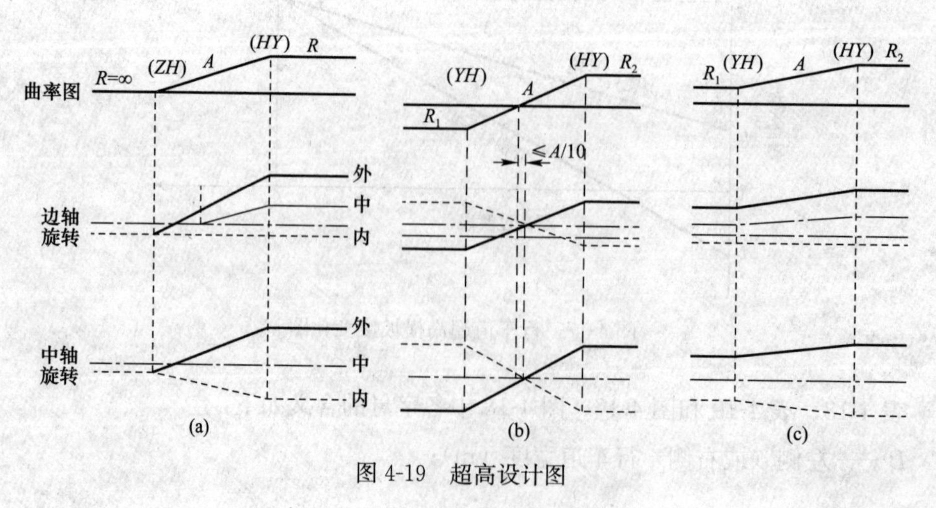

图 4-19　超高设计图

图 4-19(b) 两相邻曲线是反向的，由一个曲线的全超高过渡到另一个曲线的反方向全超高。在整个过渡过程中，横断面始终是单坡断面，在零坡断面变换旋转轴。这样处理后，只出现一次零坡断面，对排水和路容都有利。

图 4-19(c) 两相邻曲线是同向的，由一个曲线的全超高过渡到另一个曲线的同方向全超高，中间是面到面的过渡。在整个过渡过程中，外侧路面始终向内倾斜，与内侧路面构成单坡断面。但这种情况需要对两曲线间的超高过渡段的超高渐变率进行验算，以确保满足排水要求，否则按照两个基本型曲线超高进行处理。

4.5 行车视距

4.5.1 视距的类型

视距是指车辆正常行驶中，在正常驾驶位置驾驶员能连续看到公路前方行车道范围内路面一定高度的障碍物、迎面来车，或者看到公路前方交通设施的最远距离。行车视距是否充分，直接关系到行车的安全与迅速，它是道路使用质量的重要指标之一。

为保证行车安全，驾驶员应能随时看到汽车前方相当远的一段路程，一旦发现前方路面上有障碍物或迎面来车以及其他不利行车路况，应能及时采取相应措施。根据采取的措施不同，行车视距主要包括以下几种：

(1) 停车视距：汽车行驶时，驾驶员自看到前方障碍物时起，至到达障碍物前安全停止，所需的最短距离。

(2) 会车视距：两辆车相向行驶，驾驶员自看到前方车辆时起，至安全会车时止，两辆车行驶所需的最短距离。

(3) 超车视距：在双车道道路上，后车超越前车时，自开始驶离原车道处起，至可见对向来车并能超车后安全驶回原车道所需的最短距离。

(4) 识别视距：汽车行驶时，驾驶员自看到前方各类交通设施（如交叉口、出入口、交通标志等），到完全辨识它的含义为止，所需的最短距离。

上述四种视距中，识别视距与交通设施类型有关，将在后续章节所涉及的内容中介绍。其他三种视距中，停车视距和会车视距属于对向行驶，根据计算分析，会车视距约等于停车视距的 2 倍，故只需研究停车视距即可；超车视距属于同向行驶，需要的距离最长，需要单独进行研究。

4.5.2 视距的计算

在进行视距的计算和检验时，驾驶员视线高度为“目高”，根据实测小汽车为

1.2m，载重货车为2.0m。视点前方障碍物的高度为“物高”，如果在视距计算和检验中障碍物高度过低，在纵断面设计中要加大凸形竖曲线半径，可能是不经济的；如果仅从经济方面考虑，取汽车顶部的高度，则又会因看不见比汽车低的障碍物而导致车祸。路面上可能出现的障碍物除迎面来车外，还有横穿道路的行人、前车掉下来的货物及因挖方边坡塌方掉下来的石头等，再考虑汽车底盘离地的最小高度，它的变化在0.14m到0.20m之间，故在停车视距计算和检验中规定物高为0.10m，在超车视距的计算和检验中规定物高为0.60m，为对向车辆（小汽车）的前灯高度。

1. 停车视距

停车视距可分解为反应距离、制动距离及安全距离三部分，如图4-20所示。

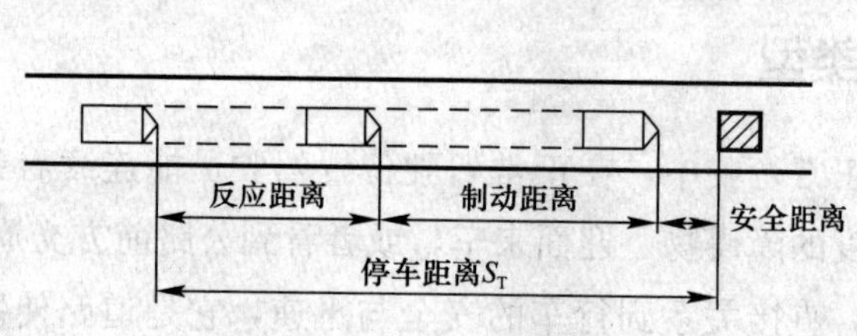

图4-20　停车视距图示

$$S_T = S_1 + S_2 + S_0 \tag{4-13}$$

式中　S_T——停车视距（m）；

S_1——驾驶员反应时间内行驶的距离（m）；

S_2——制动距离（m），指汽车从制动生效到完全停止时行驶的距离；

S_0——安全距离（m），一般取5～10m。

反应距离是当驾驶人员发现前方的阻碍物，经过判断决定采取制动措施的瞬间到制动器真正开始起作用的时刻汽车所行驶的距离。这段时间又可分为“感觉时间”和“反应时间”。驾驶员感觉时间在很大程度上取决于物体的外形、颜色，驾驶员的视力和机敏度，以及大气的可见度等。由于高速行驶时警惕性会更高，在高速行驶时的感觉时间要比低速时短一些。根据实测资料，设计采用的感觉时间为1.5s，制动反应时间取1.0s。则在该时间内汽车行驶的距离S_1为：

$$S_1 = \frac{V}{3.6} \cdot t \tag{4-14}$$

$$S_2 = \frac{V^2}{254(\varphi + \psi)} \tag{4-15}$$

式中　V——行驶速度（km/h），设计速度为80～120 km/h时，采用设计速度的85%；40～60km/h时，采用设计速度的90%；20～30km/h时，采用原设计速度；

φ——路面附着系数，一般按路面在潮湿状态考虑；

ψ——道路阻力系数，$\psi=f+i$ 。

故停车视距为：

$$S_T=S_1+S_2+S_0=\frac{V\cdot t}{3.6}+\frac{V^2}{254(\varphi+\psi)}+S_0 \tag{4-16}$$

公路和城市道路的停车视距规定见表 4-20、表 4-21，相对应设计速度的会车视距为停车视距的 2 倍。

公路停车视距 **表 4-20**

设计速度（km/h）	120	100	80	60	40	30	20
停车视距（m）	210	160	110	75	40	30	20

城市道路停车视距 **表 4-21**

设计速度（km/h）	120	100	80	60	40	30	20
停车视距（m）	210	160	110	75	40	30	20

以上停车视距计算按道路为平坡考虑，没有考虑纵坡对货车制动的影响。货车空载时，会产生制动性能差、轴间荷载难以保证均匀分布、一条车轴侧滑会引起其他车轴失稳、半挂车铰接制动不灵等现象。所以在高速公路、一级公路及大型车比例较高的二、三级公路下坡路段，应按货车停车视距对相关路段进行检查，下坡段的货车停车视距规定见表 4-22。

下坡段货车停车视距（m） **表 4-22**

设计速度（km/h）		120	100	80	60	40	30	20
下坡纵坡度（%）	0	245	180	125	85	50	35	20
	3	265	190	130	89	50	35	20
	4	273	195	132	91	50	35	20
	5		200	136	93	50	35	20
	6			139	95	50	35	20
	7				97	50	35	20
	8					50	35	20
	9						35	20

积雪冰冻路段的停车视距，尤其是重要干线公路，可根据要求的最低车速对停车视距进行验算，适当调增停车视距。

2. 超车视距

在一般双车道公路上行驶着各种不同速度的车辆，当快速车追赶上慢速车以后，需占用对向车道进行超车，根据完成超车所考虑的视距组成分为全超车视距和最小必要超车视距。超车视距计算图式见图 4-21。

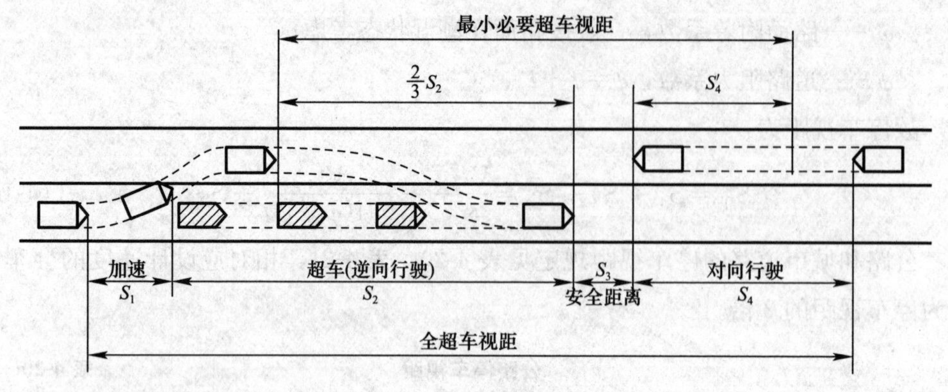

图 4-21　超车视距图示

超车视距的全程可分为四个阶段：

（1）加速行驶距离 S_1

当超车汽车经判断认为有超车的可能，于是加速驶向对向车道，在进入该车道之前的行驶距离为 S_1：

$$S_1 = \frac{V_0}{3.6} \cdot t_1 + \frac{1}{2} a \cdot t_1^2 \tag{4-17}$$

式中　V_0——被超汽车的速度（km/h）；

t_1——加速时间（s）；

a——平均加速度（m/s^2）。

（2）超车汽车在对向车道上行驶的距离 S_2：

$$S_2 = \frac{V}{3.6} \cdot t_2 \tag{4-18}$$

式中　V——超车汽车的速度（km/h）；

t_2——在对向车道上的行驶时间（s）。

（3）超车完成后，超车汽车与对向汽车之间的安全距离 S_3 视超车汽车和对向汽车的行驶速度不同，S_3 采用不同的数值，一般取：

$$S_3 = 15 \sim 100\text{m} \tag{4-19}$$

（4）超车汽车从开始加速到超车完成时对向汽车的行驶距离 S_4：

$$S_4 = \frac{V}{3.6} \cdot (t_1 + t_2) \tag{4-20}$$

则超车视距 S_C 为：

$$S_C = S_1 + S_2 + S_3 + S_4 \tag{4-21}$$

以上四个距离之和是比较理想的全超车行程，但距离较长，在地形比较复杂的地段很难实现。事实上，尾随在慢车后的快车驾驶员往往在未看到前面的安全区段就开始超车作业，如进入对向车道后发现迎面来车而超车距离不足时，还来得及返回自己的车道。因此，在计算 S_4 所需的时间时，只考虑超车汽车从完全进入对向车道到超车完成所行驶的时间就能保证安全了。取对向汽车行驶时间大致为 t_2 的 2/3，且不考虑 t_1 行驶时间，即为最小必要超车视距 S'_C：

$$S'_C = S_1 + S_2 + S_3 + S'_4 \tag{4-22}$$

在地形困难或其他原因不得已时，可采用：

$$S'_C = \frac{2}{3}S_2 + S_3 + S'_4 \tag{4-23}$$

设超车汽车和对向汽车均以设计速度行驶，被超汽车的速度 V_0 较设计速度低（5～20km/h），各阶段的行驶时间据实测大致为：$t_1 = 2.9 \sim 4.5s$、$t_2 = 9.3 \sim 10.4s$。以此计算可获得各级公路超车视距的最小值，《标准》规定的各级公路最小值如表 4-23 所示。

超车视距最小值（m） **表 4-23**

设计速度（km/h）	80	60	40	30	20
一般值	550	350	200	150	100
最小值	350	250	150	100	70

4.5.3 各级道路对视距的要求

通过对我国部分山区高速公路进行视距检验评价发现：在平、纵等主要几何指标满足对应标准、规范指标要求的情况下，仍可能存在视距不良（不足）的情况。《标准》规定对于公路平面和纵断面指标较低、平纵线形组合复杂路段，应进行对应的视距检验。对中间带设置护栏或防眩设施、路侧设有高边坡或构造物、公路两侧各类出入口、平面交叉、隧道等各种可能存在视距不良的路段和区域需要进行视距检验。不符合对应的视距要求时，应采取相应的技术和工程措施予以改善。

各级公路由于车辆行车特征及交通组织方式不同，对视距的要求也不相同。在保证行车安全的条件下，考虑工程经济因素，各级道路对视距的要求如下：

（1）各级公路均应满足停车视距要求。

（2）二、三、四级公路还应满足会车视距要求；受地形条件或其他特殊情况限制而采取分道行驶措施的路段，可采用停车视距。

（3）具有干线功能的二级公路宜在 3min 的行驶时间内，提供一次满足超车视距要求的路段；其他双车道公路可根据情况，间隔设置具有超车视距的路段。双车道公路应通过标线和标志对允许超车路段或不允许超车路段予以标识。

（4）高速公路、一级公路以及大型车比例高的二级公路、三级公路的下坡路段，应采用下坡段货车停车视距进行检验。

（5）积雪冰冻地区的停车视距宜适当延长。

城市道路平曲线路段的视距要求与公路规定相同。交叉口的视距由视距三角形保证，详见后续章节。

4.5.4 行车视距的保证

在道路平面上的暗弯（处于挖方路段的平曲线和内侧有障碍物的平曲线）、纵断面上的凸形竖曲线以及下穿式立体交叉的凹形竖曲线上，都有可能存在视距不足的问题，如图 4-22 所示。在公路视距检验时应对平曲线内侧车道、竖曲线起终点等视距最不利的车道或位置进行逐桩位的检查。本节以平面暗弯为例对行车视距保证进行研究，平曲线内侧视距主要检查曲线内侧因边坡、护栏、防眩设施、构筑物等遮挡的影响。

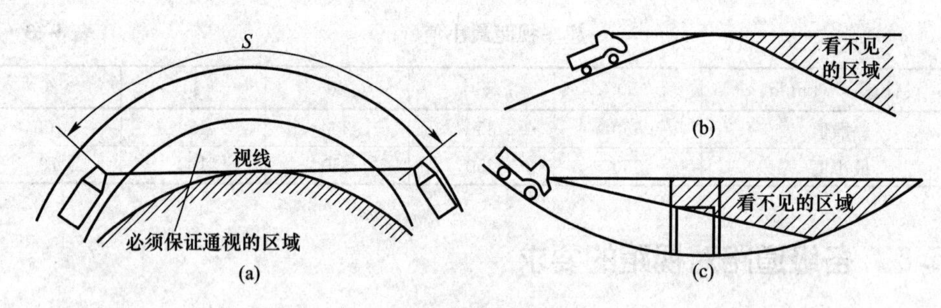

图 4-22　影响行车视距的地点

对于平面上的暗弯，若不能保证该级公路或城市道路的最短视距，则应将阻碍视线的障碍物清除，可通过视距曲线法和横净距计算法来确定障碍物清除范围。若因平曲线内侧及中间带设置护栏或其他人工构造物等而不能保证视距时，可采取加宽中间带、加宽路肩或将构造物后移等措施予以处理。

驾驶员在曲线最内侧车道视距最为不利，在进行曲线内侧障碍物清除时，按照驾驶员视点距离地面高度为 1.2m、驾驶员视点轨迹线位于最内侧车道中心线进行以下分析，驾驶员视点位置见图 4-23。

1. 视距曲线

如图 4-23 所示，AB 是驾驶员视点轨迹线，从该轨迹线上的不同位置（图中的 1、2、3、…各点）引出一系列视线（图中的 1-1′、2-2′、3-3′、…），其弧长都等于视距 S，与这些视线相切的曲线（包络线）称为视距曲线。视距曲线与视点轨迹线之间的法向距离称为横净距。在视距曲线与轨迹线之间的空间范围，应保证通视，如有障碍物则要予以清除。在挖方断面，由于边坡原因，其可提供的横净距为 h_0，小于规定视距要求的横净距 h，可按照图 4-24 所示方法开挖视距平台。

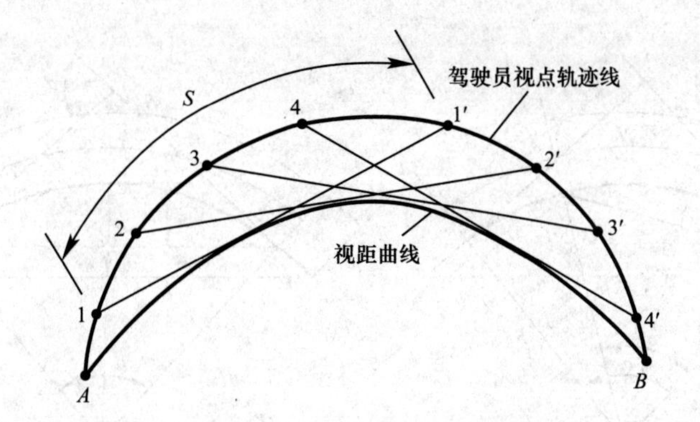

图 4-23　视距曲线

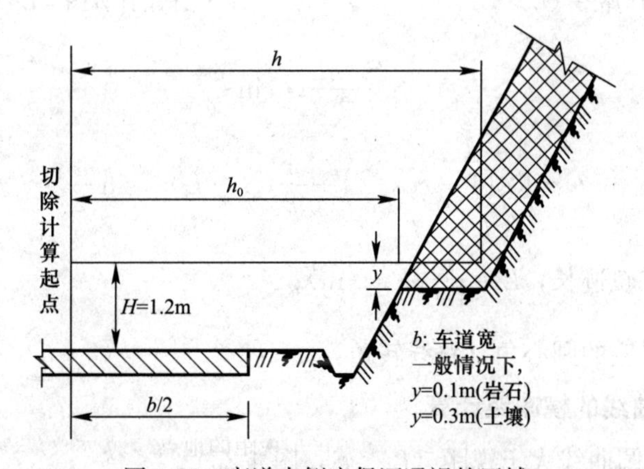

图 4-24　弯道内侧应保证通视的区域

2. **横净距及其计算**

在弯道各点的横断面上的横净距 h 可根据视距 S、弯道的曲线长 L 和行车轨迹曲线半径 R_0 进行计算。计算时应按照是否设有缓和曲线和视距是否比曲线长等不同情况分别计算。竖曲线部分视距检验计算方法可参见第 3 章相关内容。

(1) 不设缓和曲线的横净距计算

1) 曲线长大于视距（$L>S$，图 4-25）

$$h=R_S-R_S\cos\frac{\gamma}{2}=R_S\left(1-\cos\frac{\gamma}{2}\right) \tag{4-24}$$

式中　R_S——驾驶员视点轨迹半径，为曲线最内侧车道的中心线位置；

γ——视距 S 所对应的圆心角，$\gamma=\dfrac{180S}{\pi R_S}$（rad）。

2) 曲线长小于视距（$L<S$，图 4-26）

$$h=h_1+h_2$$

其中
$$h_1=R_S-R_S\cos\frac{\alpha}{2}$$

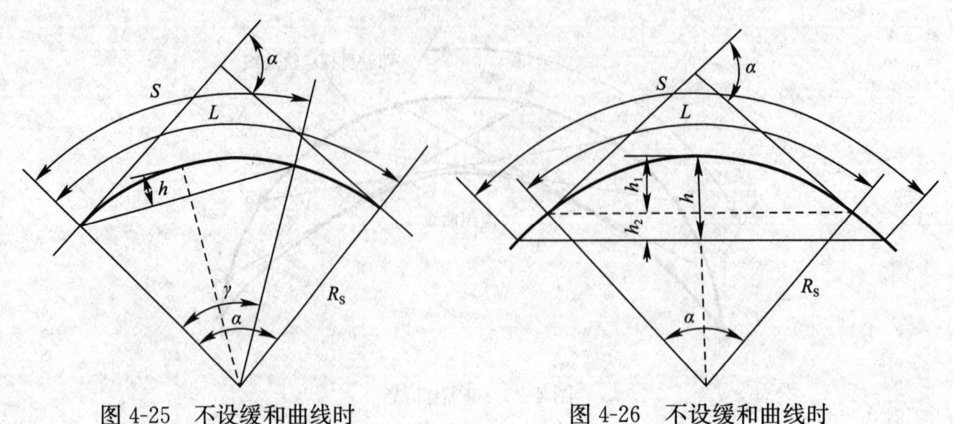

图 4-25　不设缓和曲线时横净距计算图（$L>S$）

图 4-26　不设缓和曲线时横净距计算图（$L<S$）

$$h_2=\frac{S-L}{2}\cdot\sin\frac{\alpha}{2}$$

则

$$h=R_S\left(1-\cos\frac{\alpha}{2}\right)+\frac{1}{2}(S-L)\cdot\sin\frac{\alpha}{2} \tag{4-25}$$

式中　L——视点轨迹长，$L=\frac{\pi}{180}\alpha R_S$（m）；

α——L 对应的圆心角（路线转角，°）。

（2）设缓和曲线的横净距计算

1）视点轨迹圆曲线大于视距（$L'>S$，图 4-25）

具体计算方法同式（4-24）。

2）视距介于视点轨迹圆曲线长与视点轨迹平曲线长之间（$L>S>L'$，图 4-27）

$$h=R_S\left(1-\cos\frac{\alpha-2\beta}{2}\right)+\sin\left(\frac{\alpha}{2}-\delta\right)(l-l') \tag{4-26}$$

式中　β——路中线缓和曲线全长所对应的回旋线角（°）；

δ——见图 4-27，$\delta=\arctan\left\{\frac{l}{6R_S}\left[1+\frac{l'}{l}+\left(\frac{l'}{l}\right)^2\right]\right\}$；

l'——见图 4-27，$l'=\frac{1}{2}(L-S)$；

l——缓和曲线长度（m）。

（3）视点轨迹圆曲线小于视距（$L<S$，图 4-28）

$$h=R_S\left(1-\cos\frac{\alpha-2\beta}{2}\right)+\sin\left(\frac{\alpha}{2}-\delta\right)l+\frac{S-L}{2}\sin\frac{\alpha}{2} \tag{4-27}$$

式中　δ——$\delta=\arctan\frac{l}{6R_S}$。

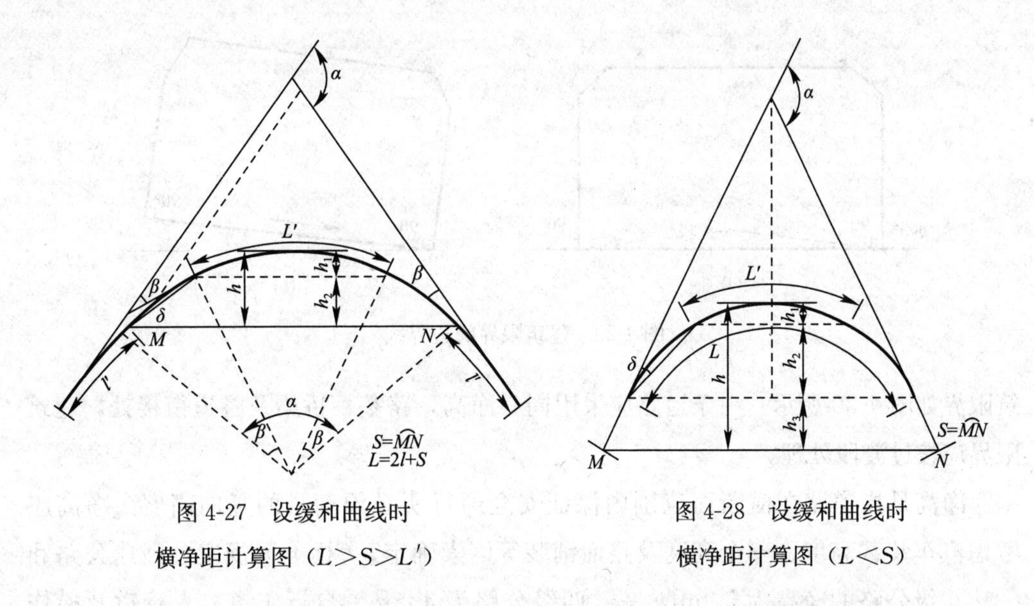

图 4-27　设缓和曲线时横净距计算图（$L>S>L'$）

图 4-28　设缓和曲线时横净距计算图（$L<S$）

按上述公式计算的 h 值是曲线上需清除的最大横净距。若需要清除的是建筑物或岩石边坡，则可用图解法或解析法求出弯道上不同断面的清除界线，并增绘一些横断面以作为计算土石方和施工的依据。

4.6　建筑限界与道路用地

4.6.1　道路建筑限界

1. 定义

道路建筑限界是为保证车辆和行人正常通行安全，在道路的一定高度和宽度范围内不允许有任何障碍物侵入的空间范围。

道路建筑限界是横断面设计的重要依据，设计时应充分研究组成路幅要素的相互关系及道路各种设施的设置规划，在有限空间内做出合理的安排。不允许标志、护栏、照明灯柱、电杆、管线、绿化、行道树及跨线桥梁底、桥台、桥墩等的任何部分侵入道路建筑限界以内。

道路建筑限界的边界线依下列原则确定，见图 4-29。

（1）上缘边界线：不设超高的路段，上缘边界线为水平线。设置超高的路段，上缘边界线与超高横坡平行。

（2）两侧边界线：不设超高的路段，两侧边界线与水平线垂直。设置超高的路段，两侧边界线与超高横坡垂直。

2. 组成

道路建筑限界又称净空，由净高和净宽两部分组成。《标准》规定的各级公路建

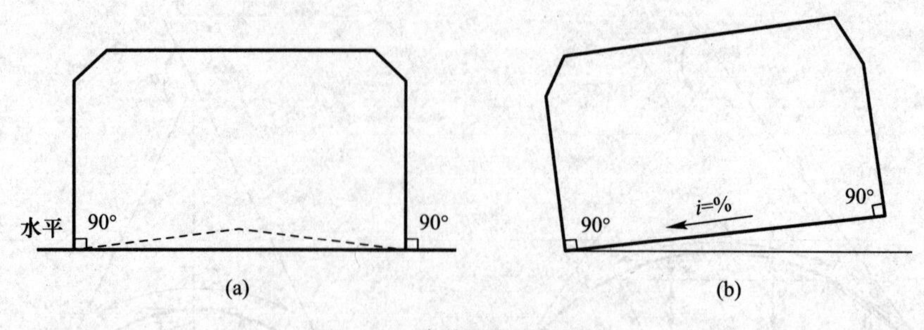

图 4-29　建筑限界的边界线

筑限界如图 4-30 所示。一条道路应采用同一净高，路基、桥梁及隧道衔接处，建筑限界应按过渡段处理。

净高是指道路在横断面范围内保证安全通行所必须满足的竖向高度。净高应考虑汽车装载高度、安全高度及路面铺装等因素确定。《标准》规定，高速公路和一、二级公路的净高为 5.0m，三、四级公路为 4.5m。自行车道、人行道及检修道分开设置时，其净高为 2.5m。三、四级公路路面采用沥青灌入、沥青碎石、沥青表面处治或砂石路面时，考虑到路面铺装的要求，其净高宜预留 20cm。城市道路的最小净高要求各种机动车为 4.5m，小客车为 3.5m，自行车、三轮车和行人为 2.5m。

净宽是指道路在横断面范围内保证安全通行所必须满足的横向宽度。净宽包括

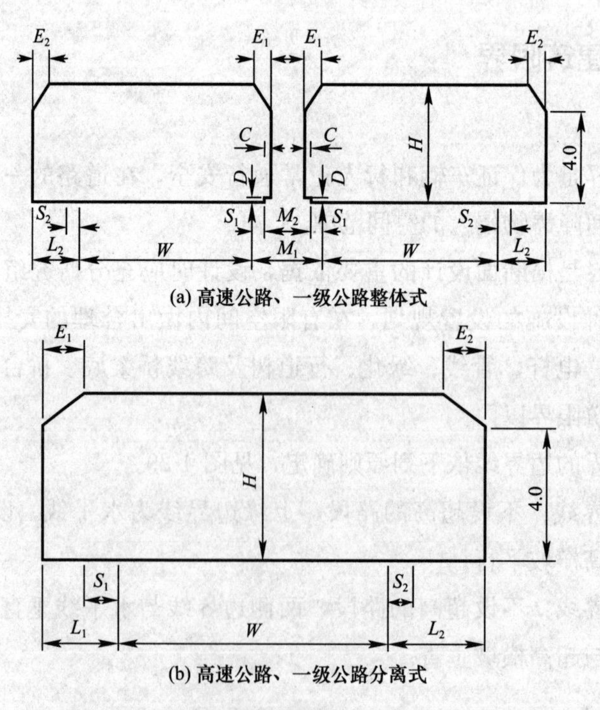

图 4-30　各级公路建筑限界（一）（单位：m）

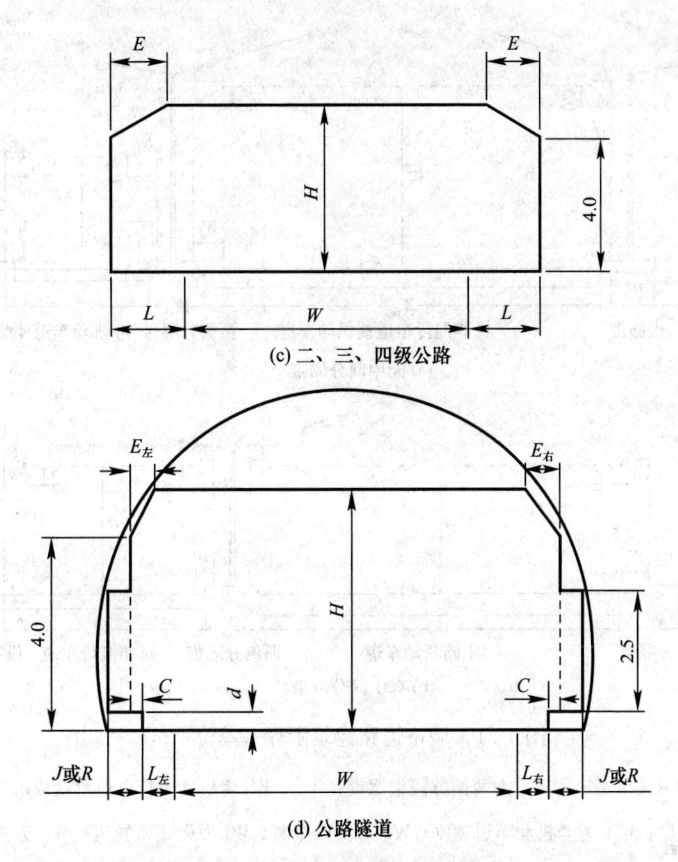

(c) 二、三、四级公路

(d) 公路隧道

图 4-30 各级公路建筑限界（二）（单位：m）

图中：W 为行车道宽度；H 为净空高度；L_1 为左侧硬路肩宽度；L_2 为右侧硬路肩宽度；S_1 为左侧路缘带宽度；S_2 为右侧路缘带宽度；L 为侧向宽度，高速公路及一、二级公路的侧向宽度为硬路肩宽度 L_1 或 L_2，其他等级公路为路肩宽度减去 0.25m（设置护栏时，应根据护栏需要的宽度加宽路基）；隧道内侧向宽度应符合最小侧向宽度的规定；C 为安全带宽度，当设计速度大于等于 100km/h 时为 0.5m，小于 100km/h 时为 0.25m；M_1 为中间带宽度；M_2 为中央分隔带宽度；J 为隧道内检修道宽度；R 为隧道内人行道宽度；d 为隧道内检修道或人行道高度；E、E_1、E_2 为建筑限界顶角宽度（当 $L \leqslant 1\text{m}$ 时 $E=L$，当 $L>1\text{m}$ 时 $E=1\text{m}$；当 $L_1<1\text{m}$ 或 $S_1+C<1\text{m}$ 时，$E_1=S_1+C$，当 $L_1 \geqslant 1\text{m}$ 或 $S_1+C \geqslant 1\text{m}$ 时，$E_1=1\text{m}$；E_2 同 E_1）；$E_{左}$ 为建筑限界左顶角宽度，当 $L_{左} \leqslant 1\text{m}$ 时，$E_{左}=L_{左}$，当 $L_{左}>1\text{m}$ 时，$E_{左}=1\text{m}$；$E_{右}$ 为建筑限界右顶角宽度，当 $L_{右} \leqslant 1\text{m}$ 时，$E_{右}=L_{右}$，当 $L_{右}>1\text{m}$ 时，$E_{右}=1\text{m}$。

行车带、路肩、中间带、绿化带等宽度。当道路设置加减速车道、紧急停车带、爬坡车道、错车道、慢车道、车道隔离设施时，道路建筑限界还应包括相应部分的宽度。八车道及其以上的高速公路整体式路基横断面建筑限界包括左路肩的宽度。中央分隔带或路肩上设置桥梁墩台、标志立柱时，其伸入部分应保证在净高以上，不应紧靠建筑限界设置，应留有护栏缓冲变形的余宽。

城市道路建筑限界规定如图 4-31 所示。

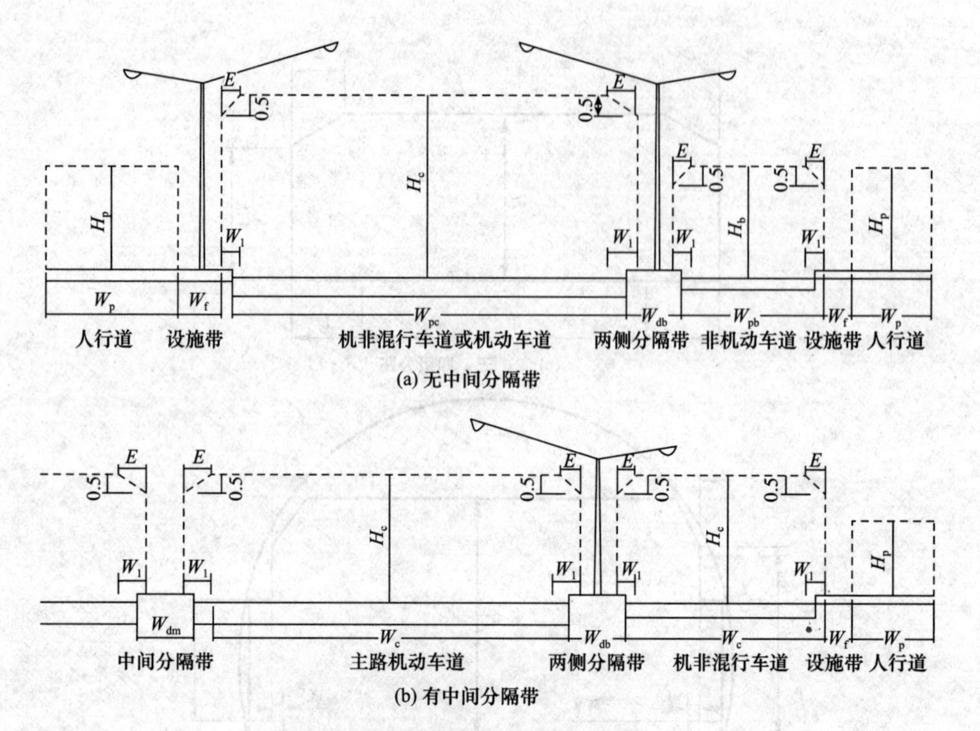

图 4-31　城市道路建筑限界（单位：m）

图中：W_{dm} 为中间分隔带宽度；W_{db} 为两侧分隔带宽度；W_{pc}、W_c 为机动车行车道宽度或机动车与非机动车混合行驶的行车道宽度；W_{pb} 为非机动车道宽度；W_1 为侧向净宽；W_f 为设施带宽度；W_p 为检修道或人行道宽度；H_b 为非机动车行车道的最小净高；H_p 为人行道的最小净高；H_c 为机动车行车道最小净高；E 为顶角抹角宽度。

4.6.2　道路用地

道路用地是指道路修建、养护及布设沿线各种设施等所征用的土地，道路建设项目必须依法申请使用国有土地。

(1) 公路

公路用地应遵照保护、开发土地资源，合理利用土地，切实保护耕地，促进社会经济可持续发展的原则，合理拟定公路建设规模、技术指标、设计施工方案，确定公路用地范围。公路用地范围规定为：

① 公路路堤两侧排水沟外边缘（无排水沟时为路堤或护坡道坡脚）以外，或路堑坡顶截水沟外缘（无截水沟时为坡顶）以外不小于 1m 的土地；在有条件的地段，高速公路和一级公路不小于 3m、二级公路不小于 2m 的土地为公路用地范围。

② 在风沙、雪害、滑坡、泥石流等不良地质地带设置防护、整治设施时，以及在膨胀土、盐渍土等特殊土地带采取处置措施时，应根据实际需要确定用地范围。

③ 桥梁、隧道、立体交叉、平面交叉、安全设施、服务设施、管理设施、绿化

以及其他线外工程用地，应根据实际需要确定用地范围。

④ 有条件或环境保护要求种植多行林带的路段，应根据实际需要确定用地范围。

⑤ 改建公路可参考新建公路确定用地范围。

(2) 城市道路

城市道路的用地是指由城市规划部门确定的道路红线宽度以内的范围。

4.7 路基横断面设计及成果

4.7.1 公路

公路横断面的组成除包括与行车有关的路幅外，还包括与路基工程、排水工程、环保工程有关的各种设施，这些设施的位置和尺寸均应在横断面设计中有所体现。

路基横断面设计应满足以下基本要求：

(1) 路基的横断面形式和尺寸应根据公路等级、设计标准和设计任务书的规定以及公路的使用功能要求，结合具体条件确定。一般路基可参考标准横断面图设计，特殊路基则应进行单独设计。

(2) 应注意整体式路基与分离式路基衔接处、路基横断面组成各部分尺寸发生变化时的过渡处理。

(3) 公路横断面设计应最大限度地降低路堤高度，减小对沿线生态的影响。条件不得已而出现高填、深挖时，应同桥梁、隧道、分离式路基等方案进行论证比选。

(4) 路基横断面布设应结合沿线地面横坡、自然条件、工程地质条件等进行设计。自然横坡较缓时宜采用整体式横断面，横坡较陡、工程地质复杂时，高速公路易采用分离式路基。

(5) 公路横断面设计应注重路侧安全，在有条件的地区或路段，应尽量采用宽中央分隔带、低路基、缓边坡、宽浅边沟等断面形式。

(6) 路基设计应兼顾当地农田基本建设的需要，在取土、弃土、取土坑设置、排水设计等方面与农田改土、农田水利、灌溉沟渠等相配合，尽量减少废土占地、防止水土流失和淤塞河道。

1. 路基标准横断面图

路基标准横断面图是指道路各断面代表性横断面图。应在图中标示路中心线、行车道、拦水缘石（如果有）、路肩、路拱横坡、边坡、护坡道、边沟、碎落台、截水沟、用地界碑等各部分组成及其尺寸，路面宽度及概略结构，如图 4-32 所示。高速公路、一级公路按整体式路基、分离式路基分别绘制，还应示出中央分隔带、

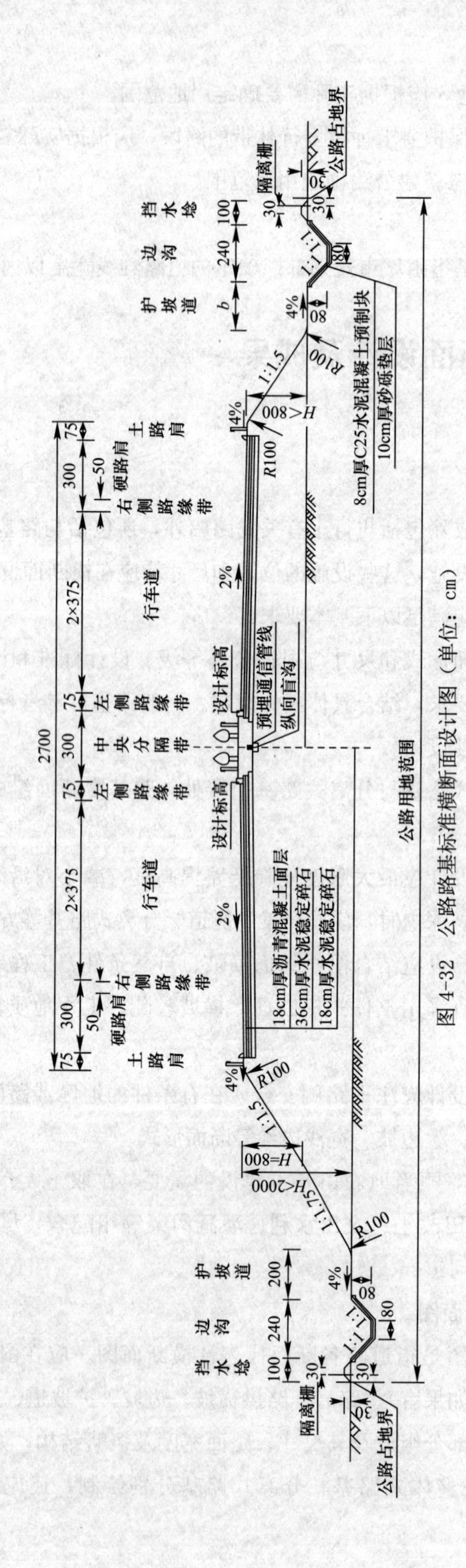

图 4-32　公路路基标准横断面设计图（单位：cm）

缘石（如果有）、左侧路缘带、硬路肩（含右侧路缘带）、护栏、隔离栅、预埋管道（如果有）等设置位置。标准横断面图一般采用1∶200～1∶100比例。断面中路基的边坡坡率、边沟尺寸、挡墙断面等应按现行行业标准《公路路基设计规范》JTG D30的规定确定。

由于路基形式不同，还需要绘制一般路基设计图，一般包括：一般路堤、低填路堤、路堑、半填半挖路基、陡坡路基等不同形式的代表性路基设计图。

2. 路基设计表

"路基设计表"是公路设计文件的组成内容之一，它是平、纵、横等主要测设资料的综合，在公路设计文件中占有重要地位。表中填列所有整桩、加桩的填挖高度、路基宽度（包括加宽）、超高值等有关资料，为路基横断面设计的基本数据，也是施工的依据之一。"路基设计表"样式见表4-24。

3. 路基横断面设计图

在路基设计表的基础上，根据横断面地面线，横断面所在位置地质、水文等情况来决定路幅以外部分的形状和尺寸，绘出所有整桩、加桩的横断面图。由于道路标准断面具有相对规则及固定的尺寸和形状，并且数量众多，可以用模板快速描出设计线，俗称"戴帽法"。路基横断面设计图的比例一般采用1∶200，见图4-33。

传统设计方法由于涉及工序多，易产生工序脱节的问题，且精度不高、工作量大。通过数字地面模型，建立数字地面模型与道路路线计算机辅助设计接口，可直接在数字地面模型的基础上采集横断面数据，减少了工序衔接和数据传递，且能保证精度，提高工作效率，数字地面模型是目前道路横断面设计常采用的方法。

4.7.2 城市道路

城市道路横断面设计成果主要包括道路标准横断面设计图、土方横断面设计图。

1. 道路标准横断面设计图

城市道路标准横断面设计图比例为1∶200～1∶100，一般包括规划横断面图、设计横断面图、现状横断面图及其相互关系。根据不同路段绘制典型道路横断面设计图，在图上应绘出红线宽度、行车道、人行道、非机动车道、绿化带、照明杆线、路面横坡以及两侧重要建筑等，如图4-34所示。

2. 土方横断面设计图

沿道路中线每隔一定距离（一般20m、25m）绘制横断面现状地面线，若属旧路改建，现状地面线一般为道路现状横断面。在完成道路纵断面设计和路面结构设计之后，各中线上的填挖高度已知，将这一高度点绘在相应的现状地面线上，反映了各断面上的填、挖标高和放坡拆迁界线，是路基施工的主要依据，如图4-35所示。

路基设计表

表4-24

(项目名称)

桩号	平曲线		竖曲线		地面高程(m)	设计高程(m)	填挖高度(m)		路基宽度(m)							以下各点与设计高之差(m)						坡口、坡脚至中桩距离(m)		备注
									左侧			中分带	右侧			左侧			右侧					
	左偏	右偏	凹型	凸型			填	挖	W1	W2	W3	W0	W3	W2	W1	A1	A2	A3	A3	A2	A1	左侧	右侧	
K90+005	K90+023.910				148.12	150.14	2.02		0.75	3.00	8.00	2.00	8.00	3.00	0.75	-0.24	-0.22	-0.16	-0.16	-0.22	-0.24	13.32	19.87	
+024.982	(*ZH*)		QD		147.86	149.89	2.03		0.75	3.00	8.00	2.00	8.00	3.00	0.75	-0.24	-0.22	-0.16	-0.08	0.012	-0.14	13.03	19.63	
+030			K90+009.791		148.83	149.83	1.00		0.75	3.00	8.00	2.00	8.00	3.00	0.75	-0.24	-0.22	-0.16	-0.06	-0.08	-0.11	13.03	19.93	
+055					147.91	149.54	1.64		0.75	3.00	8.00	2.00	8.00	3.00	0.75	-0.24	-0.22	-0.16	0.06	0.08	0.06	13.07	17.00	
+080			-1.26% 479		148.18	149.27	1.09		0.75	3.00	8.00	2.00	8.00	3.00	0.75	-0.27	-0.24	-0.18	0.18	0.24	0.22	13.32	16.68	
+105					148.37	149.03	0.66		0.75	3.00	8.00	2.00	8.00	3.00	0.75	-0.43	-0.41	-0.30	0.30	0.41	0.38	15.12	17.17	
+130	K90+143.910				148.35	148.00	0.46		0.75	3.00	8.00	2.00	8.00	3.00	0.75	-0.59	-0.57	-0.41	0.41	0.57	0.55	17.02	18.16	
+144.982	(*HY*)			148.31	148.25	148.68	0.43		0.75	3.00	8.00	2.00	8.00	3.00	0.75	-0.68	-0.66	-0.48	0.48	0.66	0.64	15.53	16.63	
+155			*R*-30000 *T*-140.21 *E*-0.33	K90+150	148.15	148.60	0.45		0.75	3.00	8.00	2.00	8.00	3.00	0.75	-0.68	-0.66	-0.48	0.48	0.66	0.64	15.22	16.53	
+169.931	*JD*127 *L*-32°26′53″ *R*-300 L_s-120 L_y-49.9				147.96	148.48	0.52		0.75	3.00	8.00	2.00	8.00	3.00	0.75	-0.68	-0.66	-0.48	0.48	066	0.64	14.91	15.47	
+180	K90+193.808				147.98	148.41	0.43		0.75	3.00	8.00	2.00	8.00	3.00	0.75	-0.68	-0.66	-0.48	0.48	0.66	0.64	14.43	15.37	
+194.880	(*YH*)				147.85	148.31	0.46		0.75	3.00	8.00	2.00	8.00	3.00	0.75	-0.68	-0.65	-0.47	0.47	0.65	0.63	14.13	15.38	
+205					147.15	148.25	1.10		0.75	3.00	8.00	2.00	8.00	3.00	0.75	-0.61	-0.59	-0.43	0.43	0.59	0.56	15.65	15.33	
+230					147.49	148.11	0.61		0.75	3.00	8.00	2.00	8.00	3.00	0.75	-0.45	-0.42	-0.31	0.31	0.42	0.40	12.84	15.17	
+255					147.44	147.98	0.55		0.75	3.00	8.00	2.00	8.00	3.00	0.75	-0.28	-0.26	-0.19	0.19	0.26	0.24	13.07	14.65	
+277.889					147.40	147.89	0.49		0.75	3.00	8.00	2.00	8.00	3.00	0.75	-0.24	-0.22	-0.16	0.08	0.11	0.09	13.12	15.10	
+280			*ZD*		148.03	147.88		0.15	0.75	3.00	8.00	2.00	8.00	3.00	0.75	-0.24	0.22	-0.16	0.07	0.10	0.08	13.05	14.49	
+305	K90+313.808		+290.209		147.26	147.80	0.54		0.75	3.00	8.00	2.00	8.00	3.00	0.75	-0.24	-0.22	-0.16	-0.05	-0.06	-0.09	13.02	13.47	
+314.880	(*HZ*)				147.17	147.77	0.59		0.75	3.00	8.00	2.00	8.00	3.00	0.75	-0.24	-0.22	-0.16	-0.09	-0.13	-0.15	12.95	13.30	
+330					147.16	147.72	0.56		0.75	3.00	8.00	2.00	8.00	3.00	0.75	-0.24	-0.22	-0.16	-0.16	-0.22	-0.24	13.00	13.41	
+355			-0.33% 448		146.86	147.64	0.78		0.75	3.00	8.00	2.00	8.00	3.00	0.75	-0.24	-0.22	-0.16	-0.16	-0.22	-0.24	13.04	13.49	
+380					146.63	147.55	0.93		0.75	3.00	8.00	2.00	8.00	3.00	0.75	-0.24	-0.22	-0.16	-0.16	-0.22	-0.24	13.07	13.54	
+400.663					146.45	147.49	1.04		0.75	3.00	8.00	2.00	8.00	3.00	0.75	-0.24	-0.22	-0.16	-0.16	-0.22	-0.24			
+405					143.41	147.47	4.06		0.75	3.00	8.00	2.00	8.00	3.00	0.75	-0.24	-0.22	-0.16	-0.16	-0.22	-0.24	13.06	14.06	
+409.350					143.78	147.46	3.67		0.75	3.00	8.00	2.00	8.00	3.00	0.75	-0.24	-0.22	-0.16	-0.16	-0.22	-0.24	13.07	13.58	
+424.245					146.66	147.41	0.75		0.75	3.00	8.00	2.00	8.00	3.00	0.75	-0.24	-0.22	-0.16	-0.16	-0.22	-0.24	13.09	18.18	
+430					146.43	147.39	0.96		0.75	3.00	8.00	2.00	8.00	3.00	0.75	-0.24	-0.22	-0.16	-0.16	-0.22	-0.24	13.07	18.11	
+439.865					146.36	147.36	1.00		0.75	0.00	8.00	2.00	8.00	3.00	0.75	-0.24	-0.22	-0.16	-0.16	-0.22	-0.24	13.06	17.69	
+446.400					146.50	147.34	0.84		0.75	3.00	8.00	2.00	8.00	3.00	0.75	-0.24	-0.22	-0.16	-0.16	-0.22	-0.24	13.06	17.39	

编制:　　　　复核:　　　　审核:

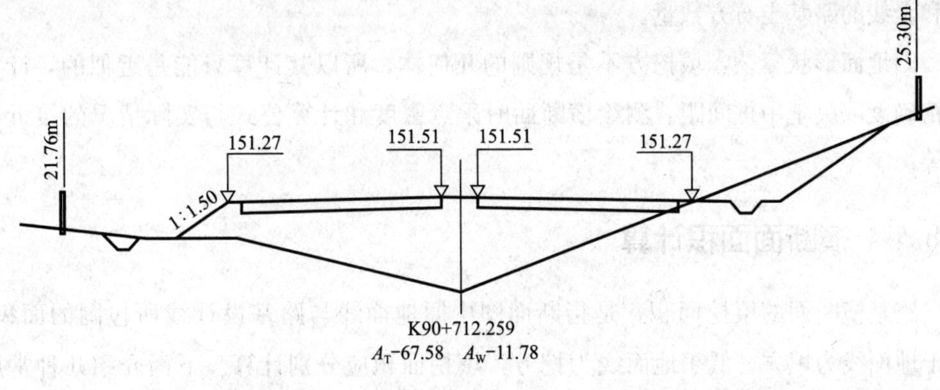

图 4-33 公路路基横断面设计图（单位：m）

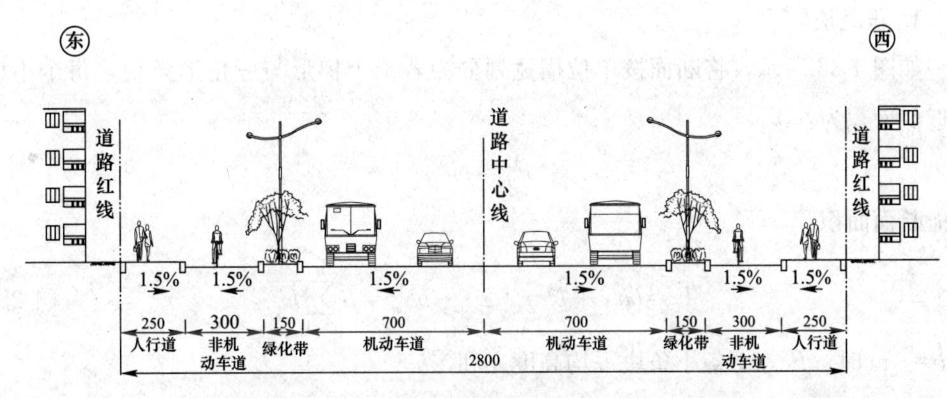

图 4-34 城市道路横断面设计图（单位：cm）

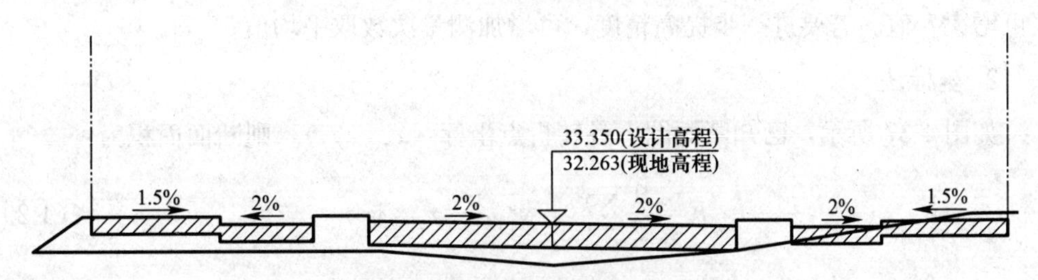

图 4-35 新建道路土方横断面图

4.8 路基土石方数量计算与调配

路基土石方是公路工程的一项主要工程量，它影响公路造价、工期、用地等许多方面，是道路设计的主要技术经济指标之一。土石方的数量及其调配，关系到取土和弃土地点、公路用地范围，同时对工程造价、所需劳动力和机具设备的数量及施工期限都有一定的影响。在编制公路施工组织计划和工程概预算时，还需确定分段和全线的路基土石方数量。

因地面形状复杂，填挖方不是规则的几何体，所以其计算只能是近似的，计算的精确度取决于中桩间距、测绘横断面时采点密度和计算公式与实际情况的接近程度等。

4.8.1 横断面面积计算

路基横断面的填挖面积，是指断面图中原地面线与路基设计线所包围的面积，高于地面线为填方，低于地面线为挖方，填挖面积应分别计算。下面介绍几种常用的面积计算方法。

1. 积距法

如图 4-36 所示，将断面按单位横宽划分为若干个梯形与三角形条块，每个小块的近似面积为：

$$F_i = bh_i$$

则横断面面积：

$$F = bh_1 + bh_2 + \cdots + bh_n = b\sum_{i=1}^{n} h_i \tag{4-28}$$

当 b=1m 时，F 等于各小条块平均高度之和 $\sum h_i$。

用积距法计算面积简单、迅速，是手工计算最常用的方法。若地面线较顺直，也可增大 b 值。若要进一步提高精度，可增加测量次数取平均值。

2. 坐标法

如图 4-37 所示，已知断面图上各转折点坐标（x_i，y_i），则断面面积为：

$$F = \frac{1}{2}\sum_{i=1}^{n}(x_i y_{i+1} - x_{i+1} y_i) \tag{4-29}$$

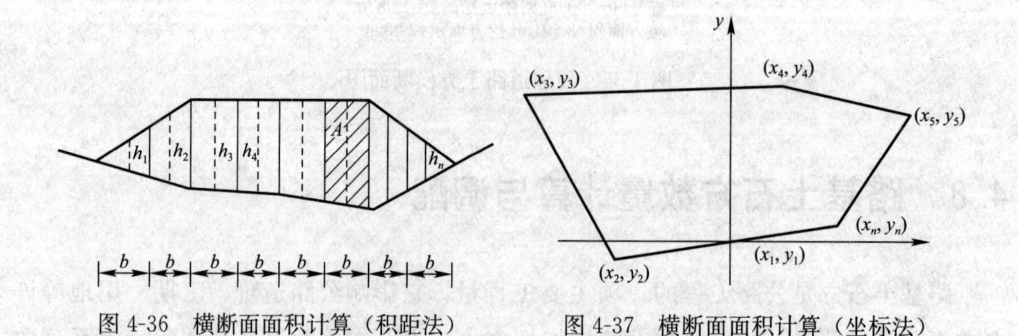

图 4-36 横断面面积计算（积距法）　　图 4-37 横断面面积计算（坐标法）

该坐标法精度高，适用于计算机计算。

横断面面积计算方法还有几何图形法、数方格法、求积仪法等。

4.8.2 土石方数量计算

若相邻两断面均为填方或均为挖方且面积大小相近，则可假定断面之间为一棱柱体，如图 4-38 所示，其体积的计算公式为：

$$V=\frac{1}{2}(F_1+F_2)L \tag{4-30}$$

式中 V——体积，即土石方数量（m^3）；

F_1、F_2——分别为相邻两断面的面积（m^2）；

L——相邻断面之间的距离（m）。

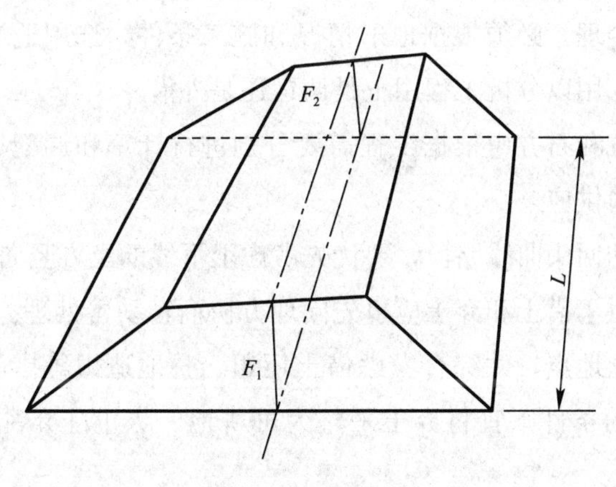

图 4-38 体积计算

此法计算简易，较为常用，称之为“平均断面法”。

若 F_1 和 F_2 相差甚大，则与棱台更为接近。其计算公式为：

$$V=\frac{1}{3}(F_1+F_2)L\left(1+\frac{\sqrt{m}}{1+m}\right) \tag{4-31}$$

式中 m——$m=\frac{F_1}{F_2}$，其中 $F_2>F_1$。

第二种方法的精度较高，适用于计算机计算，应尽量采用。

用上述方法计算的土石方体积中，包含了路面体积。若所设计的纵断面有填有挖且基本平衡时，则填方断面中多计入的路面面积与挖方断面中少计入的路面面积相互抵消，其总体积与实际体积相差不大。若路基是以填方为主或以挖方为主，则填方要扣除、挖方要增加路面面积，特别是路面厚度较大时更不能忽略。

4.8.3 路基土石方调配

土石方调配的目的是确定填方用土的来源、挖方弃土的去向，以及计价土石方的数量和运量等。通过调配，合理地解决各路段土石方平衡与利用问题，使从路堑挖出的土石方，在经济合理的调运条件下移挖作填，达到填方有所“取”，挖方有所“用”，避免不必要的路外借土和弃土，减少耕地占用，降低道路造价，减轻对环境的破坏。

1. 土石方调配原则

（1）在半填半挖断面中，应先考虑在本路段内移挖作填进行横向平衡，再作纵向调配，以减少总运输量。

（2）土石方调配应考虑桥涵位置对施工运输的影响，一般大沟不作跨越调运，尽可能避免和减少上坡运土。

（3）为使调配合理，必须根据地形情况和施工条件，选用适当的运输方式，确定合理的经济运距，用以分析工程用土是调运还是外借。

（4）不同的土方和石方应根据工程需要分别进行计算和调配，以保证路基稳定和人工构造物的材料供应。

（5）位于山坡的回头曲线路段，要优先考虑上下线的土方竖向调运。

（6）土方调配对于借土和弃土应事先同地方协商，妥善处理。借土应结合地形、农田规划等选择借土地点，并综合考虑借土还田、整地造田等措施。弃土应不占或少占耕地，在可能的条件下宜将弃土平整为可耕地，防止乱弃乱堆，或堵塞河流，损坏农田。

2. 关于调配计算的几个问题

（1）经济运距

经济运距用以确定借土或调运的限界及距离。当调运距离小于经济运距时，采取纵向调运是经济的；反之，则考虑就近借土。

填方用土来源，包括路上纵向调运和就近路外借土。一般情况下调运路堑挖方来填筑距离较近的路堤还是比较经济的。如果调运的距离过长，运价超过了在填方附近借土所需的费用时，移挖作填就不如在路堤附近就地借土经济。因此，采取“调”还是“借”，存在限度距离问题，该限度距离即为“经济运距”，按下式计算：

$$L_{经}=\frac{B}{T}+L_{免} \tag{4-32}$$

式中 $L_{经}$——经济运距（km）；

B——借土单价（元/m^3）；

T——远运运费单价（元/m^3）；

$L_{免}$——免费运距（km），是指不计运费的规定距离。

(2) 平均运距

指土石方调配时从挖方体积重心到填方体积重心的距离。为简化设计计算，按挖方路段中心至填方路段中心的距离计算。

在纵向调配时，当其平均运距超过定额规定的免费运距时，应按其超运运距计算土石方运量。

(3) 运量

土石方运量为平均运距与土石方调配数量的乘积。

在生产中，工程定额人工运输的免费运距为20m，超运运距每10m划为一个运输单位，称之为“级”，即20m为两个运输单位，称为二级，以此类推。在土方计算表内可用符号①、②表示，不足10m时，仍按一级计算或四舍五入。由此可知：

总运量＝调配（土石方）方数×n

n 为平均运距单位（级），其人工运输的值为：

$$n=\frac{L-L_{免}}{10} \tag{4-33}$$

式中 L——平均运距（m）；

$L_{免}$——免费运距（km）。

(4) 计价土石方

在土石方调配中，所有挖方无论是“弃”或“调”，都应予以计价；但对于填方要根据用土来源决定是否计价。如果是路外借土要计价，倘若是移挖作填调配利用则不应再计价，否则重复计价。计价土石方数量为：

计价土石方数量＝挖方数量＋借方数量　　(4-34)

路基土石方数量一般包括路基工程、排水工程、临时工程、小桥涵工程等项目的土石方数量。对于独立的大、中桥梁和长隧道的土石方数量应单独计算。

3. 土石方调配方法

土石方调配方法有多种，如累积曲线法、调配图法及土石方计算表调配法等。目前生产上多采用土石方计算表调配法，该法可直接在土石方表上进行调配，具有方便、简捷、清晰、精度较高等特点，土石方数量计算表如表4-25所示。具体调配步骤如下：

（1）土石方调配是在土石方数量计算与复核后进行，调配前应将可能影响运输调配的桥涵位置、陡坡、大沟等进行备注，供调配时参考。

（2）横向调运。确定本桩利用、填缺与挖余数量并按照式（4-35）进行校核。

填方＝本桩利用＋填缺

挖方＝本桩利用＋挖余　　(4-35)

路基土石方数量计算表

表 4-25

桩号	横断面面积（m²）			距离(m)	挖方（天然方）（m³）													填方（m³）（压实方）			利用方数量（m³）及运距							借方(压实方)(m³)		弃方(天然方)(m³)		从主线外工程调入(压实方)(m³)		调往主线外工程(天然方)(m³)	
	挖	填			总数量	土方						石方						总数量	填		本桩利用(压实方)		远运利用(压实方)		余方（天然方）		远运利用纵向调运示意(纵向数量为压实方，线外点数量为天然方)								
		土	石			松土		普通土		硬土		软石		次坚石		坚石			土方	石方	土方	石方	土方	石方	土方	石方		土方	石方	土方	石方	土方	石方	土方	石方
						%	数量	%	数量	%	数量	%	数量	%	数量	%	数量																		
1	2	3	4	5	6	7	8	9	10	11	12	13	14	15	16	17	18	19	20	21	22	23	24	25	26	27	28	29	30	31	32	33	34	35	36
K33+240.00																																			
				870																															
+110.00																																			
				7	859			30	258					70	601										258	601	859m ±258 (石2013)			258	601				
+117.00	245																																		
				16	3061			30	918					70	2143			804	804		792	12				2132					1412				
+133.00	137	100																																	
				20	1707			30	512					70	1195			2394	2394		441	1299		654			22m 0 (782)								
+153.00	33	139																																	
				24	1475			30	443					70	1033			1720	1720		382	1123	19	197			13m 19 (68)								
+177.00	90	4																																	
				2	90			30	27					70	63			4	4		4				22	63									
+179.00																																			
				192																															
+371.00																																			
				4	234			30	70					70	164										70	164				70	164				
+375.00	117																																		
				5	738			30	221					70	516										221	516	603m ±318 (石742)			221	516				
+380.00	178																																		
				1	89			30	27					70	62										27	62				27	62				
+381.00																																			
				310																															
+691.00																																			
				2	284			30	85					70	199										85	199				85	199				
+693.00	284																																		
				7	2237			30	671					70	1566										671	1566				671	1566				
+700.00	355																																		
				30	11267			30	3380					70	7887										3380	7887				3380	7887				
+730.00	396																																		
				28	11667			30	3500					70	8167										3500	8167				3500	8167				
+758.00	438																																		
				42	20183			30	6055					70	14128			5009	5009		5009				244	14128				244	14128				
+800.00	524	239																																	
				13	7595			30	2279					70	5317			1551	1551		1551				480	5317				480	5317				
+813.00	645																																		
				30	24506			30	7352					70	17154										7352	17154				7352	17154				
+843.00	989																																		
				12	13059			30	3918					70	9141										3918	9141	477m ±55779 (石147006)			3918	9141				
+855.00	1188																																		
				21	25497			30	7649					70	17848										7649	17848				7649	17848				
+876.00	1241																																		
				11	13555			30	4066					70	9488										4066	9488				4066	9488				
+887.00	1224																																		
				16	19115			30	5735					70	13381										5735	13381				5735	13381				
K34+903.00	1166																																		
本页合计				1663	157217				47165						110062			11482	11482		8179	2433	19	851	37677	107814				37656	107031				

编制：　　　　复核：　　　　审核：

（3）纵向调运。根据施工方法及可能采取的运输方式定出合理的经济运距并综合考虑其他因素确定最大调运距离，确定调配数量及距离。经纵向调运后仍有填方不足时，则考虑借方；本桩利用后纵向调运剩余挖方按废方计。

（4）计算运量。分别计算调运运量及路外借土和弃土运量。

（5）复核。调配完成后，应按式（4-36）分别进行复核检查：

$$
\begin{gathered}
\text{横向调运}+\text{纵向调运}+\text{借方}=\text{填方} \\
\text{横向调运}+\text{纵向调运}+\text{弃方}=\text{挖方} \\
\text{挖方}+\text{借方}=\text{填方}+\text{弃方}
\end{gathered}
\tag{4-36}
$$

经校核无误后，即可获得计价土石方数量、运量和运距等数据，为编制工程概预算提供土石方工程数量。

小结及学习指导

本章内容包括公路与城市道路横断面布置类型，横断面组成及其设计方法，平曲线超高与加宽的作用、设置条件及设计方法，行车视距的类型及其工程上的保证措施，建筑限界与建筑用地，路基横断面的设计内容及其成果表达，路基土石方的计算与调配。

通过本章的学习，要求了解道路建筑限界与道路用地组成，熟悉路基横断面设计内容及其成果表达、路基土石方计算与调配，掌握道路横断面布置类型及其组成的设计方法、超高与加宽值的确定及其过渡设计、行车视距的类型及视距计算的方法和视距保证措施。

习题及思考题

4-1 公路和城市道路横断面布置类型有哪些？试绘出横断面简图，并说明各自的适用条件。

4-2 如何确定机动车道、非机动车道及人行道的宽度？

4-3 一般道路分隔带有几种？确定其宽度的影响因素有哪些？

4-4 路肩的作用是什么？路肩有哪些类型？

4-5 为什么要进行平曲线加宽？加宽的条件是什么？

4-6 平曲线为什么要超高？超高过渡方式有哪些？

4-7 某山岭重丘区二级公路，设计速度80km/h，平曲线半径为250m，该段纵坡初定为6%，超高横坡为8%。请检查合成坡度，若不满足要求时，应如何调整？

4-8 为什么要限制急弯陡坡设计组合？

4-9 视距有哪些类型？简述各种类型视距的组成。

4-10 简述新建公路用地是如何确定的。

4-11 已知某二级公路，设计速度为 60km/h。有一弯道，半径 $R=200$m，$l_s=60$m，偏角为 35°25′36″，JD 桩号 K1＋366.684，路拱横坡为 2%，试计算超高缓和段起点、超高横坡 0%、超高横坡 2%、缓和段终点等特征点的里程桩号及超高值，并绘出超高设计图。

4-12 某二级公路，设计速度为 60km/h，偏角为 35°，半径 $R=200$m，缓和曲线 $l_s=60$m，求该曲线的最大横净距，并绘制视距包络图。

第 4 章真题解析

第5章

线形组合设计及安全性评价

本章知识点

【知识点】 线形组合设计的基本原则、组合设计形式及效果，线形组合设计的一般要求，线形组合设计优化方法，安全性评价概念和各阶段评价内容，安全性评价依据，安全检查清单，运行速度协调性评价， BIM技术在线形设计中的应用。

【重点】 线形组合设计的一般要求，线形组合设计优化方法，安全检查清单，运行速度协调性评价。

【难点】 线形组合设计的一般要求，线形组合设计优化方法，运行速度协调性评价。

道路线形设计步骤一般是按照平面线形设计、纵断面线形设计、平纵线形组合设计这种顺序进行的，组合线形设计质量是在最后检验的。尽管平面和纵断面线形设计均按相应标准和要求进行设计，但若线形组合不好，不仅无法发挥其优点，还会加剧存在的缺点，造成行车上的危险。因此，在确定平面、纵断面的各相对独立技术指标时，除应保证各自相对均衡、连续外，还应考虑与之相邻路段的各技术指标值的均衡、连续以及组合线形间的协调配合。此外，还应注意与外部沿线自然环境等的适应。道路线形最终是以设计线形组合后的空间立体线形进入驾驶员视野的，无论是设计人员还是驾驶人员，最终都关注的是组合线形的空间视觉效果。线形设计作为道路建设的重要环节，其设计合理与否不仅关系到建设项目的质量好坏、投资成本，更直接影响到行车安全性、舒适性和道路的通行能力。本章主要介绍线形组合设计及其优化方法，并以公路为例从道路安全评价角度介绍道路线形的评价方法。

5.1 概述

线形组合设计是在满足汽车运动学和动力学要求的前提下，研究平-纵-横线形的协调关系，使其组合而成的空间线形连续、指标均衡、视觉良好、景观协调和安全舒适。《规范》规定：线形设计的要求与内容应随公路功能和设计速度的不同而有所侧重，对于设计速度大于或等于60km/h的道路，应注重平、纵线形组合设计。设计速度越高，线形组合设计所考虑的因素应越周全。对于设计速度小于或等于40km/h的道路，在保证行车安全的前提下，应正确地运用线形要素的规定值，合理地组合各线形要素，或采取设置相应交通工程设施等技术措施，充分发挥投资效益。

道路交通是由人、车、路、环境等多因素构成的动态系统，任何一个因素的变化都会对整个交通系统的运行产生影响，交通事故就是该系统在运动中不协调或失衡造成的。研究资料显示，如果包括直接原因和间接原因在内，由于道路条件不良产生的交通事故率可多达30%。如果在道路的规划、设计及运营阶段采用一定的方法，通过一定的程序发现道路潜在的不安全因素并将其消除，就可以预防道路交通事故的发生，提高道路线形设计质量和安全性。因此，各国均提出道路安全性评价理念，即贯彻为用户提供一个安全的道路系统，在道路线形设计阶段就将注意力集中到事故的“预防”上，全过程考虑行车安全，对设计线形的安全性进行有效的评估和改进。道路安全性评价是改善道路安全状况和提高技术经济效益的有效方法。

5.2 线形组合设计及优化

5.2.1 线形组合设计的基本原则

线形组合设计应遵循如下原则：

（1）线形组合设计中，各技术指标除分别符合平面、纵断面规定值外，还应考虑横断面对线形组合与行驶安全的影响。应避免平面、纵断面、横断面最不利值相互组合的设计；

（2）在确定平面、纵断面的各相对独立技术指标时，各自除应相对均衡、连续外，还需要考虑与之相邻路段的各技术指标值的均衡、连续；

（3）线形组合设计除应保持各要素间内部的相对均衡与变化节奏的协调外，还应注意同公路外部沿线自然景观的适应和地质条件等的配合；

（4）路线线形应能自然地诱导驾驶者的视线，并保持视线的连续性。

5.2.2 线形组合设计形式及效果

线形组合设计时，由于平面和纵断面包含的设计单元各不相同，将平面线形分为直线和曲线，纵断面线形分为直坡线、凸形竖曲线和凹形竖曲线，可得到 6 种组合形式，组合线形的立体效果见表 5-1。这些组合线形相互衔接即形成了道路的中心线。

（1）平面直线与纵断面直坡线的组合

平面直线与纵断面直坡线组合后构成恒等坡度的直线。这种线形组合简单，空间上视野开阔，有利于超车和城市道路管线的敷设。但是当长度较大时，线形会显得单调，景观缺乏变化，行车枯燥易使驾驶员疲劳和频繁超车、超速行驶，容易导致事故发生。应力求避免这种长直线组合的形式。设计时应采用画车道线、设置标志、路侧绿化、自然景观以及路侧设施相配合的方法来调节视线变化和诱导。

（2）平面直线与凹形竖曲线的组合

平面直线与凹形竖曲线组合后构成凹形直线。这种线形组合具有较好的视距条件，线形不再生硬呆板，行车条件较好。设计时应注意凹形竖曲线的长度不宜过短，以避免产生突折感。如长直线内需设置两个凹形竖曲线时，两曲线间的直坡段不能太短，长直线的末端要避免插入小半径的凹形竖曲线。

（3）平面直线与凸形竖曲线的组合

平面直线与凸形竖曲线组合后构成凸形直线。这种线形组合视距条件差，线形单调，连续可见长度随凸形竖曲线半径的减小而变短。连续可见长度过短时，由于视距不良或不足容易导致交通事故。因此，设计时应注意避免，无法避免时应尽量采用较大的竖曲线半径；若长直线上反复凸凹，应注意避免出现“驼峰”“暗凹”和“浪形”等不良视觉现象。

（4）平面曲线与纵断面直坡线的组合

平面曲线与纵断面直坡线组合后构成具有恒等坡度的曲线。这种线形组合一般说来只要平曲线半径选择适当，纵坡不太陡，即可获得较好的视觉和心理感受，设计时须注意检查合成坡度是否超限。此外，长陡坡下不应设小半径平曲线。

线形组合设计的立体效果　　**表 5-1**

平面线形要素	纵断面线形要素	组合线形立体效果
 直线	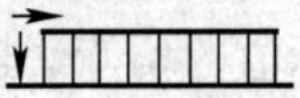 直坡线	 具有恒等坡度的直线
	 凹形竖曲线	 凹形直线
	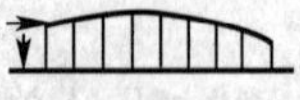 凸形竖曲线	 凸形直线
 曲线	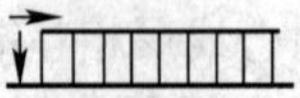 直坡段	 恒等坡度的曲线
	 凹形竖曲线	 凹形曲线
	 凸形竖曲线	 凸形曲线

（5）平面曲线与凹/凸形竖曲线的组合

平面曲线与凹/凸形竖曲线组合后构成凹形/凸形的曲线。这种线形组合设计是一种常见的又比较复杂的组合形式，若平、纵线形设计指标选用得当，位置适当，均衡协调，可以获得视觉舒适、视线诱导良好的立体线形。相反，则会出现一些不良的组合效果，如折曲、暗凹、跳跃等现象，视觉连续性和视线均较差，设计时应引起特别重视。

5.2.3 线形组合设计的一般要求

为保证汽车行驶的安全与舒适，应把道路线形作为立体线形来分析研究。线形组合设计作为道路线形设计中极为重要的部分，一般应遵循以下的基本要求：

(1) 平、纵线形宜相互对应，且平曲线宜比竖曲线长。

在视觉上能自然而然地引导驾驶员视线是平纵线形组合的基本要求。为了达到这一要求，当平曲线与竖曲线组合时，竖曲线宜包含在平曲线之内且平曲线应稍长于竖曲线，这种布置通常称为平曲线与竖曲线对应，俗称“平包纵”。

适宜的情况是竖曲线的起、终点宜分别设在平曲线的两个缓和曲线内，理想及满意的情况是平竖曲线顶点重合，如图 5-1 所示。其优点是当车辆驶入凸形竖曲线的顶点之前，即能清楚地看到平曲线的始端，辨明转弯的走向，不致因判断错误而发生事故。

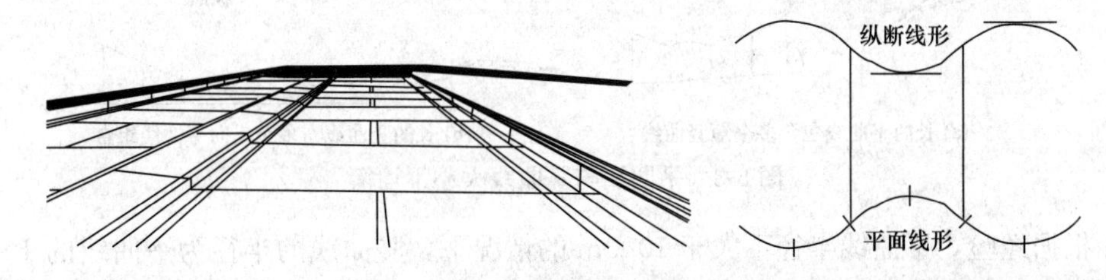

图 5-1 平曲线与竖曲线组合良好的线形

而不适宜的组合是竖曲线包住平曲线、平竖曲线错位或太长的平曲线内设置很短的竖曲线，如图 5-2 所示。研究资料表明，当平、竖曲线半径均较小时（平曲线半径小于 2000m，竖曲线半径小于 15000m），其相互对应程度应较严格；随着平、竖曲线半径的同时增大（平曲线半径大于 6000m，竖曲线半径大于 25000m），其对应程度可适当放宽；当平、竖曲线半径均大时，可不严格相互对应。若做不到竖曲线与平曲线较好的配合，且两者的半径都小于某限度时，则更适宜把平、竖曲线拉开一定距离，使平曲线位于直坡段上或竖曲线位于直线上。

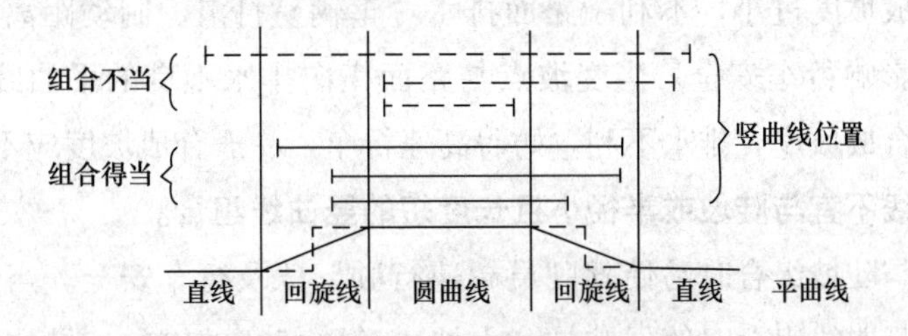

图 5-2 平曲线与竖曲线的组合

注：平曲线示意中，虚线为不设缓和曲线（回旋线）。

(2) **平曲线与竖曲线大小要均衡。**

均衡是指平、竖曲线几何要素要大体平衡、匀称和协调。若平、竖曲线大小不均衡，会给人以不愉快的感觉，失去了视觉上的均衡性。在一个平曲线内（直线也可以看成为半径无限大的平曲线），尽量做到使一个平曲线对应一个竖曲线，且两者大小应均衡。图 5-3(a) 为一个长的平曲线内有两个以上凹、凸相间的竖曲线，图 5-3(b) 为一个大的竖曲线包含有两个以上反向平曲线，这两种组合形式均造成视觉失去平衡和视觉不良的现象，给人以不舒服的感觉。因此，当平曲线和竖曲线其中一方大而平缓时，应注意另一方不要多而小，即长的平曲线内不宜包含多个短的竖曲线，而长的竖曲线内也不宜设置多个半径小的平曲线。

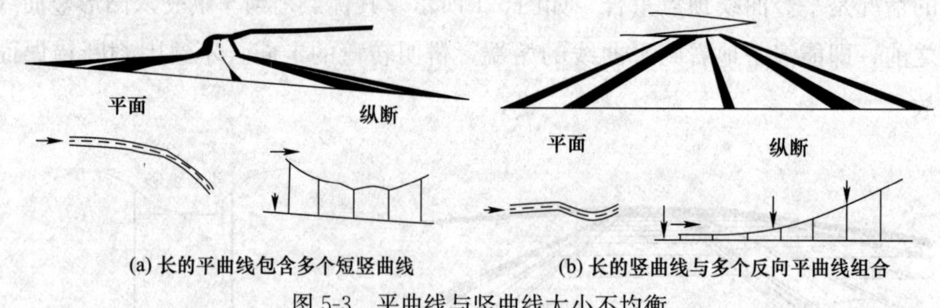

(a) 长的平曲线包含多个短竖曲线　　(b) 长的竖曲线与多个反向平曲线组合

图 5-3　平曲线与竖曲线大小不均衡

根据经验，平曲线半径不大于 1000m 的情况下，竖曲线的半径为平曲线的 10～20 倍左右，便可达到线形的均衡性。表 5-2 为德国经验值，可供设计时参考。短的平曲线不宜与短的竖曲线组合。

平曲线与竖曲线半径的均衡　　**表 5-2**

平曲线半径（m）	600	700	800	900	1000	1100	1200	1500	2000
竖曲线半径（m）	10000	12000	16000	20000	25000	30000	40000	60000	100000

(3) **选择适当合成坡度的线形组合。**

在纵坡陡的地方，插入小半径平曲线时，合成坡度过大，车辆行驶容易发生事故，尤其是在冬季结冰期更加危险，车辆易发生打滑、侧滑，甚至发生倾覆、坠崖等事故。反之，如果合成坡度过小，不利于路面排水，车辆易打滑、制动距离增加、高速行驶产生溅水而影响行车安全。当变坡点与路面横向排水不良的平曲线路段组合时，易形成过小的合成坡度，排水不利，妨碍高速行车，一般合成坡度应不小于 0.5%。

(4) **长直线不宜与陡坡或半径小且长度短的竖曲线组合。**

当长直线与陡坡组合时易使驾驶员超速行驶，危及行车安全。当长直线与小半径、长度短的竖曲线组合时使驾驶员产生坡底道路变窄的错觉，导致驾驶员在高速行驶中采取制动操作，影响行车安全。

(5) **半径小的圆曲线起、讫点，不宜接近或设在凸形竖曲线的顶部或凹形竖曲**

线的底部。

若将凸形竖曲线的顶部设在小半径平曲线的起、讫点，会产生不连续的线形而失去了视线引导作用；驾驶员需接近坡顶才发现平曲线，导致不必要的减速或交通事故。图 5-4(a) 即为凸形竖曲线的顶点位于平曲线的起点（或终点），驾驶员在车辆驶上坡顶之前无法预知前方道路的走向，产生心理上的茫然。

而将凹形竖曲线的底部设在小半径平曲线的起、讫点时，除了视觉上扭曲外，汽车在该线形上会出现高速行驶而急转弯，同样可能发生危险。图 5-4(b) 即为该种组合情形，驾驶员会看到扭曲的线形，其扭曲程度随竖曲线半径的减小而加剧，也会产生下坡尽头接急弯的错觉。

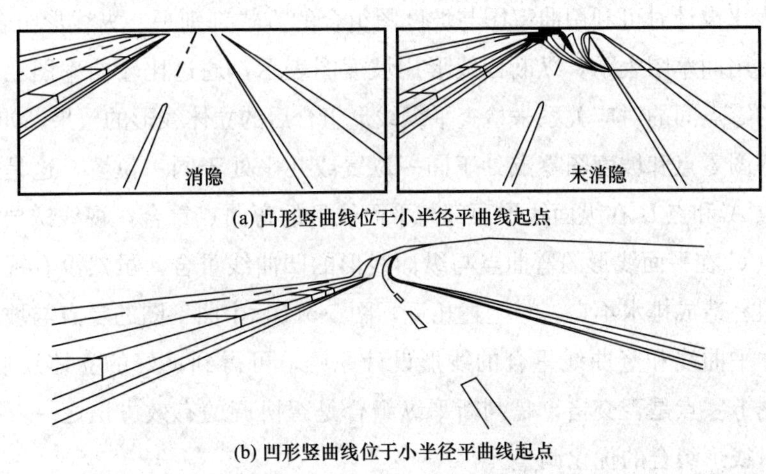

(a) 凸形竖曲线位于小半径平曲线起点

(b) 凹形竖曲线位于小半径平曲线起点

图 5-4　竖曲线位于小半径平曲线起点示例

(6) 凸形竖曲线的顶部或凹形竖曲线的底部，不宜同反向平曲线的拐点重合。

凸形竖曲线的顶部与反向平曲线的拐点重合时，线形失去视线诱导的效果，在该路段上行驶的车辆，会形成好像向“空中”突入的状态（有挖方坡面的情况除外)，给驾驶员以不安的感觉。而且因接近顶点才知道线形开始向相反方向弯曲，在此操纵方向盘也是非常危险的。

在凹形竖曲线的底部有反向平曲线的拐点时，排水会存在问题，积水会影响行车安全。此外，由于可以通视整体路况，所以视线诱导上没有问题，但是在拐点的前后，道路看起来是扭曲的，视觉上会存在缺陷。

(7) 复曲线、S 形曲线中的左转圆曲线不设超高时，应采用运行速度对其安全性予以验算。

(8) 应避免在长下坡路段、长直线路段或大半径圆曲线路段的末端接小半径圆曲线的组合。

(9) 道路线形还应考虑与构筑物如桥梁、隧道及沿线设施的协调与配合。

5.2.4 线形组合设计优化方法

现行的《规范》和《标准》确定了公路与城市道路的几何设计的技术要求。这些要求通常是以满足汽车行驶力学要求为目标，往往只规定了限值，设计中各单项指标满足规范要求并不能保证组合后的线形一定能满足安全、迅速、经济、舒适的要求。因此，设计人员在进行线形组合设计过程中，应采用一定的方法对组合线形进行优化设计，以保证线形组合可以达到最佳的使用质量和服务水平。目前常用的线形组合设计优化方法主要有曲率图和坡度图判别法、视觉分析及透视图法。

1. 曲率图和坡度图判别法

线形优化设计时可利用曲率图与坡度图组合的方式判别平、纵线形组合的优劣。将平面线形用曲率图表示，纵断面线形用坡度图表示，通过比较曲率图上的零点和坡度图上的零点间的对应关系来检查平纵线形组合后的立体线形的效果。如图 5-5(a) 所示，曲率图零点和坡度图零点处于同一位置或几乎处于同一位置，这是一种不好的组合。点 A 和点 B 在纵面线形顶部与平面线形的弯曲点重合，视线诱导上可能存在问题；点 C 在平面线形的弯曲点与纵面线形的凹曲线重合，虽然没有视线诱导上的问题，但易造成排水不良。与上述相反，图 5-5(b) 中曲率图的零点与坡度的零点交错，遵守平曲线和竖曲线重合的线形设计原则，可得到良好的立体线形。因此，利用线形图上零点是否交错，是判断平纵组合是否协调的有效方法之一，通过该方法可实现对线形组合的优化调整。

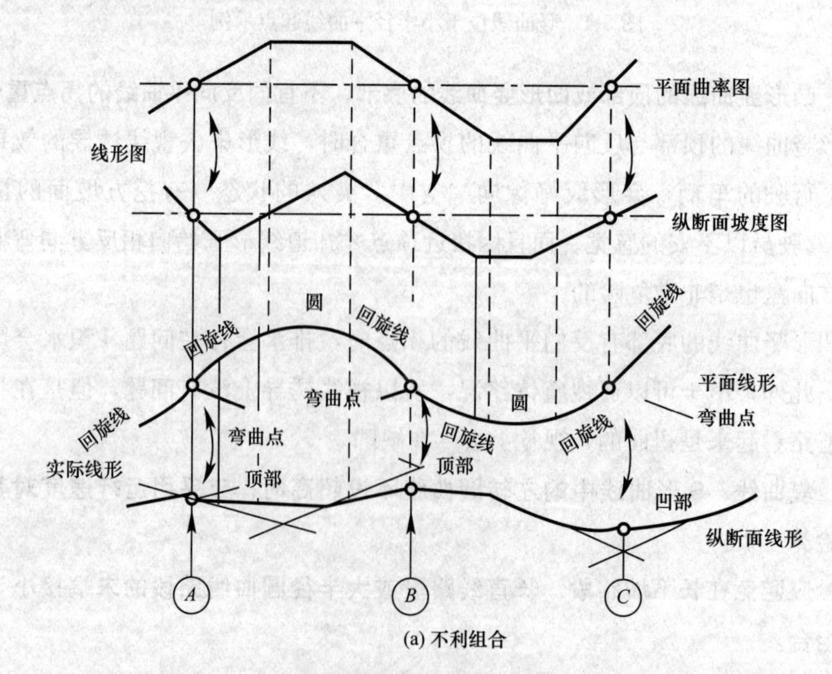

(a) 不利组合

图 5-5 平、纵线形组合的曲率图-坡度图判别（一）

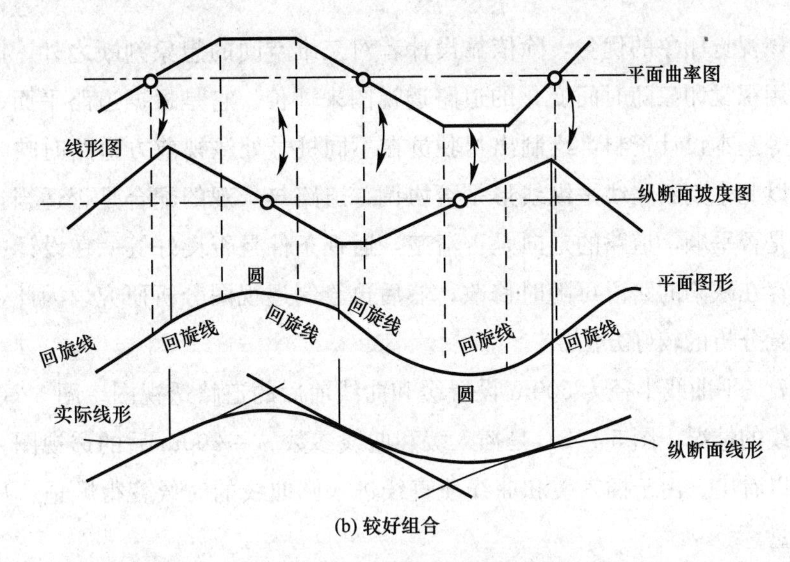

图 5-5　平、纵线形组合的曲率图-坡度图判别（二）

2. **视觉分析及透视图法**

视觉是连接道路与汽车的重要媒介。道路线形组合的优劣、周围景观的协调、标志以及其他有关信息设置得是否合适，几乎都是通过驾驶员视觉所获得的各种信息而感受到的。从视觉心理出发，对道路的空间线形及其与周围自然景观和沿线建筑的协调等进行研究分析，以保持视觉的连续性，使行车具有足够的舒适感和安全感的综合设计称为视觉分析。

如图 5-6 所示，驾驶员的视觉判断能力与车速密切相关，车速增大，其注意力集中点和视野距离随之增大，而视角却逐渐变小。由此可见，对于高等级道路来说，驾驶员主要集中在观察视点较远路幅的线形变化状况。因此，较好的道路线形应能够让驾驶员准确地了解前方线形变化，尽量避免由于判断错误而导致驾驶失误。

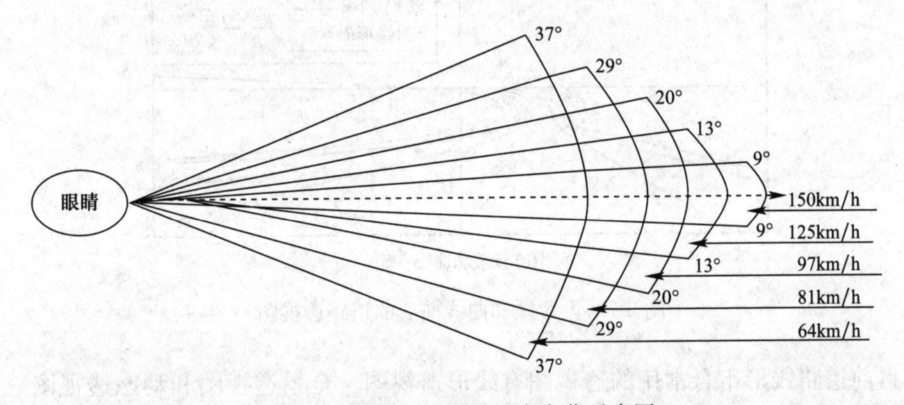

图 5-6　驾驶员视野随速度变化示意图

线形状况是指汽车快速行驶中，道路的立体线形给驾驶员提供的连续不断的视觉印象。该视觉印象的优劣，除依靠设计者对三维空间的想象判断之外，比较好的方法是利用视觉印象随时间变化的道路透视图来评价。它是根据道路平面、纵断面和横断面等基本设计资料，绘制出驾驶员在不同桩号处注视前方道路时映入眼帘的透视图，以此来判断路线平纵线形是否协调，道路与景观的配合是否适当，曲线之间的连接是否平顺，道路的走向是否清楚，通视条件是否良好等。在设计中用透视图检查出存在缺陷的路段可随时修改，然后再绘制透视图分析研究。因此，绘制透视图是视觉分析的较好方法。

图 5-7 是平曲线半径为 500m 设置缓和曲线前后的道路透视图。图 5-7(a) 是未设缓和曲线的情况，图 5-7(b) 是插入缓和曲线参数 $A=200$m 后的透视图。比较两透视图可以看出，由于插入缓和曲线使直线进入圆曲线的时候变得顺适，从而提高了线形质量。

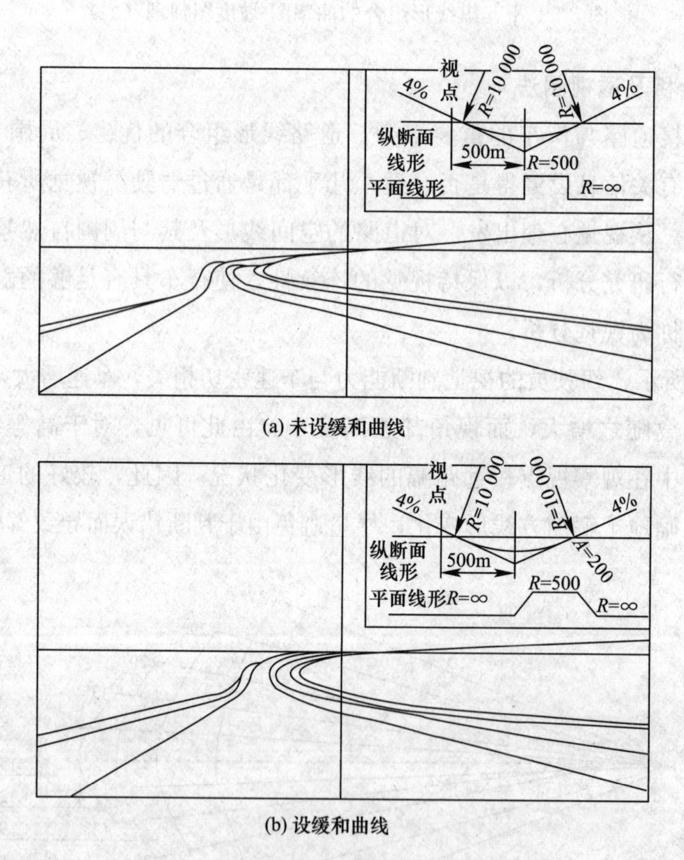

图 5-7　设置缓和曲线前后的道路透视图

目前道路线形组合常用的透视图有线形透视图、全景透视图和动态透视图三种。线形透视图直观、快捷，但与实际有一定出入；全景透视图能较好地反映视觉，但计算工作量大；动态透视图能较真实地模拟驾驶员视觉，但对软、硬件要求更高。

目前的道路CAD软件都具有透视图制作功能，大大提高了透视图的制作效率，设计人员在进行线形组合设计过程中通过对相应线形的调整就可以实现透视图的实时动态变化，从而提高和优化线形组合设计的质量和效果。

5.2.5 线形与环境的协调

道路作为一种人工构造物附着于大地表面，应将其视为环境的对象来研究。道路线形设计必须在充分与道路所经地区的环境相协调的基础上进行。道路线形与环境的协调包括内部协调和外部协调两方面：前者主要指平、纵线形组合的视觉连续性和立体协调；后者主要包括道路与其两侧坡面、路肩、分隔带、沿线交通工程设施等的协调以及与环境整体协调。道路线形与环境的协调设计就是从美学的观点出发，在满足现行道路线形设计规定的技术与经济要求下，尽量适应地形地貌及自然景观，避免过大的填挖，力求与周围景色融为一体，平顺而合理地适应当地环境。

修建道路会对自然景观产生不同程度的影响，有时甚至会产生破坏作用。而道路两侧的自然景观反过来又会影响道路上汽车的行驶，特别是对驾驶员的视觉、心理以及驾驶操作等都有很大影响。线形与环境景观的不良组合会给驾驶员造成精神压力或因错觉引发交通事故。线形与环境景观的协调设计，首先要考虑交通安全。良好的道路线形与景观环境的配合，不仅可以减轻驾驶员的疲劳和紧张程度，还可起到引导视线的作用。如图5-8所示，在直线或者曲线弯曲点附近有凸顶，通过在分隔带或路旁植树，有利于给司机预告道路方向；图5-9中，当大填挖对自然景观造成破坏时，可用植树绿化的方式隐蔽不雅的景物（如陡峭的沟谷、杂乱的取土坑、突兀的边坡防护、造型不良的房屋等），改善驾驶员的视觉环境。

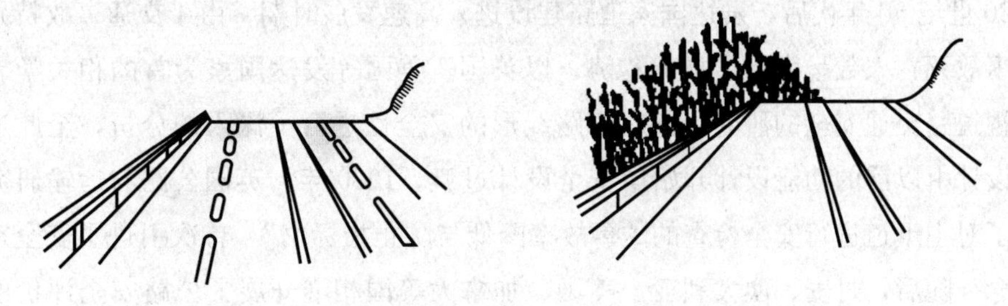

图5-8　坡顶植树可以预告驾驶员前方道路线形

同样的线形在不同的环境中给人的感觉不同，对于驾驶员来说，只有具有优美的线形和景观的道路，才能称为舒适和安全的道路。《规范》规定线形与环境协调设计时，应遵循以下原则：

（1）线形设计应充分考虑到速度对视觉的影响，设计速度高的公路，线形设计和周围环境配合的要求应更高；

图 5-9　用植树改善视觉环境

（2）公路线形应充分利用地形、自然风景，尽量少改变周围的地貌、地形、天然森林、建筑物等景观，使公路与自然融为一体，最大限度地保护环境；

（3）公路防护工程应采用工程防护与生态防护相结合的方式，减少对自然景观的影响，加大恢复力度，使公路工程与自然环境相协调；

（4）宜适当放缓路堑边坡或将边坡的变坡点修整圆滑，使其接近于自然地面，增进路容美观；

（5）公路两侧的绿化应作为诱导视线、点缀风景以及改造环境的一种措施而进行专门设计。

5.3　安全性评价

5.3.1　安全性评价概况

1. 安全性评价起源

20 世纪 60 年代后，发达国家道路建设进入高速发展时期。由于交通事故特别是交通事故死亡人数呈大幅增加的趋势，以英国、美国等发达国家为首的相关学者开始重视道路交通安全的研究，并对道路线形的安全性进行了深入的分析，至此道路线形设计由以前的功能设计开始向安全设计过渡。1980 年，英国公路与运输研究所编制了对主干道进行安全检查的“事故率降低与防止指标书”，首次引进了安全审查的概念。随后，丹麦、澳大利亚、美国、加拿大等国相继开展了公路安全评价的研究和应用，并陆续颁布了《道路安全审计指南》以指导安全评价工作。1995 年，美国正式提出《Road Safety Audit: A New Tool for Accident Prevention》，对安全性和道路及其环境的影响、保证安全的设计参数取值都做了详细论述。2003 年，美国推出了路侧安全分析程序 Roadside Safety Analysis Program（RSAP）和道路交互式设计模型 Interactive Highway Safety Design Model（IHSDM），使得道路安全性评价由定性评价过渡到了定性与定量评价相结合的方式。

20 世纪 90 年代我国对道路安全审计进行了相关的研究，但这部分的研究并不系统、全面。为适应我国社会和经济发展需求，交通部于 1999 年决定开展《公路项目安全性评价指南》JTG/T B05 的编写工作，并于 2004 年在全国进行了推广。该指南主要适用于高速公路、一级公路新建或改扩建工程的行车安全性评价。随着社会交通安全需求日益增长，各级公路不同建设阶段和运营管理过程中的评价需求不断增加，2016 年交通运输部发布了《公路项目安全性评价规范》JTG B05—2015，对评价的技术要求和评价内容进行了统一。

2. 安全性评价概念

安全性评价是从公路使用者的角度，按一定的评价程序，采用定性和定量的方法，对公路交通安全进行的全面、系统的分析与评价。安全性评价在国外也称道路安全审计（Road Safety Audit，简称 RSA），国内也称为交通安全评价、行车安全评价、安全评估等。其核心是为了评价公路及其设施和交通环境等对交通安全的影响，目的是通过评价提供有利于交通安全的条件，从而减少交通事故，降低交通事故危害程度，提高安全水平。《标准》和《规范》要求二级及二级以上的干线公路应在设计时进行安全评价，其他公路有条件时也可进行交通安全评价。

5.3.2 安全性评价内容

安全性评价根据项目需求可贯穿道路生命周期的各个阶段，包括工程可行性研究阶段、初步设计阶段、施工图设计阶段、交工阶段和后评价。而对于设计阶段的道路，安全性评价就是检查设计的各项内容、每一项道路或交通工程设施或附属设施的组成元素及元素间的组合方式是否对道路安全产生不良影响，避免留下产生道路交通事故的隐患。根据设计阶段的不同可分为初步设计阶段和施工图设计阶段，两个阶段的评价重点、评价内容及评价要求等有较大差异。

1. 工程可行性研究阶段

工程可行性研究阶段评价重点为走廊带及工程方案对交通安全、社会和环境的影响。对于新建公路应针对同深度比选的走廊带方案进行评价，主要考虑地形和地质条件、危险路段比例、桥隧结构物选址、与其他线路的交叉与干扰（包括公路、铁路、管道等）、走廊带资源的可持续发展等方面。

本阶段宜采用经验分析法或安全检查清单进行评价。经验分析法是由有评价经验的人员，依照相关法规、技术标准、设计文件等，结合以往类似项目经验，对交通安全问题进行科学分析和判断。安全检查清单是根据以往的公路安全工程经验、事故预防原理和公路设计等提出的评价内容的集合。

2. 初步设计阶段

初步设计阶段评价是为了辅助设计方案比选、为优化初步设计方案提供依据。

评价重点是路线方案及其技术指标的运用情况、结构物布设的合理性、交通工程及沿线设施建设规模的合理性等。评价具体内容需要根据初步设计的方案来确定，其评价程序上主要包括以下三方面：

（1）总体评价：从技术标准、地形、地质、气候条件、预测交通量及其交通组成、大型构造物分布等方面，分析公路项目主要特点，评价其对交通安全的影响，并对工程可行性研究批复中与交通安全相关的意见的执行情况进行核查；

（2）比选方案评价：主要针对不同深度路线比选方案，评价交通安全的影响因素及其影响程度，并确定安全性占优的路线方案；

（3）设计要素评价：主要针对推荐方案，分析其运行速度协调性，路线、路侧、桥隧、互通式立体交叉、平面交叉、交通工程及沿线设施等各专业与交通安全相关的设计要素，评价其对交通安全的影响。

其中比选方案评价偏重于定性评价，可采用经验分析法或安全检查清单等方法。设计要素评价中对于路线部分的评价可采用运行速度协调性分析、横净距计算等方法，对于路侧安全评价可采用路侧干扰等级评价方法。

3. 施工图设计阶段

施工图设计阶段的评价主要是为优化交通工程及沿线设施设计提供参考建议。施工图设计阶段评价应结合施工图设计图纸深度，评价路线具体设计指标运用的合理性和协调性、构造物设计对行车安全的影响、交通工程及沿线设施设计的完整性和有效性、公路主体设计与交通工程及沿线设施设计配合的协调程度等。施工设计完成后，通常情况下土建工程方案往往经过多次优化、评审，对初步设计路线指标和土建工程进行大范围调整的余地不大，因此施工图设计阶段评价的重点主要集中在交通工程及沿线设施的设置上。其评价程序主要包括以下两方面：

（1）总体评价：对公路项目特点进行分析，对初步设计批复中与交通安全相关意见的执行或初步设计阶段安全性评价意见的响应情况进行核查；

（2）设计要素评价：主要对超高设计、圆曲线加宽设置、爬坡车道和避险车道路段的设置形式和安全设施、桥隧等特殊构造物的交通工程及沿线设施的设置等进行评价，并根据气候条件、地形条件和交通组成，采用运行速度对公路合成坡度进行评价。

施工图设计阶段评价宜采用运行速度协调性分析、安全检查清单等评价方法；对于复杂项目、复杂路段，可采用驾驶模拟方法对线形设计协调性、交通安全设施等进行评价。

4. 交工阶段

交工阶段安全性评价是保证公路安全运营和实现“平安交通”的基础，是实施交通运输安全生产的长效机制。交工阶段的安全性评价需要结合施工图设计图纸、设计变更和交工验收评定资料等，强调评价人员全程踏勘现场感受行车环境，评价开放交通前交通工程及沿线设施的设置情况，并核查设计变更或施工后沿线环境变化是否带来新的安全问题等。其评价程序主要包括以下两方面：

（1）总体评价：分析项目的特点，评价其对交通安全的影响；对设计审查中与交通安全相关意见的执行情况进行核查；对设计阶段的安全性评价意见的响应情况进行核查；

（2）公路安全状况评价：主要对可能影响通车后交通安全的问题进行评价，主要包括路线、路基和路面、桥梁、隧道、互通式立体交叉、平面交叉、交通工程及沿线设施等方面的评价。

公路安全状况评价应进行公路现场踏勘和实地驾驶，宜采用安全检查清单等方法进行评价。

5. 后评价

公路建设项目后评价通常是在公路建成通车 5 年以上并通过竣工验收后进行，也适用于通车后公路安全状况发生较大变化，或竣工验收、大中修、改扩建时的安全性评价。评价重点为公路设施、交通量及交通组成、路网环境、路侧环境等的现状对公路交通安全的影响。其评价程序主要包括以下两方面：

（1）总体评价：评价公路运营后的交通运行特点对交通安全的影响；对运营资料进行收集，分析交通事故特性、分布及频发原因；对与应急救援相关的公路设施和应急预案进行评价；

（2）公路安全状况评价：进行公路安全状况现场调研，对路线、路基和路面、桥梁、隧道、互通式立体交叉、平面交叉、交通工程及沿线设施、养护维修作业控制区等内容进行评价，明确存在的安全问题和安全改善要点。

总体评价宜采用交通事故统计分析、问卷调查等方法；公路安全状况评价宜采用安全检查清单、断面速度现场观测等方法。

5.3.3 安全性评价方法

1. 安全检查清单

安全检查清单应根据安全性评价项目的实际情况制定，以交工阶段为例，其安全检查清单包含“序号”“评价项目”“存在问题和相关路段”“改进要求和建议”及“改进次序”等内容。选取高速公路、一级公路交工阶段为例，其安全检查清单见表 5-3。评价时需依照公路项目实际情况进行调整和变化。

高速公路、一级公路交工阶段安全检查清单　　表 5-3

序号	评价项目	存在问题和相关路段	改进要求和建议	改进次序
1	总体评价			
1.1	施工图设计审查意见中与行车安全相关部分是否执行？			
1.2	若在施工图设计阶段进行过安全性评价，其结论响应情况如何？			
2	路线			
2.1	平面、纵断面线形组合和横断面过渡段是否存在线形不协调的路段？			
2.2	相邻路段的速度是否存在突变？			
2.3	是否存在视距不足路段？			
2.4	是否存在树木、标志牌等造成视线不连续或误导视线？			
3	路基和路面			
3.1	路侧			
3.1.1	不设置路侧护栏时，路侧净区内的障碍物是否已经清除？			
3.1.2	无法清除的障碍物是否设置了防护设施？			
3.2	路面 施工后的行车道、路肩是否清理干净？			
3.3	排水设施			
3.3.1	路面排水和路基排水设施是否畅通？			
3.3.2	当边沟或排水沟采用盖板时，盖板是否完整？			
3.3.3	超高平坡段的排水是否顺畅？			
4	桥梁			
4.1	桥梁护栏与路基护栏是否设置了过渡段？护栏过渡是否存在防护缺陷或漏洞？			
4.2	当其他公路的桥墩、台位于本项目公路路侧净区内时，是否设置了防护措施？			
4.3	其他公路的上跨桥梁的桥墩、台是否对本项目公路视距造成影响？			
4.4	是否存在侧风影响严重的桥梁？是否采取了相应的安全措施？			
5	隧道			
5.1	隧道洞口视距能否满足安全要求？			
5.2	隧道洞口检修道端头与洞外护栏衔接过渡是否存在防护缺陷或漏洞？			
5.3	隧道洞口段和洞内的照明过渡效果是否良好？			
5.4	隧道洞口是否存在严重的太阳光眩目影响？			
5.5	隧道监控、消防、应急救援设施是否有效？			
5.6	与互通式立体交叉或服务区距离近的隧道，是否存在明显不利于行车安全的问题？			
6	互通式立体交叉			
6.1	互通式立体交叉以及服务区等的分流点、合流点通视三角区内通视效果是否良好？			

续表

序号	评价项目	存在问题和相关路段	改进要求和建议	改进次序
6.2	互通式立体交叉以及服务区等的加、减速车道长度是否满足车辆行驶速度变化的要求?			
6.3	匝道的行驶速度是否协调?			
6.4	匝道进出口是否容易导致车辆延误或犹豫?			
7	平面交叉			
7.1	平面交叉通视三角区域内是否满足通视要求?			
7.2	平面交叉的交通渠化和交通控制方式是否完善有效?			
8	交通工程及沿线设施			
8.1	标志			
8.1.1	标志设置是否齐全?设置位置是否合适?			
8.1.2	驾驶人在正常行驶速度状态下,能否清晰识别标志的文字和图案?			
8.1.3	在夜间和雨、雾等条件下,标志是否具有较好的视认性?			
8.1.4	标志基础、立柱、标志面板等是否侵入公路建筑限界?			
8.1.5	标志提供的信息是否准确和完整?			
8.1.6	前后标志所提供的信息是否连续?有无矛盾?			
8.1.7	标志是否存在信息量过载的情况?			
8.1.8	标志与路面标记、标线信息是否一致?			
8.1.9	施工后树木、边坡绿化、构筑物、广告牌等是否影响标志的视认效果?			
8.2	标线			
8.2.1	标线在正常行驶速度状态下能否清晰识别?			
8.2.2	中央分隔带或路侧净区内的桥墩、隧道洞口、交通标志立柱等是否设置了醒目的立面标记?			
8.2.3	在夜间和雨、雾、冰、雪等不良条件下,标线是否具有较好的视认性和诱导效果?			
8.3	护栏			
8.3.1	路侧护栏、中央分隔带护栏是否连续、有效?			
8.3.2	护栏的端头是否进行了安全处理?			
8.3.3	互通式立体交叉三角区护栏端头配套的防撞设施是否完备?			
8.3.4	路侧危险路段采取的防护设施是否有效?			
8.4	设置的爬坡车道的安全设施是否有效?			
8.5	设置的紧急避险车道的安全设施是否有效?			
8.6	采用的限速方案是否合理有效?			
8.7	路段的监控设施和信息发布设施是否合理有效?能否满足安全行车需求?			
8.8	长大纵坡、急弯陡坡、临水临崖、长大隧道、不良气候影响严重等事故易发路段的安全设施是否进行了综合考虑?设置是否有效?			
8.9	沿线设施			
8.9.1	收费站安全设施是否合理有效?			

续表

序号	评价项目	存在问题和相关路段	改进要求和建议	改进次序
8.9.2	服务区、停车区内客运车辆、危险品运输车辆的停车场位置是否合理？相关标志、救援设施是否齐全？			
8.9.3	港湾式紧急停车带的安全设施设置是否有效？			

2. 运行速度协调性评价

线形设计连续性是指道路线形几何要素与驾驶员的期望相适应的特性，它是评价道路线形设计质量的一个重要指标。设计速度作为道路几何设计的依据，它是一个定值，起到了控制技术标准最小值的作用，但对于非最小值的技术指标原则上尽可能取大值，大到多少合适就没有依据可循，导致高低指标间无过渡、指标间大小不协调。车辆是沿道路空间行驶的，驾驶员根据前方观测的线形变化情况调整行驶速度，其行驶速度并不是固定不变的。一些学者对速度变化与事故率之间的关系进行了研究，发现当速度变化较大或路段速度分布较离散时，事故率会随之增加。目前常用运行速度作为检验指标对线形设计质量进行检查和评估。《规范》规定：公路应按设计速度进行路线设计，采用运行速度进行检验，保持线形连续性。对于设计速度 80km/h 及以上的公路应进行运行速度协调性评价。

运行速度协调性包括相邻路段运行速度协调性以及同一路段运行速度与设计速度协调性两部分。

相邻路段运行速度协调性采用相邻路段运行速度差值的绝对值 $|\Delta v_{85}|$ 及运行速度梯度的绝对值 $|\Delta I_v|$ 进行评价，其中运行速度梯度绝对值 $|\Delta I_v|$ 采用下式计算：

$$|\Delta I_v| = \frac{|\Delta v_{85}|}{L} \times 100$$

式中 $|\Delta I_v|$——运行速度梯度绝对值，单位为 km/(h·m)；

$|\Delta v_{85}|$——分析单元起点、终点运行速度差值的绝对值（km/h）；

L——以米计量的分析单元路段长度。

高速公路相邻路段运行速度协调性评价标准见表 5-4。

高速公路相邻路段运行速度协调性评价标准　　表 5-4

相邻路段运行速度协调性	评价标准	对策与建议
好	$|\Delta v_{85}| < 10$km/h 且 $|\Delta I_v| \leqslant 10$km/(h·m)	—
较好	10km/h $\leqslant |\Delta v_{85}| < 20$km/h 且 $|\Delta I_v| \leqslant 10$km/(h·m)	相邻路段为减速时，宜对相邻路段平纵面设计进行优化，或采取安全改善措施
不良	$|\Delta v_{85}| \geqslant 20$km/h 或 $|\Delta I_v| > 10$km/(h·m)	相邻路段为减速时，应调整相邻路段平纵面设计；当调整困难时，应采取安全改善措施

运行速度与设计速度协调性采用同一路段运行速度与设计速度的差值进行评价。当差值大于20km/h时，应根据运行速度对该路段的相关技术标准进行评价，评价的对象主要包括采用接近最小半径的圆曲线、缓和曲线、曲线间最小直线长度、视距和纵断面等。

3. 其他常用方法

(1) 事故预测法

事故是行车安全的宏观直接表征指标，引发事故的因素主要包括人为因素、车辆因素、道路因素和环境因素四个方面，道路因素作为其中的一个客观存在，可以量化其对事故的影响。在对历史交通安全规律把握的基础上，实现对现有道路或者改建、新建道路设计方案可能导致的交通事故次数以及严重程度和事故类型的预测，对设计工程师更好地进行道路设计是非常有利的。

事故预测法即是通过事故预测模型计算出道路可能发生的事故次数及严重程度，从而对设计线形的安全性进行分析的方法。事故预测模型是在大量的事故、线形和交通资料分析的基础上，综合考虑了平面线形、纵断面线形、横断面线形、视距、路面类型、交叉状况、路侧情况以及交通量等因素建立的。在对线形组合设计质量检查时，根据设计道路的等级、线形和交通量预测资料，对设计道路沿线的事故进行预测，对部分事故多发点位的线形进行相应的调整以减少交通事故的发生。目前，各国均已建立不同道路等级条件下的事故预测模型，但在采用事故预测法对线形组合设计质量进行检查时需注意应结合当地道路和事故数据对预测模型进行校正和调整。

(2) 虚拟现实技术

虚拟现实技术（Virtual Reality，VR）是一种可以创建和体验虚拟世界的计算机系统。虚拟环境是由计算机生成的，通过视、听、触觉等作用于用户，使之产生身临其境的感觉。它是以沉浸性、交互性和构想性为基本特征的计算机高级人机交互界面，综合利用了计算机图形学、仿真技术、计算机视觉、数学分析、多媒体技术、并行处理技术和多传感器等技术。其目的是使用计算机技术（主要是计算机图形学与虚拟现实）来模拟、指导工程建设所涉及的过程，在时间段上包括了规划、设计、施工、运营管理，在实现的目的上有设计方案比选、设计线形可视化、线形设计安全性评估、运营管理与优化等。其应用起源于设计人员对复杂的平纵线形组合的可视化需求，进而发展到能对设计线形和设计参数进行实时操作，以建立可供设计人员和道路使用者使用的虚拟环境。

利用虚拟现实系统，通过模拟公路建成后的整体环境和驾驶状态，设计人员可以在对线形设计时进行演练，利用模拟驾驶器从驾驶员的角度来审视线形以判断是否存在阻碍视距、影响安全行车的路段（图 5-10）。采用该技术可以获取在实际车辆运行中难以得到的数据，可以针对线形对驾驶员驾驶行为的影响进行模拟，从而展开有效的针对性研究。

图 5-10 驾驶模拟示意图

(3) 交通冲突分析

交通冲突技术在安全评价中的应用，主要为利用交通冲突观测数据进行安全性分析，如根据冲突的类型和位置判断导致冲突的原因，确定是道路线形设计问题还是交通工程设施缺失问题；根据交通冲突涉及的交通对象，分析是否充分考虑到了所有交通参与者的安全需求等。

(4) 驾驶员生、心理分析

随着认知神经心理学的兴起与人机工程学的发展，对人的心理生理负荷、疲劳等的研究已由定性分析变为定量分析，相应的研究成果可应用于安全评价中。通过建立驾驶员心理生理指标与道路线形要素间的关系模型，分析道路交通环境对驾驶员生理、心理的影响，从而对道路交通环境下驾驶员的安全性和舒适性进行评价，对超出驾驶员负荷的道路线形进行调整和改善。

5.4 BIM 技术在线形设计中的应用

5.4.1 BIM 概念和特点

1975 年，美国乔治亚技术学院 Chunck Eastman 教授最早提出建筑信息模型（Building Information Modeling，简称 BIM）理念。2002 年，Autodesk 公司正式发布《BIM 白皮书》，BIM 技术开始推广，并在各个行业得到了应用，尤其是在建筑工程行业。

国际智慧建造组织（building SMART International，简称 bSI）对 BIM 作出以下三个层次的定义：

（1）Building Information Model（建筑信息模型）：BIM 是一个工程项目物理特性和功能特性的数字化表达，作为项目信息的共享知识资源可以为项目全寿命周期内的决策提供可靠信息支持。

（2）Building Information Modeling（建筑信息建模）：它是创建和利用项目数据在项目全寿命周期内进行设计、施工和运营的过程和结果的总称，实现在同一建筑信息模型基础上项目全寿命周期内各相关方的数据共享与应用。

（3）Building Information Management（建筑信息管理）：通过使用建筑信息模型内的信息支持项目全寿命周期信息共享的业务流程组织和控制过程，支持对工程环境、能耗、经济、质量、安全等方面的分析、检查和模拟，使得各专业协同工作，实现项目的虚拟建造和精细化管理。

上面三个层次相互递进、相互融合，通过建筑信息建模构建建筑信息模型，并将其应用到工程项目建设和运维过程中，在此基础上实现建筑信息管理。

BIM 具有以下五个特点：

（1）可视化：即“所见所得”的形式，可视化设计是 BIM 的一个重要特点。它不仅实现了各构件大小、位置和颜色的三维立体可视化，同时还能够实现不同构件之间的互动性和反馈性的可视。由于整个过程都是可视化的，可视化的结果不仅可以用效果图展示及报表生成，更重要的是项目设计、建造、运营过程中的沟通、讨论、决策都在可视化的状态下进行。

（2）协调性：协调是工程行业中的重点内容，无论设计、施工、运维，都涉及各单位协调及配合。一旦项目的实施过程遇到了问题，就要将各有关人士组织起来寻找问题发生的原因及解决办法。BIM 通过参数化设计可以实现各数据间的关联和项目信息的共享，实现在同一建筑信息模型基础上项目全寿命周期内各相关方的协同工作。例如暖通等专业中的管道在进行布置时，由于是绘制在各自的施工图纸上的，在真正施工过程中，可能在布置管线时正好在此处有结构设计的梁等构件阻碍管线的布置，像这样的碰撞问题的协调解决就只能在问题出现之后再进行解决。BIM 的协调性服务就可以帮助处理这种问题，也就是说 BIM 建筑信息模型可在建筑物建造前期对各专业的碰撞问题进行协调，生成并提供协调数据。

（3）模拟性：模拟性并不是只能模拟设计出的建筑物模型，还可以模拟不能够在真实世界中进行操作的事物。在设计阶段，BIM 可以对设计上需要进行模拟的一些东西进行模拟实验。例如：节能模拟、紧急疏散模拟、虚拟漫游等；在招标投标和施工阶段可以进行 4D 模拟（三维模型加项目的发展时间），也就是根据施工的组织设计模拟实际施工，从而确定合理的施工方案来指导施工。同时还可以进行5D模拟（基于4D模型加造价控制），从而实现成本控制；后期运营阶段可以模拟日常紧急情况的处理方式，如特殊场景下的应急救援方案模拟等。

（4）优化性：项目设计、施工、运营的过程是一个不断优化的过程。当然优化和BIM也不存在实质性的必然联系，但在BIM的基础上可以做更好的优化。优化受三种因素的制约：信息、复杂程度和时间。没有准确的信息，做不出合理的优化结果，BIM模型提供了工程项目实际存在的信息，包括几何信息、物理信息、规则信息。复杂程度较高时，参与人员本身的能力无法掌握所有的信息，必须借助一定的科学技术和设备的帮助。例如公路平纵组合设计过程中，通过BIM的可视化、协同性和模拟性等相关功能，可以实时查看平纵组合设计效果，避免优化过程中的大量重复工作。

（5）可出图性：BIM模型不仅能绘制常规的建筑设计图纸及构件加工的图纸，还能通过对建筑物进行可视化展示、协调、模拟、优化，并出具各专业图纸及深化图纸，使工程表达更加详细。

5.4.2 BIM技术在线形设计中的应用

实践证明，BIM技术能缩短工程建设周期、有效控制建设成本、提高工程建设效率。BIM已成为工程建设行业的一个热点，在土木建筑行业得到迅速发展，成为主流趋势。但由于道路领域面临道路工程线长点多、地形地质条件复杂多变、需要大量涉及多个专业交叉、缺少统一的BIM标准格式等问题，BIM在研究和推广尚处于起步阶段，但发展趋势势不可挡。目前市场上常用的BIM平台主要包括国外Autodesk公司的Revit、AutoCAD Civil3D，Bentley公司的PowerCivil，Dassault Systemes公司的Catia、SolidWorks等，国内主要有鸿业BIMSpace、纬地BIM2.0、广联达BIM5D等。

目前，BIM在道路设计阶段的应用主要包括以下几个方面：

（1）道路三维设计

在高度精准的地形环境中直接进行道路三维实体模型构建，实现公路平面线形、纵断面线形、横断面装配关联、互动的三维设计，快速精确地建立路面、路基、桥涵、互通式立交以及附属构造物、交通安全设施等模型，真实表达所设计的道路外观形状、构造物间的关系。借助计算机快速运算和处理能力，在线形设计和优化过程中可以直接浏览工程实体效果，便于人机交互、协同化设计，使道路线形组合设计过程更加直观、协调，设计结果更加科学精准。以纬地BIM2.0为例，其效果如图5-11所示。

（2）道路仿真分析与安全性评价

运用BIM三维技术，采用空间两点通视原理，构建空间视距测算模型，确定设计的道路空间三维视距是否存在被遮挡现象，从而对视距指标进行检验与校核（图 5-12）。将 BIM 模型导入相应仿真平台系统，快速构建道路建成后的虚拟现实场景，通过空中漫游、车辆驾驶模拟等方式，直观展示工程项目整体效果与行车情况。在此基础上，输出道路的空间视距、驾驶员操控和车辆运行状态，对道路设计安全性进行整体评价。

图 5-11　基于 BIM 的道路三维设计

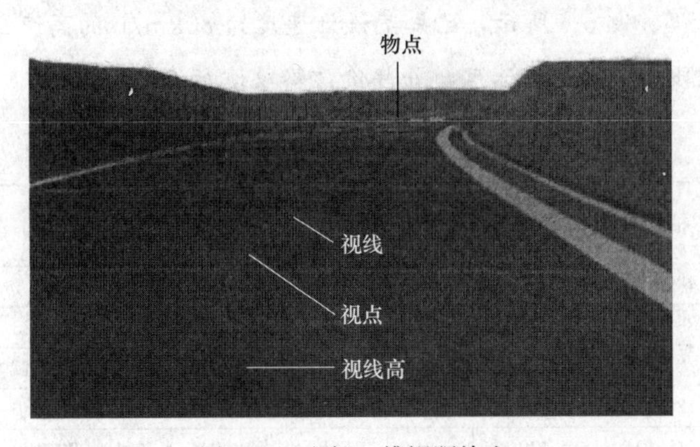

图 5-12　空间三维视距检查

小结及学习指导

本章内容主要包括线形组合设计的基本原则、线形组合设计形式及效果、线形组合设计的一般要求、线形组合设计优化方法、线形与环境的协调，公路安全性评价起源、各阶段评价内容及常用的安全性评价方法。

通过本章的学习，要求掌握线形组合设计的基本原则和一般要求，掌握线形组合设计优化方法，熟悉各阶段安全性评价内容和评价依据，了解常用的安全性评价方法及BIM技术在道路线形设计中的应用，能利用安全检查清单、运行速度协调性进行安全性评价。

习题及思考题

5-1 线形组合设计的原则及设计要点有哪些?

5-2 线形组合设计优化方法有哪些?

5-3 请用所学知识，评价图5-13所示几组平、纵组合的优劣。

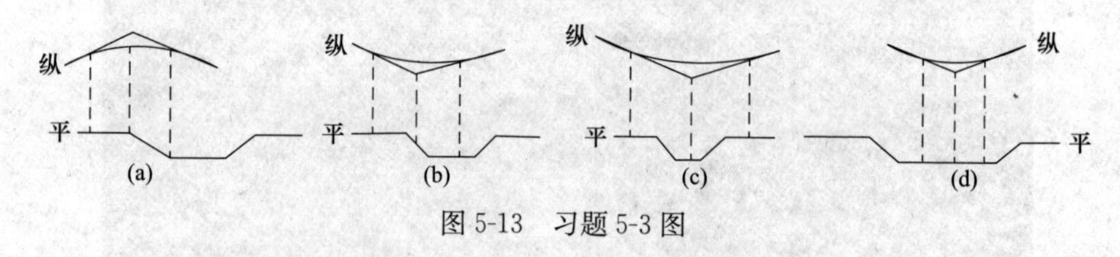

图5-13 习题5-3图

5-4 基于运行速度协调性分析的评价标准及步骤是什么?

5-5 公路安全性评价的定义是什么?

5-6 试论述公路安全性评价的主要方法和步骤。

5-7 如表5-5、表5-6所示，已知某设计速度为80km/h的高速公路平纵面设计数据，试计算该段正向的运行速度，并评价该路段运行速度协调性。

平曲线设计数据 表5-5

交点号	交点桩号	圆曲线半径（m）	缓和曲线长度（m）	平曲线起点	平曲线中点	平曲线终点
QD	K49+489.247					
JD_1	K49+884.977	795	110	K49+679.843	K49+883.123	K50+086.403
JD_2	K50+227.565	1300	80	K50+086.403	K50+227.347	K50+368.291
JD_3	K50+480.171	550	70	K50+368.291	K50+479.630	K50+590.969
JD_4	K51+015.013	400	90	K50+782.244	K51+002.491	K51+222.737
JD_5	K51+619.244	600	90	K51+450.506	K51+617.430	K51+784.355
JD_6	K52+147.731	600	120	K51+941.894	K52+144.746	K52+347.598
JD_7	K52+832.520	2000	100 0	K52+585.955	K52+857.926	K53+029.896
JD_8	K53+230.705	764.133	127.792 120	K53+029.896	K53+243.246	K53+448.803
JD_9	K53+735.614	380	80	K53+557.828	K53+729.800	K53+901.772
ZD	K54+336.251					

纵断面设计数据　　表 5-6

序号	桩号	变坡点高程（m）	竖曲线半径 R（m）	纵坡（%）	变坡点间距（m）	直坡段长（m）
0	K49+489.247	884.778	0			
1	K49+900	902.03	16000	4.200	410.753	234.754
2	K50+500	914.03	40000	2.000	600.000	307.572
3	K51+620	942.95	14000	2.582	1120.000	869.321
4	K52+200	969.05	18000	4.500	580.000	274.750
5	K52+500	976.85	13578.947	2.600	300.000	0.000
6	K53+290	1012.4	20000	4.500	790.000	511.000
7	K53+700	1024.7	18000	3.000	410.000	125.000
8	K54+336.237	1053.33	0	4.500	636.237	501.237

5-8 BIM 的概念和特点是什么？

第 5 章真题解析

第6章

道路选线

本章知识点

【知识点】道路选线的一般原则、方法和步骤，路线总体设计的基本理念及主要内容，影响路线方案选择的主要因素，路线方案选择的方法和步骤，路线方案比选，平原区路线特征及选线要点，山岭区路线特征及沿河（溪）线、越岭线和山脊线布线要点，丘陵区路线特征、选线一般要求及路线布设方式，新技术在公路选线中的应用。

【重点】道路选线的一般原则、方法和步骤，路线总体设计的基本理念及主要内容，路线方案选择的方法和步骤，路线方案比选，平原区路线特征及选线要点，山岭区路线特征及沿河（溪）线和越岭线布线要点。

【难点】路线方案比选，山岭区、沿河（溪）线及越岭线布线要点。

选线是在规划道路起终点之间的大地表面上，根据计划任务书规定的使用任务和性质，结合当地自然条件，选定道路中线合理位置的工作。包括从路线方案选择、路线布局，到具体定出线位的全过程。它是道路建设的基础工作，选线的质量直接关系到公路的造价及今后使用的适用性、安全性、可靠性和寿命。选线不仅需要考虑自然环境和社会经济条件等多方面因素，还要权衡路线本身平、纵、横三方面的相互影响和制约。因此，选线是一项涉及面广，具有很强技术性、经济性和政策性的综合工作。

选线的主要任务就是确定道路的基本走向、路线走廊带、路线方案，并具体确定道路的转、交点位置，选定曲线的基本要素，通过纸上或实地选线，把路线的平面位置确定下来。

6.1 道路选线的一般原则、方法和步骤

6.1.1 道路选线的一般原则

道路是暴露在大自然中的人工空间构造物，合理的选线是道路实现其本身功能和在路网中发挥应有作用的前提条件。路线设计除了自然条件影响外，还有各种社会因素的制约。选线要综合考虑多种因素，妥善处理好各种因素的关系，其基本原则如下：

（1）确定路线走廊带应考虑走廊带内各种运输体系及不同层次路网间的分工与配合，按照其功能统筹规划，近远期布局，合理布置。

（2）必须在由面到带，由带到线，对地形地貌、地质水文、气候气象、环境敏感区等调查与勘察的基础上进行论证、确定路线方案。同一起、终点的路段内有多个可行路线方案时，应对各设计方案进行综合比选。

（3）应考虑同农田与水利建设、矿产资源开发和城市发展等规划的配合。

（4）应充分利用建设用地，严格保护农用耕地；应保护生态环境，并同当地景观相协调。

（5）应尽可能避让不可移动文物、水源地和自然保护区。

（6）应保持与易燃、易爆等危险源与污染源间的安全距离。

（7）公路改扩建工程应注重节约资源，坚持利用与改扩建相结合的原则，合理、充分利用原有工程。

上述选线原则对各级公路都是适用的，但在掌握这些原则上，不同等级的道路，会有不同的侧重。在选线过程中，选线的控制因素是多方面的，一般公路选线还应

符合下列要求：

(1) 对道路所经区域、走廊带及其沿线的工程地质和水文地质应进行深入调查、勘察，查清其对公路工程的影响程度。遇有不良工程地质地段应视其对路线的影响程度，分别对绕、避、穿等方案进行比选论证。

(2) 调查各类敏感点及矿产资源，并研究其对路线方案的影响，合理选择线位。

(3) 高速公路、一级公路与沿线主要交通源衔接，应利用区域路网或新建连接道路。

(4) 二级公路、三级公路在遵循项目总体功能和走向的基础上，应尽量避免穿越城镇。

(5) 应协调桥梁、隧道、互通式立体交叉、服务区等构造物的位置和高程关系。

(6) 应综合考虑与相关公路、铁路、输电线路、油气管道等的平行与交叉关系，合理利用走廊带资源，节约占地。

(7) 平原区选线宜采用较高的技术指标，尽量避免采用长直线或小偏角平曲线。

(8) 山岭区选线应充分利用地形条件，合理确定垭口位置，应尽量避免高填深挖等现象。

(9) 沿河（溪）线选线时，应根据设计洪水位，结合地形、地质合理确定线位高程，必要时应对桥梁与路基方案进行比选论证。

6.1.2 道路选线的方法和步骤

公路选线应在广泛搜集与路线方案有关的规划、计划、统计资料，相关部门的各种地形图、地质、气象等资料的基础上，深入调查、勘察，并运用遥感、航测、卫星定位、数字技术等技术，确保其勘察工作的广度、深度和质量，不应遗漏有价值的路线方案。

路线起终点确定后有多种方案可供选择。选线的任务就是在众多方案中选出一条符合设计要求、经济合理的最优方案。因为影响选线的因素很多，互相矛盾或互相制约的因素也普遍存在，各因素在不同工程的重要程度也不相同，不可能一次就选出理想方案。最有效的方法是通过分阶段、分步骤，由粗到细，反复比选确定最佳方案。选线一般按工作内容分三步进行。

1. 路线方案选择

路线方案选择主要是解决起、终点间路线基本走向问题。此项工作通常是先在小比例尺（1∶100000～1∶25000）地形图上从较大面积范围内找出各种可能的方案，收集各可能方案的有关资料，进行初步评选，确定若干条有比选价值的方案；然后进行现场勘察，通过比选确定一个最佳方案。当没有地形图时，可采用调查或踏勘方法现场收集资料，进行方案评选。当地形复杂或范围很大时，可通过航空视察，或用遥感与航摄资料进行选线。

2. 路线带选择

在路线基本走向选定的基础上，按地形、地质、水文等自然条件选定出若干细部控制点，连接这些控制点，即构成路线带，也称路线布局。细部控制点的取舍，仍通过比选的方法确定。路线布局一般应在 1∶5000～1∶1000 比例尺的地形图上进行。地形简单、方案明确的路段，可现场直接选定。

3. 具体定线

定线是根据技术标准和路线方案，结合有关条件在有利的路线带内进行平、纵、横综合设计，具体定出道路中线的工作。具体定线有纸上定线和实地定线两种方法。

6.2 路线总体设计及方案选择

总体设计是贯穿于公路建设项目从可行性研究到施工图设计全过程、覆盖公路建设项目各相关专业的重要设计环节。各级公路均应进行总体设计。总体设计的主要内容根据公路建设项目特点、条件和技术等级有所差异，应根据项目设计阶段不同而有所侧重。

总体设计的主要内容包括确定公路功能、技术标准、建设方案及建设规模。在总体设计环节，应统一协调路线、路基、桥涵、隧道、路线交叉、交通工程与沿线设施等各相关专业及项目内外部的衔接关系，明确相关设计界面和接口，统领整个公路项目设计，最终实现路线与相关专业融合而形成完整的系统工程，实现安全、环保、可持续发展的总体目标。

总体设计的好坏直接影响公路的设计、施工、营运的质量，是公路设计重要的前期工作。特别是高速公路总体设计被列入公路设计文件的重要组成部分之一。

6.2.1 总体设计的基本理念

总体设计必须坚持以人为本，树立全面、协调、可持续的科学发展观，做到“六个坚持，六个树立”，即：

（1）坚持以人为本，树立安全至上的理念；

（2）坚持人与自然和谐，树立尊重自然、保护环境的理念；

（3）坚持可持续发展，树立节约资源的理念；

（4）坚持质量第一，树立让公众满意的理念；

（5）坚持合理选用技术指标，树立设计创作的理念；

（6）坚持系统论的思想，树立全寿命周期成本的理念。

6.2.2 总体设计的主要内容

1. 公路功能与技术标准

在总体设计环节，应根据国家和地区路网结构与规划、地区特点、交通特性和建设目标等综合分析公路在公路网中的地位和作用，论证确定公路功能。

根据论证确定的公路功能，结合交通量及建设条件，可综合分析公路的技术等级。一条公路可根据其功能和交通量变化，论证分段采用不同的技术等级。

（1）根据公路功能、交通组成、车型比例等因素及参数，论证公路应采用的设计车辆。

《标准》中给出了五种不同的设计车型外廓尺寸。原则上，不同功能和等级的公路项目，设计车型选用应是有所差异和侧重的，并非所有的设计车型对各技术等级的公路项目都适用。干线公路应满足五种设计车型的通行需求，同时，与干线公路直接衔接的集散公路则应适当兼顾干线公路设计车型的通行需要。支线公路应以侧重满足小客车和载重汽车的通行要求为主。

（2）高速公路和一级公路应根据公路功能、设计交通量，确定公路基本路段的车道数。当车道数增加变化时，一般宜上、下行对称增加。特殊条件下，经论证也可非对称增加。

（3）在设计速度的选用中，各级公路可根据项目沿线地形、地质与自然条件变化，分段选用设计速度。分段选用设计速度主要遵循以下原则：

1）同一设计速度的路段长度不宜过短，一条公路中不同设计速度的变化不应频繁。

2）不同技术等级、不同设计速度路段相互衔接的位置或地点，一般应选择大型构造物、互通式立交、平面交叉、沿线主要村镇节点的前后，或者路侧环境条件明显变化处。

（4）根据路段设计速度、沿线地形、地质、环境和交通需求等因素，合理确定路线平纵面、视距、超高、加宽等主要控制指标。

（5）根据公路技术等级、设计交通量、沿线环境和横断面各组成部分的功能，综合确定公路路基断面组成及宽度。

（6）改扩建公路应采用改扩建后的公路技术标准和指标。

对于利用原有公路的路段，若因提高设计速度可能诱发工程地质病害、增加工程造价或对环境保护、文物有不利影响时，经论证该局部路段可维持原设计速度和指标，其长度为高速公路不宜大于 15km，一、二级公路不宜大于 10km，但不应降低技术等级。

掌握和运用技术标准和指标应注意以下几点：

(1) 运用《标准》要合理。采用标准要避免走极端，既不要轻易采用极限指标，影响公路服务质量；也不要不顾工程数量，片面追求高指标，使投资过大，占地增加。

(2) 确定指标要慎重。在确定指标时，应深入实际进行踏勘调查，征询有关各方面的意见，掌握第一手资料，然后根据设计任务书的要求，结合当前及远景的使用要求，通过认真比较确定。

(3) 尽可能采用较高的指标。这可以创造较好的营运条件，缩短里程，减少运输成本。

2. 建设规模与建设方案

(1) 建设规模

在总体设计中，应根据公路网规划和公路项目功能，综合考虑路线走廊带范围的铁路、水路、航空、管道等综合交通运输体系的布局与规划，城市、工矿企业的现状和发展规划，自然资源开发利用状况等，研究确定路线起终点、主要控制点、路线长度、交叉数量、管理与服务设施配置标准等，确定建设规模。

(2) 建设方式

根据项目的总体建设规模、控制性工程施工条件、交通量发展需求和项目资金筹措情况等相关因素，论证确定项目的建设方式。

(3) 建设方案

1) 路基横断面形式的选择

① 高速公路和一级公路应根据沿线地形、地质等条件，选用整体式路基断面形式或分离式路基断面形式。必要时，应对采用整体式与分离式路基、高低路堤、半桥半隧等路线方案进行比选论证。

② 二级公路、三级公路和四级公路应选择整体式路基断面形式。

③ 一级公路、二级公路应根据功能、混合交通量及其交通组成论证设置慢车道的条件，并确定其设置方式、横断面形式与宽度。

④ 公路路基横断面布置应满足交通工程和安全设施等设置的需求。

⑤ 公路不同断面形式及宽度变化应设置必要的过渡段。其位置宜选择在城镇、交叉等节点。

⑥ 在戈壁、沙漠和草原等地区，高速公路和一级公路宜选择宽中央分隔带、低路基、缓边坡、宽浅边沟等形式。

2) 与周边环境的关系处理

① 应在调查掌握铁路及各类管线设施的走向、位置的基础上，合理确定公路与

邻近铁路、管线的相互布置关系。

② 应合理减少公路与铁路、管线等的交叉次数。必须交叉时，应论证确定交叉位置和方式，采用较大的交叉角度，同时确保铁路、管线及其附属设施不得侵入公路建筑界限、不对公路视距条件产生影响。

③ 当公路与铁路和管线设施平行相邻时，应保持必要的距离，且保证铁路、管线及其附属构筑物不得进入公路两侧建筑控制区范围。

④ 应根据公路功能及等级、交通组织方式，综合确定项目与沿线相关公路的交叉方式。

3）路线方案的确定

路线方案应由面到带、由带到线考虑各类影响因素，通过综合论证确定，并应符合下列要求：

① 应查明沿线地质及水文情况、重大自然灾害、地质灾害的分布、范围、状态及其对工程的影响程度。对路线方案选择有重大影响的地质灾害，应进行综合评估，并对绕避、穿越及处治方案进行比选论证。

② 应研究特大桥、特长隧道等布置方案对路线走廊带及线位布局的影响，并进行方案比选论证。一般桥梁和隧道，其布设宜服从路线总体走向和几何线形设计等要求。

③ 对于公路路基高填深挖的路段，应进行高填路基与桥梁、深挖路堑与隧道方案的综合比选论证。

4）交通工程

交通工程及沿线设施应与主体工程同步设计，并根据公路功能及等级、交通组织方式及安全与运营管理等需要，合理确定公路收费站场、服务区、停车区等管理和服务设施的位置、形式、间距和配置规模。必要时，可根据交通量等发展需求，论证采用一次规划、分期建设的方案。

3. 环境保护与资源节约

公路环境保护应贯彻“保护优先、以防为主、以治为辅、综合治理”的原则，严格执行工程建设项目环境影响评价、水土保持方案编制和环境保护“三同时”制度，在总体设计中落实环境保护相关措施和意见，结合项目实际协调好公路建设与环境的关系，减少对环境的不利影响。

加强路线走廊带、路线方案的综合比选，将土地压占、矿产压覆等资源占用和高边坡开挖、压占河道等环境影响作为方案选择的重要指标，优先选择资源占用少、环境影响小的方案。

合理设置取土场，路侧取土不宜距离路基过近，取土场避免直接开挖路侧山坡坡体。当路基、隧道弃方或弃渣量大时，应结合项目施工组织设计最大限度地利用弃方和弃渣；难以利用时，应合理设置弃土、弃渣场地，做好专项设计，保证其稳定，防止水土流失。

加强对路域施工范围及取弃土场的表土收集与利用，做好对取弃土场、施工便道等临时用地的植被保护与恢复。

高速公路及一、二级公路和有特殊要求的公路建设项目应开展环境影响评价和水土保持方案评价工作；生态环境脆弱地区，或因公路建设可能造成环境近期难以恢复的地带，应开展环境保护设计工作。

加强服务区、停车区等公路附属设施生产、生活污水处理能力，采用先进工艺，保证污水达标回收或集中收集存放，达到水资源循环利用；在公路运营、管理与服务设施设计中，应合理利用风能、太阳能、地热能等可再生能源。

加强对钢材、复合材料等的循环利用；推进粉煤灰、建筑废料等在公路路基填筑及混凝土浇筑中的综合利用；倡导对沥青、水泥混凝土路面及结构物拆除构件等的再生利用。

还应考虑拆迁的影响、对城市建设和规划布局的影响、交通噪声的影响、环境空气污染的影响、环境敏感点的影响、公路设施对环境景观的影响。

4. 设计检验与安全评价

在公路设计过程中，应运用运行速度方法，对路线设计、几何指标和线形组合设计进行分析检验，检验运行速度的协调性和一致性。

高速公路、一级公路和二级干线公路应在设计阶段进行交通安全性评价，其他公路在有条件时也可进行交通安全性评价。应根据交通安全性评价结论，对线形设计、几何指标取用等进行调整优化，对交通安全设施及管理措施进行检查完善，并应符合下列要求：

（1）对于连续长陡纵坡路段的上坡方向，应重点依据交通量、车型组成和运行速度变化，分析评价其上坡路段的通行能力和服务水平，提出交通组织与管理措施方案，必要时论证增设爬坡车道。

（2）对于连续长陡纵坡路段的下坡方向，应重点依据交通量、车型组成和主要货车车型的综合性能条件，分析评价车辆连续下坡的安全性，对应完善和加强路段交通工程和路侧安全设施，提出路段交通组织管理、速度控制措施方案，必要时论证增设避险车道。

（3）对于路侧临水、临崖、高填方等路段，应结合项目功能、设计速度和交通量等因素，根据安全设施设置方案分析路侧安全风险，完善路侧安全防护设计，必要时对应提出交通安全管理措施或提高路侧安全防护等级。

6.2.3 影响路线方案选择的主要因素

路线方案是路线设计最根本的问题。路线方案是否合理，不仅关系到道路本身的工程投资和运营效益，还关系到道路的使用功能和国家的路网规划、国家政策及国防要求等。

一条路线的起、终点及中间必须经过的重要城镇或地点称为“据点”，把据点连接成线，就是路线的总方向或称大走向。两个据点之间可能有多种不同的走法，每一种可能的走法就是一个比选路线方案，中间控制点越多，路线可能的方案也越多。因此，路线方案的选择，要从全局入手。

选择路线方案应综合考虑以下主要因素：

(1) 路线在政治、经济、国防中的地位与作用，国家或地方建设对路线使用任务、性质的要求，以及战备、救灾、支农、综合利用等重要方针的贯彻和体现。

(2) 路线在各类交通网系中的地位与作用，与沿线工矿、城镇等规划的关系，以及与沿线农田水利等建设的配合及用地情况。

(3) 沿线地形、地质、水文、气象、地震等自然条件的影响；要求的路线技术等级与实际可能达到的技术标准及其对路线使用任务、性质的影响；路线长度、筑路材料来源、施工条件和工程量、三材（钢材、木材、水泥）用量、造价、工期、劳动力等情况及其对运营、施工、养护等方面的影响。

(4) 路线与沿线旅游景区、历史文物、革命史迹、风景名胜等的联系。

从上面的分析可以看出，影响路线方案选择的因素是多方面的，而各种因素多是互相联系、互相制约的。路线应在满足使用任务和性质要求的前提下，综合考虑自然条件、技术标准和技术指标、工程投资、施工期限和施工设备等因素，通过多方案的比较，精心选择，提出合理的推荐方案。

6.2.4 路线方案选择的方法和步骤

不同的选线人员对道路所在地区地形、地质等条件的认识和理解程度都会有所差异，在任意两个控制点之间，路线的走法有多种可行方案，而最终的方案是通过方案比选确定的。两个据点之间的自然情况越复杂、距离越长，可能的比较方案就越多，众多的路线方案不可能逐一通过实地查勘，因而要尽可能收集已有资料，先在室内进行研究筛选，然后针对初步确认的最佳的及优劣难辨的有限方案进行调查或踏勘。

路线方案选择的方法和步骤：

1. 搜集与路线方案有关的主要资料

(1) 各种比例尺的地形图、卫星相片、航摄相片和以往的勘测设计、规划、计划等有关的资料。

(2) 交通量及交通组成等交通调查资料。

(3) 相邻道路的主要技术标准、平面与纵断面图、交通量及设计、施工和运营等资料。

(4) 路线行经地区的地质、水文、气候等自然条件方面的有关资料。

(5) 路线行经地区的城镇、工矿、铁路、航空、水利建设和规划资料。

(6) 与路线方案有关的统计资料。

2. 在小比例尺地形图上初拟路线方案

根据确定了的路线总方向和公路等级，先在小比例尺（1∶50000或1∶100000）的地形图上，结合搜集的资料，初步研究各种可能的路线走法。研究重点应放在地形、地质、地物复杂、外界干扰多、牵涉面大的段落，例如溪沟沿线、垭口等，路线途经城镇或工矿区时选择何种方式（穿过、靠近、避开或以支线连接等），要进行多种方案的比选，明确哪些方案应进行实地踏勘。

3. 室内初步比选，确定可比方案

根据室内初步研究提出的方案进行实地调查，连同野外调查中发现的新方案，均须细致核实，不遗漏任何可能的方案。

4. 编写工程可行性研究报告

分项整理汇总调查成果，编写工程可行性研究报告，为上级部门编制或补充修改设计任务书提供技术依据。

6.2.5 路线详细方案比较的内容

根据方案比较的深度，可分为原则性方案比较和详细方案比较两种类型，从形式上可分为质和量的比较。原则性方案比较，问题多属于全面规划，主要是质的比较。这种比较不能以简单的公式计算技术指标和经济指标进行比较，主要通过前述各方面对路线的影响因素进行评比，一般采用综合评价方法。而对于局部方案的比较，则属于量的比较，主要是通过详细计算投资与工程量等技术指标、经济指标进行比较。在深入调查的基础上，通过比选，最终提出最合理的路线方案。

1. 技术指标

(1) 路线长度及延长系数：路线延长系数为路线方案的实际长度与路线方案起终点间的直线距离之比。其值在1.05～1.20之间，视地形条件而异；

(2) 转角数：转角数包括全线的转角数和每公里的转角数；

(3) 转角总和及转角平均度数：这是体现路线顺直程度的一种技术指标，可以用每公里平均转角数和平均转角度数作为比较指标；

(4) 最小平曲线半径数；

(5) 回头曲线数；

(6) 最大与最小纵坡；

(7) 最大与最小竖曲线半径；

(8) 与现有道路的交叉数目（包括平面交叉和立体交叉）；

(9) 限制行车速度的路段长度（指居住区、小半径转弯处、交叉点、陡坡路段）；

(10) 最大坡度路线长度。

2. 经济指标

(1) 土石方工程数量；

(2) 桥涵工程数量（大桥、中桥、小桥涵的座数、类型及长度）；

(3) 隧道工程数量；

(4) 挡土墙工程数量；

(5) 征购土地数量及费用；

(6) 拆迁建筑物及管线设施数量；

(7) 主要材料数量；

(8) 主要机械、劳动力数量；

(9) 工程总造价；

(10) 投资成本——效益比；

(11) 投资利润率；

(12) 投资回收期；

(13) 费用效益比；

(14) 净现值；

(15) 内部收益率。

以上各项技术经济指标，在进行路线方案比选时需要根据工程项目的具体情况，选择必要的指标进行计算和比选。

6.2.6 路线方案选择示例

【例 6-1】 图 6-1 为某省际公路干线，根据公路网规划要求按二、三级公路标准进行视察，共视察了四个方案供路线基本走向的选择，各方案的主要技术经济指标汇总如表 6-1 所示。

【解】 通过比选，认为第三、四方案路线过于偏离路线总方向，较第一、二方案长 100～150km，虽能多联系两、三个县、市，但对发展地区经济所起的作用不大，且第三方案线形指标较低，将来改建难以提高；第四方案与现有高压电缆线连

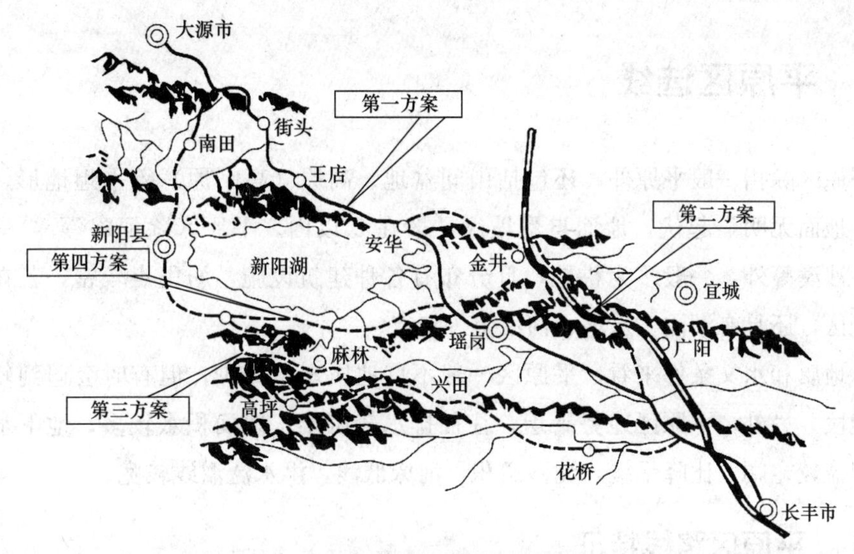

图 6-1　路线方案比选示例

某路各方案主要指标比较表　　表 6-1

指标		单位	第一方案	第二方案	第三方案	第四方案
通过县（市）		个	29	29	32	31
路线长度		km	1360	1347	1510	1476
新建长度		km	133	200	187	193
改建长度		km	1227	1147	1323	1283
地形	平原、微丘	km	567	677	512	615
	山岭、重丘	km	793	670	998	861
用地		km^2	2287	2869	3136	2890
工程数量	土方	10^4m^3	382	492	528	547
	石方	10^4m^3	123	75	82	121
	次高级路面	km^2	5303	5582	4440	5645
	大、中桥	m/座	1542/16	1802/20	1057/13	1207/15
	小桥	m/座	1084/57	846/54	980/52	1566/82
	涵洞	道	977	959	1091	1278
	挡土墙	m^3	73530	53330	99770	111960
	隧道	m/处	30/1	—	290/1	—
材料	钢材	t	1539	1963	1341	14669
	木材	m^3	18237	19052	18226	19710
	水泥	t	30609	39159	31288	33638
劳动力		万工日	1617	1773	1750	1920
总造价		万元	97218	102132	93402	107388
比较结果		—	推荐	—	—	—

续干扰，不易解决。因而第三、四方案采用的可能性很小。第二方案虽路线最短，但与铁路严重干扰，施工不便，且用地较多，工程量较大。最后推荐路线基本走向合理、线形标准较高、用地最省、造价也较低的第一方案。

6.3 平原区选线

平原区除指一般平原外，还包括山间盆地、高原（高平原）等平坦地形。其特征是：地面无明显起伏，地面自然坡度一般在 3°以内。平原区除河谷漫滩、草原、戈壁、沙漠等外，一般多为耕地，且分布有各种建筑设施，居民点较密，若在天然河网湖区，还具有湖泊、水塘、河汊多等特点。

从地质和水文条件来看，平原区一般不良地质现象较少，但有时会遇到软土和沼泽地段。另外，平原区地势平坦，往往排水较困难，地面积水较多，地下水位较高，河流较宽阔，比降平缓，泥沙淤积，河床低浅，洪水泛滥线较宽。

6.3.1 平原区路线特征

平原区地形对路线的约束限制较小，路线平、纵、横三方面的几何条件较容易达到标准，其路线特征是：平面线形顺直，以直线为主体线形，弯道转角一般较小，平曲线半径较大；在纵面上，坡度平缓，以低路堤为主。

虽然路线纵坡及平曲线半径等几何要素比较容易达到较高的技术标准，但易受当地自然条件和地物的限制。因此，平原区选线的主要特征是克服平面障碍。

平原区路线的两个控制点之间，如无地物、地质等障碍和应避让的风景、文物及居民点等，则与两点直接连线相吻合的路线是最理想的。在一般平原地区，农田密布，灌溉渠道网纵横交错，城镇、工业区较多，居民点也较稠密。由于这些原因，按照公路的使用任务和性质，有的需要靠近，有的需要绕避，从而产生了路线的转折。

因此，平原区选线，首先应把路线总方向内需经过的地点如城市、工厂、农场和乡镇以及文物风景地点作为大控制点（如图 6-2 中的普安桥位与和丰桥位）；然后在大控制点之间进行实地勘察，了解农田优劣及地物分布情况，确定可穿越或须绕

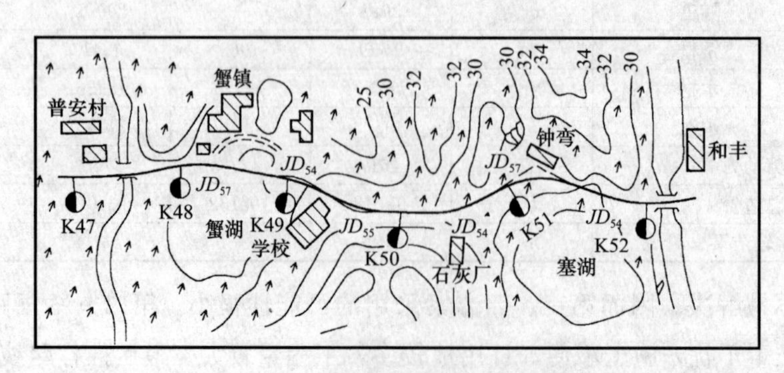

图 6-2　平原区路线布设示意图

避的地物及其绕避方案，从而建立起一系列中间控制点（如图 6-2 中的蟹湖、蟹镇、学校、石灰厂、钟弯、塞湖等）。路线一般应由一个控制点直达另一个控制点，不做任意的扭曲。为了增进路容的美观，需要把路线的平、纵面配合好，并设置适当的竖曲线。

平原区布线要充分考虑远期的发展，在平、纵面线形上要因地制宜，在可能的情况下，尽量采用较高技术指标，以便将来道路改建时能充分利用原路基、桥涵等工程。

6.3.2　平原区选线要点

平原区路线，基本不受高程制约，路线走向可自由选择，因此应以平面为主安排路线。平面线形应采用较高的技术指标，既不片面追求直线，也不无故增加曲线。在避让局部障碍物时，要确保线形平顺过渡，穿越时应有可行的技术措施。由于平原地区城镇较多，选线时无论是穿越或绕避，都要注意与当地处理好关系，力求减少社会问题。纵面线形应综合考虑桥涵、通道、交叉等结构物的要求，合理确定路基设计高度。注意避免纵坡起伏过于频繁，但也不应过于平缓，而造成排水不良。

综合平原地区的特点，选线时应着重考虑以下几点：

1. 正确处理路线与农业的关系

处理好公路与农业规划、农业灌溉、水利设施的关系是平原区选线的重要问题。

（1）修建公路难免占用农田，但要充分考虑国情，要在可能的情况下尽量做到少占和不占高产田。布线要从路线对当地经济的作用、对支农运输的效果、地形条件、工程数量、交通运输费用等方面全面分析比较，合理选择线位。如图 6-3 所示，路线通过某河流附近时，若按虚线方案从农田中间穿过，虽然路线较短，线形较好，但增加占用良田面积，填筑路基取土困难；若将路线移向坡脚（实线），虽然路线里程略有增长，线形指标略低，但避免占用大面积高产田，而且沿坡脚布线，路基为半填半挖断面，既节省了土方，又避免了填方借土运距过长。

（2）路线应与农田水利建设相配合，有利于农田灌溉，尽可能减少和灌溉渠道交叉，除特殊情况外，一般不要破坏灌溉系统。宜把路线布置在渠道上方非灌溉的一侧或渠道尾部。如图 6-4 所示，布线时应优先考虑Ⅰ方案，Ⅱ方案次之，Ⅲ方案则应

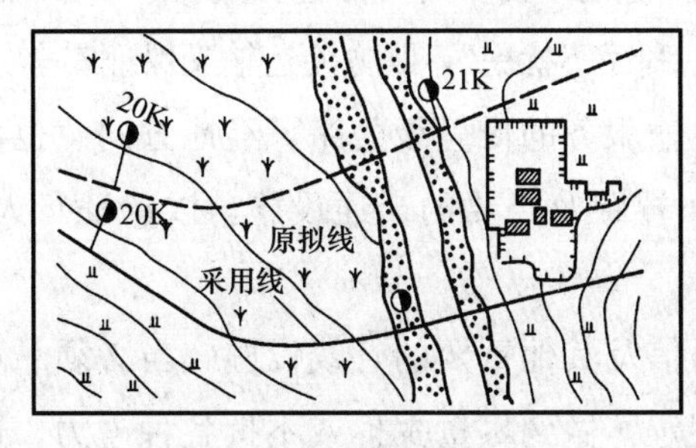

图 6-3　占地路线方案比选

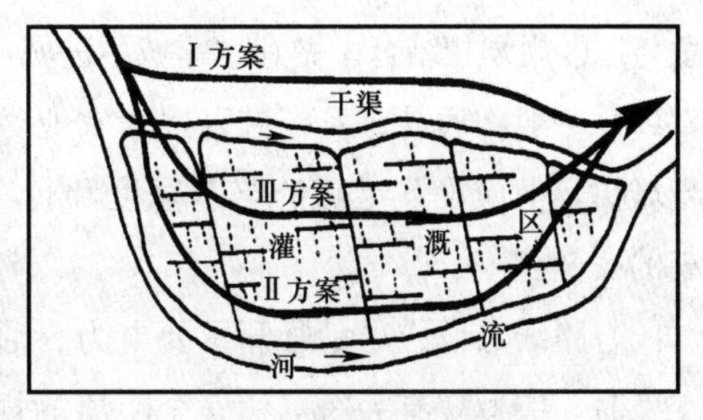

图 6-4　灌溉区路线布设

避免。当路线走向与渠道方向基本一致时，可沿渠（河）堤布线，堤路结合，桥闸结合，以减少占用农田和利于灌溉。路线必须跨越水塘时，可考虑从水塘一侧跨越，并拓宽水塘取土填筑路堤，使水塘面积不致缩小。

（3）注意筑路与“造田、护田”结合。路线通过河曲地带，当水文条件许可时，可考虑路线直穿，裁弯取直，改河造田，缩短路线里程（或减少桥涵数量），采用如图 6-5 所示的布线方式。当路线靠近河边低洼村庄或从农田通过时，可考虑靠近河岸布线，围滩造田、护村，图 6-6 为某公路采用沿河布置路线，借石填筑路堤，使大片河滩地变为良田，并保护了村庄。

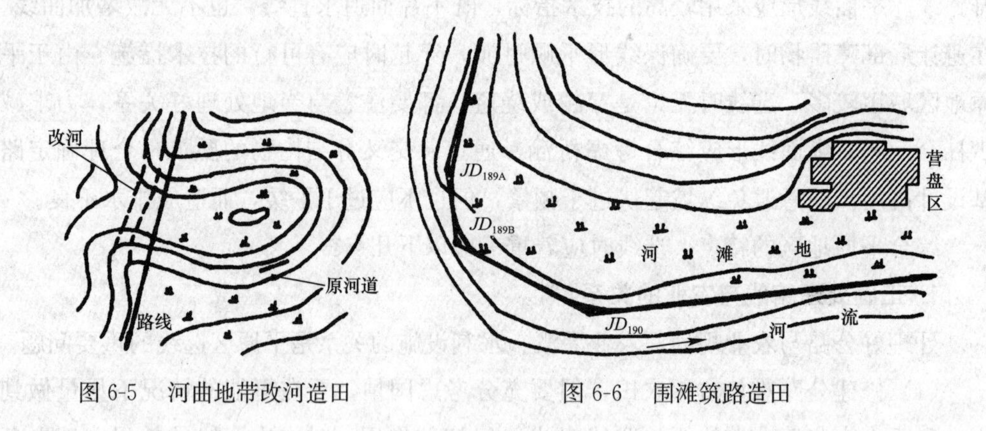

图 6-5　河曲地带改河造田　　　　图 6-6　围滩筑路造田

（4）路线布置要尽可能考虑为农业服务。布线时要注意与农村公路和机耕道的连接以及与土地规划相结合。较多地靠近居民点，并考虑地方交通工具的行驶，以方便群众，支援农业。

2. 处理好路线与城镇的联系

平原区城镇村庄、工业及其他设施较多，选线时应以绕避为主，尽量不破坏或少破坏，并采用较高的技术指标通过。在避让局部障碍时，要确保线形连续顺适。

（1）高速公路和一级公路应利用区域路网或新建道路与沿线城镇及其他交通源衔接，二、三级公路，应尽量避免穿越城镇、工矿区及较密集的居民点，但又要考虑道路对这些地区的服务性能，路线不宜偏离过远，必要时可修建支线联系，布线时注意与地区规划相结合。做到“靠城不进城，利民不扰民”，既方便运输又保证安全。

（2）一般沟通县、乡、村直接为农业运输服务的低等级公路，经地方同意也可穿越城镇，但应设置足够的路基宽度和行车视距及必要的交通设施，以保证行人、行车的安全。

（3）路线布设应尽量避开重要电力、通信及其他重要的管线设施。当必须靠近或交叉时，应遵守有关净空和安全距离的规定，做到尽量少拆或不拆各种电力、通信和建筑设施。

（4）注意与铁路、航道、机场、港口、已有公路等交通设施配合，以发挥交通运输的综合效益。

3. 处理好跨线与桥位的关系

（1）平原区河渠湖泊较多，桥涵工程量较大，路线在跨越水道时，在平面和纵断面上，均应尽可能保证路线的平顺性。特大桥、大桥桥位往往是路线的控制点，原则上应服从路线总方向并满足桥头接线的要求，实现桥、路综合考虑。一般情况下，桥位中线应尽可能与洪水的主流流向正交，桥梁和引道最好都设置在直线上，桥位应选在水文、地质及跨河条件较好的河段。当条件受限制时，也可设置斜桥或曲线桥。防止出现片面强调正交桥位，造成路线迂回过多、桥头出现急弯，影响行车安全；或只顾线形顺直，不顾桥位，造成桥位不合适或斜交过大，增加建桥困难。如图 6-7 所示，路线跨河有三个方案：就桥梁而言，Ⅱ方案较好，与河沟正交跨越，但线形曲折，不利于行车；就路线而言，Ⅲ方案路线直捷，但桥位处于河曲地段，跨河不利；综合比较Ⅰ方案，桥位虽略斜交，比Ⅱ方案桥跨略长，但路线顺适，故为可取方案。

（2）中、小桥和涵洞位置原则上应服从路线走向，但遇到斜交过大（一般在桥轴线与洪水流向的夹角小于 45°时）或河沟过于弯曲的情况，则可采取改河措施或改移路线，调整桥轴线与流向的夹角等方法，选线时应全面比较确定，如图 6-8 所示。

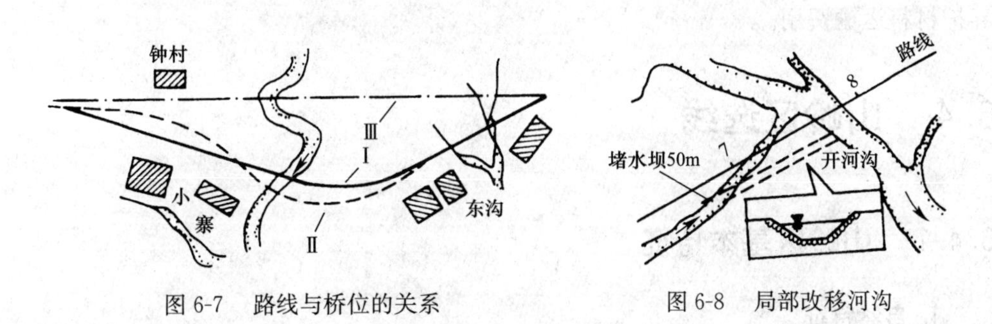

图 6-7　路线与桥位的关系　　　　图 6-8　局部改移河沟

（3）路线通过洪泛区时，对桥涵、路基应根据水文资料留有足够的孔径和高度，以免造成洪水淹没村庄和农田。如有条件，线路应位于洪水泛滥线以外。

（4）路线跨河修建渡口时，应在路线走向基本确定后选择渡口位置。渡口要避开浅滩、暗礁等不良地段，两岸地形要适宜修建码头。

4. 注意土壤水文条件，确保路基稳定

（1）平原地区的土壤水文条件较差，取土困难，路基稳定性较差，因此应尽可能沿接近分水岭的地势较高处布线。

（2）路线应避免穿越面积较大的湖塘、泥沼和水库等地带，如不得已需要穿越时，应选择最窄、最浅和基底坡面较平缓的地方通过，并采取有效措施，保证路基的稳定。

（3）布线时应注意保证路基的最小填土高度，低填和个别挖方地段要注意排水处理。

5. 合理利用旧路，减少土地资源浪费

平原地区通常有较宽的人行大路或等级不高的公路，当设计交通量较大，需要新建公路时应尽可能予以利用，但要注意从公路长远发展考虑，根据该路在路网中的地位与作用，严格按技术标准的要求对旧路进行改造，不能利用的可恢复为耕地，或改造为农用道路。需要修建汽车专用公路时，原有公路可留作辅道。

6. 注意路基用土、就地取材和利用工业废料

路基取土不能乱挖乱取，破坏农田，造成路基两边积水。取土时应根据取土数量、用地范围及运距长短，进行全面规划，可采用大面积集中取土的方法，使“梯田取土变平田，平田取土不废田”。取土时还可结合农田水利需要，采用在附近修渠道取土填筑路堤的办法，如需设置取土坑，则应设置在路基一侧或在路基两侧断续设置。

平原地区一般缺乏砂石等建筑材料，特别是平原区高等级公路的填方工程量一般都较大，除尽可能降低设计高度以减少土方工程外，应充分利用当地的材料，尤其是地方工业废料。条件许可时，路线应尽可能靠近建筑材料产地，以减少施工、养护材料运输费用。

6.4 山岭区选线

6.4.1 山岭区基本特征

1. 自然特征

山岭区包括分水岭、起伏较大的山梁、陡峻的山坡，一般地面自然坡度在20°以上，自然特征包括：

（1）地形方面：山高谷深，地形复杂，山脉水系分明。陡峻的山坡和曲折幽深的河谷，形成了错综复杂的地形，使得公路路线弯急、坡陡，线形差，工程难度大，但同时，清晰的山脉水系也给山区公路走向提供了依据。

（2）地质方面：石多、土薄、地质复杂。由于山区的地质层理和地壳性质在短距离内变化很大，地质构造复杂，不良地质现象（如岩堆、滑坡、坍塌、泥石流等）较多，直接影响着路线的位置和路基的稳定。因此，在选线设计中采取必要的防护措施，对于确保路线质量和路基稳定十分重要。

（3）水文方面：河流曲折迂回，河岸陡峻，比降大，水流急，暴雨集中，洪水历时短暂，暴涨暴落，流速快，流量大，冲刷和破坏力很大，要求在选线中正确处理好路线与河流的关系。

（4）气候方面：山区一般气温较低，冬季多冰雪（特别是海拔较高的山区），一年四季和昼夜温差很大，山高雾大，空气较稀薄，气压较低。这些气象特征对汽车行驶的效率、安全和通行性能都有很大的影响。

2. **路线特征**

山岭区自然条件复杂，地形变化大，路线在平、纵、横三方面都受到较大限制，因而技术指标一般较低。路线布设时，高差急变是主导因素，一般多以纵断面线形为主安排路线，其次是横断面和平面。按照路线行经地区的地貌和地形特征，可分为沿河（溪）线、越岭线、山脊线、山腰线（介于沿河线和山脊线之间）四种（如图 6-9 所示）。一条较长的山区道路往往由几种不同地形、地貌的路段交互组合而成。

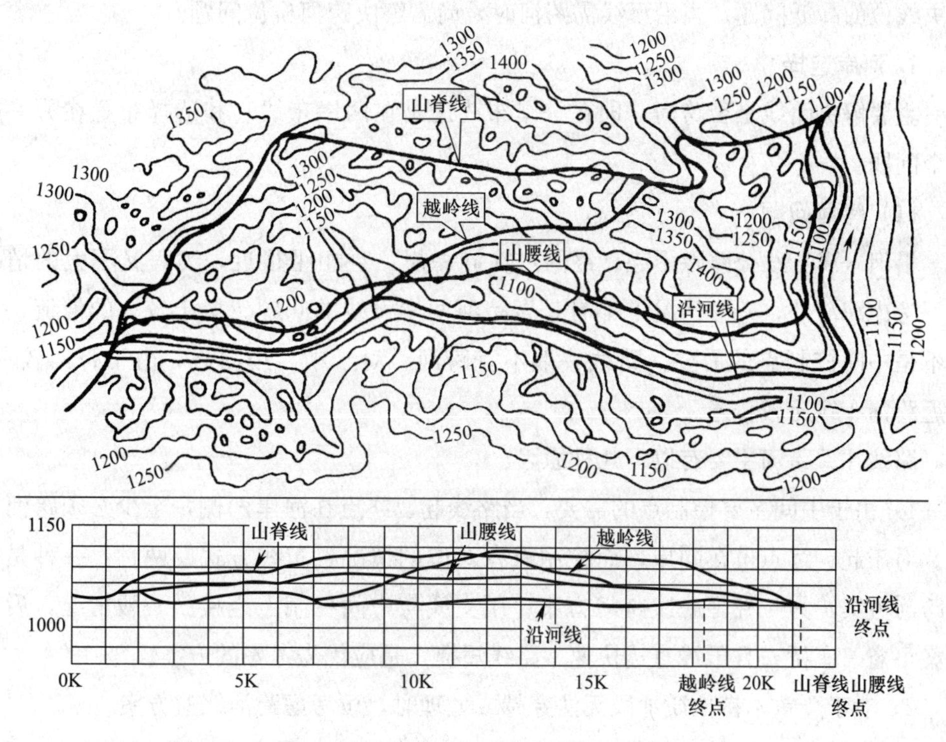

图 6-9　四种山区路线平、纵面示意图

6.4.2　沿河（溪）线布线要点

沿河（溪）线是指公路沿一条河谷方向布设路线，其基本特征是路线总的走向与等高线一致。

沿河（溪）线的有利条件是：路线走向明确，平面受纵断面线形的约束较小，易达到较好的线形；沿河（溪）线傍山临河，一般砂、石、木材都比较丰富，取水方便，为施工、养护提供了就地取材的条件；山区城镇和居民点大多傍山近水，沿河分布，路线走向沿河（溪）方案，能更好地为沿线居民服务，发挥公路的社会效益；另外，沿河（溪）线线位较低，隐蔽性优于山脊线和越岭线，战时不易受到破坏。

沿河（溪）线的不利条件是：临水较近，受洪水威胁较大；河谷限制（特别是峡谷河段），路线线位左右摆动余地较小；在陡岩河段，工程艰巨，给测设和施工带来很大困难；沿河（溪）线线位较低，往往要跨过较多的支沟，桥涵和防护工程较多；河谷两岸台地多为山区少有的耕地，在这些路段与占地的矛盾比较明显；河谷两岸通常多处于路基病害如滑坡、岩堆、坍塌、泥石流的下部，路线通过容易破坏山体平衡，带来灾害，给设计、施工、养护、运营带来困难。

沿河（溪）线布线的关键是解决好路线与河流的关系。路线与河流基本关系主要反映在平面和纵断面上，平面上主要是解决河岸选择问题，而纵断面上则主要是解决线位的高低问题。当沿溪线需跨河时，尚需解决跨河桥位问题。

1. 河岸选择

主要解决路线是否跨河（即在一岸布线还是在两岸布线）和选择布置在哪一岸两个问题。

(1) 跨河问题

沿河（溪）线公路除了起、终两点在同一岸，且相距很近，工程又不大的情况下不考虑跨河外，一般情况下都有是否跨河两岸设线的问题。对于较大的河流，如果不是中间控制点的需要，路线一般不宜跨河。对于中、小河谷，由于跨河较易，往返跨河布线比较普遍。

路线往返跨河主要有以下几种原因：

1）由于中间主要控制点的需要，当路线起、终点在河岸两侧，至少必须跨河一次。对于起、终点虽在同岸，而控制点在对岸的情况，布线方式有两种：一种是两次跨河方案，另一种是一次跨河方案，用支线与中间控制点连接。一般情况，后一方案可省一座桥，且干线直达快速，路线短捷，是应优先考虑的方案。

2）对于严重不良地质地段无法穿越或处理时，可考虑跨河绕避方案。

3）由于在峡谷带，河谷两岸地形的好坏变化经常交替出现，为利用有利地形，避开艰巨石方工程，采用两岸交替布线。

4）为了避让其他地物障碍，如铁路、农田、大型水利工程、重要建筑设施等。此外，对于生态环境和珍稀濒危动植物栖息环境产生严重影响时，也应避让。

(2) 河岸选择问题

由于河谷两岸情况不尽相同，往往利弊并存，选线时应比较两岸地形、地质、水文等条件以及农田水利规划等因素，避难就易，充分利用有利的一岸。河岸的选择一般应结合下列主要因素并经过技术经济比较决定：

1）地形、地质条件。路线应选在地形宽坦，有台地可利用，支沟较少、较小，水文及地质条件良好的一岸。对于困难工程集中及区域性地质构造、滑坡、岩堆、崩塌、泥石流、岩溶等严重不良地质地段，原则上以避让为主。避让有三种可能方案（如图 6-10 所示）：（Ⅰ）及早提高线位，绕走崖顶通过；（Ⅱ）走支脊内垭口通过；（Ⅲ）绕走对岸。

一般情况下，有利的条件常交错出现在河流的两岸，选线时应深入调查，综合比较，全面权衡，决定取舍。如图 6-11 所示，乙方案为避让河左岸的两处断续陡崖，跨河利用右岸的较好地形，但过夏村后，右岸出现更陡更长悬崖，路线又需跨回左岸，在 3km 内，两次跨河，须建中桥两座。甲方案一直走左岸，虽要集中开挖一段石方，但较建两座中桥更为经济，因此不宜跨河换岸。

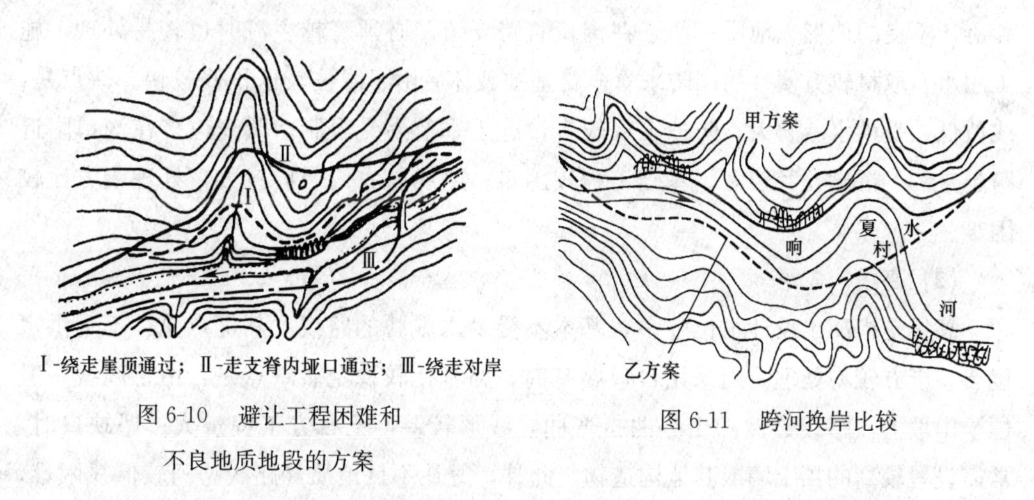

Ⅰ-绕走崖顶通过；Ⅱ-走支脊内垭口通过；Ⅲ-绕走对岸

图 6-10　避让工程困难和不良地质地段的方案

图 6-11　跨河换岸比较

2）气候条件。在积雪和冰冻地区，阳坡和阴坡的迎风面和背风面的气候差异很大，在不影响路线整体布局的前提下，尽可能选择阳坡和迎风一岸，以减少积雪、涎流冰等病害。

3）城镇、工矿和居民点分布。除高等级道路和国防公路外，一般路线应尽可能选择村镇较多、人口较密的一岸，其他如对革命史迹、历史文物、风景区等要创造便利的交通联系条件。为了避免大量拆迁建筑物和妨碍城镇发展，也应跨河绕避，选线时应根据具体情况进行比选。

此外，河岸选择还需考虑以下几种情况：

① 根据两岸农田情况，尽量做到少占农田。在少占农田和选择有利地形相矛盾时，要深入调查，征求地方意见，综合比选，慎重取舍，选择矛盾较小的一侧河岸。

② 当道路与铁路频繁干扰，应根据具体情况，考虑分设两岸。

③ 河谷中遇有灌溉干渠与路线平行时，公路最好位于干渠上方，并离开适当距离，以免互相干扰。如不易处理，且河谷两岸地形、地质类似时，宜尽量使公路与干渠各沿一岸。

2. 线位高度

线位高度是路线纵面线形布局的问题。确定路线沿岸线位高度，首先应考虑洪水的威胁。不管是高线还是低线，均应在设计洪水位以上一定安全高度。在选线中应认真做好洪水位调查工作，以确保路线必需的最低线位高度。

根据路线高度与设计洪水位的关系，线位高度可分为低线和高线两种情况。

(1) 低线

低线一般是指高出设计水位（包括浪高加安全高度）不多，路基临水一侧边坡常受洪水威胁的路线。其优点是：平、纵面线形比较顺直、平缓，易争取到较高标准，路基土石方工程也较省，边坡较稳定；路线活动余地较大，便于利用有利地形和避让不良的地形、地质；便于在沟口直跨支流，必须跨越主流时也较易处理；施工用水、取材较方便；从国防来看，路基被破坏后由于线位较低抢修较快。缺点是：线位低，受洪水威胁大，防护工程较多，施工季节易受限制；低线位多在沟口附近跨越支沟，桥涵孔径较大，基础工程较困难；路线与农田矛盾较大，处理废方比较困难。

(2) 高线

高线是指高出设计水位较多，基本不受洪水威胁的路线。其优点是：不受洪水侵袭，废方较易处理。当采用台口路基时，路基比较稳定。缺点是：由于高线一般位于山坡上，路线必然随山势曲折弯曲，线形较差，土石方工程量大；遇缺口时，常需设置较高的挡土墙或其他构造物。此外，避让不良地质和路线跨河较低线困难，施工、养护取料、取水也不如低线方便。

由于低线优点较多，在满足规定频率设计水位的前提下，一般路线以低线为主，即“宁低勿高”，但必须做好洪水位的调查，以保证路基稳定和安全。高线一般多用在利用大段较高台地，或傍山临河、低线易被积雪掩埋以及为避让艰巨工程而提高线位等情况，如展线合适，可作为低线的一部分。

在路线坡度受限地段，应尽量利用旁沟侧谷和其他有利的地形、地质条件适当展线。一般是“晚展不如早展”，使路线高程尽早降低至河谷的低台地上，以便尽量利用下游平缓的河段，以减少路基、桥隧工程，并使路线便于跨河而选择有利的河岸。

如图 6-12 所示，原线为避让沿河 1.7km 的断续陡崖，采用了高线方案。由低线过渡到高线的升坡段很长，且弯急坡陡，行车不安全，经局部改线，坡度虽有所改善，但增加了小半径曲线，线形更加弯曲，最后改走低线直穿陡崖，路线平、纵标准显著改善，还缩短 760m，行车顺畅，充分说明不应当采用高线。

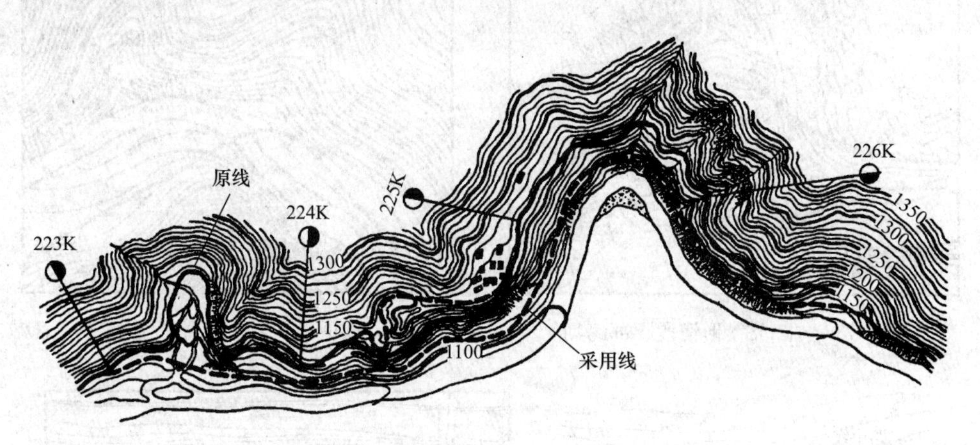

图 6-12　峡谷路线的低线和高线

3. 跨河桥位选择

沿河（溪）线跨越河流分为跨越支流和跨越主河两种情况，跨越支流的桥位选择，一般属于局部方案问题，而跨越主河的桥位选择多属于路线布局的问题。跨越主河的桥位往往是确定路线走向的控制点，与河岸选择相互依存，相互影响，当路线由于地形、地质原因需要换岸布线时，如果桥位选择不好，勉强跨河，会造成桥头线形差，或增大桥梁工程等后果。因此在选择河岸的同时，要研究处理好桥位及桥头路线的布设问题。

桥位选择在满足《规范》要求的前提下，尚应考虑以下几点：①桥位应选在河道顺直，河床稳定，上游附近无支流流入，河床较窄的河段上。②桥位处两岸地质良好，最好有裸露的未风化岩石。③桥位选择应考虑便于与支岔线衔接。④桥位选择应结合当地的近期和远期规划。

在正确处理跨越河流的路桥配合时，山区河流弯曲较多，选择桥位时应慎重处理路线与桥位的关系。常有以下几种情况：

（1）如图 6-13 所示，当路线要在“S”形河段跨河时，应在其腰部通过，以争取桥梁轴线与河流成较大交角。

（2）如图 6-14 所示，在河弯附近选择有利位置跨越。但应注意河弯水流对桥梁的影响，采取护岸、丁坝等防护措施。

（3）在与路线接近平行的顺直河段上跨河，桥头引道难以舒顺。过分强调正交而使引道过短的桥位应尽量避免。当必须在该位置跨越时，中、小桥可考虑设置斜桥以改善桥头线形，如图 6-15(a) 所示；如为大桥，当不宜设置斜桥时，宜把桥头路线做成勺形或布置一段弯引桥，如图 6-15(b) 所示，或两者兼用。

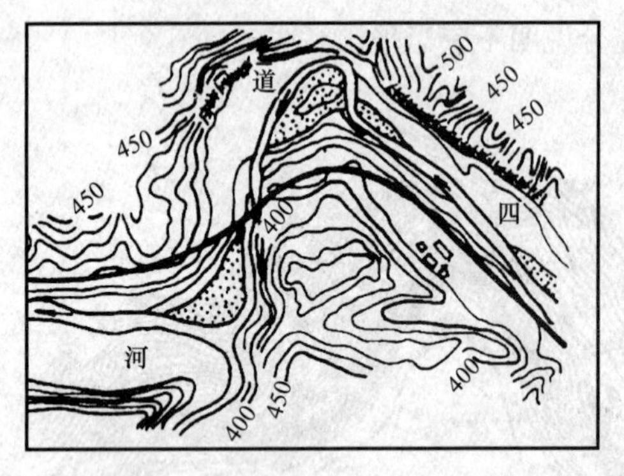

图 6-13　在“S”形河段腰部跨河

图 6-14　在河弯附近跨河

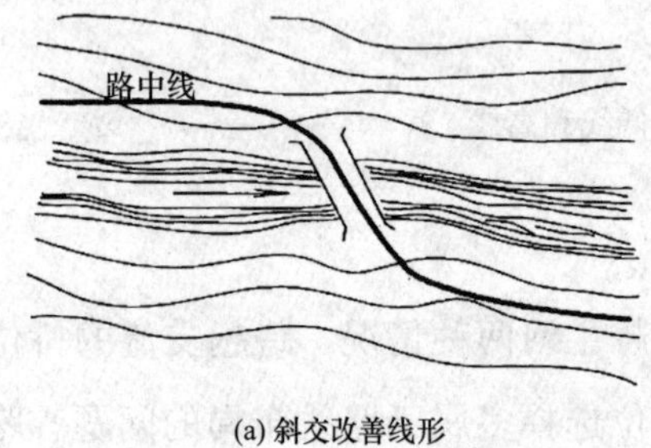

(a) 斜交改善线形

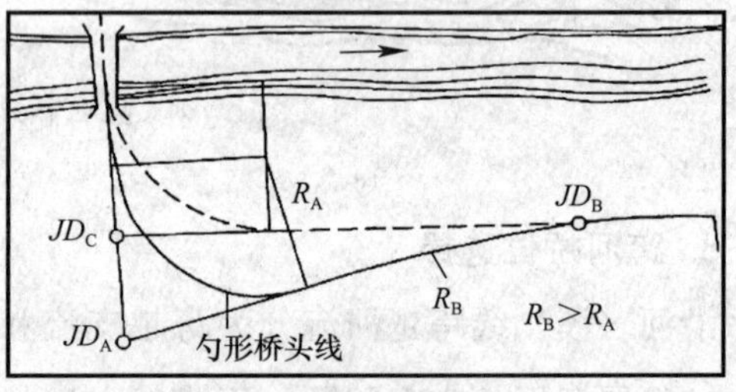

(b) 勺形桥头线

图 6-15　桥头线形改善

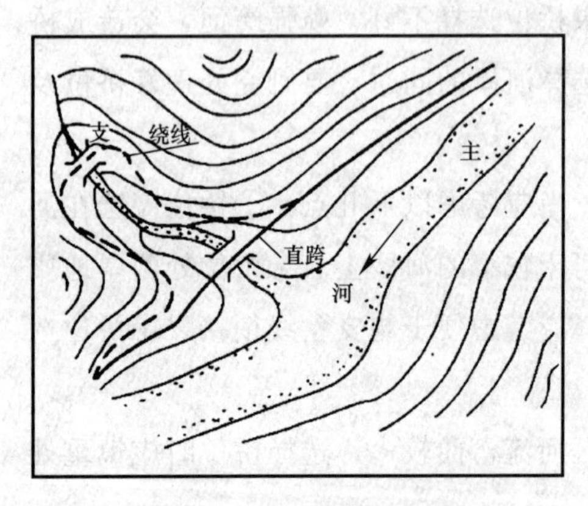

图 6-16　路线跨支流方案

路线跨越支流的桥位，有从支河（沟）口直跨和绕进支沟上游跨越两种方案可以选择。如图 6-16 所示，直跨（图中实线）方案的路线短、线形好、标准较高，但工程量较大。绕线进支流上游跨越方案（图中虚线）的路线较长、桥跨孔径小、基础条件好、跨桥工程量较小，但线形较差、标准较低。

具体采用何种方案，要根据路线等级和桥位处的地质、地形条件，经技术经济比较后确定。

4. 各种河谷地形路线的布设

（1）开阔河谷段

开阔河谷坡岸平缓，河岸与山坡之间有较宽的台地，且多为农田，如图 6-17 所示，这类地形的路线有三种走法。

1）傍河线，坡度均匀平缓，线形顺适，临河一侧受洪水威胁，须做防护工程。如将道路与河堤相结合，桥闸结合，有利于“治水、保村、护田”。对个别弯曲的小溪流，可局部改迁，以使线形顺适。

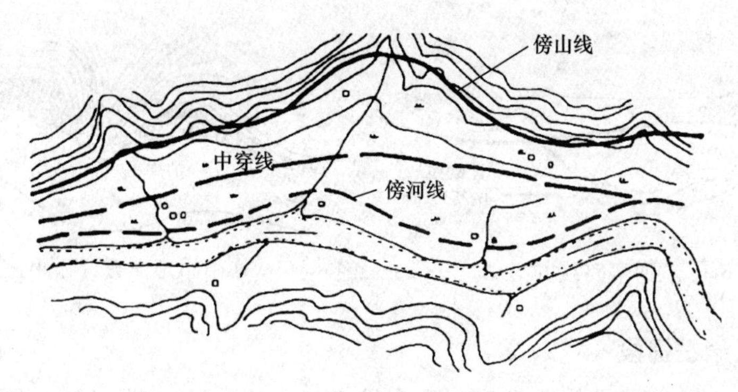

图 6-17　开阔河谷路线方案

2）傍山线，路线略有增长，但可不占或少占良田。路线远离河岸且无防护工程，但纵断面线形略有起伏，土石方工程稍大。傍山线是开阔河谷常采用的一种布线方案。遇窄而短的台地，其间有深沟或山梗阻隔，以及高差很大的相邻台地，可考虑用适当的纵坡或平曲线穿插其间，以求合理利用有利地形。

3）中穿线，线形标准较高，但占田最多，取土困难，路基稳定性较差，在稻田地区，为使路基稳定，有时还需换土，一般不宜采用。

(2) 河道弯曲、狭窄的河谷段

这种河谷断面常称为U形河谷，两岸多不对称，凹岸陡峭，凸岸相对较缓，时而有突出的山嘴，间或出现迂回的深切河弯。选线时应做沿河绕行路线和取直路线的比选。路线遇到河曲时，有以下两种布线方式：

1）路线沿着河岸的自然地形，绕山咀、沿河弯布线。

2）取直路线。遇河弯，则两次跨河或改移河道，使路线顺直通过河弯地段，如图 6-18 所示；遇山咀，可采用隧道或深路堑通过。

一般情况下，沿河绕行方案，路线迂回，岸坡陡峭，水流冲刷严重，路基防护工程大，路线安全条件差；建桥跨河和改河方案，裁弯取直，路线短，安全条件好。无论改河或建桥跨河方案，均应根据地形、地质、水文条件细致研究，结合农田水利建设一并考虑。另外，遇山咀或河弯地形是采用绕行还是取直方案，应与道路等级结合考虑。等级较高的道路宜取直以争取较好的线形指标，等级较低的道路采用哪种方案应根据技术和经济条件比较确定。

对于个别有宽浅河滩的大河弯，为了提高路线标准，可在河滩布线。只要处理得当，还可起护田、造田的作用，但要注意路基防护和加固，防止水流对路基的冲刷破坏。

对于个别突出的山咀，可用切咀填弯（如图 6-19 所示）、高架桥与隧道或深路堑通过处理。切咀填弯时应注意路基的防护与加固。同时，应注意不要将大量的废方弃置河中，堵塞河道，抬高水位。

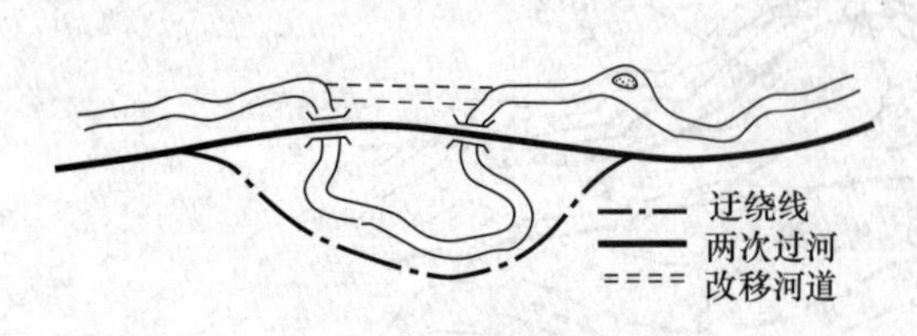

图 6-18　河弯路线方案

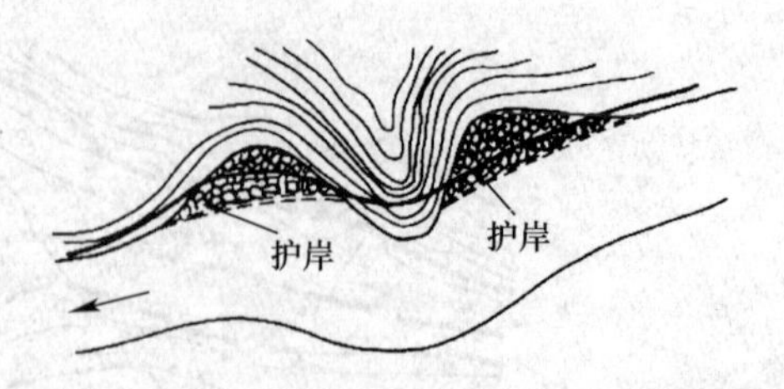

图 6-19　切山咀填河弯（切咀填弯）路线布置

(3) 陡崖峭壁河段

路线通过这种地段有绕避和穿过两种方案，应根据峡谷的水文、地质条件和路线性质、路线标准、工程大小、施工条件等因素通过比较确定。

绕避的方法有两种：一是翻上峡谷陡崖顶部选择有利地带通过；二是走越岭路线。前者需要崖顶有可供布线的合适地形，后者需要附近有基本符合路线走向的低垭口。两种绕避方法的共同点是纵断面线形上而复下，都需要有适合布设过渡段的地形。过渡段的纵坡应缓于该路等级所允许的最大纵坡，上下线位高差越大过渡段就越长，且过渡段的工程一般比较集中。因此，崖顶过高时，不宜翻崖顶绕避。如若峡谷不长，只要不是无法通过，两种绕避方法均不宜采用。

如图 6-20 所示，河谷曲折迂回，且有近 5km 长的陡崖，布线困难，而越岭线的瓦窑垭口，方向很顺，且两侧地形、地质条件较好，越岭绕避是可选方案之一。对于高等级公路，因线形指标要求高，路线的位置可考虑与向山体一侧内移建隧道或外移设桥梁的方案进行比选。

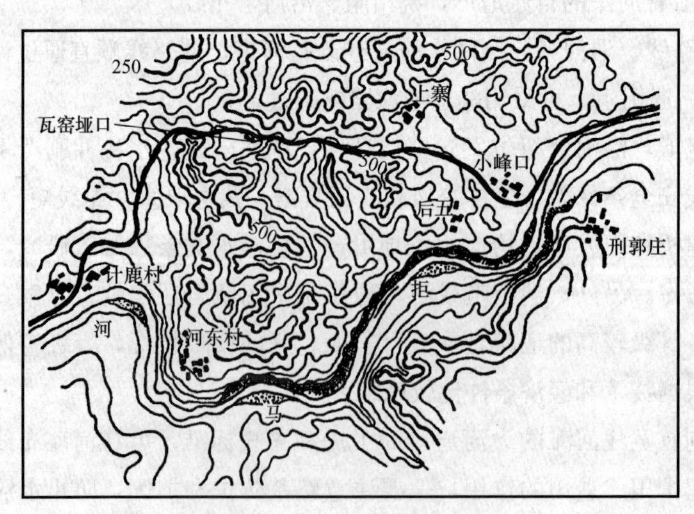

图 6-20　越岭绕避峡谷的路线

直穿陡崖峭壁河段和峡谷的路线，其平、纵面受岸壁形状和洪水位限制，活动余地不大。布线一般多采用低线，根据河床宽窄、水文状况、岸壁陡缓等情况有以下方法通过：

1）与河争路，侵河筑堤。当河床较宽，水流不深（一般岩前水深不超过 2m），压缩部分河床不致引起洪水位抬高过多时，路线可在崖脚下按低线设计通过。根据河床可能压缩的程度，有以下两种情况：

① 河床宽阔，压缩后洪水位抬高不多，路基可全部或大部分设在紧靠崖脚的水中或滩地上，借石或开小部分石崖填筑，路基临水一侧应做防护工程。

② 河床狭窄，压缩后将使洪水位有较大的抬高时，采取筑路与沿河工程相结合的办法。路基也可部分占用河床，“开”“砌”结合，以砌为主。开的是对岸突出的山咀，砌的材料主要取自清理河床的漂石及削除对岸突出山咀的石料。这样就使路基占用河床的泄水面积能从清理河床中得到补偿，如图 6-21 所示。

2）硬开石壁等特殊措施通过。

① 在石壁上硬开路基（如图 6-22 所示），造成的大量废方，考虑对水位的影响，应适当提高线位或清除河道。

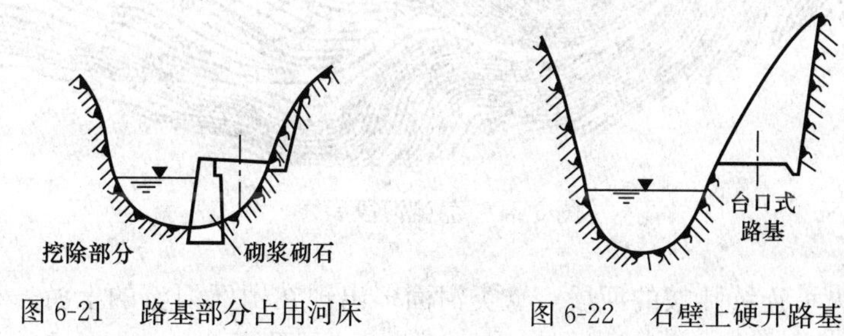

图 6-21　路基部分占用河床　　　图 6-22　石壁上硬开路基

② 岸壁石质良好，可开凿半隧道或隧道，以减少石方和废方（如图 6-23a、b 所示）。

③ 硬开石壁的路基，对个别缺口或崖壁不够宽的路段，可用悬出路台或半边桥处理（如图 6-23c、d 所示）。

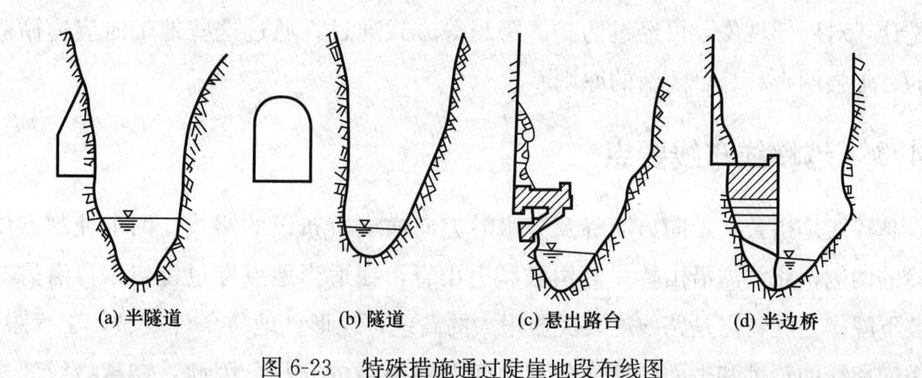

图 6-23　特殊措施通过陡崖地段布线图

④ 当两岸石壁十分逼近（有时仅几米宽），不宜硬开路基时，可建顺水桥通过。

(4) 河床纵坡陡峻的河段

1) 急流、跌水河段。这类河段有时出现在峡谷下口或峡谷之中，河床纵断面在短距离内突然下落几米至几十米，形成急流或跌水。当路线由急流、跌水的上游延伸到其下游时，线位会高出谷底很多，为了尽快降低线位，可利用急流、跌水下游的支沟或平缓的山坡展线而下。图 6-24 为利用平缓山坡展线降坡示例。

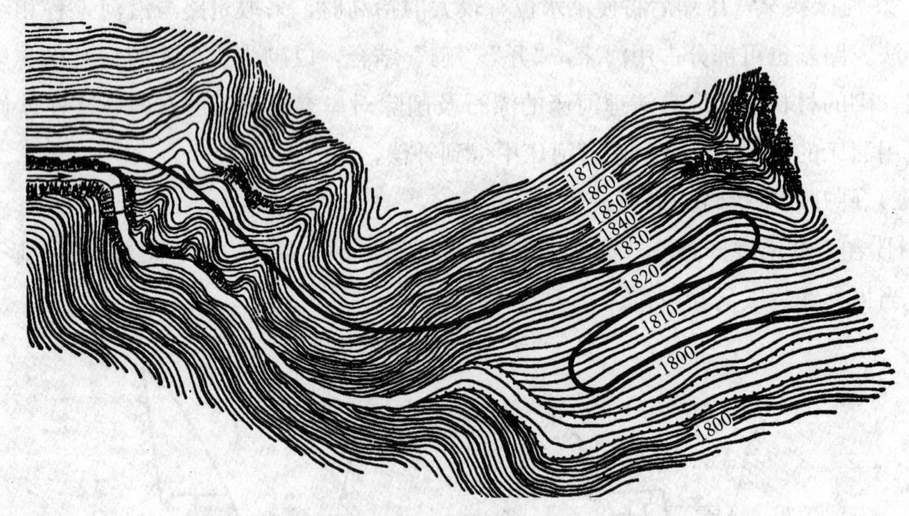

图 6-24 急流河段展线

2) 河床纵坡连续陡峻的河段。这类河面多出现在山区河流的上游，是沿溪线和越岭线之间的过渡段。河床纵坡越上溯越陡。当陡到路线技术标准不允许的程度时，路线如再沿溪上溯，就需要进行展线，选线要点详见“越岭线”。

(5) 不良地质地段的路线布设

山区河谷通常是地质、地貌比较复杂的地段，如沿河两岸，滑坡、崩塌、岩堆等不良地质现象较为常见，当路线通过这些地段时，对大面积的不良地质地段应尽量避让，对局部现象，可经过防护、跨越等方式通过。通过这些地带时应遵循避强制弱、加强调查、综合防治的原则。

6.4.3 越岭线布线要点

越岭线是指公路走向与河谷及分水岭方向横交所布设的路线。两个控制点位于山岭的两侧，路线需沿山岭一侧山坡爬上山脊，在适当地点穿过垭口，再沿另一侧山坡下降。它的特点是路线需要克服很大的高差，地形、地质条件复杂，工程艰巨、集中，路线的长度和平面位置主要取决于路线纵坡的安排。因此，在越岭线的选线中，须以路线纵断面为主导。

越岭线的有利条件是：布线不受河谷限制，遇到不良地质、工程艰巨及重要地物限制时，比较容易避让，布线灵活性大；路线不受洪水威胁和影响，一般路基较稳定，桥涵及防护工程较沿溪线少；当采用隧道方案时，路线短捷且隐蔽，有利于运营和国防。

越岭线的不利条件是：里程较长、线形差、指标低，特别在地形复杂时（如“鸡爪”地形、陡峻迂回的山坡等），常使路线出现急弯、陡坡现象，工程数量也大；越岭线线位高，远离河谷，施工、养护、运营条件差，服务性差；回头展线地段，上下线位重叠，施工较困难。

越岭线布局主要是解决垭口的位置、过岭标高的选择和垭口两侧路线的展线。垭口是布局的重要控制点，它确定了路线的走向；过岭标高，控制着纵坡的大小；展线的方法决定了路线的长度，这三个方面互相联系、互相影响，布局时要综合考虑。

对于海拔较高、气候恶劣、雾雪严重的越岭路线选线，应结合公路的使用任务及功能区别对待，要求常年保持畅通的主要干线公路，在雪线以下或气候较好的地区，越岭展线方案应与隧道方案进行比较。高等级公路因纵坡控制较严，路线要求短捷，越岭路线必须根据地形、地质情况，对越岭隧道与越岭展线进行详细的技术、经济比较。

1. 垭口选择

垭口是分水岭山脊上的凹形地带（又叫鞍部），由于标高较低，常常是越岭线的重要控制点，应在基本符合路线走向的较大范围内选择，要全面考虑垭口的位置、标高、地形、地质条件和展线条件等。

（1）垭口位置选择

在基本符合路线走向的前提下，垭口位置选择应与两侧山坡展线方案综合考虑。首先考虑高差较小、展线降坡后能与山下控制点直捷衔接、不需无效延长路线的垭口。其次再考虑稍微偏离路线方向，但接线较顺，且不致过于增长里程的其他垭口。如图 6-25 中 A、B 控制点间有 C、D 两个垭口。从平面位置看，C 垭口在 AB 直线上，D 垭口偏离直线较远，但从符合路线基本走向来看，穿 D 垭口比穿 C 垭口展线短，而且平面线形较好。因此，D 垭口比 C 垭口更有优势。

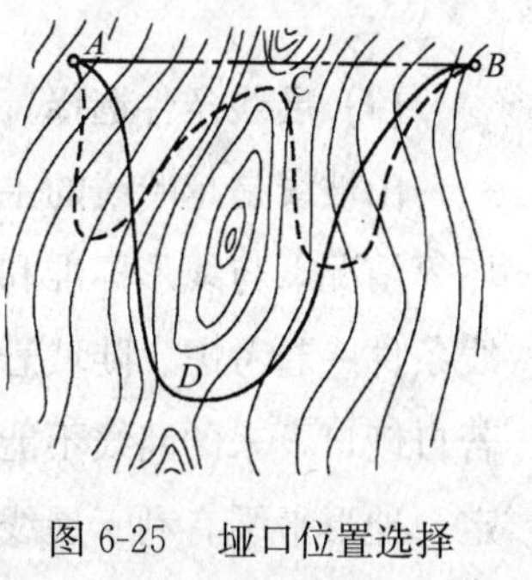

图 6-25　垭口位置选择

（2）垭口标高选择

垭口海拔高低及其与山下控制点的高差，直接影响路线展线长度、工程数量大小和运营条件。在展线条件相同时，垭口降低的高度 Δh 和缩短的里程 Δl 有如下的关系：

$$\Delta l=\frac{2\Delta h}{i_{\mathrm{p}}} \tag{6-1}$$

式中　i_{p}——展线的平均坡度，一般取5%～5.5%。

由上式可知，垭口越低，里程越短。在地形困难的山区，减少路线长度而节省工程造价和运营费用都是非常难得的。

一般应选择标高较低的垭口。在高寒地区，特别是积雪、结冰地区，海拔高的路线对行车很不利。因此，有时为了走低垭口，即使方向有些偏离，距离有些绕远，也应注意比较。如积雪、结冰不是太严重，对于基本符合路线走向、展线条件较好、接线方向较顺、地质条件较好的垭口，即使稍高，也不应轻易放弃。

(3) 垭口地质条件

垭口一般地质构造薄弱，常有不良地质存在（如图6-26所示）。选择垭口时要对其地层构造情况进行实地调查，摸清其性质和对道路的影响。对地质条件恶劣的垭口，用局部移动路线或采取工程措施不能解决问题时，应予以放弃。

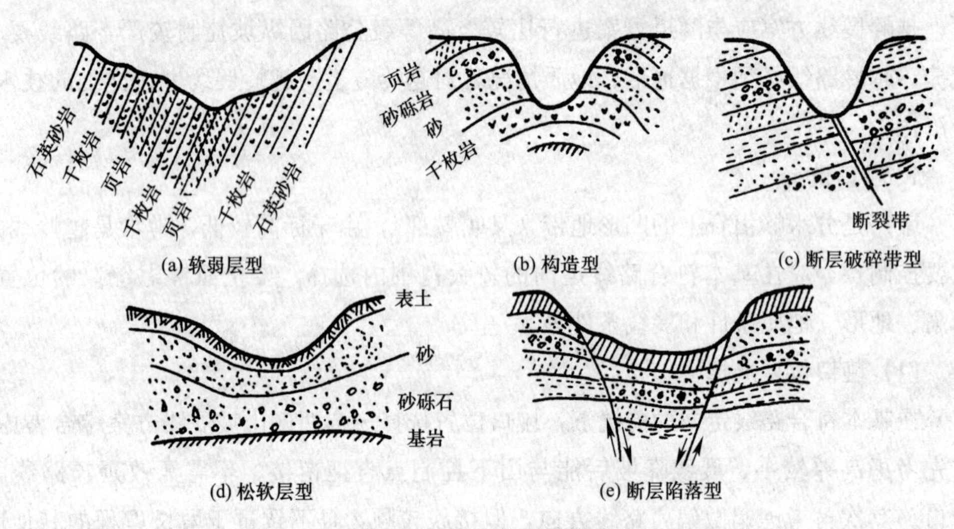

图6-26　垭口的地层构造

(4) 展线条件选择

山坡线是越岭线的主要组成部分，而山坡坡面的曲折程度、横坡陡缓、地质好坏等情况，与线形标准和工程量大小有直接关系。因此，选择垭口必须要与山坡展线条件一起考虑。陡坡悬崖、深沟割切、有滑坡等地质问题的侧坡，都不适合布线；若自垭口下来的路线不能绕避这些不良地形、地质时，就需另择垭口；如有地质稳定、地形平缓有利于展线的侧坡，即使垭口位置略偏或垭口较高，也应比较，不能轻易放弃。如图6-27所示，路线由岭北控制点下村到岭南控制点西坑选择越岭垭口，按总方向可沿人行道越过马金岭垭口，下村上岭高差近700m，平面直线距离仅长

1800m，需展长路线 14km 方可爬上垭口。稍偏东有一处垭口，比马金岭低 40m，但地形复杂、工程困难，不宜选用。偏西有浯田岭垭口，较马金岭低 90m，由于可节省展线长度 2km，且上下岭地形较平缓，适于布线，故推荐选择浯田岭垭口通过。

2. 过岭标高的选择

过岭标高是越岭线布局的重要控制因素，不同的过岭标高就有不同的展线方案。不同的展线方案不仅影响工程大小，路线长度，线形标准，而且直接关系到垭口两端的展线布局。如图 6-28 所示，路线通过垭口，由于选用不同的挖深出现了三个可能方案。甲方案挖深 9m，需要设置两个回头曲线；乙方案挖深 13m，需设置一个回头曲线；丙方案挖深 20m，即可顺山势布线，不需回头曲线。丙方案线形好，路线最短，有利于行车和节约运营费用。

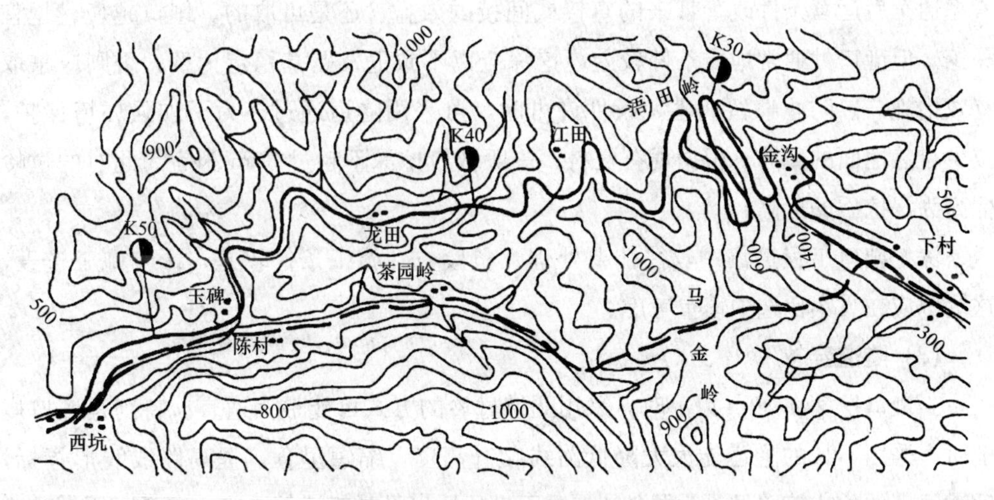

图 6-27　垭口选择

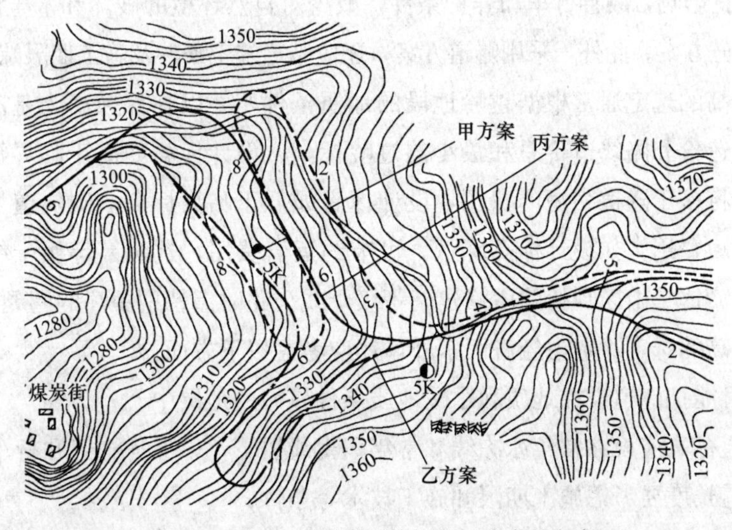

图 6-28　垭口采用不同挖深的展线布局方案

通过分析可知：过岭标高应结合路线等级、越岭地段的地形、地质以及两侧展线方案、过岭方式等因素经过技术经济比较选定，这些因素互相影响，必须全面分析研究各种可能的比较方案，做出合理的选择。过岭方式主要有如下几种：

(1) 浅挖低填垭口

遇到过岭地段山坡平缓、展线容易、垭口宽而厚（有的达到1～2km，有时还有沼泽出现）的地形，宜尽早起坡越过垭口，以免工程量集中和拉槽（路堑）困难，宜采用浅挖低填的方式过岭，过岭标高基本上就是垭口标高。

(2) 深挖垭口

当垭口比较瘦削时，常用深挖的方式过岭。深挖垭口，土石方工程集中，但由于降低了过岭标高，相应缩短了路线里程，同时也降低路面工程等其他方面的造价，考虑通车后运营条件改善带来的直接或间接的效益，还是可取的。垭口越瘦，越宜深挖。但垭口处通常地质条件较差，挖深应以不致危及路基稳定为度，否则应采取有效措施，以防止遗留病害。条件许可时，可采用隧道通过。为了加强环境保护，减少自然地面的破坏，根据现有资料，一般垭口挖深不超过30m为宜。此时的过岭标高为深挖后的标高。

深挖垭口工程量集中，往往要处理大量废方，施工条件较差，影响施工进度，这些都应在方案比选中慎重考虑。

(3) 隧道穿越

当垭口挖深在30m以上时，采用隧道过岭的方式可能最为适宜。特别是垭口瘦削时，采用不长的隧道能大大降低路线爬升高度，缩短里程，提高路线线形指标，后期经济效益比较明显。为了避让严重不良地质以及减轻或消除高山严重积雪、结冰对公路的不良影响，改善行车和养护条件，减少对自然环境的破坏和水土流失，也可考虑采用隧道方案。此外，采用隧道方案，还应结合施工条件及施工期限综合考虑。

隧道标高的选定通常根据越岭地段的地质条件，并以临界标高为基准。临界标高就是隧道造价和路线造价总和最小的过岭标高。设计标高如高于临界标高，则路线展长费用将多于隧道缩短的费用，设计标高如低于临界标高，则隧道加长费用将多于路线缩短费用。如设计标高降低，可节约运营费用，这对高等级干线公路来说意义会更大。这是山区越岭路段修建高等级干线公路时需特别关注的问题。

隧道标高的选定除考虑经济因素外，还应考虑以下方面：

1）尽可能把隧道设在地质和水文地质条件较好的地层中；

2）隧道标高应设在常年冰冻线和常年积雪线以下，以保证施工和行车安全；

3）隧道长度要考虑施工期限和施工技术等条件；

4）在不多增加工程造价的情况下，适当考虑远景的需求，尽可能把隧道标高降低一些。

越岭隧道洞口位置的选择应注意以下几方面：

1）隧道洞口，覆盖较薄，地质复杂，一般多位于松散堆积体或风化破碎的岩层中，容易坍塌。隧道洞口位置应根据洞口地段的地形、地质条件确定，应使洞口边坡、仰坡都稳定可靠，确保行车安全，并在此基础上，考虑隧道与路堑的经济比较。

2）为了保证洞口稳定，应按地质情况选用开挖值，一般情况下，坡顶高度不宜超过 20～30m。此外，还应考虑有无地下水作用。

3）为保证洞口边坡、仰坡稳定，还应尽量使隧道中心线在洞口与地面等高线接近正交，以免洞口两侧边坡、仰坡相差悬殊，使洞口发生侧压力，引起坍方。如斜交不可避免，为了不使一侧边、仰坡切得很高，还可考虑设计成斜交洞门。

4）如洞口在陡崖的坡上，且有自然台阶时，洞口位置应放在台阶前面（如图 6-29 所示）而不应沿山坡下切，挖去台阶。否则，会破坏其平衡而导致坍方。

5）尽量避免将洞口设在滑坡、岩堆、崩塌、泥石流等不良地质段，也不要将洞口设在沟谷中心，而宜设在地质较好的沟谷一侧。

3. 垭口两侧路线的展线

(1) 展线方式

越岭线的展线方式主要有自然展线、回头展线、螺旋展线三种，如图 6-30 所示。

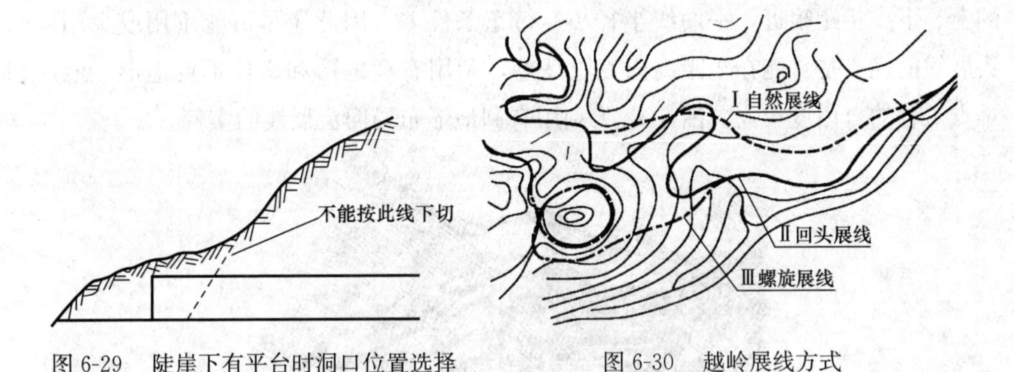

图 6-29　陡崖下有平台时洞口位置选择　　　　图 6-30　越岭展线方式

1）自然展线

自然展线是以适当的坡度（小于或等于平均纵坡），顺着自然地形，绕山咀、侧沟来延展距离，克服高差。这种方式的优点是：符合路线基本走向，纵坡均匀，里程最短，线形简单，技术指标一般也较高。如路线所经地带地质稳定，无割裂地形阻碍，布线应首先考虑采用这种方案。缺点是：由于路线过早离开河谷，对沿河居民服务性差，避让艰巨工程或不良地质地段的自由度不大，只有调整坡度这一途径。如图 6-31 所示，路线利用主、侧谷展线克服高差，上下线不重叠干扰，对行车、施工、养护均有利。

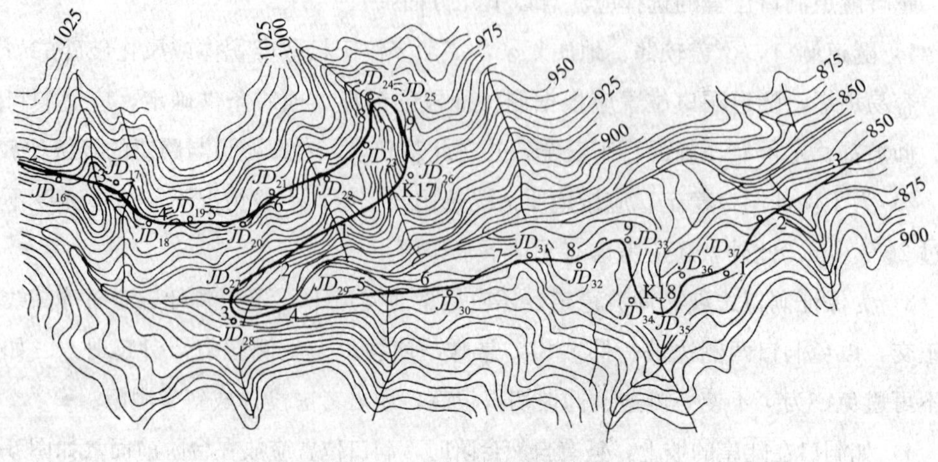

图 6-31　利用主、侧谷展线

2）回头展线

当控制点间的高差大，靠自然展线无法取得需要的距离以克服高差，或因地形、地质条件限制，不宜采用自然展线时，路线可利用有利地形设置回头曲线进行展线，如图 6-30 中Ⅱ方案。回头曲线又名“之字线”或“发针形曲线”，它是以 180°左右的转角急剧改变方向，并伴有一定纵坡的小半径平曲线。

回头展线的缺点是：在同一坡面上，上、下线重叠，尤其是靠近回头曲线前后的上、下线相距很近，平曲线半径小，行车条件差，因此应尽可能不用或少用。回头展线的优点是：能在短距离内克服高差，利用有利地形和避让不良地形、地质和难点工程的自由度较大。图 6-32 为利用有利地形布局回头展线的实例。

图 6-32　回头展线

回头地点对于线形、工程量、行车质量关系很大，应慎重选择。回头曲线两端要尽可能用大半径曲线或直线连接。根据这一特点，适宜布设回头地点的地形，一是利用直径较大、横坡较缓、相邻有较低鞍部的山包（图 6-33a）或平坦的山脊

(图 6-33b)；二是利用水文、地质良好的平缓山坡（图 6-33c)；三是利用地形开阔、横坡较缓的山沟（图 6-33d）或山坳（图 6-33e)。

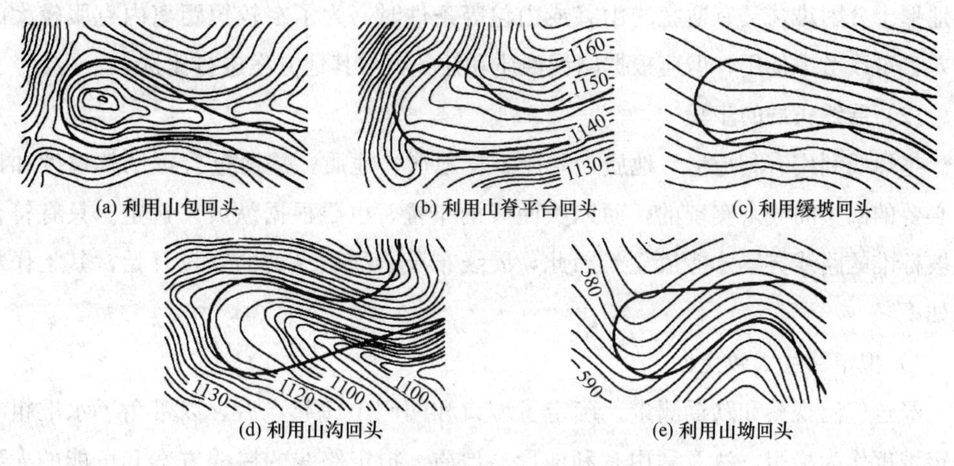

(a) 利用山包回头　(b) 利用山脊平台回头　(c) 利用缓坡回头

(d) 利用山沟回头　(e) 利用山坳回头

图 6-33　适宜设置回头曲线的有利地形

为了有利于行车运营，要尽量把回头曲线间的距离拉长，分散减少回头曲线数量，尽量避免及减少在一个坡面上的回头重叠数。

3）螺旋展线

当路线受到限制，需要在某处集中提高或降低某一高度才能充分利用前后有利地形时，可考虑采用螺旋展线。螺旋展线实际就是一种路线转角大于 360°的回头展线形式，一般多在山脊利用山包盘旋，以旱桥或隧道跨线；也有的在峡谷内，路线就地迂回，利用建桥跨沟展线。螺旋展线有上线跨桥和下线隧道两种形式，如图 6-34 所示。

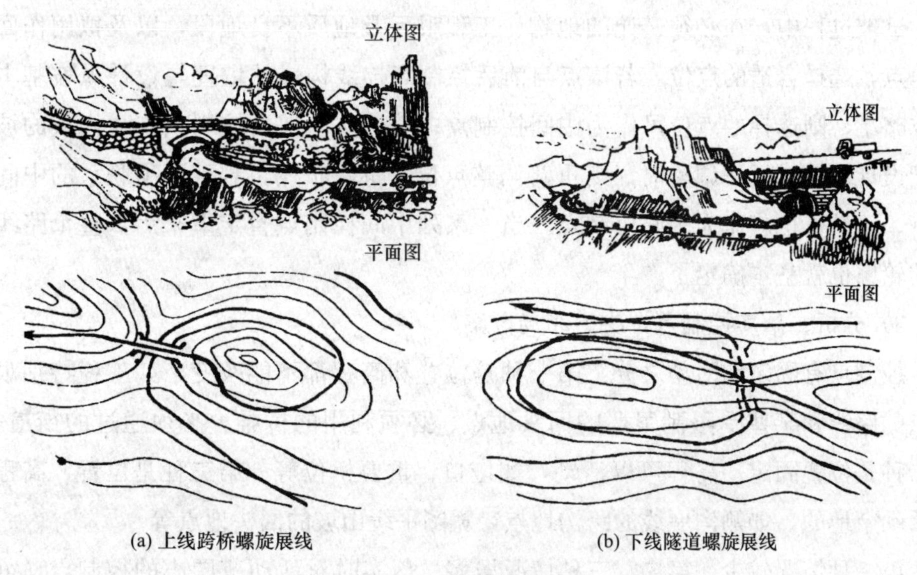

(a) 上线跨桥螺旋展线　(b) 下线隧道螺旋展线

图 6-34　螺旋展线形式

螺旋展线可在某种地形条件下用以代替一组回头线。它虽具有路线平顺、纵坡较小、行车质量好等优点，但因需建隧道或高桥、长桥，造价很高，因而较少采用。当地形十分困难，又有适宜的山谷或山包等条件时，为了在较短距离内克服较大的高差，可以考虑使用，但应根据路线性质和任务，与其他方案进行比选。

(2) 展线布局的步骤

越岭线利用有利地形、地质，避让不良地形、地质，是通过合理调整坡度和设置必要的回头曲线来实现的，而回头曲线的布置，也要根据纵坡来选定。只有符合纵坡标准的路线方案才能成立。因此，展线布局必须从纵坡的安排开始，其工作步骤如下：

1）拟定路线大致走向。

经过广泛视察和踏勘测量，确定了垭口和两侧山麓起点后，以带角手水准粗略勘定坡度作为指引，注意利用有利地形、地质，拟定路线的展线方案和可能的大致走向。

2）试坡布线。

由于在山麓起点和垭口之间的详细地形、地质条件差别很大，不可能一次就把路线布局确定下来，而需要通过试坡布线，定出中间控制点，在控制点之间逐段展线布局，最后形成路线的整体。

试坡通常先固定垭口，由上而下，视野开阔，便于争取有利地形。试坡工具有带角手水准和经纬仪，有条件时可使用 GPS。试坡选用的平均坡度，应根据《标准》的规定，地形曲折、小半径曲线多的地段，可略低于规定值。

试坡过程中，在必须避让的地物、工程艰巨及地质不良地段，以及拟用作回头的地点，选择合适的点位，若该点与前后控制点连线构成的坡度与设计纵坡基本一致或略小，则选择的点位可作为中间控制点；若该点与前后控制点连线构成的坡度大于设计纵坡或无法调整时，则重新调整点位，重新布线。对于必须联系的中间居民点、工矿等也应作为中间控制点。当一系列中间控制点暂定下来后，整个路线方案的轮廓也就基本确定了。

3）分析、落实控制点，决定布局方案。

控制点有固定和活动之分：第一种是位置和高程都不能改变，如工程特别艰巨地点的路线和某些受限制很严的回头地点、必须利用的桥梁、必须通过的街道等；第二种是位置固定，高程可以活动，如垭口、重要桥位等；第三种是位置、高程都有活动余地的，如侧沟展线的跨沟地点，宽阔平缓山坡的回头地点等。

第一种情况较少，第二、三种情况居多。落实时对活动范围小的控制点，可视为固定控制点，把位置、高程确定下来，然后再去研究固定控制点之间的、活动范围较大的那些控制点，以便通过适当调整，达到既不增大工程而又能使线形更加合理的目的。

活动控制点的调整落实，有下面两种情况和做法：

① 活动性较大的回头地点，可从前后两个固定控制点以适当的坡度分头放坡交会得出。

② 固定控制点间的非回头的活动控制点，应在其可活动的范围内调整，以使固定控制点间的坡度尽量均匀。

4）详细放坡试定路线。

（3）桥位与展线的配合

当路线需连续翻山跨河时，布线除考虑降低垭口的标高外，还可以从考虑提高跨河桥位的标高入手，因为跨河桥位位置越高则与垭口的高差越小，展线长度就越短。为配合展线，对桥位可做如下选择：当越岭地形困难，在服从路线总方向和不过分增加桥梁工程量的条件下，尽可能选择较高桥位，以缩短展线长度；在可能的条件下，应在上游选择桥位，以减小桥跨孔径，便于展线；当桥位和垭口标高已定时，可从垭口向下放坡展线到桥位，推算桥梁的标高，以满足展线的要求。

（4）展线示例

1）利用山谷展线，如图 6-31 所示。

2）利用山脊展线，如图 6-35 所示。

3）利用山坡展线，如图 6-36 所示。

一条较长的越岭线，常常是各种展线方式的综合运用，布线时要抓住地形特点，因地制宜选用合适的展线方式，充分发挥其优点，把路线布局工作做好。

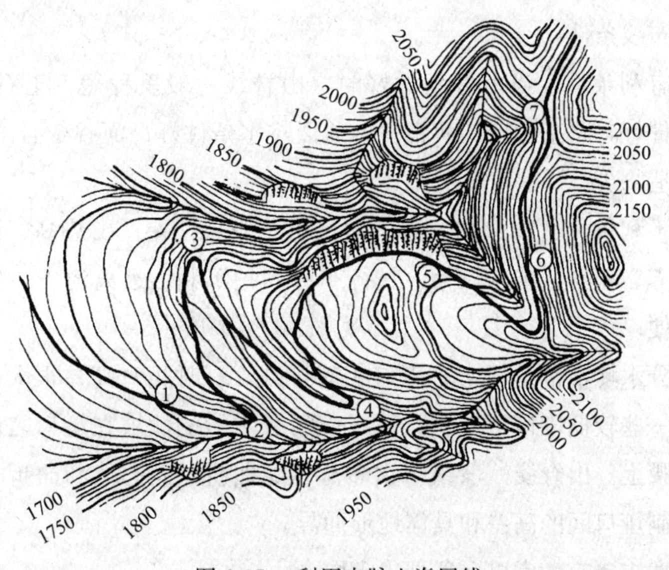

图 6-35　利用支脉山脊展线

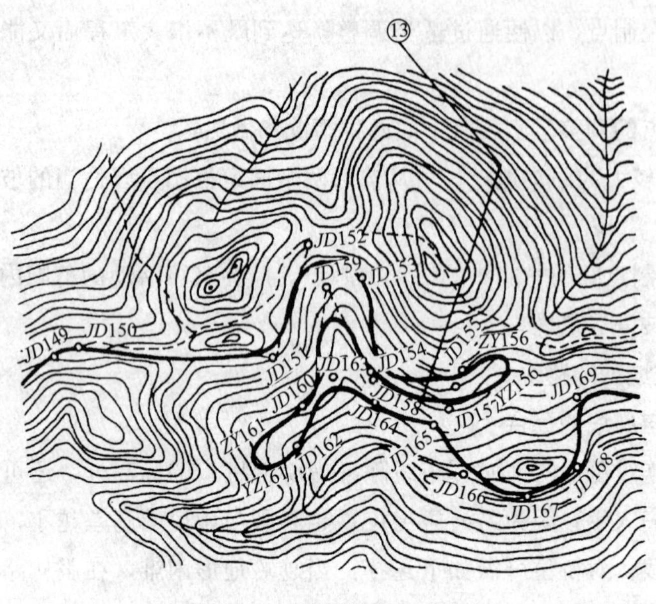

图 6-36　利用平缓山坡展线

高速公路、一级公路因技术标准高，布线难度较大，展线方式应以自然展线为主；在横坡陡峻的山坡，宜选用分离式断面布线。

6.4.4　山脊线布线要点

山脊线是指公路大致沿分水岭方向所布设的路线。连续而又平直的山脊通常是很少见的，较长的山脊线也较少，它一般是作为越岭线的中间连接段或沿河（溪）线的比较线考虑。能否采用部分山脊线，要求必须有适宜的山脊。通常服从路线走向，分水线顺直平缓，起伏不大，岭宽脊厚，垭口间山坡地形、地质情况较好的山脊是较理想的布线条件。

山脊线的有利条件：当山脊条件好时，山脊线一般里程短，土石方工程量小；水文、地质条件好，路基稳定、病害少，地面排水条件好；河谷少且汇水面积不大，桥涵等人工构造物少。

山脊线的不利条件：线位高，远离居民点，服务性差；山势高、海拔高、空气稀薄，冬季云雾、积雪、结冰较大，对行车和养护不利；远离河谷，砂石材料及施工用水运输不便。

山岭区的分水岭常常是峰峦、垭口相间排列，有时相对高差很大，这种地形的山脊线，常为一些较低垭口所控制，路线应沿分水岭的侧坡在垭口之间穿行，线位大部分设在山腰上。山脊线一般线形大多起伏、曲折，其起伏和曲折程度则视分水岭的形状、控制垭口间的高差和具体地形而异。

山脊线方案主要应考虑以下条件决定取舍：

(1) 分水岭的方向与路线总方向基本一致；

(2) 分水岭平面能满足线形要求，不过于迂回曲折，纵断面各垭口间的高差不过于悬殊；

(3) 控制垭口之间的山坡地质情况较好，地形不过于陡峻零乱；

(4) 上、下山脊的引线要有合适的地形可以利用，这是能否采用山脊线的主要条件之一，往往山脊本身条件很好，但上、下引线条件差而不得不放弃。

山脊线通常沿分水岭布设，基本走向明确，布线主要解决以下三个问题：选定控制垭口；在控制垭口间，决定路线走分水岭的哪一侧；决定路线的具体布设（包括选择中间控制点）。

1. 控制垭口选择

在山脊上，连绵分布着许多垭口，每一组控制垭口代表一个方案。因此选择控制垭口是山脊线选线的关键。当分水岭方向顺直，起伏不大时，几乎每个垭口都可暂定为控制点。如地形复杂，起伏较大，且较频繁，各垭口高低悬殊，则高垭口之间的低垭口一般即为路线的控制点，突出的高垭口可舍去；若有支脉横隔，在相距不远、并排几个垭口间可选择与前后联系条件较好、路线较短的垭口作为控制点。

控制垭口的选择还必须和分水岭两侧山坡的布线条件联系起来考虑，在侧坡选择和试坡布线过程中，对初步选定的控制点加以取舍，确定推荐方案。

2. 侧坡选择

分水岭的侧坡是山脊线的主要布线地带。应选择布线条件较好的一侧，以取得平、纵线形好，工程量小和路基稳定的效果。

通常坡面整齐、横坡平缓、地质情况好、无支脉横隔的向阳山坡较为理想。除两侧坡优劣十分明显、易于取舍的情况外，两侧坡方案均要进行比较。同一侧坡也还可能有不同的路线方案，可通过试坡布线决定。多数初选的控制垭口，在侧坡选择过程中即可决定取舍，少数则需在试坡布线中落实。

如图 6-37 所示，*A*、*D* 两垭口是由前后路线所决定的固定控制点，*B*、*C*、*E* 垭口为活动控制点，由此可有Ⅰ、Ⅱ、Ⅲ三种走法。哪个选为中间控制点，首先取决于路线布设在分水岭的哪一侧。经比较，*C* 垭口比 *B*、*E* 垭口高 35m，使Ⅲ线起伏较大，应不予考虑；Ⅰ线走左侧山坡，路线短捷，平面顺直，但其横坡较陡，需穿过一陡岩和跨越一深谷；Ⅱ线走右侧山坡，路线较长，平面线形稍差，但纵、横坡均较平缓，工程量较小。两线各有利弊，则有待于试坡布线时结合其他因素综合比较确定。

3. 试坡布线

山脊线有时因控制点间高差较大，需要展线，有时为避免路线过于迂回，要采

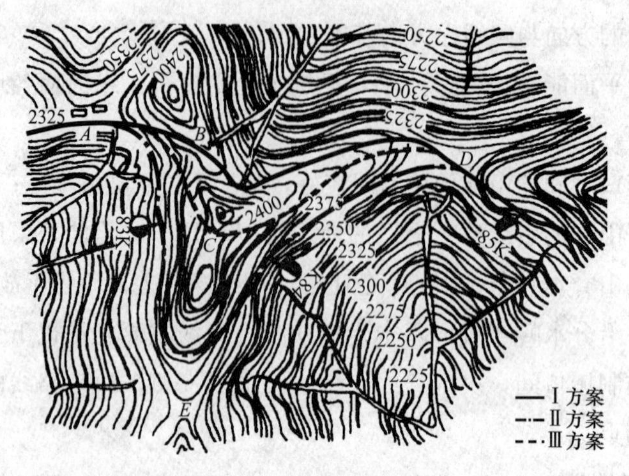

图 6-37　山脊线侧坡选择

用起伏坡，以缩短里程，但不可使其过于急促、频繁，平、竖曲线和视距等也要采用相对较高的指标。试坡布线分为三种情况：

（1）垭口间平均坡度不超过规定

通常情况下，两控制垭口中间，如地形、地质方面没有太大障碍，应以均匀坡度沿侧坡布线。如中间遇有障碍或难点工程时，可加设中间控制点，调整坡度来避让，中间控制点和前后垭口之间则仍按均匀坡度布线。

（2）垭口间有支脉横隔

路线穿过支脉，要在支脉上选择合适垭口作为中间控制点。该垭口应不致使路线过于迂绕，合理深挖后两翼路线坡度都不超过规定，并使路线能在较好的地形、地质地带通过。如图 6-37 中支脉上的 C、E 垭口，因 C 垭口过高而放弃。为比较Ⅰ、Ⅱ两方案，从垭口 D 以平均坡度向 E 试坡，因工程量不大，施工较易，在交通量不大时可考虑采用。

（3）垭口间平均坡度超过规定

这种情况下需要进行展线，根据具体地形、地质条件，采用填挖、旱桥、隧道等工程措施来提高低垭口，降低高垭口，也可利用侧坡、山脊有利地形设置回头展线或螺旋展线。

图 6-38 为一山脊线布线实例。路线首先由平地利用有利地形展线，升坡到山脊（图中 A 段为采用回头展线，有时也可不用回头展线，顺山坡逐渐升坡到山脊）；路线上到山脊后，循分水岭前进，遇山脊高峰，选择有利一侧山坡布线（如图中 B 段）；如线路继续前进，遇个别极低垭口（如图中 C 点），前后路线又无法降低，于是考虑用路堤或建旱桥通过；如垭口出现陡坎，按具体情况采用螺旋式展线（如图中 D 段）或回头展线升坡前进；当山脊自然坡度接近路线最大纵坡时，可寻求较缓

山坡，适当展线前进（如图中 E 段）；当山脊自然坡度超过规定最大纵坡时，需选择有利地形进行展线（如图中 F 段）。

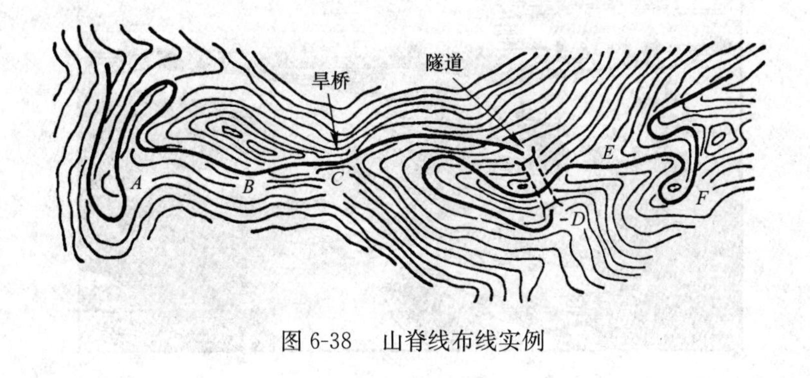

图 6-38　山脊线布线实例

6.5　丘陵区选线

1. 自然特征

丘陵区是介于平原区与山岭区之间的地形，其地貌特点是：山丘连绵，岗坳交错，此起彼伏，山形迂回曲折，岭低脊宽，山坡较缓，丘谷相对高差不大，脉络和水系都不如山岭区明显。重丘区与山区不易划出明确界线，就如同一般山区与重山区不易划出明确界线一样；微丘区与平原也同样难于区别，可见丘陵区包括了缓峻颇为悬殊的地形。

丘陵区变化的地形，使地物情况变化也大。一般丘陵区农业都比较发达，土地面积种植广，种类繁多，低地多为水田，坡地多为旱地或经济林，小型水利设施也比较多。居民点、建筑群、风景、文物点及其他设施在平坦地区时有出现。这些地点都是布线需要考虑的控制点。

2. 路线特征

丘陵区复杂多变的自然形态决定了通过丘陵区路线的基本特征是：路线平面迂回转折，以曲线为主体，纵面线形起伏（偶尔有较陡的坡道）而构成与地形相适应的空间线形，如图 6-39 所示。

丘陵区路线线形的主要特点是：

（1）由于受地形限制小，路线可能的方案较多。

（2）路线平、纵、横三方面相互之间的约束和影响很大。若路线短直会造成高填深切，若三者组合合理，可以提高线形标准。

（3）线形指标一般较好，但线形指标运用时变化幅度比较大，既不像平原区一般多用高限指标，也不像山岭区多用接近低限的指标。

图 6-39　丘陵区路线

3. 一般要求

(1) 微丘区选线

由于地形近似于平原，平面线形应充分利用地形，处理好平、纵线形的组合。不应迁就微小地形，造成线形迂回曲折，也不宜采用长直线，造成纵面线形起伏过大。

(2) 重丘区选线

重丘区选线活动余地较大，应综合考虑平、纵、横三者的关系，恰当地掌握标准，提高线形质量。选线时应注意：

1）路线应随地形变化布设，在确定路线平、纵面线位的同时，应注意横向填挖的平衡。横坡较缓的地段，可采用半填半挖或填多于挖的路基；横坡较陡的地段，可采用全挖或挖多于填的路基。应注意挖方边坡的高度，不致因挖方边坡过高而失去稳定。同时，还应注意纵向土、石方平衡，以减少废方与借方，尽量少破坏自然景观。

2）平、纵、横三方面应综合考虑，不应只顾纵坡平缓，而使路线过于弯曲，导致平面指标过低；或者只顾平面直捷，纵面平缓，而造成高填深挖，工程过大；或者只顾工程经济，过分迁就地形，而使平、纵面较多采用极限或接近极限的指标。

3）应注意少占耕地、不占良田：

① 线路宜靠近山坡，应少占耕地、不占良田，但也应避免因靠近山坡增大工程。

② 当线路通过个别高台地或山鞍时，应结合地质、水文条件，做深挖与隧道方案的比选，以节约耕地或避免病害。

③ 当线路跨越宽阔沟谷或洼地时，应结合节约用地的要求做旱桥与高填方案的比选。

④ 应结合灌溉系统及流量要求，修建相应的桥涵，避免引起水害，冲毁或淹没

农田。

4）冲沟比较发育的地段，高速公路、一级公路和二级公路可考虑采用高路堤或高架桥的直穿方案，三、四级公路则宜采用绕越方案。

5）地质不良地段，应以绕避为主，不得已必须通过时，应调整平、纵线形，恰当掌握标准，以尽量少扰动的方式通过，并采取必要的工程防护措施及排水设施，确保边坡及路基稳定。

4. 路线布设方式

丘陵区地形错综复杂，应随路线行经地带的具体地形而采用不同的布线方式。丘陵区路线布线方式有下列三种形式：

（1）平坦地带——走直线

两个已知控制点间，地势平坦，应按平原区以方向为主导的原则布线。如其间无地物、地质障碍或应避绕的风景、文物以及居民点，路线应走直线；如有障碍或应联系的地点，则加设中间控制点，相邻控制点间仍以直线相连，凡路线转折处，设置与地形协调的长而缓的曲线。

（2）具有较陡横坡的地带——沿匀坡线

“匀坡线”是两控制点之间，顺自然地形，以均匀坡度定的地面点的连线，如图6-40所示。匀坡线常须经多次试坡后才能确定。

在具有较陡横坡的地带，两个已定控制点间，如无地物、地形、地质上的障碍，路线应沿匀坡线布线；如有障碍，则在障碍处加设控制点，相邻控制点间仍沿匀坡线布线。

（3）起伏地带——走中间

起伏地带也属于具有横坡的地带，特点是地面横坡较缓，匀坡线很迂回。“走中间”就是路线在直线和匀坡线之间选择平面顺适、纵面均衡的合理路线。

路线经过起伏地带，就是说路线要交替跨越丘梁和坳谷，在两个相邻的梁顶（或谷底）之间，即出现一组起伏地带，在这种地形上布设路线，如沿直连线布线，路线最短，但路线起伏大。通过高填深挖可以减缓起伏，但工程量相应增大；如沿匀坡线布线，坡度最好，但路线增长较多，工程也不经济。因此上述“强拉直线”和“弯曲求平”的做法均不可取。

如图6-41中A、B为两相邻梁顶，中间为一坳谷，构成一组起伏地带。如果路线布设介于匀坡与直线之间，如图中的Ⅰ方案或Ⅱ方案，比直线的起伏小，比匀坡线的距离短，而使用质量有所提高，工程造价有所降低，是较合理的布线方案。至于路线在直线及匀坡线之间的具体位置要根据公路等级，结合地形作具体分析，根据平、纵、横协调来确定。

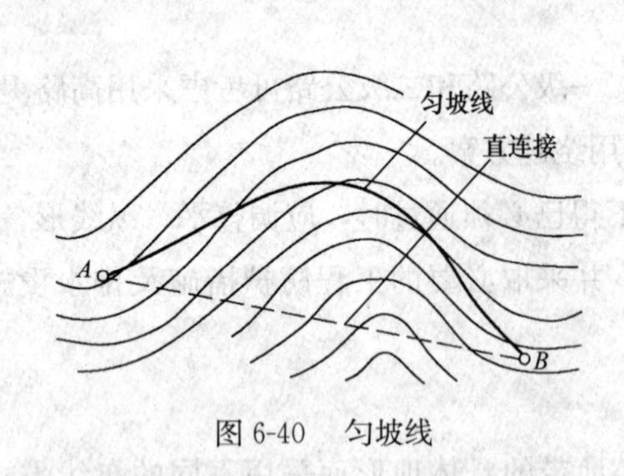

图 6-40　匀坡线

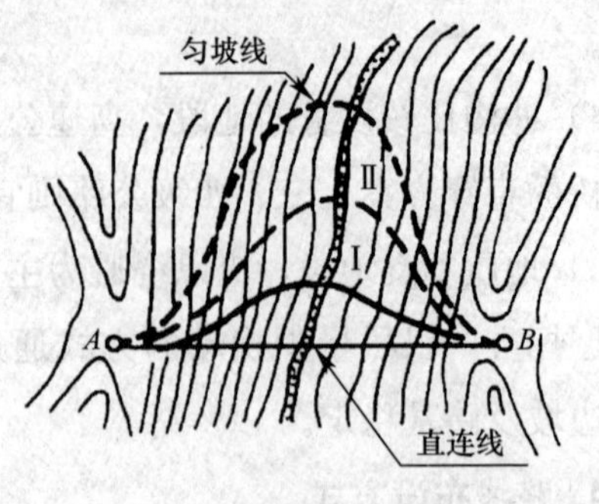

图 6-41　起伏地带路线方案

对于较小的起伏，首先要坡度和缓，在这个前提下，再考虑平面与横断面之间的关系。大体上，低等级路工程宜小，平面上可稍多迂回使距离增长，即路线可离直连线远些；高等级路则优先考虑缩短距离（会增加工程量），把路线定得离直连线近些。

对于较大的起伏，一般高差大的一侧的坡度常常成为决定因素，需根据应采用的合理坡度并结合梁顶的挖深和谷底的填高来确定路线的平面位置。

直连线和匀坡线在起伏地带划定了一个布线范围，但不必在实地放出。因为梁顶处匀坡线是在直连线下方，谷底处匀坡线则在直连线上方，而且在梁顶应是暗弯和凸曲线，在谷底应是明弯和凹曲线。

当两个已定控制点间有多组起伏时，需要在每个梁顶（或每个谷底）都定出控制点，然后按上述方法处理各组起伏。

已定控制点间包括的起伏组数越多，直连线和匀坡线所包范围越大，路线的方案也越多。布线可分头从两个已定控制点向中间进行，逐步减少包括的起伏组数，因而也缩小了直连线和匀坡线所包范围，直到最后合拢。

总之，丘陵区选线时，可比方案较多，各方案之间的优缺点并不很突出，这就要求选线人员分段布线，逐段渐近，详细分析比较，最后选定出一条最合适的路线。

6.6　新技术在公路选线中的应用

公路建设是对原始地面及周围环境的适应与改造过程，因此各种地形资料是公路设计的必备基础。在传统的公路勘察设计中，要获取这些基础资料首先是通过工程技术人员的现场测绘，测量工作量大、时间长，资料的误差也大。随着科学技术的发展和计算机的应用，航测遥感、GIS（地理信息系统）信息处理等高新技术，已广泛运用于公路选线、路基工程地质勘察、设计及公路运营管理。目前我国已建成和在建的高速公路几乎都或多或少地应用了航测技术，从采用航测相片、航测地形图定线到采用数字地面模型采集平、纵、横资料一步步向前推进。随着科学技术的飞速发展，不同学科的相互渗透和补充是科技发展的总趋势，高新技术在公路设计中的应用将越来越广泛，必将成为公路设计中的重要组成部分。因此，公路专业技术人员有必要了解和掌握这方面的相关知识。

6.6.1 地理信息系统

公路地理信息系统是综合处理三维公路信息的计算机软件、硬件系统，是GIS技术在公路领域的发展，是GIS与多种公路信息分析和处理技术的集成。数字化地理信息系统应该具备详细的地理数据资料，其内容主要包括平面点的坐标、高程，已建道路和桥梁的位置、名称，道路沿线的民宅、工矿企业事业单位、田地、果林、鱼塘、水渠、河流、电力管线等详细地面资料。建立一个庞大的GIS，单靠公路是无法实现的，需要与测绘、航测、规划、地勘等部门通力合作，系统完成后，可以实现资源共享，具有较大的经济效益和社会效益。应用GIS，可以方便地打开某一个区域或设计路段数字化地形图，通过鼠标在地形图上选取控制点，方便地比选出最佳路线方案，并同时获取其他相关信息资料，如最佳路径、最短出行时间、交通流量、道路沿线地区人口数量和经济状况、建材分布与储存量、运输条件、土壤、地址和植被情况等。同时，设计人员对同一起点、终点的路线，可以选取不同的路线方案进行分析、对比、筛选，直至获得最满意的方案。

GIS在道路前期规划中发挥了巨大作用，在GIS电子地图上准确确定出占地线宽度，自动算出占地面积，占地范围内的鱼塘、田地、果树、电线杆、水井和电力管线等分项拆迁工程量，减轻前期规划人员外业作业强度，提高工作效率。还可以随时到现场进行碎部测量并采集数据，以补充更新原有的GIS数据库。

6.6.2 全球卫星定位系统

全球卫星定位（GPS）系统是目前应用最广泛、技术最成熟的卫星导航和定位系统，是一种可以授时和测距的空间交会定点导航系统。GPS系统由卫星系统、地面控制系统、用户系统三部分组成。不仅具有全球性、全天候、连续性、实时性的精密三维导航与定位能力，而且具有良好的抗干扰性和保密性。相对于经典测量学技术，GPS定位技术具有观测点之间无须通视、定位精度高、观测时间段短、提供三维坐标、操作简便以及全天候作业等优点。随着GPS技术的快速发展，产品的更新换代，新一代具备RTK（实时动态定位）系统功能双频GPS接收机的诞生，给当今公路测设事业注入了新的活力。最新的RTK技术在公路测设及建设中主要应用于以下5个方面：

1. 工程控制测量

用GPS建立控制网，精密方法为静态测量。对大型结构物，如特大桥、隧道、互通式立交等进行控制，宜用静态测量；而一般公路工程的控制测量，则可采用实时GPS动态测量。该方法在测量过程中能实时获得定位精度，当达到要求的点位精度时，即可停止观测，提高了作业效率。因点与点之间不要求通视，测量简便易行。

2. 绘制大比例地形图

公路选线多是在大比例尺（1∶1000或1∶2000）带状地形图上进行的。采用传统方法测图，先要建立控制网，然后进行碎部测量，绘制成大比例尺地形图。传统方法工作量大，速度慢，花费时间长。采用实时GPS动态测量，在沿线每个碎部点上仅需短暂的时间，即可获得测点的坐标，结合输入的点特征编码及属性信息，构成碎部点的数据，在室内由绘图软件成图。其只需要采集碎部点的坐标和输入其属性信息。采集速度快，降低测图的难度，既省时又省力，当基准站设置完成后，整个特色系统可由一个人持流动站接收机操作，也可设置几个流动站，利用同一基准站观测信息各自独立操作。

3. 公路中线测设

纸上定线后需将道路中线在地面上标定。采用实时GPS测量，只需将中线桩点的坐标输入GPS接收机，移动接收机就会定出放样点位。因每个人的测量独立完成，不会产生累计误差，各点放样精度一致。

4. 公路的纵、横断面测量

道路中线确定后，利用中线桩点坐标，通过绘图软件，即可绘出路线纵断面和各桩点的横断面。所用数据是测绘地形图时采集的，不需要再到现场进行纵、横断面测量，减少了外业工作。如需进行现场断面测量时，也可采用实时GPS测量。

5. 施工测量

实时GPS系统具有良好的硬件和丰富的软件可供选择。施工中对点、线以及坡度等放样方便、快捷。

6.6.3 遥感技术

遥感是指从远距离高空以至外层空间的平台上，应用电磁波遥感传感器从远处空间利用可见光、红外线、微波等介质，通过摄影、电磁波扫描等方法获取地物信息的新兴探测技术。目前已发展有数十种高性能传感器，卫星、飞机等多种遥感平台在全空间展布，并可全天候多时相地对地球进行探测，地面解像分辨率从几百米至几米，扫描波段有数十至几百个，为探测地物提供了从宏观到细部的丰富资料。而微波雷达探测技术更可以不受天气的影响获得高清晰度的遥感图像，从而可以获得全面的地面图像信息。

遥感技术及其所提供的遥感资料，具有图像影像逼真，遥感信息量丰富和资料获取迅速等特点，它不受地形、交通等自然条件的种种限制，对地质构造研究、区域地质调查、水文地质研究、环境动态监测、地震调查及地貌第四纪地质的研究等开辟了新的研究途径。应用遥感技术进行公路路线选线、勘察、不良地质现象调查，已成为公路工程勘察中重要的先进技术方法之一。应用遥感图像处理技术并结合GPS对处理图像的三维定位和GIS综合信息处理技术，可以快速处理编制各种比例尺的遥感图和工程地质解译图，指导选线勘察及设计工作。遥感技术应用于公路勘察设计，主要是一种辅助性的地质勘察技术手段，可以应用于公路勘察设计的各个阶段。现阶段在公路勘察设计方面的应用主要表现为以下几点：

1. 查明地质条件

利用遥感影像，配合地面地质调查，可以判定区域地质条件、地形、地貌、岩性、构造地层岩性，推荐适宜路线布局的合适走廊带，为公路方案的选择与优化提供宏观地质依据。避开地质不良地段或因工程建设而可能造成的不良地质现象发生的地段，从而积极降低工程造价和路线运行维护成本。

2. 为路线构造物设计提供帮助

利用路线走廊带大比例尺航空摄影相片，可以判断出绝大部分物理地质现象，如易崩塌、滑坡、泥石流等自然灾害的位置、规模，并能依此对相应的地质灾害提出治理办法建议，对工程构造物的位置、形式等提供建议。

3. 为公路选线提供资料

在公路可行性研究阶段，利用TM（专题制图仪）卫星影像或SPOT（地球观测系统）影像，可以判断大区域地质构造及地层岩性，推荐适宜路线布局的合适走廊带，为公路方案的选择与优化提供宏观地质依据。避开容易因工程建设而造成的多种不良地质现象发生地段，从而积极降低工程造价和路线运行维护成本。

6.6.4 数字摄影测量

数字摄影测量是航空摄影测量进入数字化时代后的一项最新高科技成果，是摄影测量领域发展的必然方向，它是通过计算机对数字图像的自动理解替代人工对立体影像的判断来完成常规摄影测量的全部工作，并以数字化成果代替矢量化产品供用户使用。

数字摄影测量在公路测设中的应用主要体现在以下几个方面：

1. 自动化的航测作业过程

数字摄影测量系统处理的是数字影像，采用数学方法处理地形表面，其成果也为数字化产品，因而其作业过程完全是计算机化的，具有极高的自动化程度和工作效率，能大大加快公路勘察设计前期的基础测绘工作和地面数据采集工作。

2. 数字测绘产品

数字测绘产品包括地面数据和大比例尺三维数字地形图。其特点主要包括：大规模地提供各种类型并满足公路设计要求的数字地面模型数据；快速生成各种大比例尺三维数字地图。地面数据用于CAD（计算机辅助设计）系统建立数字地面模型，而三维数字地形图既有对地形信息的空间位置描述，又有对地物属性的分类表示，在为CAD提供高精度的地面数据的同时，又为公路平面设计与制图提供电子化作业基础，可大大提高后续设计工作效率。

3. 正射影像地形图

正射影像地形图的基础背景是真实的地面影像，是一种带等高线的影像地图，既有地形的高程表示，又有真实的全要素实景影像，因而比常规地形图更直观生动和内容丰富，更适合于道路定线作业，可用于路线平面选线、野外勘察、经济调查等，具有常规的地形图不可比拟的优势。其他经透视旋转等视觉变换后的影像图形均可用于区域地形地理分析和辅助定线设计等工作。

4. 数字影像景观

可以在任意视点位置和视线方向形成静态和动态地形景观影像和地面漫游动画，其真实的地表影像信息具有更强的现实性、真实性和可靠性，使设计人员能更真切地了解实地地貌特征。另外，通过与设计模型的叠加，产生工程建设后的地面立体综合景观，为设计质量控制、公路美化和环境设计提供客观依据和直观效果。

6.6.5 数字地面模型

数字地面模型是运用计算机程序将三维电子地形图（航测地形图、矢量化地形图等）或进行三维化处理后的电子地形图通过分层提取三维点线数据，构建形成的可用于道路三维化设计的数据模块。

数字地面模型用于公路选线时，其建立及应用步骤如下：

（1）三维数据导入。通过计算机辅助设计系统，读入并提取三维数据。

（2）数据预检。对导入的地形图数据进行检查，便于后续构建三角数据网。检查的主要内容包括：零高程点、高程无穷大点、高程超出合理范围的点、平面位置相同点、断裂线相交点等。

（3）三角构网。借助计算机辅助设计系统程序，对已经完成预检的数据进行排序、检索、构网，形成数字化地面模型，并进行优化，剔除平三角形等。

（4）数模应用。在道路设计阶段，对数模的应用主要包括高程插值及纵剖面、横向剖面地面线数据的提取。通过获取这些数据，可在选线定线阶段完成路线平面、纵断面的方案设计及量化比选。

6.6.6　公路路线计算机辅助设计 CAD 系统

计算机辅助设计是近年来工程技术领域中发展最迅速、最引人注目的高技术之一。它将计算机迅速、准确地处理信息的特点与人类的创造思维相结合，为现代设计提供了理想手段。一个完备的 CAD 软件系统，由科学计算、图形系统、数据库三方面组成。近年来，公路路线 CAD 设计系统的软件开发得到了很大的发展，目前主要设计软件类型有：路线大师设计软件、纬地路线设计软件、EICAD 路线设计软件、海德路线设计软件等。利用计算机 CAD 系统辅助设计进行路线设计，在数字地形模型支持下，借助数学方法，由计算机初定平面位置，利用计算机辅助设计，在计算机上通过人机对话对设计方案进行修改；通过不断地人机交互作用，进行优化设计，根据计算机选择的最优方案和地形数字模型提供的地形资料完成整个路线平面、纵断面和横断面设计，以获得切合实际的最优方案，在设计完成时可以利用绘图机输出各设计阶段所需的相应的图纸。

其中路线优化设计的方案分为两类：

第一类：对于平面或纵断面各种比较方案，快速准确地完成路线设计，并计算出各种方案的总费用和各项比较指标，由设计者根据自己的经验选出最佳方案。

第二类：根据路线的初试方案，利用最优化理论的数字方法，由计算机寻找出最优设计方案。即输入一个可行方案，通过数字迭代方法来完成最优方案的求解。

小结及学习指导

本章内容包括道路选线的一般原则、方法和步骤，路线总体设计的基本理念及主要内容，影响路线方案选择的主要因素，路线方案选择的方法和步骤，路线方案比选的内容，平原区路线特征及选线要点，山岭区路线特征、沿河（溪）线布线要点、越岭线布线要点及山脊线布线要点，丘陵区路线特征、选线一般要求及路线布设方式，新技术在公路选线中的应用。

通过本章的学习，要求掌握道路选线的方法和步骤，熟悉路线总体设计的主要内容，理解路线方案选择的影响因素，掌握路线方案选择的方法和步骤。掌握平原区、山岭区和丘陵区等不同地形下的布线要点，可分析不同路线方案的特点。能应用有关理论和方法确定道路的走向和总体布局，完成选线任务。

习题及思考题

6-1 道路选线的一般原则、方法和步骤是什么？

6-2 总体设计的主要内容有哪些？

6-3 影响路线方案的主要因素有哪些？

6-4 路线方案选择的方法和步骤是什么？

6-5 简述平原区路线的特征及选线要点。

6-6 简述沿河（溪）线选线要点。

6-7 简述越岭线选线要点。

6-8 简述山脊线选线要点。

6-9 简述丘陵区选线要点。

第 6 章真题解析

第7章

道路定线方法

本章知识点

【知识点】定线的概念及方法，纸上定线的概念，平原、微丘区定线的步骤，山岭、重丘区定线的步骤，直线型定线和曲线型定线的计算方法，实地定线的分类，放坡定线的步骤，实地放线的方法，穿线交点法、直接定线法、坐标法的基本原理。

【重点】定线的概念及方法，平原、微丘区定线的步骤，山岭、重丘区定线的步骤，直线型定线和曲线型定线的计算方法，放坡定线的步骤，实地放线的方法。

【难点】直线型定线和曲线型定线的计算方法。

定线是依据设计任务书、选线阶段确定的路线走向和主要控制点、所定的技术标准、在选线布局阶段选定的“路线带”（或叫定线走廊）的范围内，结合细部地形、地质、水文及其他沿线条件，综合考虑平、纵、横三方面的合理安排，在实地或纸上确定出道路中线的确切位置的过程。其内容包括确定交点和插设曲线两项工作。

定线质量在很大程度上还取决于采用的定线方法。常用的定线方法有实地定线、纸上定线和航测定线三种。实地定线适用于标准低或地形、地物简单的路线，是在实地直接定出路线中线的位置。纸上定线适用于技术标准高或地形、地物复杂的路线，定线过程是先在大比例尺地形图上室内定线，然后把纸上路线敷设到地面上。航测定线是利用航摄相片、影像地图等资料，借助航测仪器建立与实地完全相似的光学模型，在模型上直接定线。本章重点介绍实地定线和纸上定线。

7.1 纸上定线

纸上定线是在 1：2000～1：1000 大比例尺地形图上确定道路中线位置的方法。地形图范围大、视野开阔，定线人员在室内容易定出合理的路线。尤其是等级较高的道路或复杂的山区道路，先采用纸上定线的方法定出道路中心线，再到实地放线，可以大大节省时间，提高设计质量。需要收集的资料有：初拟路线方案及所确定的控制点，沿线地质情况，不良地质地段，城市规划、地下管线、文物古迹、自然保护区以及水文、气象等资料。高等级公路还应收集沿线路网规划，重要河流的通航、防洪等资料。

对不同的地形定线有不同的侧重点。平原、微丘区地形平易，路线一般不受高程限制，定线中主要是正确绕避平面上的障碍，以方向为主导，力争控制点间路线短捷顺直；而山岭、重丘区地形复杂，横坡陡峻，定线时要利用有利地形，避让艰巨工程、不良地质地段或地物等，由于均涉及调整纵坡问题，且山区纵坡又限制较严，因此山岭、重丘区安排好纵坡就成为关键问题。这些因地形而异的指导原则，并不因采用的定线方法不同而改变，但定线条件不一样，工作重点也有些不同。

7.1.1 平原、微丘区定线步骤

1. 定导向点

在选线布局确定的控制点之间，根据平原、微丘区路线布设要点，通过分析比较，合理确定可穿越、应靠近和该绕避的控制点及活动范围，建立中间导向点，确定路线走向。

2. **试定路线导线，初定平曲线**

按规定的技术标准，参照导向点，试穿出一系列直线并交汇出交点，作为初定的路线导线。读取交点坐标、计算或直接量测路线转角和交点间距离，初定圆曲线半径和缓和曲线长度，计算曲线要素及曲线里程桩号。

3. **定线**

检查各技术指标是否满足《标准》要求，以及平曲线线位是否合适，不满足则调整相应交点位置、圆曲线半径或缓和曲线长度，直至满足为止。排列出整个路线的里程桩号，点绘出纵、横断面图，绘出地面线，拉出设计线。纵、横断面设计完成后，需进行平、纵、横线形是否协调的检查，内容包括：平曲线与平曲线的组合、平曲线与竖曲线的组合、路基高度、边坡、排水、桥涵等工程结构物的安排是否合理，发现问题应及时修改，直到满意为止。

7.1.2 山岭、重丘区定线步骤

下面以路线平、纵、横均受较严限制的越岭线为例，介绍定线的详细步骤。

1. **定导向线**

（1）拟定路线方案。在地形图上仔细研究路线布局阶段选定的主要控制点间的地形、地质情况，选择地形平缓、山坡顺直、河谷开阔及利于回头的地点等，拟定路线各种可能的走法，完成路线总体布局。如图 7-1 所示，图左侧地形较陡，右侧地形较缓，A、D 为两控制点，B 为可利用的山脊平台，C 为应避让的陡崖，则 A-B-D 为路线的一种可能走法，是否可行需进行放坡试定。

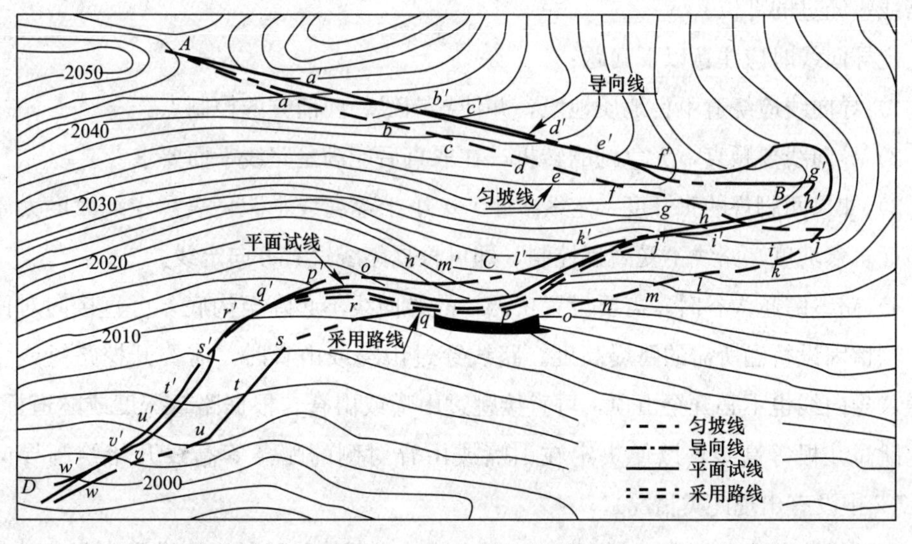

图 7-1　纸上定线平面图

(2) 求平距 a，绘制匀坡线。所谓平距即是以一定坡度（定线坡度）升高一个等高线间距所需要的距离。由等高线间距 h 和选用的平均纵坡 $i_{均}$（一般取 5.0%～5.5%，视地形曲折程度和高差而定），按 $a=h/i_{均}$ 计算等高线间平距。使两脚规的张开度等于 a（按地形图比例尺），进行纸上放坡（图 7-2）。如图 7-1 所示，从某一固定点 A 开始，依次截取每根等高线得 a、b、c…点，在 B 点附近回头（如图中 j 点）后再向 D 点截取。当最后一点的位置和标高都与 D 点接近时，说明该方案能够成立，否则应修改走法（如改变回头位置），或根据图上等高线得出所余高差值的大小，调整 $i_{均}$（在 5.0%～5.5%内）的大小，重新试坡至方案成立为止。

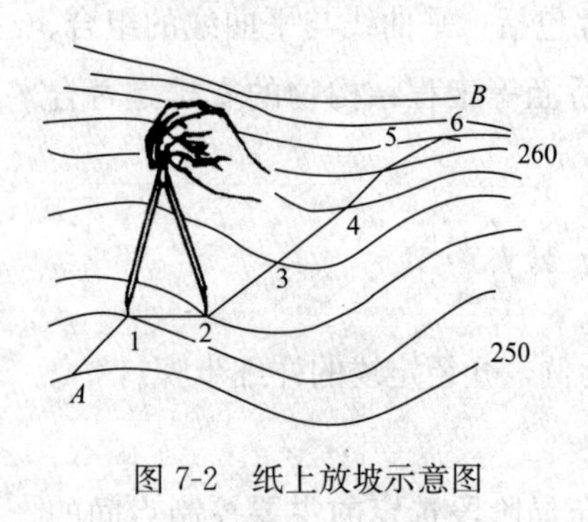

图 7-2 纸上放坡示意图

连接 A、a、b、c…D 这些点所构成的具有平均纵坡的折线，称为"匀坡线"。

(3) 确定中间控制点，定导向线。

上一步作出的匀坡线，由于涉及等高线稀密变化的影响而成为一系列短折线，显然不能满足平面线形的要求。同时，这条折线对利用地形、避让地物和艰巨工程并不都是经济合理的。如图 7-1 所示，在 B 点处利于回头的地点未能利用，在 C 点处的陡崖未能避让，若调整 B、C 点前后的纵坡（可在最大和最小纵坡间选用，但不宜轻易采用极限值且不出现反坡），就能避开陡崖和利用有利回头地点，因此将 B、C 点定为中间控制点。然后再仿照上一步分段分别调整纵坡试定匀坡线，各段匀坡线的连线 A、a'、b'、c'…D 点为具有分段安排纵坡的折线，称为"导向线"，它示出了路线将经过的部位。

定导向线时应注意以下问题：

1) 导向线应绕避不良地质地段，并使导向线趋向前方的控制点。

2) 导向线要顺直，无急剧的转折，在取直后能满足路线平面要求。

3) 如果两脚规的张开度（定线步距）a 小于等高线平距，表示定线坡度大于局部地面自然坡度，路线不受高程控制，即可根据路线短直方向定线。

4) 路线跨越沟谷时，需要设置桥涵，故导向线不必降至沟底，可直接向对面引线，预留因设桥涵所需的路堤高度。路线穿过山嘴或山脊时，需要开挖路堑或设置隧道，导向线也不必升至山顶，可直接跳过山嘴或山脊。根据路堑深度或隧道标高，确定跳过几根等高线，以便决定在山嘴或山脊对侧的哪条等高线开始绘制导向线（图 7-2 中没有出现此类情况）。

在地面坡度连续上升（或下降）地段定线，为了使路线长度能满足克服高差的需要，对路线的合理长度可事先作估算。为克服某一高差需要的路线长度估算公式为：

$$L=\frac{|H_2-H_1|}{i_P} \tag{7-1}$$

L 为需要的路线合理长度，H_2、H_1 分别为两控制点的高程，i_P 为定线平均坡度。若实际定出的路线长度比 L 大很多，说明路线实际坡度较缓，路线可能有无意义的展长；过短则路线坡度过大，路线将会出现大挖方路段。

2. 修正导向线

（1）试定平面、点绘纵断面草图。参照导向线大致定出直线，并利用“曲线模板”或“铁道弯尺”，在符合《规范》有关规定的前提下，定出路线平面即平面试线（曲线模板应考虑内移值的影响），按地形变化特征点量出或读取桩号及地面标高，点绘纵断面图的地面线，参考地面线和前面分段得到的理想纵坡（如图 7-3 所示），量出或读取各桩的概略设计标高。

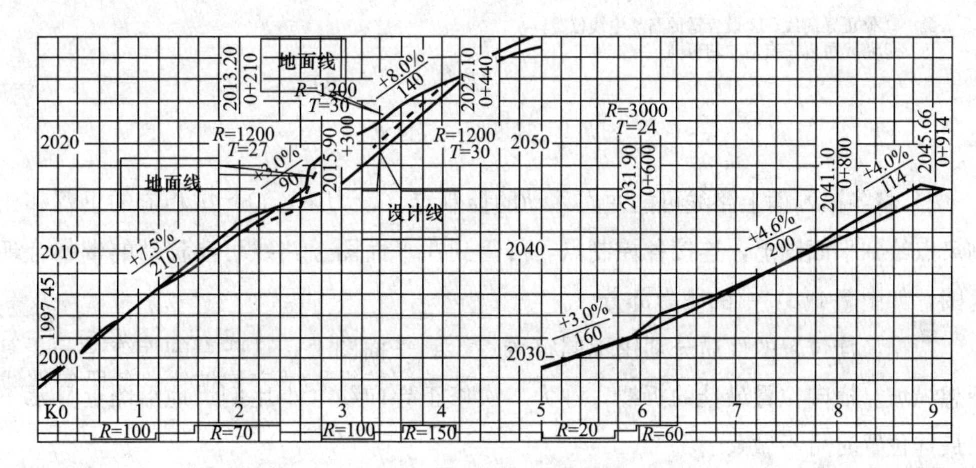

图 7-3　纸上定线纵断面图

（2）纵断面修正导向线。目的是根据等高线平面图和路线纵断面，修改平面位置，避免纵向大填大挖。在平面试线各桩的横断方向上点出与概略设计标高相应的经济点，这些点的连线是具有理想纵坡、中线上不填不挖的折线，称为修正导向线。如图 7-3 中 K0＋200～K0＋400 之间，实线地面线（对应平面试线）挖方较大，该段纵坡已接近极限值无法调整，如将路线移到崖顶通过（平面采用路线），平面线形并无多大变化，但挖方工程减少很多，如图 7-3 中虚线地面线（平面图中修正导向线未示出）。

（3）横断面修正导向线。在横坡较陡的困难地段定线，从纵断面上看，填挖方工程量有时可能并不大，但从横断面上看，则可能出现很大的工程量。这时，需要进行横断面修正。其工作步骤如下：

1）首先找出控制路线位置的横断面，测绘横断面图。

2）根据各控制断面的原设计高程，用路基透明模板逐点找出最经济或起控制作用的最佳中线位置及其左右可移动的合理范围，如图 7-4(a) 中的①、②、③。

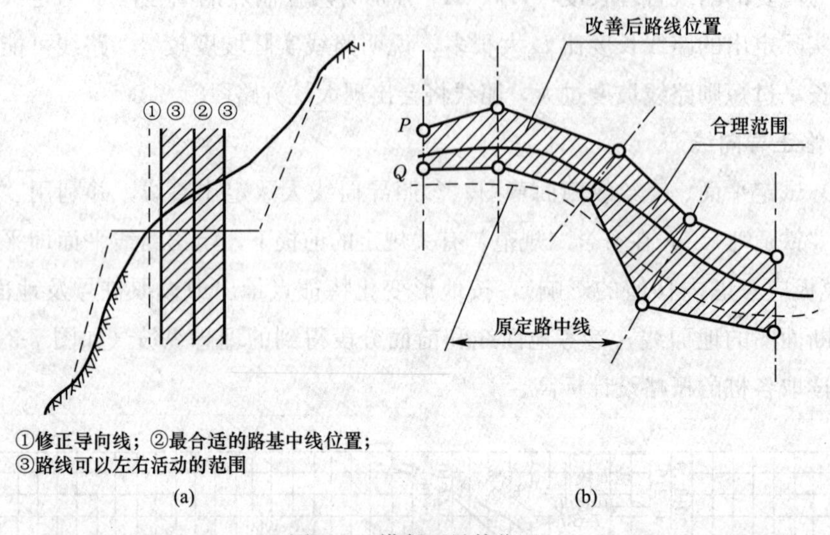

图 7-4　横断面最佳位置

3）将各横断面上路线可能左右移动的控制点（设为 P、Q）按相应的里程和比例尺点绘到平面图上，连接各控制点，可得到在平面图上路线可能移动的带状合理范围，如图 7-4(b) 中的阴影部分。

根据最佳位置的性质分别用不同符号点绘到平面图上，这些点的连线是一条有理想纵坡、横向位置最佳的折线，称为二次修正导向线（小比例尺地形图上显示不出最佳位置时可不做）。

3. 定线

定线是在二次修正导向线的基础上进行。二次修正导向线仍是一条平面折线，于是根据平面线形要求作修改后再定出中线，改正后的中线是一条比较理想的中线。纸上定线是一个反复检验的过程。多次的试线才能定出满足要求的中线（如图 7-4b 所示）。

7.1.3　定线的计算方法

纸上定线的具体操作一般有直线型定线方法和曲线型定线方法两种。

1. 直线型定线方法

直线型定线方法是根据控制点或导向线和相应的技术指标，先定出与地形相适应的一系列直线，然后用适当的曲线把相邻的直线连接起来的传统定线方法，如图 7-5 所示。

路线上每一条直线的方向，平原、微丘区应以布局确定的控制点为依据，山岭、重丘区应参照导向线试定的一系列控制点，按照保证重点、照顾多数的原则用直尺反复试穿导线，最终路线要经过多方面分析比较才能确定。直线型定线一般适用于地形简易的平原、微丘地区。

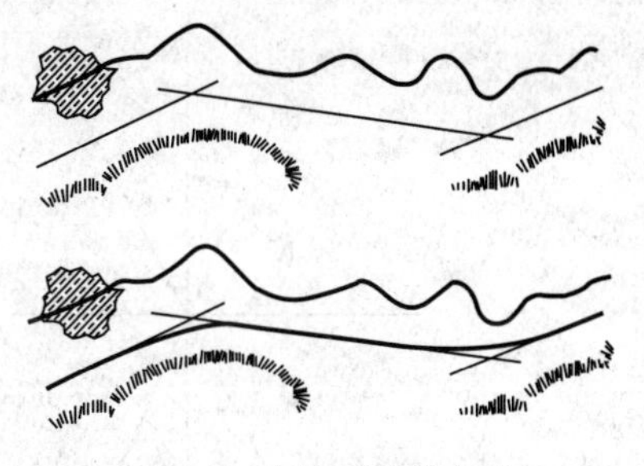

图 7-5　直线型定线方法

(1) 交点坐标的采集方法（纸上定线）

道路中线确定后，为标定路线，需根据选定的圆曲线半径及缓和曲线长度计算平曲线要素、曲线主点桩和加桩里程、逐桩坐标等。这些数据是否正确依赖于交点坐标采集的精度，通常交点坐标的采集方法有两种：

1）直接采集法

适用于交点前后直线方向和位置限制不严的情况。在绘有格网的地形图上按比例读取各交点的坐标，一般只能估读到米。

2）间接推算法

适用于交点前、后直线方向和位置受到较严限制的情况。在绘有格网的地形图上先固定交点前后的直线（在直线上读取两个点的坐标），再用相邻直线相交的解析法计算交点坐标。

当已知交点前直线上两点的坐标（X_1，Y_1）和（X_2，Y_2），后直线上两点的坐标（X_3，Y_3）和（X_4，Y_4），则交点坐标（X，Y）由下式计算：

$$k_1=\frac{(Y_2-Y_1)}{(X_2-X_1)},\quad k_2=\frac{(Y_4-Y_3)}{(X_4-X_3)}$$

$$X=\frac{k_1X_1-k_2X_3-Y_1+Y_3}{(k_1-k_2)} \tag{7-2}$$

$$Y=k_1(X-X_1)+Y_1$$

计算交点坐标（X，Y）的表达式形式很多，式（7-2）只是其中之一，其他表达式读者可自行推导。

(2) 交点间距、路线转角计算

设起点坐标 JD_0（XJ_0，YJ_0），第 i 个交点坐标为 JD_i（XJ_i，YJ_i），其中 $i=1,2,\cdots,n$，则：

坐标增量　$DX=XJ_i-XJ_{i-1}$，　$DY=YJ_i-YJ_{i-1}$

交点间距　$S=\sqrt{(DX)^2+(DY)^2}$

象限角　$\theta=\arctan\left|\frac{DY}{DX}\right|$

象限角 θ 所在象限根据坐标增量 DX 和 DY 的正负号确定，如图 7-6 所示。

计算方位角 A（如图 7-7 所示）。

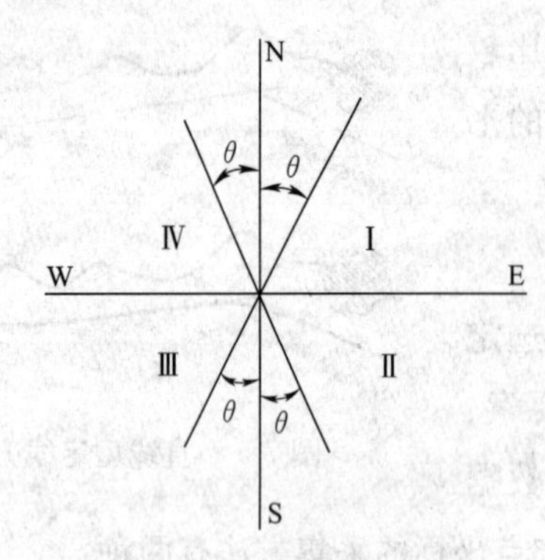

图 7-6　象限角示意图

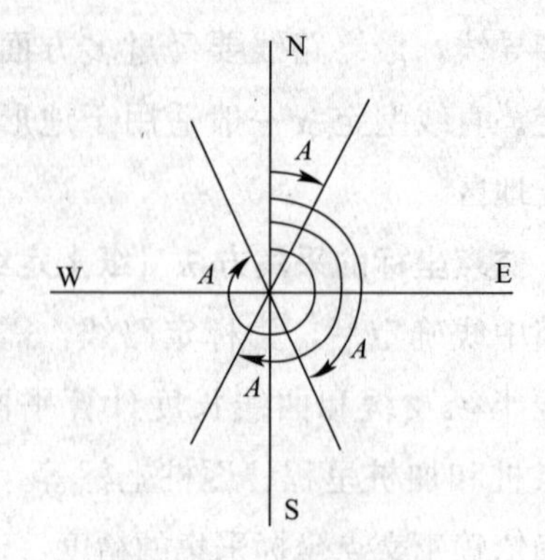

图 7-7　方位角示意图

方位角 A 可由象限角 θ 推算，其关系如下：

$$DX>0,\quad DY>0,\quad A=\theta$$

$$DX<0,\quad DY>0,\quad A=180^\circ-\theta$$

$$DX<0,\quad DY<0,\quad A=180^\circ+\theta$$

$$DX>0,\quad DY<0,\quad A=360^\circ-\theta$$

转角

$$\alpha_i=A_i-A_{i-1}$$

α_i 为正时路线右转，α_i 为负时路线左转。

(3) 平曲线设置

在定出直线和交点组成的路线导线后进行平曲线设置，其主要工作任务是确定圆曲线半径 R 及缓和曲线长度 L_s，可通过试算或反算的办法确定。

试算是根据经验先拟定 R 和 L_s，计算曲线要素切线长 T、外距 E 和平曲线长度 L，检查线形是否满足要求。当不满足时应调整 R、L_s 或二者都调整，直至满足为止。

反算一般有三种情况：①切线长控制；②外距控制；③小偏角时按最短曲线长度控制。第三种情况出现概率较小，第一、二两种情况应用比较普遍。反算时根据控制较严的切线长 T 或外距 E（小偏角时根据最小平曲线长度）和试定的 L_s 计算半径 R，取整并判断 R 是否满足标准要求，否则应进行调整。试算或反算的结果经调整后仍然不能满足技术标准时，应调整路线导线。对于高速公路和一级公路，由于精度要求较高，有关参数计算必须注意取舍误差，如 p、q、x、y 等均为级数展开式，应增大项数。

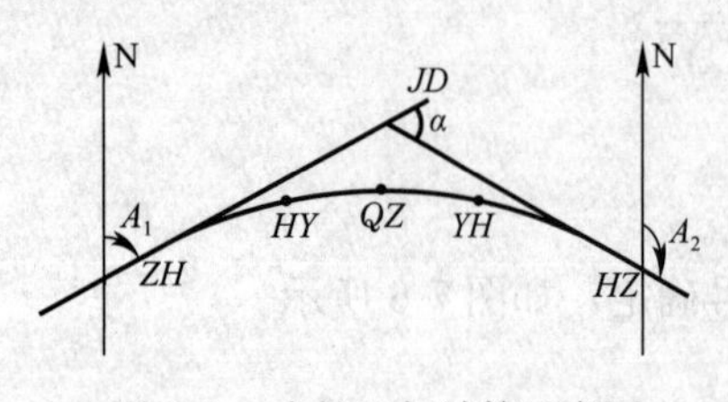

图 7-8　中桩坐标计算示意图

2. 直线型定线坐标计算

(1) 以交点坐标计算直线上任意点的坐标

如图 7-8 所示，设交点坐标为 JD（XJ，YJ），交点相邻直线的方位角分别为 A_1 和 A_2，平曲线切线长为 T。

1）ZH（或 ZY）点坐标：

$$
\begin{aligned}
X_{ZH} &= XJ + T\cos(A_1 + 180°) \\
Y_{ZH} &= YJ + T\sin(A_1 + 180°)
\end{aligned}
\tag{7-3}
$$

2）HZ（或 YZ）点坐标：

$$
\begin{aligned}
X_{HZ} &= XJ + T\cos A_2 \\
Y_{HZ} &= YJ + T\sin A_2
\end{aligned}
\tag{7-4}
$$

3）直线上任意点坐标：

设直线上任意点加桩里程为 L，ZH、HZ 表示曲线起、终点里程：

当 $L \leqslant ZH$ 时：
$$
\begin{aligned}
X &= XJ + (T + ZH - L)\cos(A_1 + 180°) \\
Y &= YJ + (T + ZH - L)\sin(A_1 + 180°)
\end{aligned}
\tag{7-5}
$$

当 $L \geqslant HZ$ 时：
$$
\begin{aligned}
X &= XJ + (T + L - HZ)\cos A_2 \\
Y &= YJ + (T + L - HZ)\sin A_2
\end{aligned}
\tag{7-6}
$$

（2）以曲线起、终点坐标计算单圆曲线上任意点（里程桩号为 L_R）中桩的坐标

1）不设缓和曲线的单圆曲线

设曲线起终点坐标分别为 ZY（X_{ZY}，Y_{ZY}）、YZ（X_{YZ}，Y_{YZ}），则圆曲线上坐标为：

$$
\begin{aligned}
X &= X_{ZY} + 2R\sin\left(\frac{90l}{\pi R}\right)\cos\left(A_1 + \xi\,\frac{90l}{\pi R}\right) \\
Y &= Y_{ZY} + 2R\sin\left(\frac{90l}{\pi R}\right)\sin\left(A_1 + \xi\,\frac{90l}{\pi R}\right)
\end{aligned}
\tag{7-7}
$$

式中　l——圆曲线内任意点至 ZY 点的曲线长，$l = L_R - ZY$；

R——圆曲线半径；

ξ——转角符号，右转时 $\xi=1$，左转时 $\xi=-1$，下同。

2）设缓和曲线的单圆曲线

缓和曲线上任意点的切线横距（可参考《测量学》的支距法介绍）：

$$
x = l - \frac{l^5}{40R^2L_s^2} + \frac{l^9}{3456R^4L_s^4} - \frac{l^{13}}{599040R^6L_s^6} + \cdots
\tag{7-8}
$$

式中　l——缓和曲线上任意点至 ZH（或 HZ）点的曲线长；

L_s——缓和曲线长度。

① $ZH \rightarrow HY$ 段任意点坐标：

$$
\begin{aligned}
X &= X_{ZH} + x/\cos\left(\frac{30l^2}{\pi RL_s}\right)\cos\left(A_1 + \xi\,\frac{30l^2}{\pi RL_s}\right) \\
Y &= Y_{ZH} + x/\cos\left(\frac{30l^2}{\pi RL_s}\right)\sin\left(A_1 + \xi\,\frac{30l^2}{\pi RL_s}\right)
\end{aligned}
\tag{7-9}
$$

② $HZ \rightarrow YH$ 段任意点坐标：

$$
\begin{aligned}
X &= X_{\mathrm{HZ}} + x/\cos\left(\frac{30l^2}{\pi R L_{\mathrm{s}}}\right)\cos\left(A_2 + 180° - \xi\frac{30l^2}{\pi R L_{\mathrm{s}}}\right) \\
Y &= Y_{\mathrm{HZ}} + x/\cos\left(\frac{30l^2}{\pi R L_{\mathrm{s}}}\right)\sin\left(A_2 + 180° - \xi\frac{30l^2}{\pi R L_{\mathrm{s}}}\right)
\end{aligned} \tag{7-10}
$$

③ 圆曲线内任意点坐标：

$HY \rightarrow YH$ 段：

$$
\begin{aligned}
X &= X_{\mathrm{HY}} + 2R\sin\left(\frac{90l}{\pi R}\right)\cos\left(A_1 + \xi\frac{90(l + L_{\mathrm{s}})}{\pi R}\right) \\
Y &= Y_{\mathrm{HY}} + 2R\sin\left(\frac{90l}{\pi R}\right)\sin\left(A_1 + \xi\frac{90(l + L_{\mathrm{s}})}{\pi R}\right)
\end{aligned} \tag{7-11}
$$

式中　l——圆曲线内任意点至 HY 点的曲线长；

X_{HY}、Y_{HY}——HY 点的坐标，由式（7-9）计算。

$YH \rightarrow HY$ 段：

$$
\begin{aligned}
X &= X_{\mathrm{YH}} + 2R\sin\left(\frac{90l}{\pi R}\right)\cos\left(A_2 + 180° - \xi\frac{90(l + L_{\mathrm{s}})}{\pi R}\right) \\
Y &= Y_{\mathrm{YH}} + 2R\sin\left(\frac{90l}{\pi R}\right)\sin\left(A_2 + 180° - \xi\frac{90(l + L_{\mathrm{s}})}{\pi R}\right)
\end{aligned} \tag{7-12}
$$

式中　l——圆曲线内任意点至 YH 点的曲线长；

X_{YH}、Y_{YH}——YH 点的坐标，由式（7-10）计算。

3. 曲线型定线方法

曲线型定线方法是根据导向线和地形、地物条件设置合适的圆曲线，然后把这些圆曲线用适当的直线和缓和曲线连接起来，即以曲线为主的定线法，与传统的先定直线后定曲线的方法相反。如图 7-9 所示，当相邻圆曲线之间相距较远时，可插设适当的直线段，形成以曲线为主的连续线形。

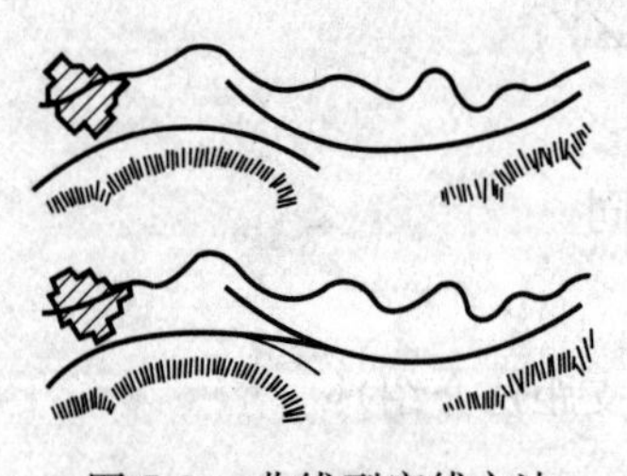

图 7-9　曲线型定线方法

（1）定线步骤

1）参照导向线或控制点，徒手画出线形顺适、平缓并与地形相适应的概略线位。

2）用直尺或不同半径的圆曲线弯尺拟合徒手线位，形成一条由圆弧和直线或圆弧和圆弧组成的具有错位的间断线形。

3）在圆弧和直线上各采集两点坐标固定位置，通过试定或试算，用合适的缓和曲线将它们顺滑连接，形成连续的平面线形。

(2) 确定回旋线参数

确定回旋线参数 A 值是曲线型定线方法的关键。过去多采用回旋曲线尺、回旋线表法和近似计算法。随着计算工具的发展，目前常用解析计算法确定 A 值。

解析计算法是根据几何关系，建立含有参数 A 的方程式，通过精确计算确定 A 值的过程。下面分三种连接情况介绍。

1）直线与圆曲线连接

已知直线上两点 $D_1(X_{D1}, Y_{D1})$、$D_2(X_{D2}, Y_{D2})$ 和圆上两点 $C_1(X_{C1}, Y_{C1})$、$C_2(X_{C2}, Y_{C2})$ 及圆曲线半径 R，如图 7-10 所示。

① 求圆心坐标 $M(X_M, Y_M)$

由图 7-10 得：

$$\theta = \cos^{-1}\left(\frac{S}{2R}\right)$$

$$C_1M \text{ 方位角} \quad \alpha_m = \alpha_c + \xi\theta$$

$$\xi = \mathrm{sgn}(R)$$

式中　α_c——C_1C_2 的方位角。

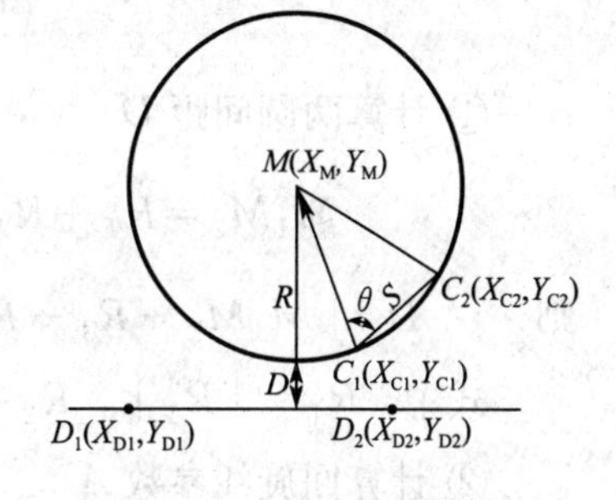

图 7-10　直线与圆曲线连接计算图

圆心 M 坐标为：

$$\begin{aligned} X_M &= X_{C1} + R\cos\alpha_m \\ Y_M &= Y_{C1} + R\sin\alpha_m \end{aligned} \tag{7-13}$$

② 求直线与圆曲线间距 D

直线 D_1D_2 的斜率为：

$$k = \frac{Y_{D2} - Y_{D1}}{X_{D2} - X_{D1}}$$

则：

$$D = \frac{|k(X_M - X_{D1}) - (Y_M - Y_{D1})|}{\sqrt{1+k^2}} - R \tag{7-14}$$

③ 求回旋线参数 A 及长度 L_s

由公式得：

$$p = \frac{L_s^2}{24R_1} - \frac{L_s^4}{2384R_1^3} \tag{7-15}$$

因 $p=D$，故式（7-15）只含未知数 L_s，可采用牛顿求根法解出 L_s，一般精确到 10^{-4}。则参数 A 值计算公式为：

$$A = \sqrt{L_s R} \tag{7-16}$$

2）两反向曲线连接（S形）

如图 7-11(a) 所示，已知两圆曲线上两点坐标及相应半径 R_1 和 R_2，仿照前述方法可计算圆心坐标 M_1（X_{M1}，Y_{M1}）和 M_2（X_{M2}，Y_{M2}）。

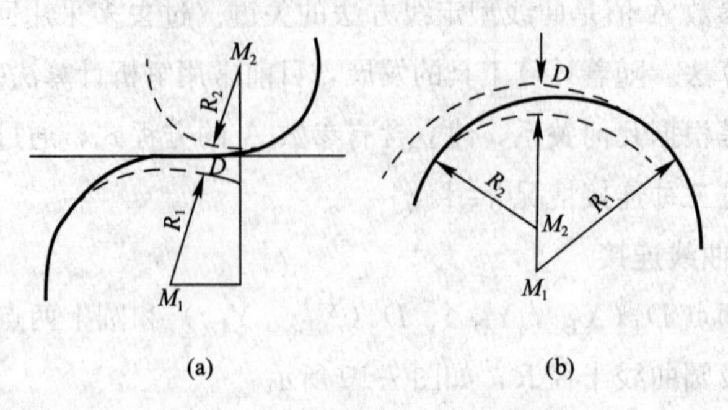

图 7-11　S形和卵形曲线计算图

① 计算两圆间距 D

$$M_1M_2 = R_1 + R_2 + D = \sqrt{(X_{M2} - X_{M1})^2 - (Y_{M2} - Y_{M1})^2} \tag{7-17}$$

则　$D = | M_1M_2 - R_1 - R_2 | = \sqrt{(X_{M2} - X_{M1})^2 - (Y_{M2} - Y_{M1})^2} - R_1 - R_2$

式中，$R_1 = | R_1 |$，$R_2 = | R_2 |$，下同。

② 计算回旋线参数 A

设 $k = A_1/A_2$，《规范》规定，k 宜小于 2.0，一般可取 1.0～1.5，则由几何关系知：

$$M_1M_2 = \sqrt{(R_1 + R_2 + p_1 + p_2)^2 + (q_2 + q_1)^2} \tag{7-18}$$

其中　$$p_i = \frac{L_{si}^2}{24R_i} - \frac{L_{si}^4}{2384R_i^3} \quad (i = 1,\ 2)$$

$$q_i = \frac{L_{si}}{2} - \frac{L_{si}^4}{240R_i^2}$$

$$L_{s2} = \frac{1}{k^2}\left(\frac{R_1}{R_2}\right)L_{s1}$$

由式（7-17）和式（7-18）可建立含 L_{s1} 的方程 $F(L_{s1}) = 0$，求解 L_{s1}，并求得 L_{s2}，则：

$$\begin{aligned} A_1 &= \sqrt{R_1 L_{s1}} \\ A_2 &= \sqrt{R_2 L_{s2}} \end{aligned} \tag{7-19}$$

3）两同向曲线连接（卵形）

如图 7-11(b) 所示，同理仿照前述方法可求得圆心 M_1 和 M_2 的坐标：

$$D = | R_1 - R_2 - M_1M_2 |$$

$$M_1M_2 = \sqrt{(R_1 + p_1 - R_2 - p_2)^2 + (q_2 - q_1)^2} \tag{7-20}$$

参照上述第2）步，建立含 L_{s1} 的方程，解出 L_{s1}，并求得 L_{s2} 和 A。

4. 曲线型定线方法坐标计算

(1) 单曲线坐标计算方法

如图7-12，ZH、HZ 点到圆心 M 的方位角为：

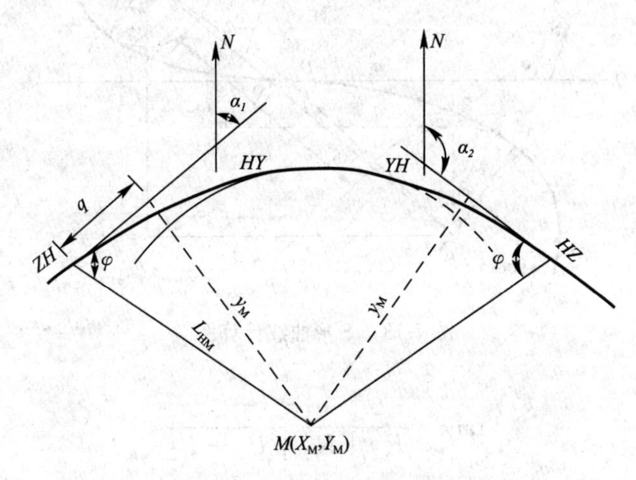

图7-12　直线与圆曲线的连接

$$\alpha_{ZM}=\alpha_1+\xi\varphi,\quad \alpha_{HM}=\alpha_2+180°-\xi\varphi$$

其中，$\varphi=\arctan\left(\dfrac{y_M}{q}\right)$，$y_M=|R|+p$

$$q=x-|R|\sin\beta,\quad \beta=\frac{90L_S}{\pi R},\quad \xi=\mathrm{sgn}(R)$$

各衔接点坐标计算式为：

$$\left.\begin{aligned}&\begin{cases}X_{ZH(HZ)}=X_M+L_{HM}\cdot\cos[\alpha_{ZM(HM)}+180°]\\Y_{ZH(HZ)}=Y_M+L_{HM}\cdot\sin[\alpha_{ZM(HM)}+180°]\end{cases}\\&\begin{cases}X_{HY}=X_{ZH}+x\cos\alpha_1-\xi y\sin\alpha_1\\Y_{HY}=Y_{ZH}+x\sin\alpha_1+\xi y\cos\alpha_1\end{cases}\\&\begin{cases}X_{YH}=X_{HZ}-x\cos\alpha_2-\xi y\sin\alpha_2\\Y_{YH}=Y_{HZ}-x\sin\alpha_2+\xi y\cos\alpha_2\end{cases}\end{aligned}\right\}\tag{7-21}$$

其中　$L_{HM}=\sqrt{q^2+y_M^2}$

$$\left.\begin{aligned}x&=L_s\left(1-\frac{L_s^2}{40R^2}+\frac{L_s^4}{3456R^4}-\frac{L_s^6}{599040R^6}+\cdots\right)\\y&=\frac{L_s^2}{6|R|}\left(1-\frac{L_s^2}{56R^2}+\frac{L_s^4}{7040R^4}-\cdots\right)\end{aligned}\right\}\tag{7-22}$$

(2) S形曲线计算方法

如图7-13所示，由几何关系得：

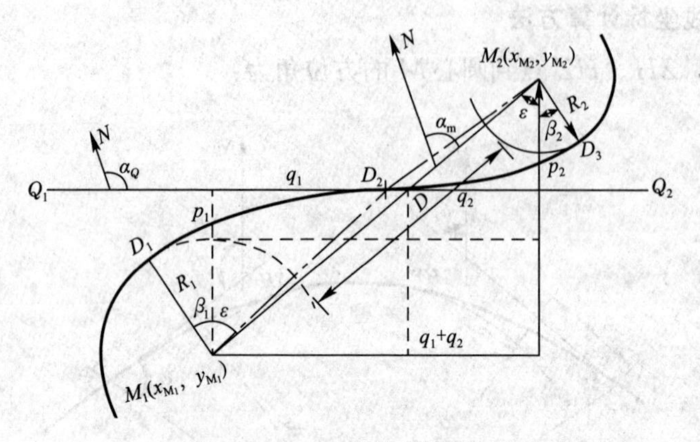

图7-13　S形曲线计算图

$$\tan\varepsilon = \frac{q_1 + q_2}{R_1 + R_2 + P_1 + P_2}$$

则公切线 Q_1Q_2 的方位角：

$$\alpha_Q = \alpha_M + \xi(90° - \varepsilon)$$

$$\xi = \mathrm{sgn}(R_1)$$

衔接点 D_1、D_2、D_3 坐标计算：

D_2 到 M_1 的方位角：　　$\alpha_{D_2M_1} = \alpha_Q + 180° - \xi\theta$

其中，$\xi = \mathrm{sgn}(R_1)$，$\theta = \arctan\left(\frac{R_1 + p_1}{q_1}\right)$。

D_2 点的坐标：

$$\begin{cases} X_{D_2} = X_{M_1} + L_D\cos(\alpha_{D_2M_1} + 180°) \\ Y_{D_2} = Y_{M_1} + L_D\sin(\alpha_{D_2M_1} + 180°) \end{cases} \tag{7-23}$$

其中，$L_D = \sqrt{q_1^2 + (R_1 + p_1)^2}$。

D_1 点的坐标：

$$\begin{cases} X_{D1} = X_{D2} - x\cos\alpha_Q - \xi y\sin\alpha_Q \\ Y_{D1} = Y_{D2} - x\sin\alpha_Q + \xi y\cos\alpha_Q \end{cases} \tag{7-24}$$

其中，$\xi = \mathrm{sgn}(R_1)$。

D_3 点的坐标：

$$\begin{cases} X_{D_3} = X_{D_2} + x\cos\alpha_Q - \xi y\sin\alpha_Q \\ Y_{D_3} = Y_{D_2} + x\sin\alpha_Q + \xi y\cos\alpha_Q \end{cases} \tag{7-25}$$

其中，$\xi=\mathrm{sgn}(R_2)$。

x、y 由式（7-22）计算得到。

(3) 卵形曲线计算方法

① 线形元素衔接点坐标计算

由图 7-14 可知（$R_1>R_2$），圆心 M_1、M_2 连线的方位角：

$$\tan\alpha=\frac{Y_{\mathrm{M2}}-Y_{\mathrm{M1}}}{X_{\mathrm{M2}}-X_{\mathrm{M1}}}$$

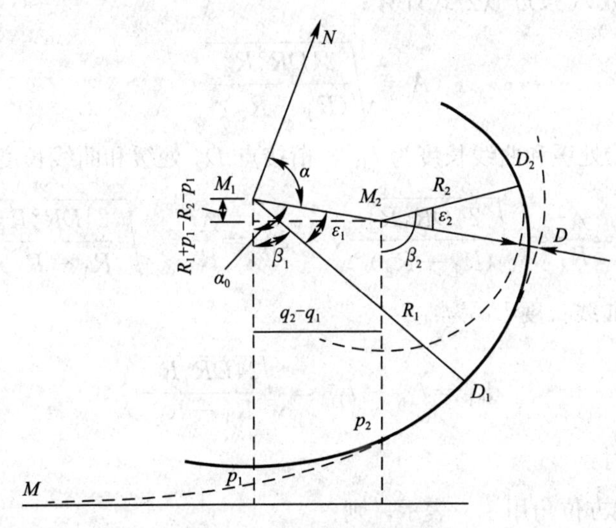

图 7-14　卵形曲线计算图

若 $\alpha<0$，$\alpha=180°+\alpha$。

$$\tan\alpha_0=\tan(\varepsilon_1+\beta_1)=\frac{(q_2-q_1)}{R_1+p_1-R_2-p_2}$$

$$\varepsilon_1=\alpha_0-\beta_1,\quad \varepsilon_2=\beta_2-\alpha_0$$

从大圆过渡到小圆时的方位角：

$$\alpha_{\mathrm{M_1D_1}}=\alpha-\xi_1\varepsilon_1$$

$$\alpha_{\mathrm{M_2D_2}}=\alpha+\xi_2\varepsilon_2$$

从小圆过渡到大圆时的方位角：

$$\alpha_{\mathrm{M_1D_1}}=\alpha+180°-\xi_1\varepsilon_1$$

$$\alpha_{\mathrm{M_2D_2}}=\alpha+180°+\xi_2\varepsilon_2$$

其中，$\xi_1=\mathrm{sgn}(R_1)$，$\xi_2=\mathrm{sgn}(R_2)$

式中　α——M_1M_2 的方位角。

则衔接点 D_1 和 D_2 的坐标为：

$$\left.\begin{aligned}X_{D_i}&=X_{M_i}+|R_i|\cos\alpha_{M_iD_i}\\Y_{D_i}&=Y_{M_i}+|R_i|\sin\alpha_{M_iD_i}\end{aligned}\right\}(i=1,\ 2) \tag{7-26}$$

② 中间缓和曲线坐标计算

需要说明的是，复曲线中间若设缓和曲线，则构成卵形曲线。该缓和曲线仍然采用回旋线，但它曲率不是从零开始，而是截取曲率 $1/R_1$—$1/R_2$ 这一段作为缓和曲线。中间缓和曲线长为 L_F。

缓和曲线参数 A 按近似公式计算：

$$A=\sqrt[4]{\frac{24DR_1^3R_2^3}{(R_1-R_2)^3}}$$

设衔接点 D_1 处缓和曲线长度为 l_{D_1}，衔接点 D_2 处缓和曲线长度为 l_{D_2}，即：

$$l_{D_1}=\frac{A^2}{R_1}=\sqrt{\frac{24DR_1R_2^3}{(R_1-R_2)^3}},\quad l_{D_2}=\frac{A^2}{R_1}=\sqrt{\frac{24DR_1^3R_2}{(R_1-R_2)^3}}$$

则中间缓和曲线长度 L_F 为：

$$L_F=l_{D_2}-l_{D_1}=\sqrt{\frac{24DR_1R_2}{R_1-R_2}} \tag{7-27}$$

当 $R_1>R_2$ 时：

D_1 点的切线方位角用 α_{D_1} 表示，则：

$$\alpha_{D_1}=\alpha_{M_1D_1}+\xi\cdot 90°$$

回旋线起点 M（曲率为 0 点）位于 D_1 点后方，由 D_1 点坐标推算 M 点坐标，此时：

$$l_{D_1}=l_{D_2}-L_F=\frac{L_FR_2}{R_1-R_2}$$

M 点的切线方位角为：

$$\alpha_M=\alpha_{D_1}-\xi\beta_{D_1}=\alpha_{D_1}-\xi\frac{90l_{D_1}}{\pi R_1}$$

M 点的坐标为：

$$\left\{\begin{aligned}X_M&=X_{D_1}+\left(l_{D_1}-\frac{l_{D_1}^3}{40R_1^2}\right)/\cos\left(\frac{30l_{D_1}}{\pi R_1}\right)\cos\left(\alpha_{D_1}+180°-\xi\frac{2}{3}\beta_{D_1}\right)\\Y_M&=Y_{D_1}+\left(l_{D_1}-\frac{l_{D_1}^3}{40R_1^2}\right)/\cos\left(\frac{30l_{D_1}}{\pi R_1}\right)\sin\left(\alpha_{D_1}+180°-\xi\frac{2}{3}\beta_{D_1}\right)\end{aligned}\right. \tag{7-28}$$

当 $R_1<R_2$ 时：

回旋线起点 M 位于 D_2 点前方，仍由 D_1 点推算 M 点坐标，此时：

$$l_{D_1}=l_{D_2}+L_F=\frac{L_F R_2}{R_2-R_1}$$

M 点的切线方位角为：

$$\alpha_M=\alpha_{D_1}+\xi\beta_{D_1}=\alpha_{D_1}+\xi\frac{90 l_{D_1}}{\pi R_1}$$

M 点的坐标为：

$$\begin{cases}X_M=X_{D_1}+\left(l_{D_1}-\dfrac{l_{D_1}^3}{40R_1^2}\right)/\cos\left(\dfrac{30 l_{D_1}}{\pi R_1}\right)\cos\left(\alpha_{D_1}+\xi\dfrac{2}{3}\beta_{D_1}\right)\\ Y_M=Y_{D_1}+\left(l_{D_1}-\dfrac{l_{D_1}^3}{40R_1^2}\right)/\cos\left(\dfrac{30 l_{D_1}}{\pi R_1}\right)\sin\left(\alpha_{D_1}+\xi\dfrac{2}{3}\beta_{D_1}\right)\end{cases} \tag{7-29}$$

计算出 M 点的坐标和切线方位角后，可参照直线定线法计算 L_F 上各中桩点坐标。

上述直线型和曲线型两种定线方法，本质上并无区别，定线成果都是由直线、缓和曲线、圆曲线三种线形组成的中线，但在定线手法上二者正好相反。另外，直线型定线法既可用于纸上定线，也可用于实地定线，而曲线型只能用于纸上定线。

7.2 实地定线

实地定线就是设计人员在实地现场确定道路中线位置的过程，其指导原则与纸上定线相同。按地形条件难易程度与复杂程度的不同，路线大体可分为一般情况下定线和放坡定线。

1. 一般情况下定线

当路线不受纵坡限制时，定线以平面和横断面为主安排路线。其要点是以点定线、以线交点。

以点定线就是在全面布局和逐段安排确定的控制点间，结合各方面因素进一步确定影响中线位置的小控制点，大致穿出直线路线的方法。以线交点，就是在已定小控制点的基础上，结合路线标准和前后路线条件，穿出直线，并延长交会出交点。交点坐标或转角及交点间距可经实测获得。

2. 放坡定线

山岭、重丘区路线受纵坡限制，定线以纵断面为主安排路线，其实地定线的指导原则与纸上定线相同，但定线条件不同，方法步骤也有所不同。山岭、重丘区实地定线是采用带角手水准配合花杆进行的。使用时用手水准瞄准前方目标，旋转游标使气泡居中，此时游标所指的度数即为视线倾角，该倾角可换算为纵坡度，1°≈1.75%，此法用于量测已知两点间的坡度；手水准的另一种用法是已知一点和坡度，寻找该坡度上的另一点目标，即放坡测量。下面以山区越岭线为例说明实地定线的工作步骤。

（1）分段拟定路线的大致走向

在选线布局阶段定下的主要控制点之间，沿拟定方向用试坡的方法，逐段粗略定出沿线应穿过或应避让的一系列中间控制点，定出路线的轮廓方案。

（2）放坡，定导向线

利用手水准按照要求的设计纵坡（或平均坡度）在实地找出地面坡度线的工作称为放坡。

在山岭、重丘区路段，天然地面坡度角均在20°以上，而设计纵坡（或平均纵坡）有一定要求，如图7-15所示，路线由A点到B点，如果沿最大地面自然坡度方向AB（垂直于等高线的方向）前进，则路线纵坡太大，显然不可行。如果路线沿等高线的走向（即AC方向），虽然纵坡平缓，但方向偏离，达不到上山的目的。因此，就需要在AB和AC方向间找到AD方向线，使其地面坡度正好等于设计坡度（或平均坡度）i_p，这样既使路线纵坡平缓，又使填挖数量最小，寻求这条地面坡度等于设计坡度（或平均纵坡）i_p的工作就是放坡的任务。

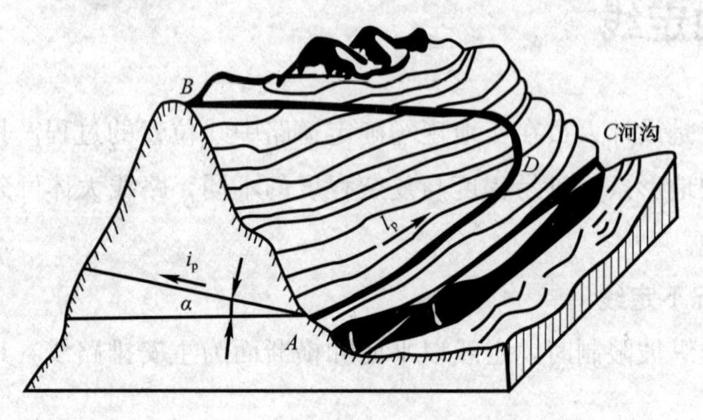

图7-15　放坡原理示意图

由此可见，放坡的目的是解决控制点间纵坡的合理安排问题，实质上是现场设计纵坡。

在纵坡安排和选择坡度值时应考虑以下几点要求：

① 纵坡线形要满足《标准》要求，如坡长限制、设置缓坡、合成坡度等要求，并力求两控制点间坡度均匀，避免出现反坡。

② 应结合地形、地物选用坡度。尽可能不用极限纵坡，但也不宜太缓，以接近两控制点间平均坡度为宜，在地形整齐地段可稍大些，曲折多变处宜稍缓些。

③ 安排纵坡掌握“阳坡陡、阴坡缓；岭下陡、岭上缓；控制回头弯地点纵坡不大于4%”的原则。

放坡由受限较严的控制点开始，一人持手水准，对好选用纵坡相当的角度，立于控制点处指挥另一持花杆的人在山嘴或山坳等地形变化处、计划变坡处以及顺直山坡每隔一定距离处插上坡度旗或在地面做标记，以该点为固定点继续向前放坡。如果一边放坡一边插线，必须先放完一定长度（一般不应小于4～5条导线边长）的坡度点后，利用返程进行下一步工作。通过放坡定出的这些坡度点的连线如图7-16中的A_0、A_1、A_2…所示，这一过程相当于纸上定线的修正导向线，也起指引路线方向的作用，称为导向线。

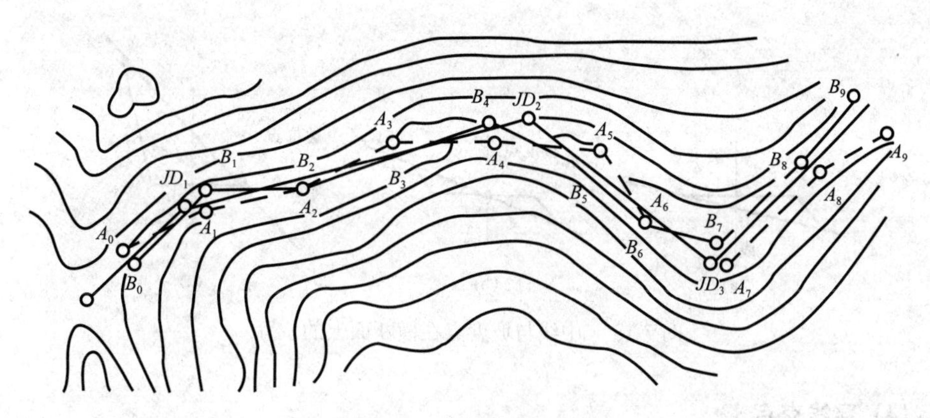

图7-16　放坡定线示意图

对于妨碍视线的局部地形，如尖山嘴、瘦山梁等，当路线拟用“劈嘴斩梁”通过时，不顺梁或绕嘴放坡，而应在路线通过处直跨。山梁（嘴）另一侧坡点，因视线受阻不能直接放坡，可按估计的两坡点距离拟放坡度计算出高差，以手水准测高的方法设点；或采用上、下阶梯式传递放坡方法通过障碍设点（图7-17）。

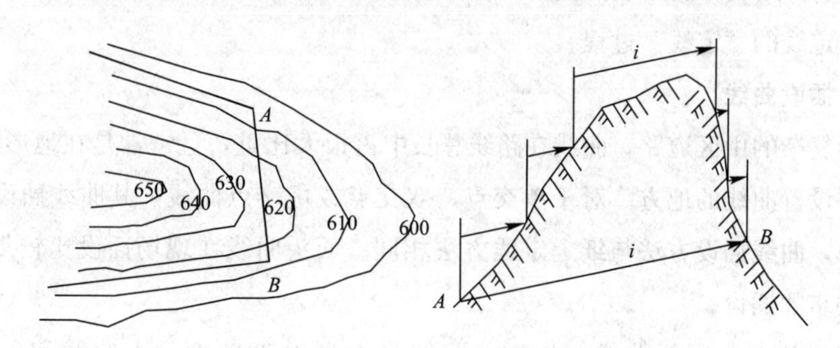

图7-17　上、下阶梯式传递放坡示意

放坡时要估计平曲线的大概位置和半径，对因标准限制路线不可能自然绕过的窄沟或山嘴应“跳”过去，计划绕行时坡度要放缓，以便坡度折减。

(3) 修正导向线

放坡后的坡度点即是概略的路基设计标高位置，而实地路中线位置的地面横向坡度陡缓不一，对于路基的稳定和填挖工程量影响很大。如图 7-18 所示，如中线在坡度点的下方（图 7-18a），则横断面以路堤形式为主；若中线正好通过坡度点（图 7-18b），则横断面为半填半挖形式；若中线在坡度点上方（图 7-18c），则横断面以路堑形式为主。根据坡度线（如图 7-16 中的 A_0、A_1、A_2…所连成的虚线）结合地面横坡，考虑路基稳定和工程经济即可确定出合适的中线位置，并插上花杆（或做上标志），图 7-16 中的 B_0、B_1、B_2…这些点的连线，称为修正导向线。这一过程相当于纸上定线的二次修正导向线。

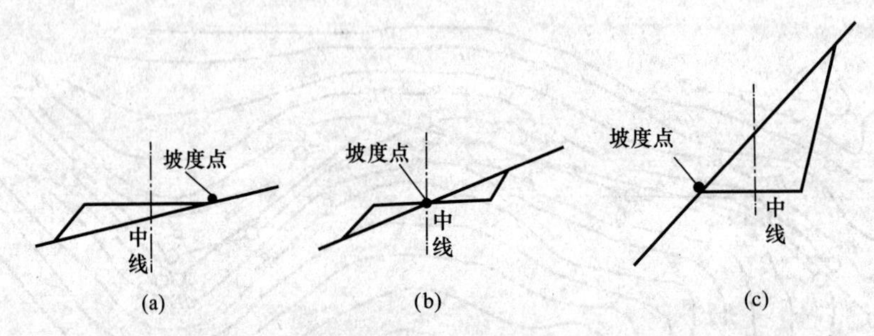

图 7-18　中线与坡度点在横断面上的位置

(4) 穿线交点

修正导向线是指具有合理纵坡、横断面上位置最佳的一条折线。穿线要从平面线形要求入手，应尽可能多地靠近或穿过修正导向线上的坡度点，特别要注意控制较严的坡度点，适当裁折取直，使平、纵、横三面恰当组合，穿出与地形相适应的若干直线，延长这些直线并交会出交点，即为路线导线，如图 7-16 中 JD_1—JD_2—JD_3…所示。定线人员必须反复试穿和逐步修改才能定出合理的路线。这一过程相当于纸上定线的“定线”过程。

(5) 插设曲线

地形复杂的山区道路，曲线在路线总长中占很大比重，且常常是在地形困难处，正是需要设置曲线的地方。对于单交点、双交点或虚交点曲线，其曲线插设和调整相对简单，曲线插设方法与纸上定线方法相同。回头曲线在现场插设比较复杂，应按一定的步骤插设。

一般来说，有回头曲线的地方，路线受地形约束较大。主曲线和前后的辅助曲线的纵面、平面相互约束很严格，稍有不慎，对线形和工程量影响很大，插设时必须反复试线，才能得到满意的结果。目前，多采用切基线的双交点方法定线。

不同的地形条件，主曲线平面位置可以活动的范围大小有所不同。利用可活动范围比较小的地形时，插线应先根据坡度点把主曲线位置定下来，然后定前后切线线位及辅助曲线。当利用主曲线的位置有较大活动余地的地形（如山坳、山坡）进行回头时，其大体位置参照导向线选定，确切线位要根据纵坡估算填挖工程量来确定，具体做法如下：

① 根据导向线插出前后切线的方向线，选定主曲线的大概位置（如图 7-19a 所示）。

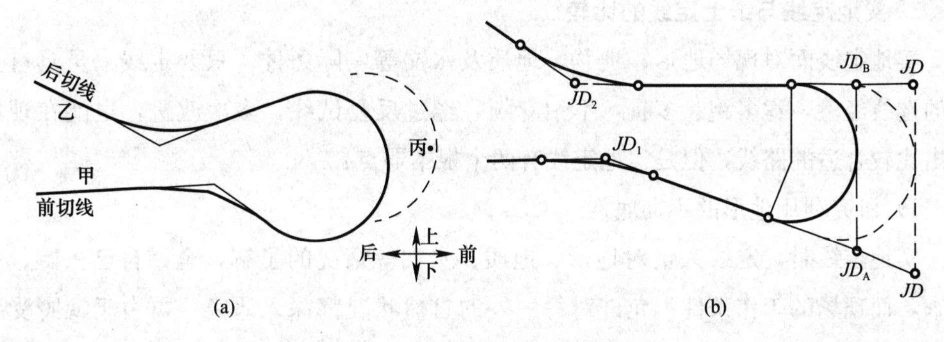

图 7-19　回头曲线插法示意图

② 根据地形判定是否需要设辅助曲线及其大概位置和可能采用的半径。有了主、辅曲线的大概位置和半径，目测整个回头弯的大致形状，大致估定出纵坡折减的起、终点位置（如图 7-19a 中甲、乙点）及曲线长度。先大致确定起点（甲点）设计标高，根据折减后的坡度估算出终点（乙点）的概略标高。以此检查一下后切线是否定得合适，否则修改后切线线位。然后从甲、乙两点用折减后的坡度（不超过 4%）放坡交会出丙点（图中未示出折线）。

③ 确定主曲线上基本位置及辅助曲线交点。通常主曲线线位向前不应超过丙点，向后不应退到比甲—丙—乙折线还短的位置，由此可大致确定主曲线前后的位置。一般情况下，地面标高低于甲—丙坡度线的应进行填方，高于丙—乙坡度线的应进行挖方，据此可以估算出全曲线的填挖数量。如挖方多于填方，线位应下移，反之应上移，由此可大致确定主曲线上下位置，经过这样多次试插试算，根据主曲线的基本位置将辅助曲线交点（如图 7-19b 所示）确定下来。

④ 确定双交点位置。如图 7-19(b) 所示，由双交点向主曲线的基本位置作切线，然后反复移动基线 JD_A—JD_B 控制确定主曲线，直到适宜为止。一般回头曲线均设置缓和曲线，应考虑内移值 p 的影响。

⑤ 为保证在上下线最窄处路基不发生重叠，需检查上、下线间的最小横距。

⑥ 路线完全插定后，定线人应沿线再核对一遍，记录特征点的填挖高度和对人工构造物的处理意见，供内业设计时参考。

(6) 设计纵断面

在现场平面位置确定之后，经过量距钉桩和测得各桩地面高程，就可以进行纵坡设计，这个工作一般都是由选线人员完成。要求设计纵坡不仅满足工程经济和技术标准的规定，还应考虑平、纵面线形配合的问题。因此必须反复试验修改，直到符合要求为止。

纵断面设计完成以后，定线工作基本完成，“放坡、定线、拉坡”是三位一体的过程。

3. 实地定线与纸上定线的比较

实地定线面对现场地形、地物、地质及水文等实际条件，只要定线人员具有一定的选线经验，肯多跑、多看，不怕麻烦，经过反复试线，多次改进，也能在现场定出比较合适的路线，但是实地定线有两个根本弱点：

1）研究利用地形的不彻底性

实地定线时，定线人员对地形、地质、水文等情况的了解，全靠自己去跑、去调查，而现场的工作条件不允许对每一处的自然状况都深入研究，再由于视野受到限制，定线时难免顾此失彼，虽经过多次试验修改，但毕竟还是有限的。

2）平、纵面线配合问题难以彻底解决

实地定线与选线者的实际工作经验有直接关系，由于平面设计是在现场进行的，而纵断面的精细设计则在室内，尽管设计路线平面时，已充分考虑了纵断面，但从室内分析纵坡中常可以发现，如果平面上略加调整，就有可能使路线更加适应地形，或者平、纵面配合得更好。因为修改平面需要重新钉桩，纵断面也要重做，定线者往往不愿承担“返工”的压力而勉强接受原方案，所以实地定线就其本质来讲，基本上是要求“一次成功”的定线。

纸上定线是在定线过程中采用的重要的中间步骤，代替直接在实地定线。定线者或定线组先要取得“定线走廊”范围内的大比例尺地形图。在图上，可以俯视较大范围内的地形，可以较容易地找出所有控制地形的特征点，从而可以定出合理的平面试线和纵坡设计线。不像实地定线，大量的工作都依靠个别定线者现场的简单判断与技术能力。随着计算机技术在道路勘测设计中的应用，纸上定线前景会更加宽广。

实地定线虽有其不足之处，但在一定的条件下，如地形障碍不多的平坦地区或路线等级不高时，只要定线人员肯下功夫，也能定出比较满意的线来。实地定线是我国目前常用的一种方法，在今后一个相当长的时期内，也仍将是地方道路重要的定线方法。

《规范》规定，高速公路、一级公路采用纸上定线时，必须现场核定。二、三、四级道路可采用现场定线，受地形条件限制时，可采用纸上定线或纸上移线并现场核定。

7.3　实地放线

实地放线是将纸上定好的路线敷设到地面上，供详细测量和施工之用的作业过程。常用的方法有穿线交点法、直接定线法、坐标法等。应根据路线复杂程度、精度要求高低、测设仪具设备以及地形难易等具体条件选用。

1. 穿线交点法

穿线交点法是根据平面图上路线与施测地形时敷设的控制导线的关系，把纸上路线的每条边逐一而独立地放到实地上去，延伸这些直线交出交点，构成路线导线。由于放线的方法不同，又可分为支距法和解析法两种。

(1) 支距法

通常指的是穿线交点放线，适用于地形不太复杂、路线离开控制导线不远的地段。如图 7-20 所示，欲放出 JD，其工作步骤如下：

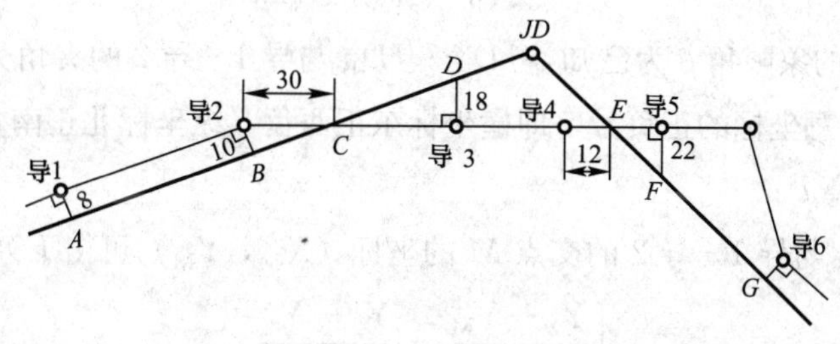

图 7-20　支距法放线

1）量支距

在图上量取纸上路线与控制导线的支距，如图中导 1-A、导 2-B 等。量取时每条路线导线边至少应取 3 个点，并尽可能使这些点在实地能互相通视。

2）放支距

在现场找出各相应的导线点，根据量得的支距用皮尺和方向架（或经纬仪）定出各点，如图中 A、B、C…所示，插上花杆。

3）穿线交点

一般花杆穿线的方法延长各直线即可交会出 JD，直线较长或地形起伏很大时可用经纬仪延长交会。穿线时应兼顾多数控制点，穿出直线后要根据实际地形审查路线是否合理，否则应进行现场修改、改善线路位置。两相邻直线的交会点即为交点，如交点距路线很远或交在不能架设仪器的地方，可插成虚交形式。所有交点和转点都应钉桩以标定路线。

(2) 解析法

解析法是按极坐标原理在实地放出各路线点的方法，此法较为准确。在地形复杂和直线较长、路线位置需要准确控制时常用此法。

以图 7-21 所示为例，其工作步骤如下：

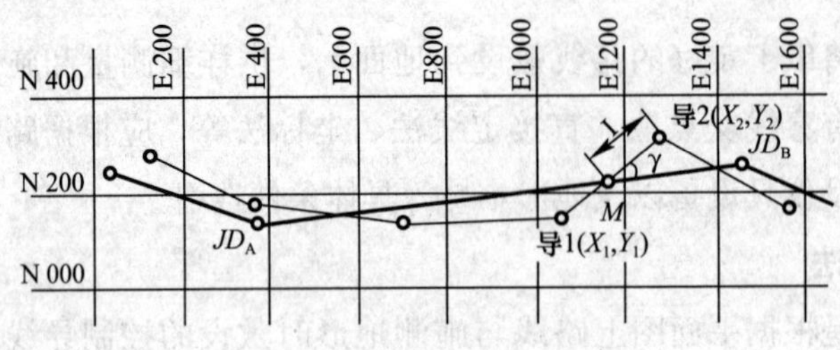

图 7-21　坐标计算示意图

1）计算夹角

从平面图上量得纸上所定路线的交点 JD_A、JD_B 的坐标（X_A，Y_A），（X_B，Y_B），则 JD_A—JD_B 的象限角为：

$$\tan\alpha=\left|\frac{Y_B-Y_A}{X_B-X_A}\right|=\left|\frac{\Delta Y}{\Delta X}\right| \tag{7-30}$$

导 1—导 2 的象限角 β 为已知，JD_A—JD_B 与导 1—导 2 的夹角为：$\gamma=\alpha-\beta$。

计算时应注意坐标的正负号，即横坐标东正西负，纵坐标北正南负。

2）计算距离 l

JD_A—JD_B 与导 1—导 2 的交点 M 的坐标（X_M，Y_M）可由下列方程式解得：

$$\begin{cases}\dfrac{Y_2-Y_M}{X_2-X_M}=\dfrac{Y_2-Y_1}{X_2-X_1}\\[2ex]\dfrac{Y_B-Y_M}{X_B-X_M}=\dfrac{Y_B-Y_A}{X_B-X_A}\end{cases} \tag{7-31}$$

式中　Y_1、X_1、Y_2、X_2——导 1、导 2 的坐标；

Y_A、X_A、Y_B、X_B——JD_A、JD_B 的坐标，可从平面图上量得。

由此，即可计算导 2 至 M 的距离：

$$l=\frac{Y_2-Y_M}{\cos\beta}=\frac{Y_2-Y_M}{\sin\beta} \tag{7-32}$$

或

$$l=\sqrt{(X_2-X_M)^2+(Y_2-Y_M)^2} \tag{7-33}$$

3）放线

置经纬仪于导 2，后视导 1，丈量距离 l 定出 M 点，移动经纬仪至 M，后视导 2，转 γ 角定出 JD_A—JD_B 方向。延长直线，用骑马桩交点法求出 JD_A，钉上小钉。

此法计算比较麻烦，但精度较高，实际工作中亦可用比例尺从平面图上直接量取距离 l。另外，若采用具有坐标放样功能的全站仪放线时，只需量得 JD_A 和 JD_B 的坐标，按后述的全站仪坐标放线法直接可放出交点。

2. 直接定线法

在一般情况下在设计路线的两旁，总可找到一些可供利用的明显地物、地貌点，如道路交叉、房角、独立树、电杆、桥梁、河流、小山包等。放线前带上图纸，沿线路详细辨认，将可利用的点位在图上标以记号，以便在图上量测和路线的相关位置（角度、距离），并确定放线的方法，如垂线法、交会法等，做到心中有数。

图纸辨认的要领是：方位和实地一致，首先确定自己在图上和实地的位置，边走边判断，先判别实地后判别图纸，从明显到次要逐步核实。完成上述判识工作，量取或计算出线位与明显地物的关系数据，运用仪器工具在实地放出这些点的位置，并适当调成直线，即为路线中线位置，该法也叫直接定线法，如图 7-22 所示。此法简单易行、生产效率高、误差不积累。

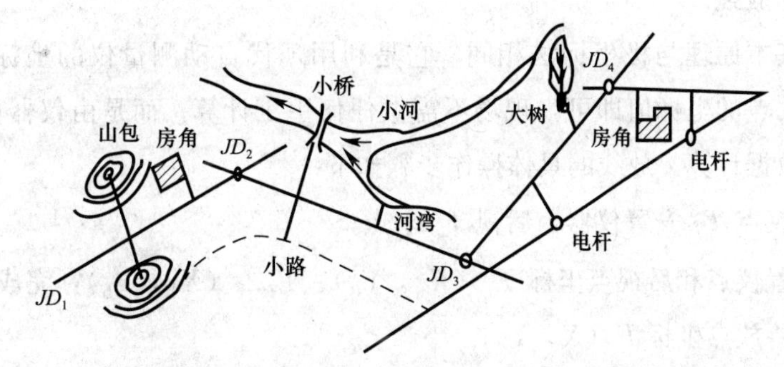

图 7-22　利用明显地物、地形相关位置直接定线示意图

在有些情况下，并没有上述这样明显的条件，路线的平面和高程位置，需要视地形、地质情况根据现场选线的原则，定出交点，做法参见实地定线。

以上两种方法的放线资料都来自于图解，准确度不高，当路线活动余地较大时可以采用。另外，该法只适用在路线导线的标定，路线的曲线部分还需用传统的曲线敷设方法标定。

3. 坐标放线法

通过坐标计算，可编制成逐桩坐标表，根据实地的控制导线就可以将路线敷设在地面上。按各级道路对放线精度的要求和测设仪器的条件选用不同的放线方法。一般来讲，坐标放线法使用常规测设仪具（普通经纬仪、钢卷尺等）十分困难，且效率低、质量差，难以达到精度要求。这里只介绍以全站仪为测设手段的两种方法。

(1) 极坐标放线法

极坐标放线的基本原理是以控制导线为依据，以角度和距离定点。如图 7-23 所示，在控制导线点 T_i 放置全站仪，后视 T_{i-1}（或 T_{i+1}），待放点为 P。图（a）采用夹角 J 来放出 P 点，图（b）采用方位角 A 放出 P 点。只要算出 J 或 A 和置仪点 T_i 到待放点 P 的距离 D，就可在实地放出 P 点。

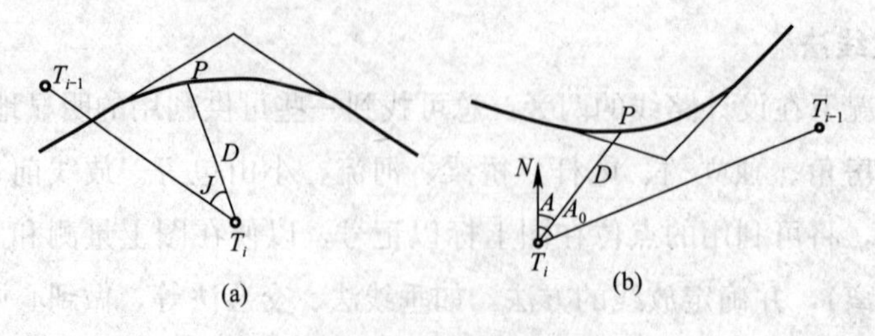

图 7-23 极坐标放线示意图

设置仪点的坐标为 T_i（X_0，Y_0），后视点的坐标为 T_{i-1}（X_h，Y_h），待放点的坐标为 P（X，Y）。放线数据 D、A、J 可按直线形定线法计算，据此拨角测距即可放出待定点 P。

（2）坐标放线

此法的基本原理与极坐标法相同，它是利用现代自动测量仪的坐标计算功能，只需输入有关点的坐标值即可，现场不需做任何手工计算，而是由仪器内计算机自动完成有关数据计算。放线的具体操作步骤如下：

① 在置仪点 T_i 安置仪器，后视 T_{i-1} 点；

② 键入置仪点和后视点坐标 T_i（X_0，Y_0）、T_{i-1}（X_h，Y_h），完成定向工作；

③ 键入待放点坐标 P（X，Y）；

④ 转动照准头使水平角为 0°00′00″，完成待放点 P 定向；

⑤ 置反射镜于 P 点方向上，并使面板上显示为 0.000 米时，即为 P 点的精确位置。

重复③～⑤步，可放出其他中桩位。当改变置仪点的位置后，要重复①～⑤步。

坐标法放线数据全部来自于精确计算，放线精度高，可用于直线或曲线的标定。

小结及学习指导

本章内容包括定线的概念及方法，纸上定线的概念，平原、微丘区定线的步骤，山岭、重丘区定线的步骤，直线形定线和曲线形定线的计算方法，实地定线的分类，放坡定线的步骤，实地放线的方法，穿线交点法、直接定线法、坐标法的基本原理。

通过本章的学习，要求掌握定线的概念及方法，掌握平原微丘区和山岭重丘区定线的方法和步骤，掌握直线形定线和曲线形定线的计算方法，了解穿线交点法、直接定线法、坐标法的基本原理，能应用有关理论和方法完成实地定线和纸上定线任务，能够根据定线的原理与方法判定其合理性。

习题及思考题

7-1　简述纸上定线的一般步骤及要点。

7-2　定线的基本任务是什么？怎样达到定线的基本要求？

7-3　公路定线有哪几种方法？各有哪些特点？

7-4　何为导向线？怎样修正导向线？

7-5　试述穿线交点法（支距法）的工作步骤。

7-6　试述纸上定线与实地定线的主要优缺点及适用条件。

第 8 章

道路平面交叉设计

本章知识点

【知识点】道路平面交叉的设置条件、设置间距、设计原则与内容，道路平面交叉的类型及其选择，道路平面交叉线形设计，道路平面交叉交通组织设计，环形交叉口设计，平面交叉口竖向设计，道路与铁路、乡村道路及管线交叉设计。

【重点】道路平面交叉线形设计，道路平面交叉交通组织设计，环形交叉口设计，平面交叉口竖向设计。

【难点】平面交叉口竖向设计。

交叉口是道路系统的重要组成部分，无论是公路还是城市道路，车辆一般只有在交叉口处才可改变其行驶方向，完成转向功能。这完善了道路网的交通功能，但同时也产生了交通干扰，影响了交叉口的通行能力，使交叉口处车速降低，造成交通阻塞，增加行车延误，并易发生交通事故。因此，对交叉口进行合理的规划和设计，具有十分重要的意义。按照相交道路的空间位置，交叉口可分为平面交叉和立体交叉两种基本类型。本章主要介绍道路平面交叉设计相关内容。

8.1 概述

8.1.1 设置条件

道路平面交叉设置条件对于公路而言具有较为严格的规定，如表8-1所示（表中“严格限制”为不应设置平面交叉的条件，“限制”为应严格控制设置平面交叉的条件，“允许”为可根据需要设置平面交叉的条件）。而对于城市道路，则应根据道路网规划、相交道路等级及有关技术、经济和环境效益的分析合理确定。

公路平面交叉设置条件　　表8-1

接入线技术等级	主线技术等级				
	一级公路（干线）	一级公路（集散）	二级公路（干线）	二级公路（集散）	三、四级公路
一级公路（干线）	严格限制	—	—	—	—
一级公路（集散）	严格限制	限制	—	—	—
二级公路（干线）	严格限制	限制	限制	—	—
二级公路（集散）	严格限制	限制	限制	允许	—
三、四级公路	严格限制	限制	限制	允许	允许

公路设置平面交叉应充分考虑相交公路的功能分类和技术等级，功能和等级差异较大的公路相交时，不宜（应）设置平面交叉。高速公路主线上不应设置平面交叉，高速公路互通式立交匝道应根据交通量、车型组成条件等，慎重设置平面交叉。承担干线功能的一级和二级公路应严格控制路网接入条件，控制平面交叉口的数量；有条件时，应尽量加大相邻平面交叉口之间的间距。其他等级公路可根据需要设置平面交叉；有条件时，应加大相邻平面交叉口的间距，尤其减少乡村道路的随意接入。

对于城市道路，主干路与次干路、支路交叉及次干路—次干路、次干路—支路、支路—支路交叉应采用平面交叉，主干路—主干路交叉口预测总交通量不超过12000pcu/h时，也宜采用平面交叉。

8.1.2 设置间距

平面交叉设置的数量与间距直接影响着一条公路相关路段的通行效率，间距小对交通安全与交通组织也不利。《标准》规定一、二级公路平面交叉的最小间距如表 8-2 所示，有条件时应尽量通过支路合并等措施减少交叉口数量，增大交叉口间距，减少平面交叉数量。

公路平面交叉最小间距 **表 8-2**

公路等级	一级公路			二级公路	
公路功能	干线公路		集散公路	干线公路	集散公路
	一般值	最小值			
间距（m）	2000	1000	500	500	300

城市道路平面交叉口间距应根据城市规模、路网规划、道路类型及其在城市中的区域位置而定；干路交叉口间距宜大致相等；平面交叉最小间距应能满足转向车辆变换车道所需最短长度、红灯期车辆最大排队长度及进出口道路总长度的要求，并不宜小于 150m。

8.1.3 设计原则

1. 公路平面交叉设计原则

公路与公路平面交叉设计应遵循以下原则：

（1）平面交叉位置的选择应综合考虑公路网现状和规划、地形、地物和地质条件、经济与环境因素等。

（2）平面交叉形式应根据相交公路的功能、等级、交通量、交通管理方式、用地条件和工程造价等因素确定。平面交叉选型应选用主要公路或主要交通流畅通、冲突点少、冲突区小的形式。

（3）平面交叉几何设计应结合交通管理方式并考虑相关设施的布置。

（4）平面交叉范围内相交公路线形技术指标应能满足视距的要求。

（5）相交公路在平面交叉范围内的路段宜采用直线；当采用曲线时，其半径宜大于不设超高的圆曲线半径；纵断面应力求平缓，并符合视觉所需的最小竖曲线半径值。

（6）平面交叉设计应以预测的交通量为基本依据，设计所采用的交通量应为设计小时交通量。

（7）平面交叉处行人穿越岔路口的设施应根据行人流量、公路等级和交通管理方式等设置人行横道、人行天桥或人行通道。

(8) 平面交叉的几何设计应与标志、标线和信号设施一并考虑，统筹布设；视距不良的小型平面交叉可根据具体情况设置反光镜。

(9) 平面交叉改建时，除应收集交通量以外，还应调查交通延误及交通事故的数量、严重程度、原因等现有交叉口的使用状况。

(10) 平面交叉设计应满足相交公路对应设计车辆的通行要求；有特殊需求时应根据实际通行车型，对平面交叉口的通行条件进行检验。

2. 城市道路平面交叉设计原则

为了使城市道路平面交叉口既能适应地形地物等环境因素，又能良好地服务于道路交通，城市道路交叉口设计应遵循以下原则：

(1) 新建平面交叉口不得出现超过 4 叉的多路交叉口、错位交叉口、畸形交叉口及交角小于 70°（特殊困难时为 45°）的斜交交叉口；已有的错位交叉口、畸形交叉口应加强交通组织与管理，并尽可能加以改造。

(2) 交叉口设计应根据相交道路的功能、性质、等级、设计速度、设计小时交通量、流向及自然条件等进行，前期工程应为后期扩建预留用地。

(3) 在交叉口设计中应做好交通组织设计，正确组织车流、人流、合理布设各种车道、交通岛、交通标志与标线。

(4) 平面交叉范围内相交道路线形的技术指标应能满足视距、平面交叉连接部衔接等要求。

(5) 城市道路交叉口转角处的人行道铺装宜适当加宽，并妥善地组织行人过街。快速路的重要交叉口应修建人行天桥或人行地道；主干路上的重要交叉口宜修建人行天桥或地道。

(6) 交叉口竖向设计在满足排水迅速的前提下，应尽量平缓，满足行车安全通畅的要求；城市道路交叉口竖向设计高程还应与周围建筑物地坪标高相协调，以利于布设各类地下管线与地面设施。

(7) 交叉口附近设置公交停靠站应根据公交线路走向、道路类型、交叉口交通状况，结合站点类别、规模、用地条件合理确定，应保证乘客安全，方便候乘、换乘、过街，有利于公交车安全停靠、顺利驶出，且不影响交叉口的通行能力。

(8) 交叉口范围内有轨道交通时，应做好轨道交通与地面交通换乘设计。

(9) 地块及建筑物机动车出入口不得设在交叉口范围内，且不宜设置在主干路上，宜经支路或专为集散车辆用的地块内部道路与次干路相通。

(10) 桥梁、隧道两端不宜设置平面交叉口。

8.1.4 设计内容

从道路网的宏观组成看，平面交叉仅仅是一个节点。但在微观上，平面交叉是有一定范围的。一般情况下，平面交叉设计范围应包括该交叉口各条道路相交部分及其进出口道路（展宽段和渐变段）和行人、自行车过街设施所围成的空间。

在进行交叉口设计时，一方面要保证车辆与行人在交叉口能以最短的时间顺利通过，使交叉口的通行能力能适应各条道路的行车要求；另一方面还要正确地进行交叉口竖向设计，保证转弯车辆的行车稳定，同时满足排水要求。交叉口设计的主要内容包括：

（1）交叉口类型及交通管理方式的选择；

（2）交叉口的平面设计，确定各组成部分的几何尺寸，包括行车道的数量、宽度、转弯半径、各种交通岛及绿化带的尺寸等；

（3）交叉口的纵断面设计，确定相交道路在交叉口范围内的纵坡；

（4）验算交叉口的行车视距，保证安全通视条件；

（5）进行交通组织设计，布置各种交通设施，包括设置专用车道和组织渠化交通等；

（6）交叉口竖向设计与排水设计。

8.2 道路平面交叉的类型及其选择

平面交叉口的形式应根据相交道路的交通量、设计速度、交通组成及其在道路网中的作用，并结合道路网的规划、交叉口用地、周围建筑及投资等因素确定。平面交叉根据相交道路的条件和交通管制方式的不同，有多种分类形式。

8.2.1 按相交道路条数分类

按相交道路的条数可将交叉口分为三路交叉、四路交叉与多路交叉三种形式。该分类方法由于只考虑了相交道路的条数，因此分类较粗略，未能体现各类交叉口的交通特征。

8.2.2 按交通管理与组织方式分类

按交叉口所实行的交通管理与交通组织方式，可将其归纳为四类：加铺转角式、分道转弯式、拓宽路口式及环形交叉。

1. 加铺转角式

该类交叉口是用适当半径的单圆曲线或复曲线平顺连接各个转角而构成的平面交叉，如图 8-1 所示。此类交叉口形式简单、占地少、造价低、设计方便，但行车速度低，通行能力小。适用于车速低、交通量小、转弯车辆少的次要道路或地方道路。

若斜交角度不大时，也可用于转弯交通量较小的主要道路与次要道路交叉。设计时主要解决合适的转弯半径和满足视距要求两个问题。

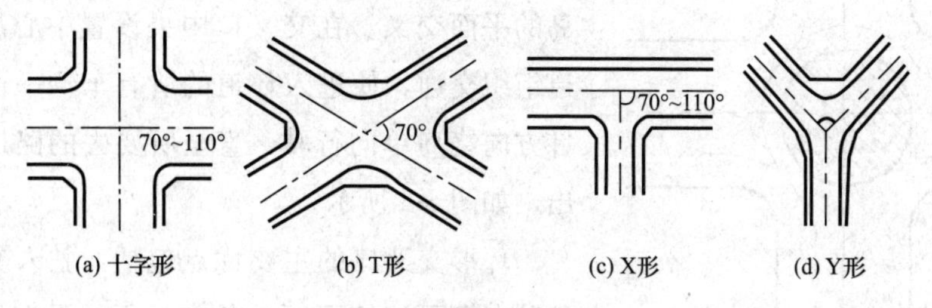

图 8-1　加铺转角式交叉口

2. 分道转弯式

该类交叉口是指采用设置导流岛、划分车道等措施，使转弯车辆分道行驶的平面交叉，如图 8-2 所示。此类交叉口的转弯车辆，尤其是右转弯车辆行驶速度较高、通行能力较大。适用于车速较高、转弯车辆较多的主要道路。该类交叉口占地面积大，设计时需满足分道转弯半径、视距和导流岛端部半径的要求。

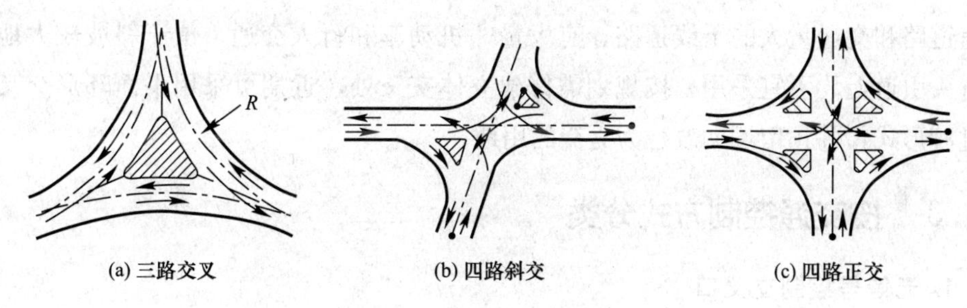

图 8-2　分道转弯式交叉口

3. 拓宽路口式

该类交叉口是指在接近交叉口的道路两侧展宽或增辟附加车道的平面交叉。可单增右转或左转车道，也可同时增设左、右转车道，如图 8-3 所示。此类交叉口可减少转弯交通对直行交通的干扰，车速较高，事故率低，通行能力大；但占地多，投资较大。适用于转弯交通量较大的干线公路和城市主干路。设计时主要是确定拓宽的车道数和位置，也要满足视距和转弯半径的要求。

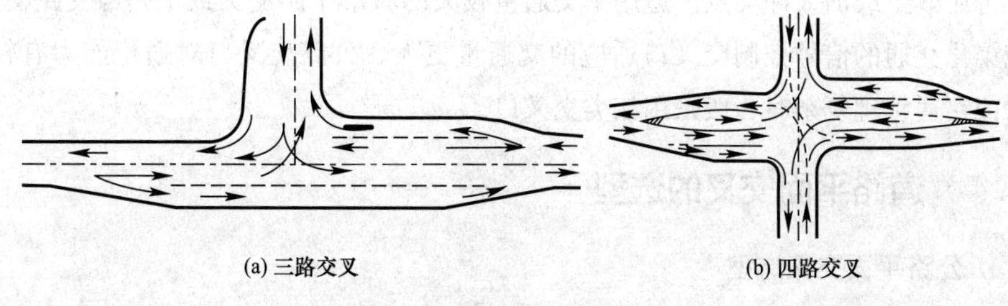

图 8-3　拓宽路口式交叉口

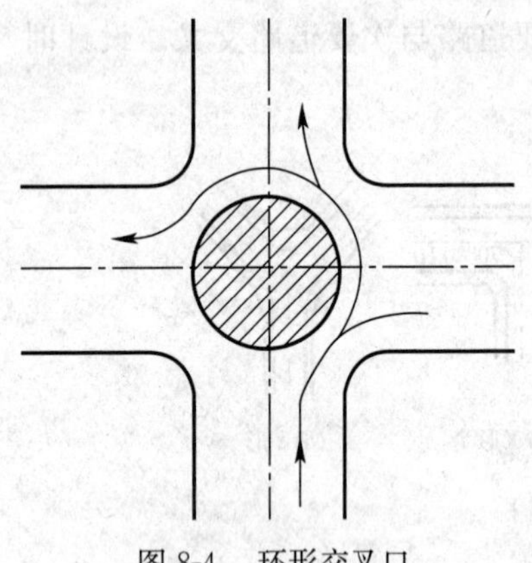

图 8-4　环形交叉口

4. 环形交叉

该类交叉口是指在多条道路交汇处设有中心岛的平面交叉。在交叉口中央设置中心岛，用环道组织交通，使进入环道的所有车辆一律按逆时针方向绕岛单向行驶，直至所要去的路口离岛驶出，如图 8-4 所示。

环形交叉口的主要优点包括：驶入交叉口的各种车辆可连续不断地单向运行，没有停滞，减少了车辆在交叉口的延误时间；环道上行车只有分流与合流，消灭了冲突点，提高了行车安全性；交通组织简便；对多路交叉和畸形交叉，用环道组织交通更为有效；中心岛绿化可美化环境。其缺点为：占地面积较大，城区改建困难；增加了车辆绕行距离，特别是左转弯车辆；一般造价高于其他类型平面交叉。

环形交叉适用于多条道路相交或转弯交通量较大，且地形较平坦的交叉口。在快速道路和交通量大的干线道路、有大量非机动车和行人交通、位于斜坡较大地形及桥头引道上均不宜采用。按规划需修建立体交叉处，近期可采用平面环形交叉作为过渡形式，并预留远期改建为立交的用地。

8.2.3　按交通控制方式分类

1. 无信号控制交叉口

无信号控制交叉口应指定优先道路，并在非优先道路的交叉入口处设置“让”或“停”的交通标志，使非优先道路的车辆在进入交叉口前缓行或停候，判断主路车流间隔允许通过时方可进入交叉口，该类交叉口为主路优先交叉口。当两条相交道路等级接近且交通量均较小时，也可在各个路口均设“让”“停”的交通标志，以提醒驾驶人注意谦让并安全通过，该类交叉口为无优先交叉口。

2. 信号控制交叉口

信号控制交叉口在交叉口设置交通信号灯，使发生冲突的车流从通行时间上错开，进而减少或消灭冲突点。适用于交通量较大的城市干路交叉或干路与支路交叉。实施渠化交通的信号控制交叉口适应的交通量更大。公路交叉口对通行能力有较高需求或交通管理复杂时一般采用该类交叉口。

8.2.4　道路平面交叉的选型

1. 公路平面交叉选型

公路平面交叉根据相交公路的功能、等级、交通量等可分别采用主路优先交叉、无优先交叉或信号控制交叉三种交通管理方式的交叉口。

(1) 公路功能、等级、交通量有明显差别的两条公路相交，或交通量较大的T形交叉，应采用主路优先交叉的交通管理方式。

(2) 两条相交公路的等级均低且交通量较小时，应采用无优先交叉的交通管理方式。

(3) 下述平面交叉应采用信号控制交叉交通管理方式：

1) 位于城镇路段的平面交叉；

2) 两条交通量均大，且功能、等级相同的公路相交，难以用主路优先的规则管理时；

3) 两条相交公路虽有主次之别，但交通量均较大（主要公路双向交通量大于或等于750veh/h，次要公路单向交通量大于或等于300veh/h)，采用主路优先交通管理方式会出现较频繁的交通事故和过大的交通延误时；

4) 主要公路交通量相当大（主要公路双向交通量大于或等于900veh/h)，而次要公路尽管交通量不大，但采用主路优先交通管理方式时，次要公路上的车辆由于难以遇到可供驶入的主流间隙而引起不可接受的交通延误，或出现冒险驶入长度不足的主流间隙而危及安全时；

5) 两相交公路的交通量虽未达到上述程度，但由于有相当数量的行人和非机动车穿越交叉口而引起交通延误，甚至造成阻塞或交通事故时；

6) 环形交叉口的入口因交通量大而出现过多的交通延误时。

2. 城市道路平面交叉选型

《城规》与《城市道路交叉口设计规程》CJJ 152—2010依据常见的典型交叉口，综合考虑交通控制方式与交通组织方式两方面因素，提出了城市道路平面交叉口的综合分类方法，如表8-3所示。各级城市道路相交时，平面交叉口选型依据如表8-4所示。

城市道路平面交叉口分类　　表8-3

序号	类别	说明
1	平A类	信号控制交叉口
	平A1类	进出口道展宽的信号交叉口
	平A2类	进出口道不展宽的信号交叉口
2	平B类	无信号控制交叉口
	平B1类	支路只准右转通行的交叉口
	平B2类	减速让行或停车让行标志管制交叉口
	平B3类	全无管制交叉口
3	平C类	环形交叉口

城市道路平面交叉口选型 表 8-4

平面交叉口类型	选型	
	推荐形式	可选形式
主干路-主干路	平 A1 类	—
主干路-次干路	平 A1 类	—
主干路-支路	平 B1 类	平 A1 类
次干路-次干路	平 A1 类	—
次干路-支路	平 B2 类	平 A1 类或平 B1 类
支路-支路	平 B2 类或平 B3 类	平 C 类或平 A2 类

8.3 道路平面交叉线形设计

8.3.1 设计速度

设计速度是决定交叉口几何尺寸、交通组织与管理的基本依据。交叉口的设计速度与路段设计速度密切相关，当二者速差大时会因减速过大而影响行车安全，速差小而路段车速又高时会有行车危险，对环形交叉又有用地过大和左转绕行过长等问题。

1. 公路平面交叉设计速度

《规范》规定：

(1) 平面交叉范围内主要公路的设计速度宜与路段设计速度相同。

(2) 两相交公路的等级或交通量相近时，平面交叉范围内的直行车道设计速度可适当降低，但不得低于路段设计速度的 70%。

(3) 次要公路因交角等原因改线，或因条件受限采用较低的线形指标时，可适当降低设计速度。

(4) 转弯车道的设计速度应根据路段设计速度、交通量、交叉类型、交通管理方式和用地情况等因素综合确定。左转弯设计速度宜采用 5～15km/h；设置分隔的右转弯车道时，其转弯设计速度不宜大于 40km/h，当主要公路设计速度小于或等于 60km/h 时，其右转弯设计速度不宜低于其 50%。

2. 城市道路平面交叉设计速度

《城规》规定：城市道路交叉口内的设计速度在保证安全的前提下，应按组成交叉口各条道路设计速度的 50%～70%计算。转弯车取小值，直行车取大值。在交叉口视距三角形验算时，进口道直行车设计速度应与相应道路设计速度一致。

8.3.2 公路平面交叉线形设计

1. **平面线形**

两相交公路应正交或接近正交。斜交时，其锐角应不小于 70°，受地形条件或其他特殊情况限制时，应大于 45°。新建公路与等级较低的既有公路交角小于 70°时，应对次要公路的相关路段进行局部改线，使之符合交角要求。

交叉口处相交道路的平面线形宜为直线或大半径圆曲线，不宜采用设超高的圆曲线。

公路平面交叉岔数不应多于四条。相交道路多于四条时应采用环形交叉，环形交叉的相交道路也不宜多于五条，有条件实行“入口让路”规则管理时，应采用“入口让路”环形交叉。新建公路不应直接与已建的四路相交或四路以上相交的平面交叉相连接。

2. **纵断面线形**

平面交叉范围内，相交公路的纵断面宜平缓，纵断面线形应满足停车视距的要求。主要公路在交叉范围内的纵坡应在 0.15％～3％的范围内。次要公路紧接交叉的引道部分应以 0.5％～2％的上坡通过交叉。

主要公路在交叉范围内的圆曲线设置超高时，次要公路的纵坡应服从主要公路的横坡。

3. **视距**

为了保证交叉口上的行车安全，驾驶人在进入交叉口前的一段距离内，必须能看清相交道路上车辆的行驶情况，以便能顺利地驶过交叉口或及时停车，避免发生碰撞，这一距离必须大于或等于停车视距。

(1) 引道视距

如图 8-5 所示，每条进口道上都应提供与行驶速度相适应的引道视距，以保证驾驶者在看到路面上的停车标线后能将车辆停下来。引道视距在数值上等于停车视距，但量取标准为：眼高 1.2m，物高为 0，故交叉口处对应的凸形竖曲线半径应较前述规定大。《规范》规定了各种设计速度所对应的引道视距及凸形竖曲线最小半径，如表 8-5 所示。

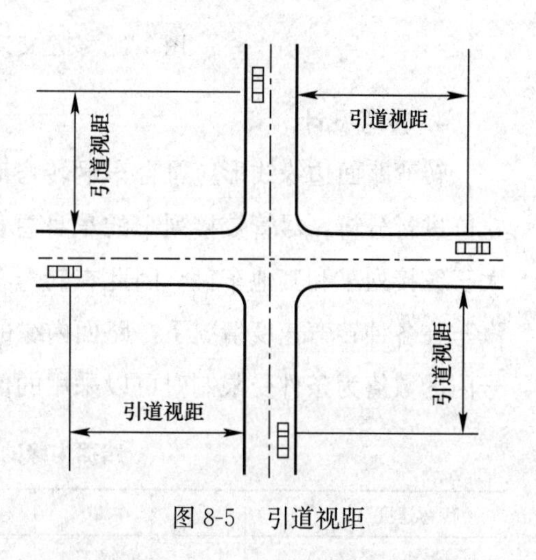

图 8-5 引道视距

引道视距及相应的凸形竖曲线最小半径　　表 8-5

设计速度（km/h）	100	80	60	40	30	20
引道视距（m）	160	110	75	40	30	20
引道凸形竖曲线最小半径（m）	10700	5100	2400	700	400	200

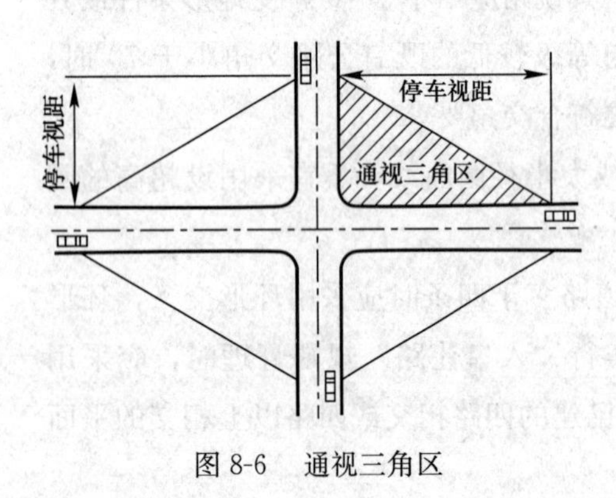

图 8-6　通视三角区

(2) 通视三角区

如图 8-6 所示，相交公路间，由各自停车视距所组成的三角区不得存在任何有碍通视的物体。

条件受限制不能保证停车视距所构成的通视三角区时，次要道路可采用停车让行管理，同时主要道路应加大停车视距至安全交叉停车视距，如表 8-6 所示。这时应保证主要公路的安全交叉停车视距和次要公路至主要公路边车道中心线 5～7m 所组成的通视三角区，如图 8-7 所示。

安全交叉停车视距　　表 8-6

设计速度（km/h）	100	80	60	40	30	20
停车视距（m）	160	110	75	40	30	20
安全交叉停车视距（m）	250	175	115	70	55	35

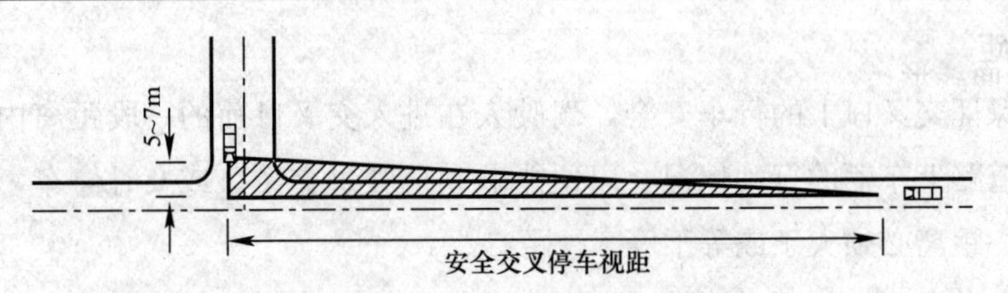

图 8-7　安全交叉停车视距通视三角区

4. 转弯设计

转弯路面边缘线形应符合车辆转弯时的行驶轨迹。根据对五种设计车型的行驶轨迹进行分析，尽管铰接列车的车身总长最长，但载重汽车行驶轨迹的最小半径却大于铰接列车和其他车辆，因此在转弯设计中采用载重汽车为设计控制车型。载重汽车在各种转弯速度情况下，路面内缘的最小圆曲线半径规定如表 8-7 所示，表中括号内的数值为条件受限制时可以采用的值。

路面内缘的最小半径及超高　　表 8-7

转弯速度（km/h）	≤15	20	25	30	40	50	60	70
最小半径（m）	15	20(15)	25(20)	30	45	60	75	90

续表

最小超高（%）	2	2	2	2	3	4	5	6
最大超高（%）	一般值：6，极限值：8							

非渠化平面交叉转弯路面边缘可采用半径 15m 的圆曲线。渠化平面交叉的右转弯车道内侧路面边缘应采用三心圆复曲线，左转弯内侧路面边缘以一单圆曲线来控制分隔岛端的边缘线。当以鞍式列车设计时，路面边缘可采用符合转弯行驶轨迹的复曲线，如图 8-8 所示。

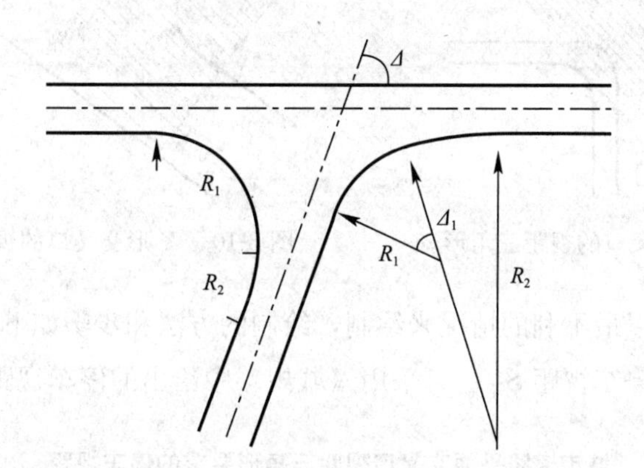

图 8-8　以鞍式列车控制设计时简单交叉口的转弯设计

8.3.3　城市道路平面交叉线形设计

1. 平面线形

平面交叉口范围内道路中线宜采用直线，当需要采用曲线时，其曲线半径不宜小于不设超高的最小圆曲线半径。

平面交叉转角处路缘石线形宜为圆曲线或复曲线，其转弯半径应满足机动车和非机动车的行驶要求，按表 8-8 选定。当平面交叉口为非机动车专用交叉口时，路缘石转弯半径可取 5～10m。

城市道路平面交叉路缘石转弯半径　　表 8-8

右转弯设计速度（km/h）	30	25	20	15
无非机动车道路缘石推荐半径（m）	25	20	15	10

2. 纵断面线形

平面交叉进口道的纵坡度宜小于或等于 2.5%；困难情况下不宜大于 3%。山区城市等特殊情况，在保证行车安全的条件下，可适当增加。

3. 视距

由停车视距 S_T 所组成的三角形称为视距三角形，如图 8-9 和图 8-10 中的阴影部分所示。在视距三角形范围内，不能有任何阻碍驾驶人视线的障碍物，否则应将其全部清除。

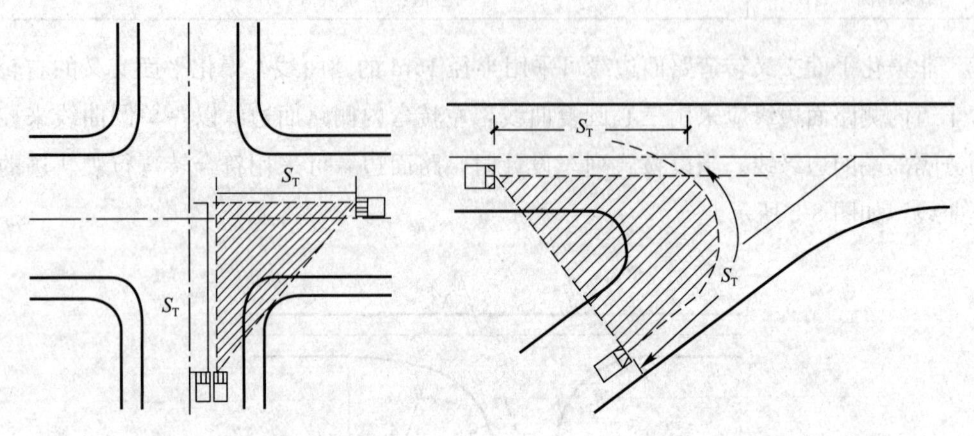

图 8-9　十字形交叉口的视距三角形　　　　图 8-10　Y 形交叉口的视距三角形

视距三角形应以最不利的情况来绘制，绘制的方法和步骤如下：

（1）计算确定停车视距 S_T。可采用《城规》中给出的停车视距，如表 8-9 所示。

城市道路平面交叉口视距三角形要求的停车视距　　表 8-9

直行车设计速度（km/h）	60	50	45	40	35	30	25	20	15	10
停车视距（m）	75	60	50	40	35	30	25	20	15	10

（2）根据交叉口的具体情况，找出行车可能的最危险冲突点。十字形交叉口最危险的冲突点是靠右侧的第一条直行机动车道的轴线与相交道路靠中心线的第一条直行车道的轴线所构成的交叉点，如图 8-9 所示；Y 形或 T 形交叉口，其最危险的冲突点则为最靠右侧的第一条直行车道的轴线与相交道路最靠中心线的一条左转车道的轴线所构成的交叉点，如图 8-10 所示。

（3）从最危险的冲突点向后沿行车轨迹线（可取车行道中线）各量取停车视距 S_T 值。

（4）连接停车视距末端构成视距三角形，在三条线所构成的视距范围内，不允许有阻碍视线的障碍物存在。

4. 进口道车道数与车道宽度

（1）设计交通量

城市道路平面交叉机动车设计交通量应区分直行与左右转交通量。确定进口道车道数等平面设计时，应采用高峰小时信号周期平均到达车辆数。当确定渠化及信号相位方案时，应当用信号配时时段的高峰小时内高峰 15min 的到达车辆数。

平面交叉口非机动车设计交通量的确定方法与机动车相同，平面交叉口行人过街设计交通量应采用高峰小时内的信号周期平均到达量。

应根据交通量、相交道路等级、交叉口所处的区域位置及用地条件合理确定交叉口的通行能力和服务水平。

(2) 车道数

信号控制交叉口应根据交通流量、流向确定进口道车道数。进口道车道数应大于或等于上游路段的车道数，有条件时宜分设各流向的专用车道，并应满足其交通量所需的车道数要求。

(3) 车道宽度

平面交叉口一条进口车道的宽度宜为 3.25m，困难情况下最小宽度可取 3.0m；当改建交叉口用地受到限制时，一条进口车道的最小宽度可取 2.8m。转角导流岛右侧右转专用车道应按设计速度计算转弯半径大小并设置车道加宽。

8.4 道路平面交叉交通组织设计

8.4.1 交通流线与交通特征点

将车辆的行驶轨迹用一条标明方向的线来表示，此线称为交通流线。交通流线分叉点称为分流点，交通流的汇合点称为合流点，交通流线以较大角度相互交叉的点称为冲突点。交通特征点中，以冲突点的影响和危险性最大，交叉口内冲突点的数量可按下式计算：

$$N_c = \frac{n^2(n-1)(n-2)}{6} \tag{8-1}$$

式中 N_c——冲突点数量；

n——相交道路的条数。

由式（8-1）可以看出，冲突点数量与相交道路条数有关，且成指数增加，故应尽可能减少相交道路条数。如图 8-11 所示，冲突点的产生来源于左转及直行车辆（右转车辆不会产生冲突点），并以左转所产生的冲突点数量为最多。因此，对于交叉口交通组织设计，应着重于解决左转车辆和直行车辆的交通组织。

8.4.2 左转弯车辆的交通组织

左转弯车辆不仅是产生冲突点的主要因素，而且也影响直行方向主要车流的通行。无论是为了保证交通安全还是提高交叉口的通行能力，组织好左转弯车辆都是

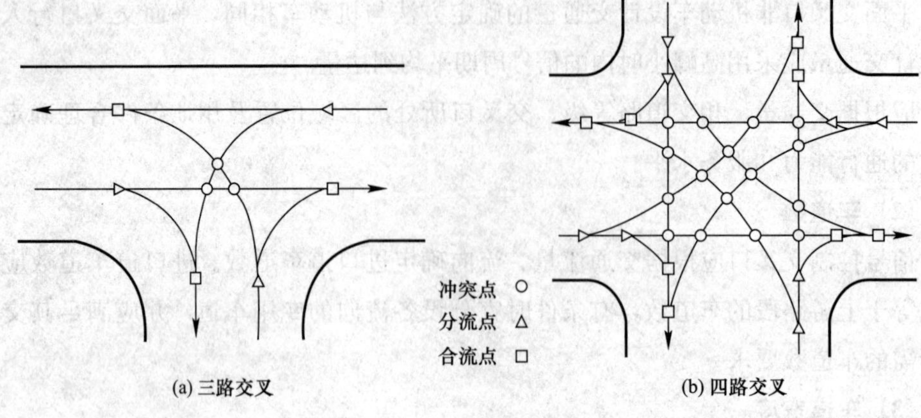

图 8-11　平面交叉交通特征点

一个关键问题。组织左转弯车辆，可采用以下几种形式：

1. 设置专用左转车道

左转弯车辆在停车线后等候开放通行灯时才通行。如直行车辆较多，最好能为左转弯车辆设置专用的车道，通过信号控制在时间上将左转交通与对向直行车流分开，以免阻碍直行车辆的通行；如原有车行道的宽度不够，以致左转弯车辆在停候时影响直行和右转弯车辆的通行，可在靠近交叉口一定距离的范围内拓宽车行道，以便驶入交叉口的车辆能按渠化交通的原则分道停候和行驶。

当高峰 15min 内每信号周期左转车平均流量达 2 辆时，宜设置左转专用车道；当每信号周期左转车平均流量达 10 辆，或需要的左转专用车道长度达 90m 时，宜设两条左转专用车道；左转交通量特别大且进口道上游路段单向车道数为 4 条或 4 条以上时，可设置 3 条左转专用车道。

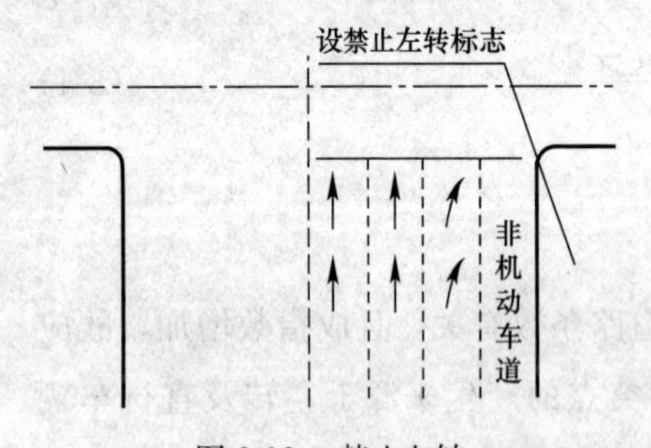

图 8-12　禁止左转

2. 实行交通管制

实行交通管制，在规定时间内不准左转，如图 8-12 所示。

3. 变左转为右转

通过车流右转来实现左转目的，可采用下述两种方法：

(1) 环形交通

在交叉口中央设置圆形或椭圆形交通岛，进入交叉口的车辆一律绕岛单向行驶。

(2) 绕街坊变左转为右转

绕街坊变左转为右转的主要缺点是使左转弯车辆绕行距离增加很多。当旧城改建有困难或在桥头引道有十字交叉口时，可采用这种方法，如图 8-13 所示。

8.4.3　专用车道设置

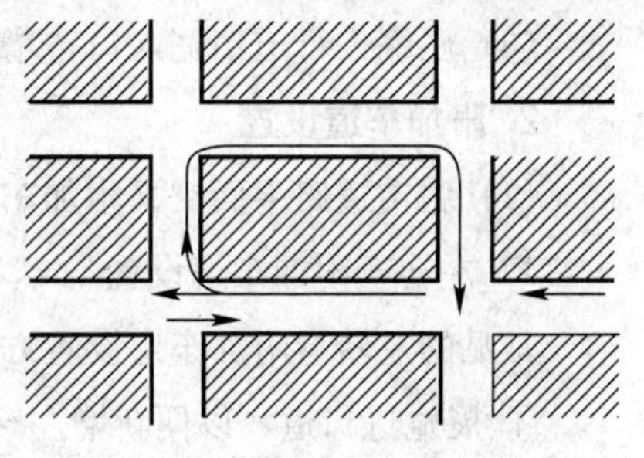

图 8-13　绕街坊变左转为右转

1. 专用车道组合形式

通过设置专用车道，可以组织不同车种和不同行驶方向的左转、直行和右转车辆在各自的车道上各就各位，分道行驶。根据车行道的宽度和左、直、右行车辆的不同组成，可划分成如下不同的组合形式，如图 8-14 所示。

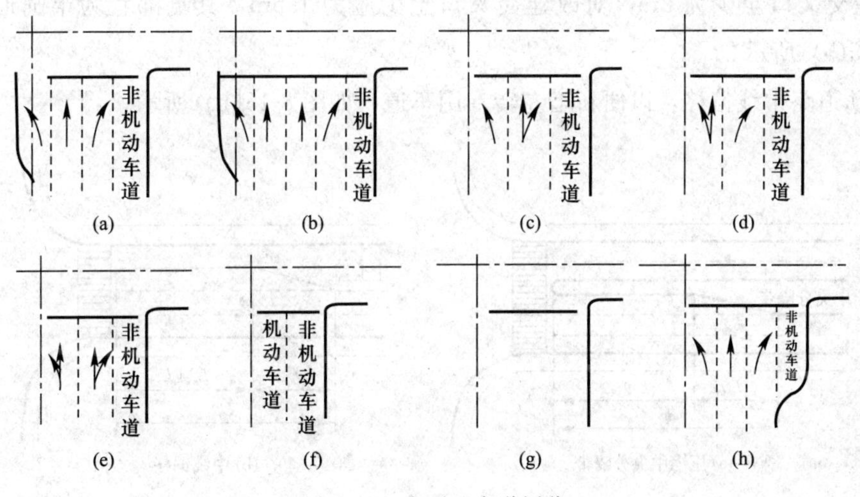

图 8-14　交叉口车道划分

(1) 如左、直、右车辆组成均匀并都有一定数量，可各设一条专用车道；对于非机动车交通，可施划快、慢分道线或设分隔带（墩）组织分流行驶；为了节省用地，特别是当车行道宽度不足时，左转车道可向路中心线稍左偏移布置，对向的车道为反对称布置，如图 8-14(a) 所示。

(2) 如直行车辆特别多、左转车辆也有一定数量，可分设两条直行车道和一条左转车道；对向的车道为反对称布置，如图 8-14(b) 所示。

(3) 如左转车辆多而右转车辆少，可设一条左转车道，右转与直行车辆合用一条车道；对向的车道为反对称布置，如图 8-14(c) 所示。

(4) 如左转车辆少而右转车辆多，可设一条右转车道，左转与直行车辆合用一条车道，如图 8-14(d) 所示。

(5) 如左、右转车辆较少，可分别与直行车道合用，如图 8-14(e) 所示。

(6) 如车行道较窄，则可只划分快、慢车分道线，如图 8-14(f) 所示。

(7) 如车行道很窄，无法划分快、慢车分道线，或划分了反而对车道的相互调剂使用不利，则可不划分，如图 8-14(g) 所示。

(8) 压缩人行道拓宽入口，增设车道，如图 8-14(h) 所示。

2. 附加车道设置

(1) 城市道路平面交叉附加车道

1) 左转弯附加车道设置

常见的左转弯附加车道设置方法有以下几种：

① 展宽进口道，以便新增左转专用车道。

② 压缩较宽的中央分隔带，新辟左转专用车道。压缩后的中央分隔带宽度，对于新建交叉口至少为 2m，对改建交叉口至少应为 1.5m，其端部宜为半圆形，如图 8-15(a) 所示。

③ 道路中线偏移，以便新增左转专用车道，如图 8-15(b) 所示。

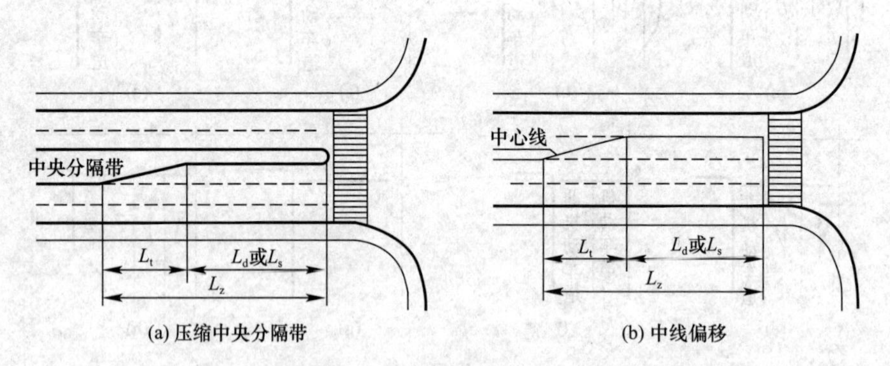

(a) 压缩中央分隔带　　(b) 中线偏移

图 8-15　左转弯附加车道设置

L_t—变换车道所需的展宽渐变段长度（m）；L_d—展宽段长度（m）；

L_s—相邻候驶车辆排队长度（m）；L_z—专用左转车道最小长度（m）

④ 在原直行车道中分出左转专用车道。

2) 右转弯附加车道设置

右转弯附加车道的常用设置方法主要有以下两种：

① 展宽进口道，新增右转专用车道，如图 8-16 所示。

② 在原直行车道中分出右转专用车道。

3) 展宽段与渐变段长度

由图 8-15 和图 8-16 可以看出，进口附加车道长度由展宽渐变段长度 L_t 与展宽段长度 L_d 组成。渐变段长度 L_t 按车辆以 0.7 倍的路段设计速度行驶 3s 横移一条车道宽度来计算确定，其最小长度要求如下：支路 20m，次干路 25m，主干路 30～50m。展宽段最小长度应保证左转或右转车不受相邻候驶车辆排队长度的影响。相邻候驶车辆排队长度 L_s 可由式 (8-2) 计算确定。需要说明的是，上述参数的确定，同样适用于右转弯出口附加车道的设置参数。

$$L_s = N \cdot l \tag{8-2}$$

式中 N——高峰时段一个信号周期内与展宽段相邻车道的停候车辆数（veh）；

l——停候车辆的平均车头间距（m），一般取车身长加 3m。

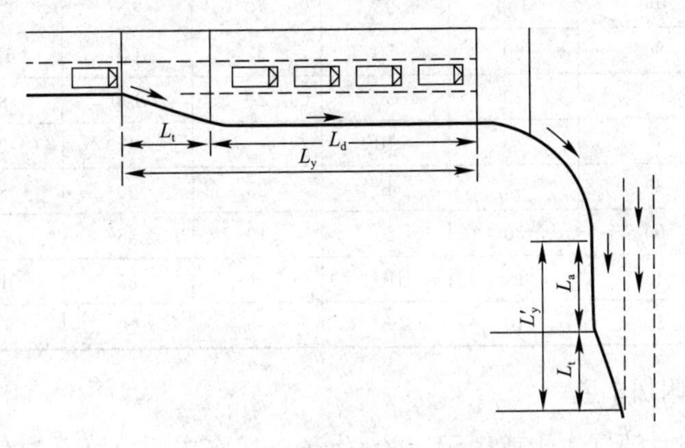

图 8-16　右转弯附加车道设置

L_t—展宽渐变段长度（m）；L_d—展宽段长度，不小于相邻候驶车队长度（m）；L_a—车辆加速所需距离（m）；L_y—展宽右转专用车道长度（m）；L'_y—展宽加速车道长度（m）

当需设两条转弯专用车道时，展宽段长度可取一条专用车道长度的 60%。无交通资料时，展宽段最小长度规定如下：支路 30～40m，次干路 50～70m，主干路 70～90m，与支路相交取下限，与主干路相交取上限。

(2) 公路平面交叉附加车道

1）左转弯附加车道

四车道公路除左转交通量很小且对直行交通不造成阻碍或延误外，均应在平面交叉范围内设置左转弯附加车道供左转车辆分流、减速和等候。《规范》规定二级公路符合下列情况之一者，应设置左转弯附加车道：

① 与高速公路或一级公路互通式立体交叉连接线相交的平面交叉；

② 非机动车较多且未设置慢车道的平面交叉；

③ 左转弯交通会引起交通拥阻或交通事故。

公路左转弯附加车道应由渐变段、减速段和等候段组成。变速车道为等宽车道时渐变段长度规定见表 8-10，减速车道长度规定见表 8-11，等候段长度不应小于 30m。当左转弯交通量很小时，可不考虑等候段长度。

渐变段长度　　**表 8-10**

设计速度（km/h）	100	80	60	40
渐变段长度（m）	60	50	40	30

公路平面交叉变速车道长度 **表 8-11**

公路类别	设计速度(km/h)	减速车道长度(m)			加速车道长度(m)		
		末速度(km/h)			始速度(km/h)		
		0	20	40	0	20	40
主要公路	100	100	95	70	250	230	190
	80	60	50	32	140	120	80
	60	40	30	20	100	80	40
	40	20	10	—	40	20	—
次要公路	80	45	40	25	90	80	50
	60	30	20	10	65	55	25
	40	15	10	—	25	15	—
	30	10	—	—	10	—	—

2）右转弯附加车道

主要公路设计速度大于或等于 60km/h 时，应在主要公路上为右转车辆增设减速分流车道和加速汇流车道，二者的长度规定分别见表 8-11。

两条一级公路相交或一级公路与交通量大的二级公路相交时，为保证直行方向车辆行驶速度，其右转弯运行应设置经渠化分隔的右转弯车道。《规范》规定一级公路、二级公路的平面交叉中，符合下列情况之一者应设置右转弯附加车道：

① 斜交角度接近 70°的锐角象限时；

② 交通量较大，右转弯交通会引起不合理的交通延误时；

③ 右转弯车流中重车比例较大时；

④ 右转弯行驶速度大于 30km/h 时；

⑤ 互通式立体交叉连接线中的平面交叉右转弯交通量较大时。

8.4.4 通行能力与服务水平分析

交叉口通行能力指的是交叉口各进口道单位时间内可以通过的车辆数之和。平面交叉口设计，必须使其设计服务水平下的通行能力满足交叉口的规划交通量要求。城市道路交叉口、三级及三级以上公路平面交叉应对通行能力和服务水平进行分析和检验。不同的交通管理方式，交叉口的通行能力不同，其分析方法也不相同。

1. 信号交叉口

(1) 通行能力计算

1）直行车道

信号交叉口进口一条直行车道的设计通行能力计算公式如下：

$$C_s = \frac{3600}{T_C}\left(\frac{t_g - t_1}{t_i} + 1\right)\delta \tag{8-3}$$

式中 C_s——一条直行车道的设计通行能力（pcu/h）；

T_C——信号灯周期（s）；

t_g——每个信号周期内的绿灯时间（s）；

t_1——绿灯亮后，第一辆车启动、通过停车线的时间（s），可采用2.3s；

t_i——直行车辆通过停车线的平均时间（s/pcu）；

δ——折减系数，可采用0.9。

2）直右车道

一条直右车道的设计通行能力与一条直行车道的设计通行能力相等，即：

$$C_{sr} = C_s \tag{8-4}$$

式中 C_{sr}——一条直右车道的设计通行能力（pcu/h）。

3）直左车道

一条直左车道的设计通行能力按下式计算：

$$C_{sl} = C_s(1 - \beta_l'/2) \tag{8-5}$$

式中 C_{sl}——一条直左车道的设计通行能力（pcu/h）；

β_l'——直左车道中左转车所占比例。

4）直左右车道

一条直左右车道的设计通行能力与一条直左车道的设计通行能力相等，即：

$$C_{slr} = C_{sl} \tag{8-6}$$

式中 C_{slr}——一条直左右车道的设计通行能力（pcu/h）。

5）进口道

进口道的设计通行能力等于该进口各车道设计通行能力之和。此外，也可根据本进口车辆左、右转比例计算。

① 进口设有专用左转与专用右转车道

进口设有专用左转与专用右转车道时，进口道设计通行能力按下式计算：

$$C_{elr} = \sum C_s/(1 - \beta_l - \beta_r) \tag{8-7}$$

式中 C_{elr}——设有专用左转与专用右转车道时，本面进口道设计通行能力（pcu/h）；

$\sum C_s$——本面直行车道设计通行能力之和（pcu/h）；

β_l——左转车占本面进口道车辆比例；

β_r——右转车占本面进口道车辆比例。

② 进口设有专用左转车道而未设专用右转车道

进口设有专用左转车道而未设专用右转车道时，进口道的设计通行能力按下式计算：

$$C_{el}=(\sum C_s+C_{sr})/(1-\beta_l) \tag{8-8}$$

式中　C_{el}——设有专用左转车道时，本面进口道设计通行能力（pcu/h）。

③ 进口道设有专用右转车道而未设专用左转车道

进口道设有专用右转车道而未设专用左转车道时，进口道的设计通行能力按下式计算：

$$C_{er}=(\sum C_s+C_{sl})/(1-\beta_r) \tag{8-9}$$

式中　C_{er}——设有专用右转车道时，本面进口道设计通行能力（pcu/h）。

(2) 服务水平评价

我国《城规》将信号交叉口服务水平分为四级，采用的服务水平评价指标包括：平均停车延误、负荷度、排队长度等，如表 8-12 所示，新建道路交叉口设计服务水平采用三级。

信号交叉口服务水平　　**表 8-12**

服务水平	平均停车延误（s/veh）	负荷度	排队长度（m）
一	<30	<0.6	<30
二	30～50	0.6～0.8	30～80
三	50～60	0.8～0.9	80～100
四	>60	>0.9	>100

2. 无信号交叉口

无信号交叉口可分为次要道路停车让行、全部道路停车让行和环形交叉口三种形式。城市道路要求次要道路停车让行交叉口通行能力应保证次要道路上车辆可利用的穿越空档能满足次要道路上交通需求。下面以公路为例介绍其通行能力的分析方法。

(1) 基准通行能力

根据间隙接受理论，无信号交叉口次级交通流向的基准通行能力应按下式计算：

$$C_{bi}=Q_{ci}\times\frac{e^{-\frac{Q_{ci}\times T_{ci}}{3600}}}{1-e^{-\frac{Q_{ci}\times T_{fi}}{3600}}} \tag{8-10}$$

式中　C_{bi}——次级交通流向 i 的基准通行能力（veh/h）；

Q_{ci}——次级交通流向 i 的冲突交通量，按表 8-13 与图 8-17 选取（veh/h）；

T_{ci}——次级交通流向 i 中的车辆在穿越其冲突交通流时所需的临界间隙（s）；

T_{fi}——次级交通流向 i 中的车辆跟车时距（s）。

无信号交叉口冲突交通量计算公式 **表 8-13**

交通流向	冲突交通量计算公式	
主路左转	$Q_{c1}=q_5+q_6$ ①	$Q_{c4}=q_2+q_3$ ①
支路右转	$Q_{c9}=q_2/N$ ②	$Q_{c12}=q_5/N$ ②
支路直行	$Q_{c8}=q_1+q_2+q_4+q_5+q_6$	$Q_{c11}=q_4+q_5+q_1+q_2+q_3$
支路左转	$Q_{c7}=q_1+q_2+q_4+q_5/N+q_{12}$ ③ $+q_{11}$	
	$Q_{c10}=q_4+q_5+q_1+q_2/N+q_9$ ③ $+q_8$	

注：①当主路右转交通流向进入支路后被分流岛分开，可不考虑主路右转车辆的影响；
②当主路入口有 N 条直行车道时，与支路右转车冲突的交通量只有主路直行交通量 $1/N$，或者采用实测的外侧车道交通量比例来代替 $1/N$；
③当支路中右转车流被分流岛分开，忽略对向支路中右转车对支路左转车流的影响。

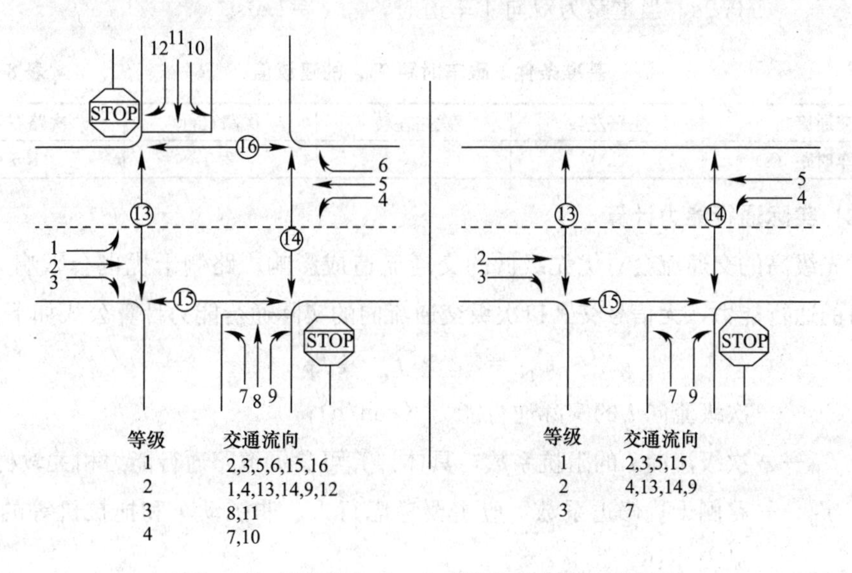

图 8-17 无信号交叉口交通流向优先等级示意图

十字形或 T 形交叉口的临界间隙 T_{ci} 按式（8-11）计算：

$$T_{ci}=T_{bci}+t_{cHV}\times P_{HVi}+t_{gi}\times g_i-t_{1i} \tag{8-11}$$

式中 T_{bci}——基准条件下次级交通流向 i 中的车辆在穿越冲突交通流时所需的临界间隙，可查表 8-14 获取（s）；

t_{cHV}——交通组成对临界间隙的修正值，当主路为双向 2 车道时，$t_{cHV}=1$s，当主路为双向 4 车道时，$t_{cHV}=2$s；

P_{HVi}——次级交通流向 i 中的非小客车比例；

t_{gi}——纵坡坡度对临界间隙的修正值，对主路左转、次路右转交通流向，$t_{gi}=0.1$s，对次路直行车流和左转车流，$t_{gi}=0.2$s；

g_i——交通流向 i 的纵坡坡度（%）；

t_{1i}——适用于 T 形交叉口次路左转交通流的左转车修正值，通常 $t_{1i}=0.7$s，对于十字形交叉口，$t_{1i}=0$。

基准条件下临界间隙 T_{bci} 的建议值 **表 8-14**

交通流向		主路左转	次路左转	次路直行	次路右转
临界间隙（s）	主路为双向 2 车道	5.0	5.5	5.0	3.0
	主路为双向 4 车道	6.0	6.5	6.0	4.0

次级交通流向 i 中的车辆跟车时距 T_{fi} 可按式（8-12）计算：

$$T_{fi}=T_{bfi}+t_{fHV}\times P_{HVi} \tag{8-12}$$

式中 T_{bfi}——基准条件下交通流向 i 中的车辆跟车时距，可查表 8-15 获取（s）；

t_{fHV}——交通组成对跟车时距的修正值，当主路为双向 2 车道时，$t_{fHV}=0.9s$，当主路为双向 4 车道时，$t_{fHV}=1.0s$。

基准条件下跟车时距 T_{bfi} 的建议值 **表 8-15**

交通流向	主路左转	次路左转	次路直行	次路右转
跟车时距（s）	2.0	2.5	2.0	1.6

(2) 实际通行能力计算

优先级高的交通流会对优先级低的交通流造成影响，路侧干扰也会影响无信号交叉口的通行能力，无信号交叉口次级交通流向的实际通行能力计算公式如下：

$$C_{pi}=C_{bi}\times f_{gi}\times f_F \tag{8-13}$$

式中 C_{pi}——次级流向 i 的实际通行能力（veh/h）；

f_{gi}——次级流向 i 的阻抗系数，具体计算可参见道路通行能力相关教材；

f_F——路侧干扰修正系数，应主要考虑行人、非机动车和拖拉机等的影响，见表 8-16。

无信号交叉口通行能力的路侧干扰修正系数 f_F **表 8-16**

路侧干扰等级	1	2	3	4
修正系数 f_F	0.95	0.85	0.75	0.65

(3) 服务水平评价

我国的《公路通行能力手册》将无信号交叉口服务水平分为六级，如表 8-17 所示，设计服务水平不应低于四级。

无信号交叉口服务水平的标准 **表 8-17**

服务水平	车均延误（s/veh）	饱和度
一	≤10	≤0.50
二	(10，15]	(0.50，0.60]
三	(15，25]	(0.60，0.71]
四	(25，35]	(0.71，0.77]
五	(35，50]	(0.77，0.83]
六	>50	>0.83

对于无信号平面交叉，采用延误指标可以直观地反映交通运行质量，但延误指标较难观测与直接计算，可通过饱和度指标间接计算。延误与饱和度在一定范围内存在指数关系：

$$d_i=\begin{cases}1.2\times e^{2.28X_i} & X_i\leqslant 0.77\\ 2.04\times e^{4.28X_i}-20 & X_i>0.77\end{cases} \tag{8-14}$$

式中 d_i——次级交通流向 i 的车均延误（s/veh）；

X_i——次级交通流向 i 的饱和度。

无信号平面交叉口的延误是针对各个次级（2、3、4 级）流向分别定义的，对于整个交叉口的延误可通过不同流向的延误求加权平均得到，如式（8-15）所示：

$$d_a=\frac{\sum q_i d_i}{\sum q_i} \tag{8-15}$$

式中 d_a——交叉口的车均延误（s/veh）；

q_i——次级交通流向 i 的交通量（pcu/h）。

8.4.5 渠化交通

所谓渠化交通，是指在道路上通过划线、绿地和交通岛来分隔车道，使各种不同类型和不同速度的车辆能像渠道内的水流那样，顺着一定的方向，互不干扰地通行。《规范》规定，二级及二级以上公路的平面交叉必须进行渠化设计。公路的平面交叉应根据其交通管理方式和功能特点进行渠化设计。可以根据交叉口形式、交通管理方式和转向交通量情况采用加铺转角、拓宽进口道、设置转弯车道和交通岛等措施进行渠化设计，对交通流进行合理组织，减少交通冲突和干扰。三级及以下公路的平面交叉可根据需要进行渠化设计。城市道路平面交叉在条件允许的情况下则全部需要进行渠化设计。

1. 设计原则

渠化交通可以有效地缓解交通拥挤状况，提高车速和通行能力，保障交通安全，它对于解决畸形交叉口的问题尤为有效。进行渠化交通设计时，应遵循下述原则：

（1）尽量减少交叉口车辆可能发生冲突的路面面积，如图 8-18(a) 所示。交叉口内路面铺装面积过大时，车辆及行人通过交叉口的路径选择余地很大，这反而增加了车辆及行人发生冲突的范围，使通过交叉口的危险性增大。采取渠化措施压缩路面面积，使车辆及行人通过交叉口的路径单一且集中，可有效地控制冲突范围。在较小的冲突范围内，道路使用者可以做出准确的判断并采取应急措施，从而增加安全度。

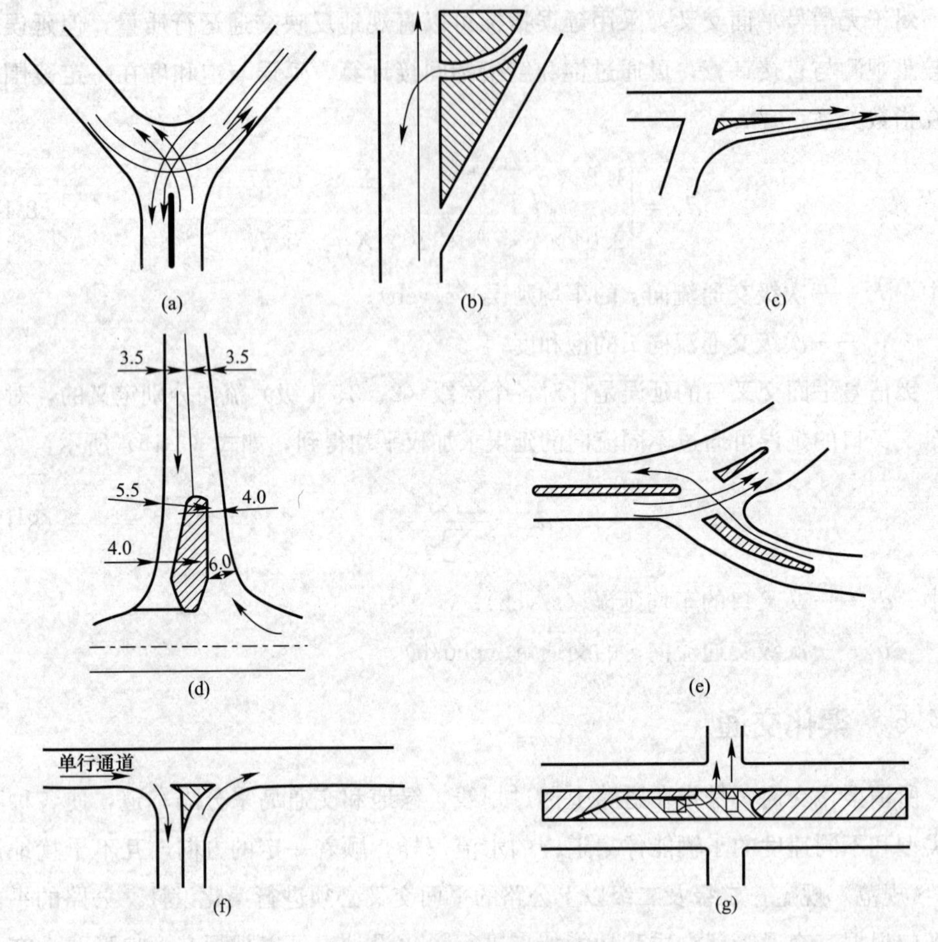

图 8-18 渠化交通示例

(2) 增大交通流线的交叉角度，如图 8-18(b) 所示。车辆交叉通过时，其交叉角度越接近直角越有利，这样可以减少可能发生冲突的路面面积，使车辆通过交叉点的时间缩短，驾驶人更易判断被交叉车辆的通过速度。

(3) 减小车流的分流、合流角度，如图 8-18(c) 所示。由于车流在进行小角度的分流、合流运行时，可采用实现两股车流最小的速度差，在合流时还可充分利用较小的车头间距，因此应尽量减小分流、合流角度，一般该角度应控制在 10°～15°。

(4) 有利于车流进入交叉口时减速和驶出交叉口时加速，如图 8-18(d) 所示。交叉口的设计速度一般低于相交路段的设计速度，因此，车辆进入交叉口时要减速，驶出交叉口时则要加速，渠化交通应满足这一要求，一般将出入口渠化成喇叭形。

(5) 曲线上交叉口的渠化如图 8-18(e) 所示，这时渠化交通应促使次要道路上的车流进入交叉口时减速缓行，并尽量保证次要道路上的交通流顺畅。

(6) 渠化交通采用的交通岛位置和形状应配合交通组织指示或强制车辆按正确路径行驶，使车辆不致误入禁行车道或方向，如图 8-18(f) 所示。

（7）有利于车辆及行人横穿对方交通流的安全，如图 8-18(g) 所示。在可能情况下，在较宽的道路方向上设置尽量宽的交通分隔带，以形成行人过街的安全岛，或成为车辆过街时的避让带。这既有利于提高穿越道路的通行能力，也有利于交通安全。

2. 交通岛

交通岛按其构造分为三种：以缘石围成的高出周围行车道路面的实体岛、路面上用标线画出的隐形岛和无缘石的浅碟式岛。当被交通岛分隔的车行道有不少于两条的车道，或虽为一条车道但设置绕避故障车辆的加宽，或岛中需设置标志、信号柱时，应采用由缘石围成的实体岛；岛的面积较小，或不宜采用强行分隔时，宜采用在路面上由标线示出的隐形岛；岛的面积很大时，宜采用由设置宽度不小于 0.5m 的路缘带的行车道围成的浅碟式岛。

交通岛按其作用不同可分为分隔岛、安全岛、中心岛和方向岛等，如图 8-19 所示。

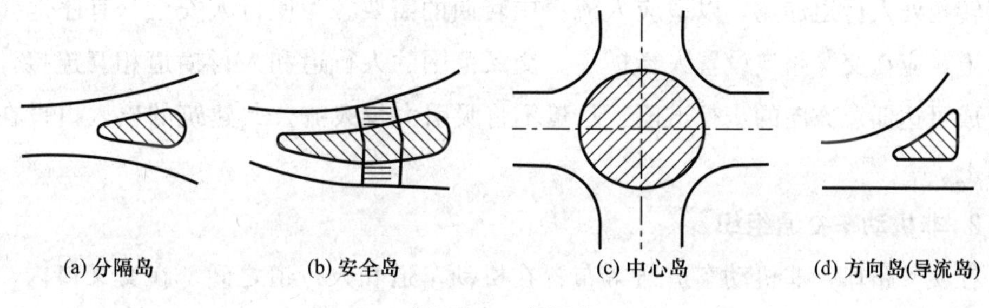

图 8-19　交通岛

分隔岛是用来分隔机动车和非机动车、快车和慢车，以及对向行驶的车流，保证行车速度和交通安全的长条形交通岛，有时也可在路面上划线来代替分隔岛。

安全岛供行人过街时避让车辆之用。在宽阔的交通繁忙的街道上，宜在人行横道线中央设置安全岛，以保证行人过街安全。

中心岛是设在交叉口中央，用来组织左转弯车辆和分隔对向车流的交通岛。

方向岛又称导流岛，用以指引行车方向，它在渠化交通中起着很大作用，许多复杂的交叉口，往往只需用几个简单的方向岛，就能组织好交通，减少或消灭冲突点。方向岛还可用于约束车流，使车辆减速转弯，保证行车安全。

公路渠化平面交叉设置的交通岛主要包括导流岛与分隔岛两类，应按下列情况设置：

（1）需专辟右转弯车道时应设置导流岛。

（2）信号交叉口中，左转弯为两条车道时，左转弯与同向直行车道间宜设置导流岛。

（3）左转车道与对向直行车道间应设置分隔岛。

（4）T形交叉中，次要公路引道上的两条左转弯行驶轨迹间应设置分隔岛。

（5）对向行车道间需提供行人的避险场所，或需设置标志、信号立柱时，应设置分隔岛。

8.4.6 行人与非机动车的交通组织

公路设计中常较少考虑行人和非机动车交通。但对城市道路而言，有大量行人和非机动车存在。因此，合理组织行人和非机动车交通，是消除交叉口交通阻塞，保障交通安全的有效方法。

1. 行人交通组织

行人交通组织的主要任务是组织行人在人行道上行走，在人行横道线内安全过街，使人、车分离，干扰最小。

人行道通常对称布置在行车道两侧。交叉口内相邻道路的人行道应相互连通，并将转角处人行道加宽，以适应人流集中转向的需要。为使行人安全、有序地横穿行车道，应在交叉路口设置人行横道。交叉范围的人行道和人行横道相互连接，共同组成可达任意方向的步行道网。尽量不将吸引大量人流公共建筑的出入口设在交叉口上。

2. 非机动车交通组织

在交叉路口，非机动车道通常布置在机动车道和人行道之间。在交叉口内，一般车流量下非机动车随机动车按交通规则在右侧行驶，并施划分隔标线；车流量较大时，可采用分隔带或隔离墩将机动车与非机动车分离行驶，减少相互干扰。上述两种情况与机动车交通组织共同考虑。

当车流量很大，机、非之间干扰严重时，可考虑采用立体非机动车交通组织，并与人行天桥或地道合并设置。上下人行天桥或地道可用梯道、坡道或混合式。一般行人宜用梯道型升降方式；非机动车应采用坡道型；非机动车较多，又因地形或其他条件限制不能设置坡道时，可用梯道带坡道的混合型升降方式。

8.5 环形交叉口设计

环形交叉口是在交叉口中央设置一个中心岛，用环道组织交通的一种形式。其交通特点是进入交叉口的不同交通流只允许按照逆时针方向绕中心岛做单向行驶，交通运行上以较低的速度合流并连续地进行交织行驶，直至出口分流驶出。

环形交叉口设计的主要内容包括确定中心岛的形状和半径、环道的布置和宽度、交织段长度、交织角、进出口曲线半径和视距等。

8.5.1 环形交叉口的组成、基本形式

1. 环形交叉口的组成

图 8-20 示出了环形交叉口的组成。采用环形交叉的目的，是为了避免在交叉口产生周期性的阻滞，并消除交叉口上的冲突点，从而提高行车安全性并减小车辆在交叉口的延误。

2. 环形交叉口的基本形式

根据交叉口占地面积、中心岛大小和交通组织等因素，环形交叉口可分为以下三种基本形式：

（1）普通环形交叉口：中心岛直径大于 25m。

（2）小型环形交叉口：中心岛直径为 4～25m。

（3）微型环形交叉口：中心岛直径小于 4m。

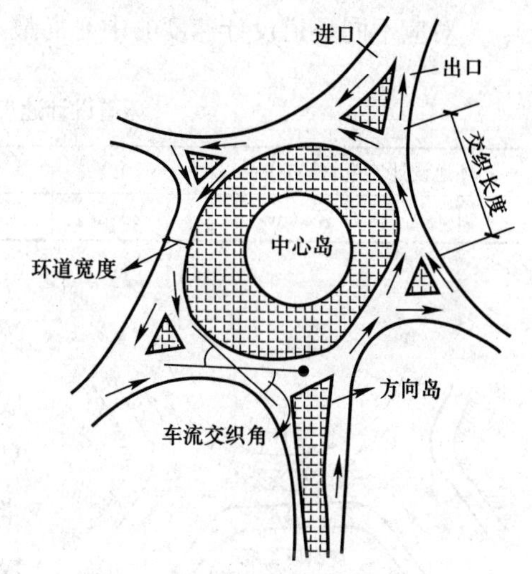

图 8-20 环形交叉口组成示意图

8.5.2 中心岛设计

1. 中心岛形状

普通环形交叉口是在交叉口中央布置一个直径足够大的中心岛，保证车辆能按一定速度在环道上连续不断地行驶，并以交织方式进出环道。我国目前大多数环形交叉口属于这种形式。中心岛的形状，一般采用圆形；对主次道路相交的交叉口也可用椭圆形的中心岛，这时应使长轴沿主要道路方向布置。此外，根据地形、地物及相交道路的特点，也可采用规则或不规则几何形状的中心岛。

2. 中心岛半径

中心岛半径的计算，首先要考虑满足设计速度的需要，然后再按相交道路的条数和宽度，验算路口之间的交织段长度是否符合车辆交织行驶的需要，最后加以确定。

（1）按设计速度计算

因为绕岛行驶的车辆是在紧靠中心岛的车道宽度 b 的中间行驶，故实际采用的中心岛半径还应减去 $b/2$，即：

$$R_{\mathrm{d}}=\frac{V^2}{127(\mu \pm i)}-\frac{b}{2} \tag{8-16}$$

式中　R_d——中心岛半径（m）；

V——环道设计速度（km/h），按相交道路中最大设计速度的50%～70%取值，宜取低值；

μ——横向力系数，μ=0.14～0.18；

i——环道横坡，取i=1.5%～2.0%，紧靠中心岛行车道横坡向中心岛倾斜时i为正号，否则为负号。

对应不同环道设计速度的中心岛最小半径规定如表8-18所示。

环道设计速度与中心岛最小半径　　表8-18

环道设计速度（km/h）	20	25	30	35	40
中心岛最小半径（m）	20	25	35	50	65

（2）按交织段长度的要求计算

因环形交叉口的交通量是以交织方式来完成车辆互换车道而进出交叉口的，所以，中心岛的尺寸，不但要适应设计速度所需要的转弯半径，同时，还应满足相邻路口之间最小交织段长度的要求。

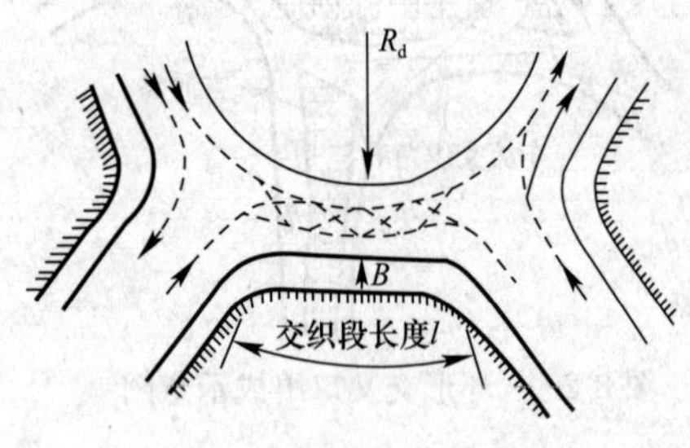

图8-21　车辆在环道上交织行驶

如图8-21所示，所谓交织段长度是指进环和出环的两辆车在环道上行驶时互相交织，变换一次车道位置所行驶的路程。交织长度主要取决于车辆在环道上的行驶速度。当两个路口之间有足够距离时，在该环道上行驶的车辆均可在合适的时机交织。

中心岛的半径必须满足两个路口之间最小交织段的要求，否则，行驶中需要互相交织的车辆，就要在环道上停车等让，不符合环形交叉口连续交通的基本原则。最小交织长度不应小于以环道设计速度行驶4s的距离，行驶铰接车时，最小交织长度不应小于30m，最小交织长度应符合表8-19的规定。

环道上不同车速所需的最小交织段长度　　表8-19

环道设计速度（km/h）	20	25	30	35	40
最小交织段长度（m）	25	30	35	40	45

如图8-22所示，交织段长度所要求的中心岛半径R_d，可近似地按交织段长度围成的圆周大小来计算，即：

$$R_d=\frac{n(l+B_{平均})}{2\pi}-\frac{B}{2} \tag{8-17}$$

式中　n——相交道路的条数；

l——两个路口之间的交织段长度（m）；

$B_{平均}$——交汇道路的平均宽度（m），当中心岛为圆形，交汇的道路为十字正交时，$B_{平均}$取交叉口相邻两路口车道宽度的平均值。

由以上公式可知，当相交道路的条数越多（即 n 越大），则要求中心岛的半径 R 就越大，这样，将大幅度地增加交叉口的用地面积；同时，也大大增加绕岛车辆的行程，这是很不经济合理的。因此，环形交叉口的相交道路不宜多于 6 条。

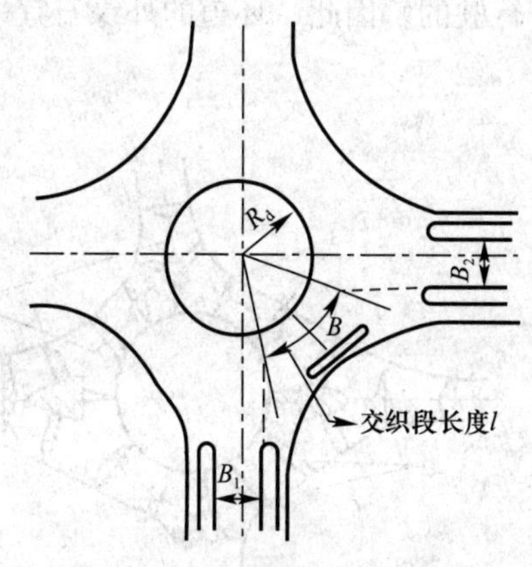

图 8-22　交织段长度的位置

如按行车速度已确定中心岛半径 R，可按式（8-18）验算其交织段长度 l 是否符合要求：

$$\left.\begin{aligned} l &= \frac{2\pi}{n}\left(R+\frac{B}{2}\right)-B_{平均} \\ l &= \frac{2\pi\alpha}{360°}\left(R+\frac{B}{2}\right)-B_{平均} \end{aligned}\right\} \tag{8-18}$$

式中　α——相邻道路中心线所形成的交角，当交角不相等时，应采用最小夹角值。

一般在设计 4 条道路交汇的环形交叉口时，所采用的中心岛半径都应按式（8-16）和式（8-17）验算，选取较大者。

我国大、中城市目前所采用的圆弧形中心岛直径一般多数为 40～60m，只有个别城市修建较早的环形交叉口采用了较大的直径，如长春市人民广场的环岛直径为 220m。根据观测结果，在城市道路上选用环形交叉口，其中心岛直径以采用 40～80m 为宜。

8.5.3　环道设计

1. 环道进、出口的曲线半径

环道进、出口的曲线半径取决于环道的设计速度。为了使环道上的车速比较一致，对入环车辆的车速应加以限制。因此，环道进口的曲线半径应接近或小于中心岛半径。环道出口的曲线半径可较进口的曲线半径大些，以便车辆加快驶出，保持交叉口畅通，各相交道路的进口曲线半径不能相差太大，以免造成入环车速差别过大，影响环道的行车安全。

2. 环道的横断面

环道的横断面形状直接影响行车平稳和排水是否顺畅。通常将横断面的路拱脊线设在交织车道的中间，如图 8-23 所示。在进、出环道处，横坡度的变化应较缓和。中心岛的四周应设置雨水口，保证环道上积水的排除。在进、出口之间无交通的地方可设置三角形的方向岛。

3. 环道的外缘石

环道外缘石平面多做成反向曲线形式（图 8-24），虽然比较美观，但从交通的观点来看是不合理的。实际观测证明，这种形状的环道外侧有 20%的路面是从来无车行驶的。因此，环道的外缘石宜采用直线圆角形式，如图 8-24 中虚线所示。

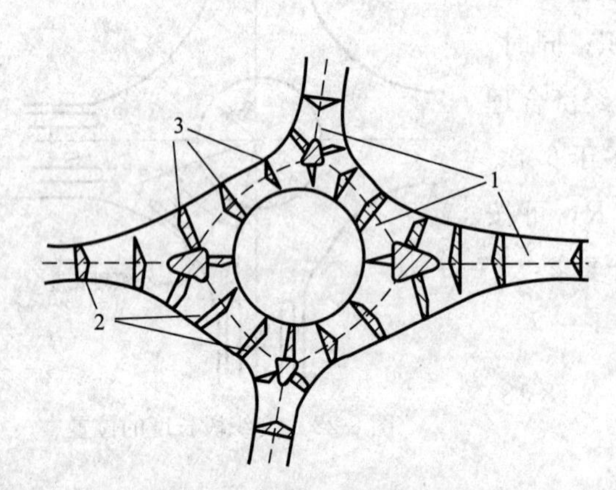

图 8-23 环道的路拱脊线

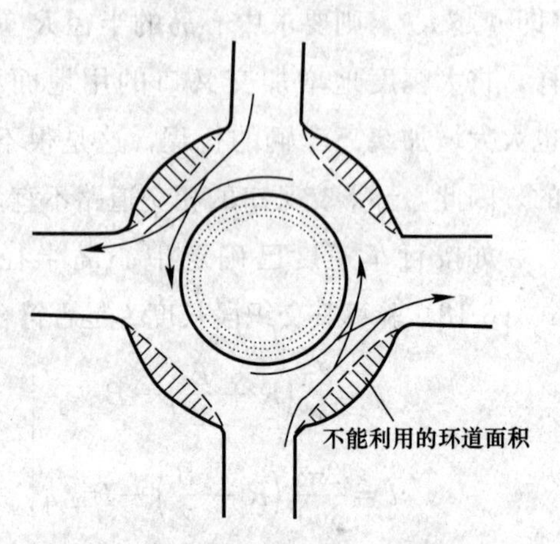

图 8-24 环道的外缘石平面形状

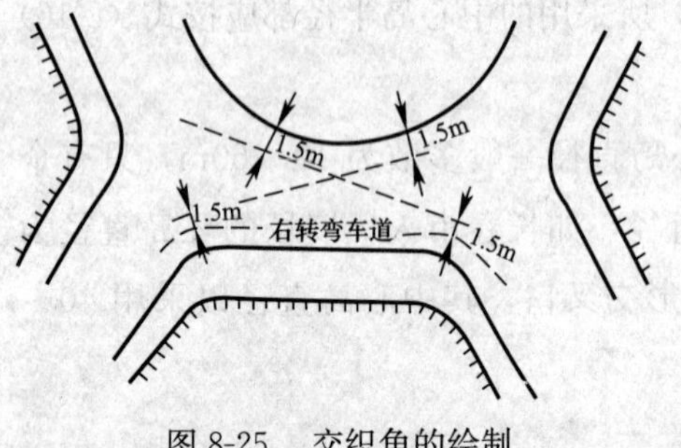

图 8-25 交织角的绘制

4. 交织角

交织角是检验车辆在环道上交织行驶时安全情况的一个指标，它以右转弯车道的外缘 1.5m 的两条切线的交角来表示，如图 8-25 所示。交织角的大小取决于环道的宽度和交织段长度。交织角过大，行车易出事故，一般限制在 20°～40°以内。

5. 环道的宽度

环道的宽度取决于相交道路的交通量和交通组织。一般是将靠近中心岛的一条车道作绕行之用，靠最外面一条车道提供右转弯，当中再加一条车道供交织用。根据观测表明，当环道车道数从两条增加到 3 条时，通行能力提高得最为显著；当车道数在 4 条以上时，通行能力提高得极少。因为车辆在绕岛行驶时需要交织，在一定的交织段长度范围内交织车辆必定按顺序行进，不可能同时出现两辆以上车辆交织，故不论车道数设计多少条，在交织段断面上只有一条车道能起作用。

因此，环道上不宜设置太多的车道，一般采用 3 条为宜；如交织段长度较长，一般大于 60m 时，可考虑布置两条交织车道，环道共 4 条车道。如相交道路的车行道较窄，也可采用两条车道。

环道上的车道宽度必须按照弯道加宽值予以加宽。根据机动车的车长，环道上每条车道的加宽值按表 8-20 确定。非机动车道所需宽度不应小于相交道路中的最大非机动车道宽度，也不宜大于6m。

环道上车道加宽值（m） 表8-20

中心岛半径（m）		$10<R\leqslant15$	$15<R\leqslant20$	$20<R\leqslant30$	$30<R\leqslant40$	$40<R\leqslant50$	$50<R\leqslant60$
车型	小型车	0.80	0.70	0.60	0.50	0.40	0.40
	大型车	3.00	2.40	1.80	1.30	1.00	0.90

6. 非机动车道与人行道的布置

环道的车行道可根据交通流的情况，采用机动车与非机动车混行或分行布置。分行时可用分隔带、分隔物或标线分隔。分隔带宽度应大于或等于1.0m。当自行车密度过大时，易产生绕岛行驶的自行车流封锁了机动车道的出口而造成行车混乱，此时应慎用平面环交。

中心岛上不应布置人行道。环道外侧人行道宽度，不宜小于交汇道路中的最大人行道宽度。环道上应满足绕行车辆的停车视距要求。

8.6 交叉口竖向设计

交叉口竖向设计是交叉口几何设计的内容之一。竖向设计是通过调整交叉口范围内道路的纵坡和横坡，完成交叉口范围内各点的标高设计。

8.6.1 竖向设计的目的和原则

交叉口竖向设计的目的是满足行车平顺稳定，同时保证排水通畅，还要协调好交叉口附近建筑物的标高及地下管线、照明和绿化等问题。

交叉口竖向设计应遵循以下原则：

（1）相同等级道路相交时，一般维持各自的纵坡不变，而改变它们的横坡度。

（2）主要道路与次要道路相交时，主要道路的纵、横断面均维持不变，调整次要道路横坡和纵坡，以保证主要道路的交通便利。

（3）设计时至少应有一条道路的纵坡方向背离交叉口，以利于排水。如遇盆状地形，所有道路纵坡方向都倾向交叉口时，可将中心部抬起。否则在进交叉口之前应设置雨水口和排水管道，以保证交叉口的排水要求。

（4）在交叉口范围内布置雨水口时，一条道路的雨水不应流进交叉口的人行横道，或流入另一条道路，也不能使交叉口内产生积水。所以，雨水口应设在人行横道之前或低洼处。

（5）交叉口范围内横坡要平缓些，一般不大于路段横坡度，以利于行车；纵坡度不宜大于2%，困难情况下应不大于3%。

(6) 交叉口竖向设计标高应与周围建筑物的地坪标高协调一致。

8.6.2 交叉口竖向设计的基本形式

交叉口竖向设计形式主要取决于相交道路的等级、交通量、横断面形状、纵坡的大小和方向及周围地形等。以十字形交叉口为例，按其所处地形及相交道路纵坡方向，可划分为 6 类设计等高线的基本形式。

(1) 4 条道路的纵坡全部由交叉口中心向外倾斜，如图 8-26(a) 所示，其地形为凸形。设计时往往只需把交叉口的坡度做成与相交道路同样的坡度，调整一下接近交叉口时的道路横坡，让地面水向交叉口 4 个街角的街沟排出即可，在交叉口内不需设置雨水口。

(2) 4 条道路纵坡向交叉口中心倾斜，如图 8-26(b) 所示，其地形为凹形。在这种情况下，地面水向交叉口中心集中，必须对应设置雨水口以排泄地面水，设计时可使交叉口中心地带略升高一些，在交叉口人行横道之外 4 个角低洼处设置雨水口，但这样做会使交叉口内的纵坡有起伏变化，不利于行车。因此，最好是一条主要道路的纵坡向交叉口外倾斜，把其纵坡转折点设计在交叉口外。

(3) 3 条道路的纵坡由交叉口向外倾斜，而另一条道路的纵坡向交叉口倾斜，如图 8-26(c) 所示，其地形特点为相交道路之一位于分水线上，设计时可保持相交道路的横断面形状，对倾向交叉口的道路在其进入交叉口范围后将原来的拱顶线改变

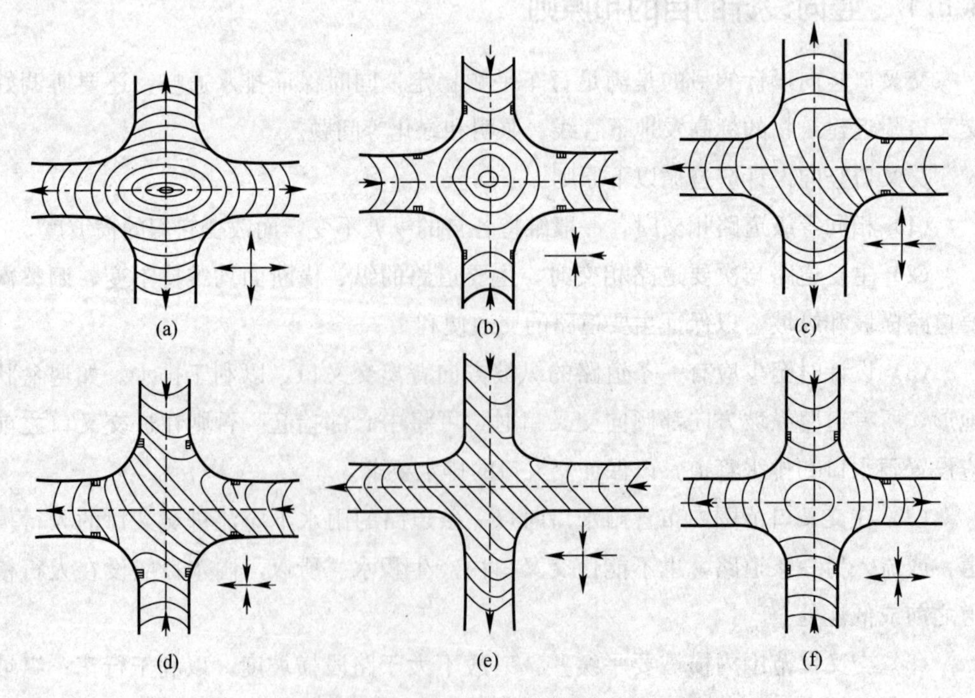

图 8-26 竖向设计的基本形式

为 3 个方向离开交叉口，并在倾向交叉口的道路接近人行横道处设置雨水口，以截住路面水，不让其流入交叉口内。

(4) 3 条道路的纵坡向交叉口中心倾斜，而另一条道路的纵坡由交叉口中心向外倾斜，如图 8-26(d) 所示，其地形特点为相交道路之一位于河谷线上。设计时，因有一条道路位于河谷线上，另一条道路的纵断面在进入交叉口前产生转折点而形成过街横沟，对行车不利。所以应尽量使纵坡的转折点离交叉口远些，并插入竖曲线加以缓和，在纵坡倾向交叉口的 3 条道路的人行横道前都设置雨水口，以截住地面水，不让其流入交叉口内。

(5) 相邻道路的纵坡向交叉口倾斜，而另外两条道路的纵坡由交叉口向外倾斜，交叉口位于斜坡地形上，如图 8-26(e) 所示。设计时可不改变相交道路的纵坡，按照自然斜坡地形，将两条道路的横坡在进入交叉口前逐渐向相交道路的纵坡方向倾斜，使交叉口形成一个单向倾斜的斜面，此时，在倾向交叉口的道路上接近人行横道的上方设置雨水口，以截住地面水，不让其流入交叉口内。

(6) 相对道路的纵坡分别向交叉口倾斜和由交叉口向外倾斜，交叉口位于马鞍地形上，如图 8-26(f) 所示。这种形式在进行设计时，若主要道路向交叉口倾斜，则应在交叉口边界处设置雨水口；若次要道路向交叉口中心倾斜，则雨水口的位置应往外移，不使雨水排入相邻的主要道路上。

除以上 6 种基本形式外，还有一种特殊形式，即交叉口位于水平地形上。在这种情况下，只要把交叉口的设计标高稍微抬高一些，就可设计成如图 8-26(a) 所示的形式。

以上所述仅是几个典型十字形交叉口的竖向设计形式，还有其他形式的交叉口。竖向设计形式虽然不同，但竖向设计的要求和原则都是一样的。从以上所列的竖向设计形式可以看出，竖向设计形式不同，其使用效果也有差异，最主要的原因是与相交道路纵坡方向的组合有密切关系。所以，为了获得交叉口理想的竖向设计，在进行路段的纵断面设计时，就要为交叉口的竖向设计创造良好条件。

8.6.3 交叉口竖向设计的方法与步骤

交叉口竖向设计的方法通常有方格网法、设计等高线法、方格网设计等高线法三种。

方格网法是在交叉口范围内以相交道路的中心线为坐标基线画方格网，方格网线为 5m×5m 或 10m×10m 与道路中线平行的线，斜交道路应选择便于使用放样的网格线，算出网节点的标高与地面标高之差即为施工高度。这种方法的优点是便于施工放样，但不能直观地看出交叉口的立面形状。

设计等高线法是在交叉口范围内选定路脊线和标高计算线网，算出路脊线和标高计算线上各点的设计标高，勾绘设计等高线，最后标出特征点的设计标高。这种方法的主要优点是能够比方格网法更加清晰地反映出交叉口的竖向设计形状，缺点是设计等高线上的标高点在施工放样时不如方格网法方便。

因此，通常是两种方法结合使用，即采用方格网设计等高线法设计，为了便于施工放样，用方格网标出各点的地面标高、设计标高和施工高度。方格网设计等高线法主要用于大型交叉口和广场的竖向设计，是较为常用的一种方法。对一般交叉口，通常采用设计等高线法或方格网法即可。采用方格网设计等高线法进行竖向设计的步骤如下：

1. 收集资料

（1）测量资料：交叉口的控制标高和控制坐标；收集或实测 1∶500 或 1∶200 等大比例尺地形图，详细标注附近地坪及建筑物标高。

（2）道路资料：相交道路的等级、平纵横设计或规划资料，交叉口平面图。

（3）交通资料：交通量及交通组成。

（4）排水资料：排水方式及地下、地上排水管渠的位置和尺寸。

2. 绘制交叉口平面图

按比例绘出道路中心线、车行道、人行道及分隔带的宽度，缘石曲线和交通岛等。以相交道路中心线为坐标基线打方格网，方格的大小一般采用 5m×5m～10m×10m，水泥混凝土路面的方格网应结合交叉口路面分块设置，并量测方格点的地面标高。

3. 确定设计范围

交叉口立面设计的范围一般为缘石曲线的切点以外 5～10m（相当于一个方格的距离），主要用于交叉口与路段的标高或横坡的过渡处理。

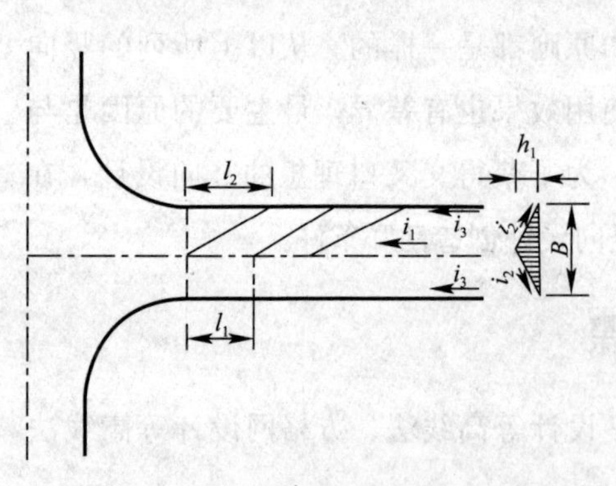

图 8-27　路段设计等高线的绘制

4. 确定竖向设计图式和等高距

根据相交道路的等级、纵坡方向、地形情况及排水要求等，参照图 8-27 所示确定需采用的立面设计图式。根据纵坡度的大小和精度要求选定等高距 h，一般 $h=0.02$～0.10m，纵坡较大时取大值，纵坡较小时取小值。

5. 勾绘设计等高线

（1）路段设计等高线的勾绘

当道路的纵坡、横断面形式及路拱横坡确定以后，可按照所需要的等高距 h，计算路段设计等高线的水平距离。

如图 8-27 所示，图中 i_1 和 i_3 分别为车行道中心线和边线的设计纵坡（通常情况下，$i_1=i_3$，单位为%）；i_2 为车行道拱横坡度（%）；B 为车行道宽度（m）；h_1 为车行道的路拱高度（m）。

中心线上相邻等高线的水平距离 l_1 为：

$$l_1=\frac{h_1}{i_1} \tag{8-19}$$

设置路拱以后，等高线在车行道边线上的位置沿纵向上坡方向偏移的水平距离 l_2 为：

$$l_2=h_1\cdot\frac{1}{i_3}=\frac{B}{2}\cdot i_2\cdot\frac{1}{i_3}=\frac{B}{2}\cdot\frac{i_2}{i_3}(\mathrm{m}) \tag{8-20}$$

计算出 l_1 和 l_2 位置后，由 l_1 定出中心线上其余等高线的位置，再由 l_2 定出沿边线上相应等高线的位置，最后连接相应等高点，即得到路段设计等高线图。当路拱为抛物线时，等高线应勾绘为曲线，直线形路拱则勾绘为折线等高线。

(2) 交叉口设计等高线的计算和勾绘

1）选定路脊线和控制标高

选定路脊线时，既要考虑行车平顺，又要考虑整个交叉口的均衡美观。路脊线通常是对向行车轨迹的分界线，即车行道的中心线。

对于斜交过大的 T 形交叉口，考虑到道路中心线不是对向行车轨迹的分界线，其路中心线不宜作为路脊线，应加以调整。如图 8-28 所示，调整路脊线的起点 A、C、D，一般为转角曲线切点断面处，而 B' 的位置原则上应选在双向车流的中间位置。

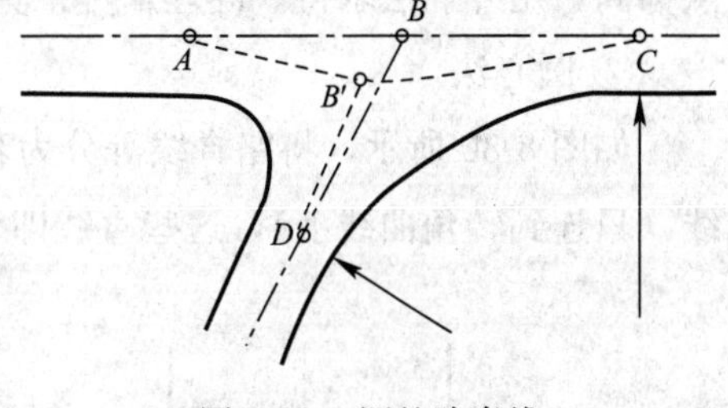

图 8-28 调整路脊线

交叉口的控制标高应以整个道路系统的规划标高为依据，并综合考虑相交道路的纵坡、交叉口周围的地形和建筑物的布置等来确定。在确定控制标高时，不宜使相交道路的纵坡相差太大，一般要求差值不大于 0.5%，条件允许时尽量使纵坡大致相等，以利于竖向设计处理。

2）确定标高计算线网

由于路脊线上的设计标高尚不能反映交叉口的立面形状，依靠它来勾绘交叉口的等高线比较困难，需要增加一些标高计算的辅助线，即标高计算线。标高计算线设置的依据是它所在的位置就是该断面的路拱位置，而标准的路拱横断面是与车辆行驶方向垂直的。所以，应尽量使标高计算线与路拱横断面的方向一致，即标高计算线位置应与行车方向垂直。确定标高计算线网的方法主要有方格网法、圆心法、等分法和平行线法 4 种，其中等分法或圆心法比较符合转弯行车要求。下面对 4 种标高计算线网方法分别作简要介绍。

① 方格网法

如图 8-29 所示，方格网法标高计算线网就是在交叉口平面图上打上 5m×5m 或 10m×10m 的方格网线，算出各网节点的标高。方格网法适宜用在道路正交的交叉口。

根据路脊线交点 A 的控制标高 h_A，按路拱横坡可求出缘石曲线切点横断面上的三点标高。

$$h_G = h_A - AG \cdot i_1 \tag{8-21}$$

$$h_{E_3}（或 h_{E_2}）= h_G - \frac{B}{2} \cdot i_2 \tag{8-22}$$

同理，可求得其他三个切点横断面上的三点标高。

由 E_3 或 F_3 点的标高可推算出车行道边线延长线交叉点 C_3 的标高，如不相等取平均值，即：

$$h_{C_3} = \frac{(h_{E_3} + R \cdot i_1) + (h_{F_3} + R \cdot i_1)}{2} \tag{8-23}$$

过 C_3 的 A、O_3 的连线与转角曲线相交于 D_3，则 D_3 点的标高为：

$$h_{D_3} = h_A - \frac{h_A - h_{C_3}}{AC_3} \times AD_3 \tag{8-24}$$

转角曲线 E_3F_3 和路脊线 AG、AN 上所需其他各点标高，可根据已算出的特征点标高，用外插法求得。同理，可推算出其余所需各点的设计标高。

② 圆心法

如图 8-30 所示，将路脊线等分为若干份，并将等分点与转角曲线的圆心连成直线（只连到转角曲线上），这些直线即为标高计算线网。

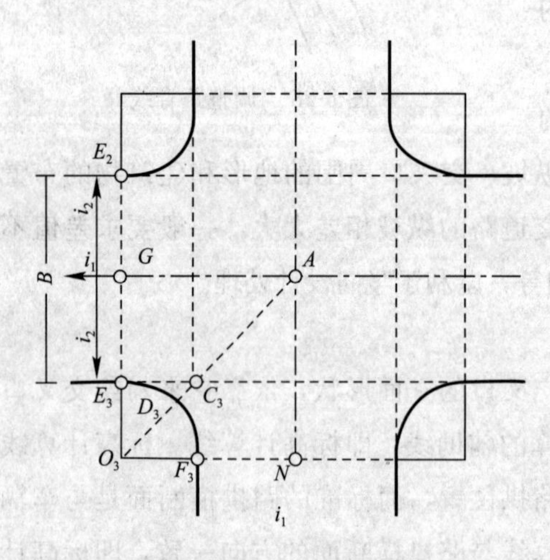

图 8-29 方格网法设计标高的计算图式

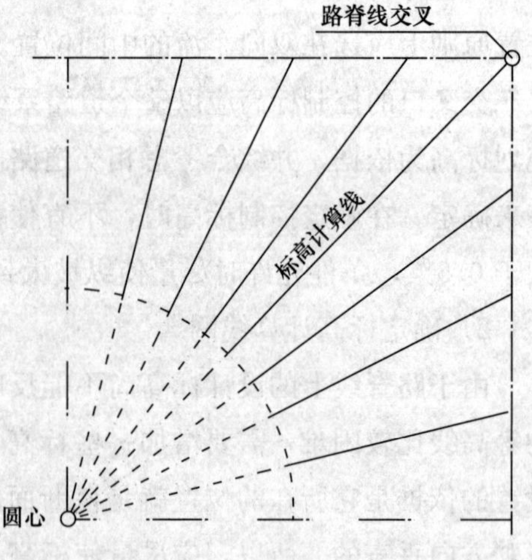

图 8-30 圆心法

③ 等分法

如图 8-31 所示，将路脊线等分为若干份，相应地把缘石曲线也等分为相同份数，连接对应等分点，即得等分法标高计算线网。

④ 平行线法

如图 8-32 所示，先把路脊线交叉点与各缘石曲线的圆心连成直线，然后按施工要求在路脊线上分若干点，过这些点作该直线的平行线交于行车道边线，即得平行线法标高计算线网。

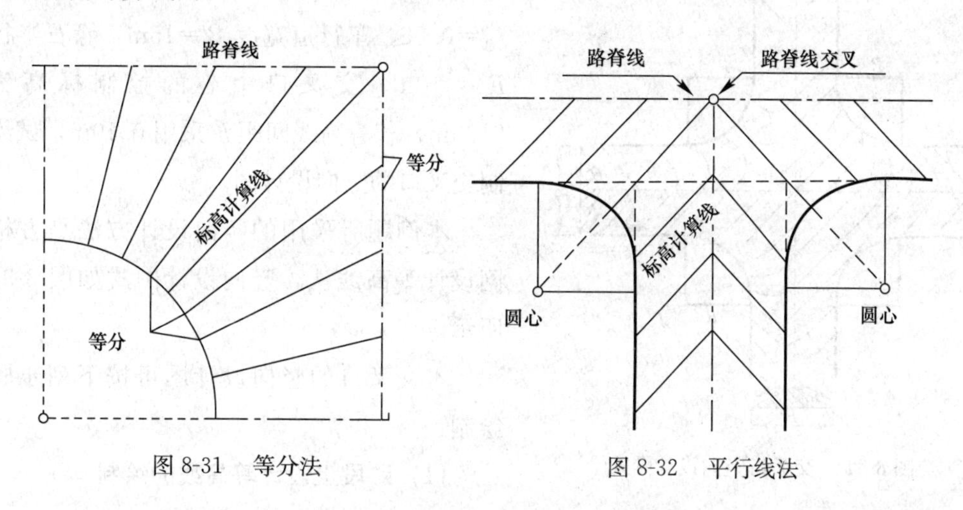

图 8-31　等分法　　　图 8-32　平行线法

对于主要道路与次要道路相交的情况，由于主要道路在交叉口的横坡不变，这时次要道路应在主要道路的车行道边线处衔接，路脊线的交点 A 应移到主要道路车行道边线的 A'处，如图 8-33 所示。此时，无论采用哪一种标高计算线网，都必须以位移后的交点 A'为准。

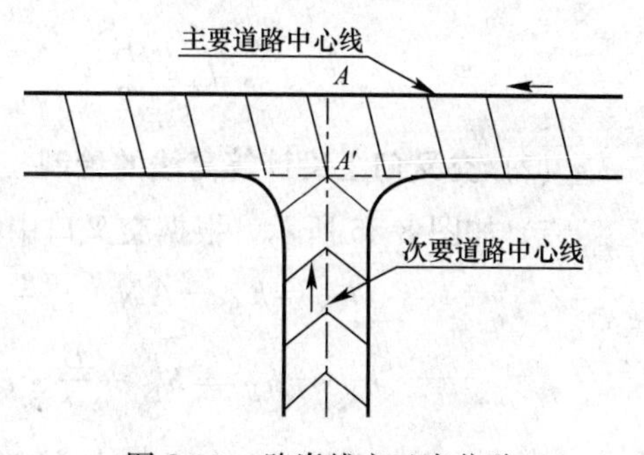

图 8-33　路脊线交叉点位移

3）勾绘和调整等高线

把各等高点连接起来，即可得初步的设计等高线图。对疏密不均的等高线可进行适当调整，使坡度变化均匀。然后检查各方向坡度是否满足行车和排水要求，否则再进行调整，直到设计等高线图满足行车平顺和路面排水通畅的要求。最后合理地布置雨水口的位置和标高。

（3）计算标高计算线上的标高

标高计算线确定以后，就可按路拱坡度及等高距的要求算出标高计算线上的标高，应注意的是，这时的路拱坡度需根据标高计算线两端的高差形成，一般为单向坡度。

6. 计算设计标高

根据设计等高线图，用内插法求出方格点上的设计标高。与原地面标高的差值即为施工高度。

8.6.4 交叉口竖向设计示例

【例 8-1】 已知某正交的十字形交叉口位于斜坡地形上。相交道路车行道中心线及边线的纵坡 i_1 及 i_3 均为 3%，路拱横坡 $i_2=0.02$，车行道宽度 $B=15\text{m}$，缘石半径 $R=10\text{m}$，交叉口中心的控制标高为 2.05m，若等高线间距 h 采用 0.10m，试绘制交叉口的竖向设计图。

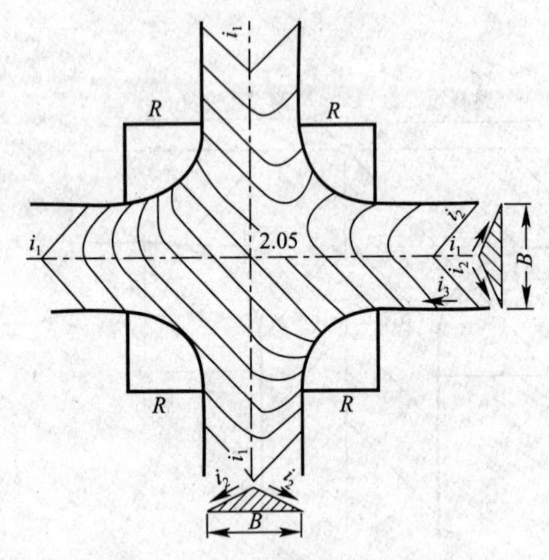

图 8-34 交叉口竖向设计图式

本例题所采用的竖向设计方法是方格网设计等高线法，竖向设计图式如图 8-34 所示。

本交叉口的竖向设计图可按下列步骤绘制：

(1) 路段上设计等高线的绘制

$$l_1=\frac{h_1}{i_1}=\frac{0.10}{0.03}=3.33\text{m}$$

$$l_2=\frac{B}{2}\cdot\frac{i_2}{i_3}=\frac{15}{2}\times\frac{0.02}{0.03}=5.00\text{m}$$

(2) 交叉口上设计等高线的绘制

1) 如图 8-35 所示，根据交叉口中心的控制标高计算 F_3、N、F_4 三点标高：

$$h_N=h_A-AN\cdot i_1=2.05-17.5\times0.03=1.52\text{m}$$

$$h_{F_3}=h_{F_4}=h_N-\frac{B}{2}\cdot i_2=1.52-\frac{15}{2}\times0.02=1.37\text{m}$$

同理，可求得其余道口切点横断面的三点标高分别为：

$$h_M=2.58\text{m},\quad h_{E_4}=h_{E_1}=2.43\text{m}$$

$$h_K=2.58\text{m},\quad h_{F_1}=h_{F_2}=2.43\text{m}$$

$$h_G=1.52\text{m},\quad h_{E_2}=h_{E_3}=1.37\text{m}$$

2) 根据 A、F_4、E_4 点的标高，求交叉口范围内 C_4、D_4 等点的设计标高：

$$h_{C_4}=\frac{(h_{F_4}+R\cdot i_1)+(h_{E_4}-R\cdot i_1)}{2}=\frac{(1.37+10\times0.03)+(2.43-10\times0.03)}{2}$$

$$=\frac{1.67+2.13}{2}=1.90\text{m}$$

$$h_{D_4}=h_A-\frac{h_A-h_{C_4}}{AC_4}\times AD_4=2.05-\frac{2.05-1.90}{\frac{7.5}{\cos45°}}\times\left[\frac{7.5}{\cos45°}+\left(\frac{10}{\cos45°}-10\right)\right]$$

$$=2.05-\frac{0.15}{10.61}\times14.76=1.84\text{m}$$

同理，可得：

$$h_{C_1}=2.13\text{m},\quad h_{C_2}=1.90\text{m},\quad h_{C_3}=1.67\text{m}$$

$$h_{D_1}=2.16\text{m},\quad h_{D_2}=1.84\text{m},\quad h_{D_3}=1.52\text{m}$$

3）根据 F_4、D_4、E_4 各点标高，求出缘石曲线上的各等高点的标高：

本例题采用平均分配法确定。

F_4D_4 及 D_4E_4 的弧长为：

$$L=\frac{1}{8}(2\pi R)=\frac{1}{8}(2\times3.1416\times10)=7.85\text{m}$$

F_4D_4 间应有设计等高线的数目为：$\frac{1.84-1.37}{0.10}\approx5$ 根

等高线的平均间距为：$\frac{7.85}{5}=1.57\text{m}$

同理可得，D_4E_4 间应有设计等高线的数目为：$\frac{2.43-1.84}{0.10}\approx6$ 根

等高线的平均间距为：$\frac{7.85}{6}=1.31\text{m}$

F_3D_3 及 D_3E_3 间应有设计等高线的数目为：$\frac{1.52-1.37}{0.10}\approx2$ 根

等高线的平均间距为：$\frac{7.58}{2}\approx3.93\text{m}$

F_4D_4、D_4E_4 分别与 F_4D_4、D_4E_4 相同。

F_1D_1 及 D_1E_1 间应有设计等高线的数目为：$\frac{2.43-2.16}{0.10}\approx3$ 根

等高线的平均间距为：$\frac{7.85}{3}\approx2.62\text{m}$

4）根据 A、M、K、G、N 各点标高，分别求出路脊线 AM、AK、AG、AN 上的等高点。对路脊线上的标高点位置，也可以根据待定等高线标高、A 点标高及纵坡 i_1 来确定。比如南端标高为 1.70m 的等高点距 A 点在路脊线上的距离为：(2.05－1.70)/0.03=11.67m。

5）按所选定的竖向设计图式，将对应等高点连接起来，即得初步竖向设计图。

6）根据交叉口等高线中间应疏一些，边缘应密一些，且疏与密过渡应均匀的原

则，对初定竖向设计进行调整，即得图 8-35 所示的交叉口竖向设计图。

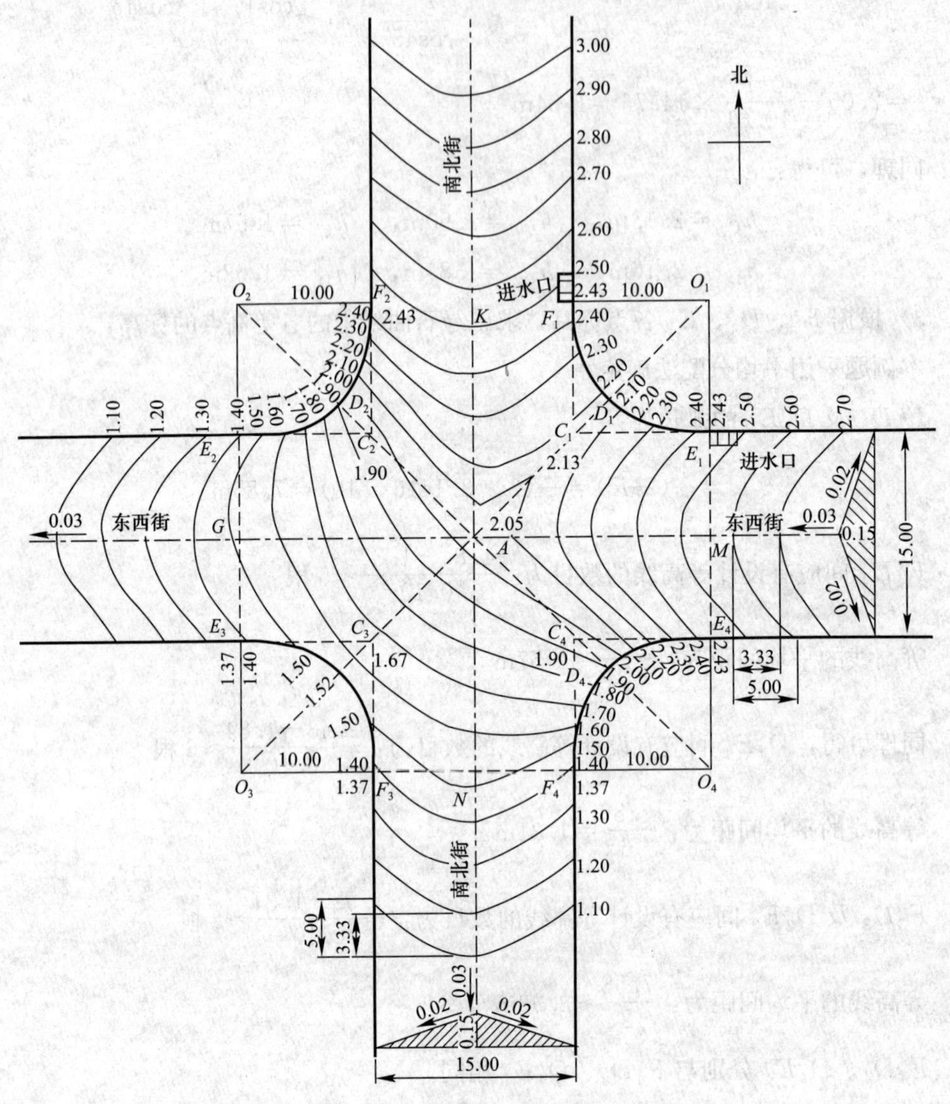

图 8-35　交叉口竖向设计图示例

8.7　道路与铁路、乡村道路及管线的交叉

8.7.1　道路与铁路平面交叉设计要点

1. 公路与铁路平面交叉

公路与铁路交叉应首选立体交叉，平面交叉时应符合以下规定：

（1）公路与铁路平面交叉以垂直交叉为宜，必须斜交时，交叉角度应不小于 45°。

（2）公路与铁路平面交叉道口应设置在汽车瞭望视距不小于表 8-21 规定值的地点。瞭望视距为汽车驾驶人在距离道口停车视距不小于 50m 处，能看到两侧铁路上火车的范围。道口不得设置在铁路站场、道岔、桥头、隧道洞口及有调车作业的地段附近。受地形等条件限制，汽车在距铁路最外侧钢轨 5m 处停车后，汽车驾驶人的侧向瞭望视距小于表 8-21 规定的道口必须设置看守。

公路与铁路平面交叉道口汽车瞭望视距 **表 8-21**

路段旅客列车设计行车速度（km/h）	120	100	80
汽车瞭望视距（m）	400	340	270

（3）公路与铁路平面交叉道口附近的铁路路线以直线为宜，公路路线宜为直线，道口两侧公路的直线长度从最外侧钢轨算起，不应小于 50m。

（4）道口两侧公路的水平路段长度（不包括竖曲线），从铁路最外层钢轨算起，不应小于 16m，乡村道路不应小于 10m；紧接水平路段的公路纵坡，不应大于 3%；当受地形条件及其他特殊情况限制时不得大于 5%。对于重车驶向道口一侧的公路下坡路段，紧邻道口水平路段的纵坡不应大于 3%。

（5）道口应设置坚固、平整、稳定且易于翻修的铺砌层，其长度应延伸至钢轨以外 2.0m。道口两侧公路在距铁路钢轨外侧 20m 范围内，宜铺筑沥青或混凝土路面，道口铺砌宽度和公路引道宽度均不应小于相交公路的路基宽度。

2. 城市道路与轨道交通线路平面交叉

城市道路与轨道交通线路平面交叉形式应根据道路与轨道交通线路的性质、等级、交通量、地形条件、安全要求等因素综合确定，应优先采用立体交叉。次干路、支路与运量不大的铁路支线、地方铁路、工业企业铁路交叉时，可设置平交道口。城市道路与轨道线路平面交叉设计应符合以下规定：

（1）平交道口不应设在铁路道岔处、站场范围内、铁路曲线路段及道路与铁路通视条件不符合行车安全要求的路段上。

（2）城市道路与轨道交通平面交叉道口处道路与铁路宜为正交。当需斜交时，交叉角应大于 45°。

（3）通过道口的道路平面线形应为直线，从最外侧钢轨外缘算起的道路直线段最小长度应大于或等于 30m。道路平面交叉口的缘石转弯曲线切点距最外侧钢轨外缘不应小于 30m。无栏木设施的铁路道口，停止线位置距最外侧钢轨外缘不应小于 5m。

（4）道口两侧应设置平台，自最外侧钢轨外缘到最近竖曲线切点间的通行各类汽车的道口平台不应小于 16m，并应满足设计速度的要求；平台纵坡度应小于或等于 0.5%，紧接道口平台两端的道路纵坡度不应大于表 8-22 规定的数值。

紧接道口平台两端的道路纵坡度 **表 8-22**

道路类型	机动车与非机动车混合车道	机动车道
一般值	2.5%	3.0%
限制值	3.5%	5.0%

(5) 道口铺面高程应等于轨面高程。道口处有两股或两股以上铁路线时，不宜有轨面高程差。困难条件下两线轨面高程差不应大于 10cm；线间距大于 5m 的并肩道口中，相邻两线轨面高程形成的道路纵坡度不应大于 2%。

(6) 道口铺面宽度不应小于相交道路车行道和人行道宽度之和。困难条件下，人行道部分铺面宽度可按高峰小时行人流量确定，但每侧宽度不得小于 1.5m。利用边沟排水的道路，道口宽度应与道路路基同宽。当道口宽度超过 20m，不能采用标准栏木时，应与铁路有关部门协商处理；有困难时可局部变更道路横断面形式以增加栏木支撑点，但不得压缩各种车行道与人行道宽度，断面变更处两端应按规定设置过渡段。道口铺面沿道路方向的铺砌长度应延伸至最外侧钢轨外 0.5～2.0m。

(7) 如图 8-36 所示，无人看守或未设置自动信号的铁路道口视距三角形范围内严禁有任何妨碍机动车驾驶人视线的障碍物，机动车驾驶人要求的最小瞭望视距 S_c 应符合表 8-23 的规定。

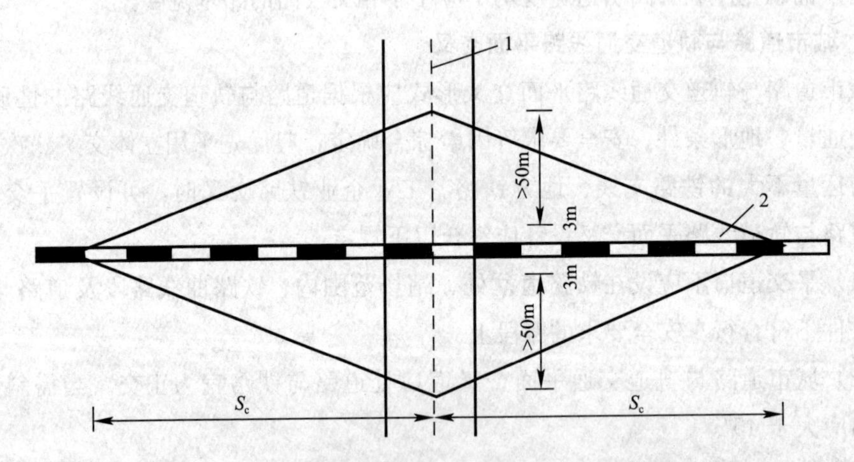

图 8-36 城市道路与轨道交通线路平交道口视距三角形

1—道路中心线；2—铁路

城市道路与铁路平交道口最小瞭望视距 **表 8-23**

铁路类别	国有铁路				工业企业铁路		
铁路设计最高行车速度 (km/h)	140	120	100	80	70	55	40
机动车驾驶人最小瞭望视距 S_c (m)	470	400	340	270	240	190	140

（8）城市道路与铁路平面交叉的道口均应满足现行国家标准《铁路线路设计规范》GB 50090的要求。

（9）城市道路与铁路平面交叉道口两侧的道路上应按道路交通管理有关规定设置交通标志、标线、防护设施和信号设备等。

（10）城市道路与铁路平面交叉道口应有完整通畅的排水设施，并应使铁路、道路排水设施相配合，综合形成良好的排水系统。

8.7.2 公路与乡村道路交叉设计要点

1. 设计要点

二级公路、三级公路与乡村道路的交叉可采用平面交叉，其设计要点如下：

（1）以垂直相交为宜；斜交时，其锐角应不小于70°；受地形条件或其他特殊情况限制时，应不小于60°。

（2）交叉处公路两侧的直线长度应各不小于20m。

（3）交叉处公路两侧应分别设置不小于10m的水平段或缓坡段，缓坡段的纵坡应不大于2%；紧接水平段的纵坡不应大于3%，困难地段不应大于6%。

（4）平面交叉处应使驾驶者在距交叉20m处，能看到两侧二、三级公路相应停车视距并不小于50m范围内的车辆，视距范围内不得有障碍物。

（5）经常有履带耕作机械通行时，交叉口范围内的公路路面、路肩应进行加固；公路路基边缘外侧乡村道路各有不小于10m的加固段。

2. 乡村道路改线

公路与乡村道路相交，符合下列情况者应对乡村道路进行改线：

（1）交叉的锐角小于60°。

（2）按规划或交叉总体设计对交叉予以合并或调整交叉位置。

（3）交叉处的地形、地质、视距或原乡村道路平面线形不适宜设置交叉。

（4）改造原平面交叉其工程量增加较大时。

改线段平、纵技术指标不应低于四级公路的最小值。

8.7.3 公路与管线交叉设计要点

1. 公路与架空输电线路交叉

公路与架空输电线路交叉设计应符合以下规定：

（1）公路与架空输电线路交叉时，以正交为宜，必须斜交时，其交叉的锐角应大于45°。

（2）公路从架空输电线路下穿过时，应从导线最大弧垂与杆塔间通过，并使输电线路导线与公路交叉处距路面的垂直距离不小于表 8-24 中的规定值。

架空输电线路导线距路面最小的垂直距离 **表 8-24**

架空送电线路标称电压（kV）	35～110	154～220	330	500	750	1000		±800直流
						单回路	双回路	
距路面最小垂直距离（m）	7.0	8.0	9.0	14.0	19.5	27.0	25.0	21.5

（3）架空送电线路导线与路面的垂直距离，应根据导线运行温度情况或覆冰无风情况求得的最大弧垂，以及根据最大风速情况或覆冰情况求得的最大风偏进行计算确定。

2. 公路与油气输送管道交叉

公路与油气输送管道交叉设计应符合以下规定：

（1）公路与原油天然气输送管道相交，以垂直交叉为宜；必须斜交时，其交叉锐角宜不小于 30°。

（2）油气输送管道与各级公路相交叉，应设置地下通道（涵）或套管。穿越公路的地下专用通道（涵）的埋置深度，除应符合石油天然气行业标准的荷载相关规定外，还应符合《公路桥涵设计通用规范》的有关规定，并按所穿越公路的车辆荷载等级进行验算。

（3）严禁有害有毒、易燃易爆、高压等管线设施利用公路桥梁跨越河流，此类管道穿（跨）越河流时，管道距特大桥、大桥、中桥的距离不应小于 100m；距小桥的距离不应小于 50m。

（4）严禁有害有毒、易燃易爆、高温高压等管线设施通过公路隧道。

（5）各种管线跨越公路的设施，不得侵入公路建筑限界，不得妨碍公路交通安全，损害公路设施，也不得对公路及其设施形成潜在威胁。

小结及学习指导

本章内容包括道路平面交叉的设置条件、设置间距、设计原则与内容，道路平面交叉的类型及其选择，道路平面交叉线形设计，道路平面交叉交通组织设计，环形交叉口设计，平面交叉口竖向设计，道路与铁路、乡村道路及管线交叉设计。

通过本章的学习，学生应达到以下要求：

1. 记忆：熟悉现行标准与规范中对道路平面交叉设计的相关规定。

2. 领会：掌握道路平面交叉线形设计、交通组织设计、竖向设计的方法。

3. 应用：能应用有关理论和方法完成道路平面交叉设计任务。

4. 分析：能应用有关理论和方法分析道路平面交叉在规划、设计、运营管理阶段所存在的问题。

5. 评价：能针对现状及规划设计阶段的道路平面交叉，从安全、效率及规范满足性等角度进行客观评价。

6. 创造：具备针对道路平面交叉开展科学研究的基本素质，能够针对某一具体问题给出解决方案。

习题及思考题

8-1 平面交叉口都有哪些分类？拓宽路口式交叉是按什么分类的？适用何种情况使用？

8-2 车辆在交叉口行驶会产生哪些交错点？当无信号控制时，相交道路为3、4、5条时，其各种交错点的数量分别为多少？减少或消除平面交叉口冲突点可采取的措施有哪些？

8-3 左转弯交通组织有哪些？各有什么特点？

8-4 试区别导流岛、分隔岛、中心岛、安全岛等交通岛的作用。

8-5 什么是渠化交通，进行渠化交通时应注意的事项有哪些？

8-6 人行横道应如何设置？

8-7 交叉口的设计速度与路段设计速度有何关系？交叉口的车道数如何确定？

8-8 公路和城市道路交叉口视距分别应如何保证？

8-9 左转专用车道的设置条件和设置方法有哪些？

8-10 环形交叉口的分类及各自的特点、适用条件是什么？

8-11 什么是交织段长度、交织角？

8-12 交叉口竖向设计的原则是什么？

8-13 如图8-37所示正交十字形交叉口，相交道路设计速度均为60km/h，双向6车道，每条车道宽4.0m，人行道宽4.0m，进口道右侧车道供直右行驶，缘石转角曲线半径为15.0m。拟在转弯处设置一售报亭A，是否合适？

8-14 某五路相交点的道口，拟修建普通环形交叉，各道口的相交角度如图8-38所示。已知路段的设计速度是50km/h，行车道宽均为14m。若环道宽度为15m，内侧车道宽为6m，试确定中心岛半径（取$\mu=0.15$，$i_h=2\%$，不考虑非机动车）。

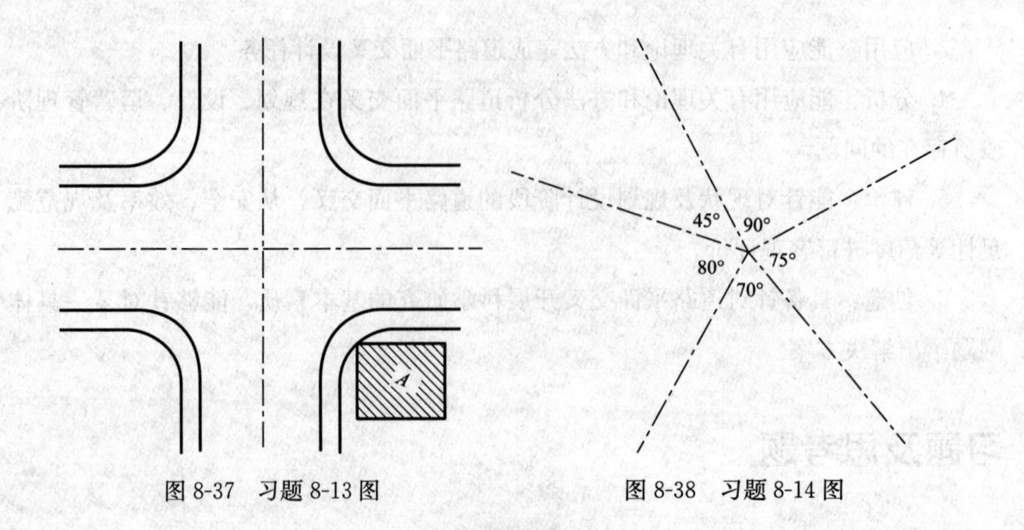

图 8-37　习题 8-13 图　　　　图 8-38　习题 8-14 图

第 8 章真题解析

第 9 章

道路立体交叉设计

本章知识点

【知识点】 道路立体交叉的类型及选择，互通式立体交叉设置位置与间距要求，主线平纵线形及横断面设计，互通式立体交叉匝道的类型，匝道平纵线形及横断面设计、出入口端部设计，分离式立体交叉线形设计。

【重点】 互通式立体交叉主线平纵线形和横断面设计，互通式立体交叉匝道平纵线形及横断面设计、出入口端部设计，分离式立体交叉线形设计。

【难点】 互通式立体交叉匝道出入口端部设计。

利用跨线构造物使道路与道路或道路与铁路在不同标高处相互交叉的连接方式称为道路立体交叉，立体交叉可使各方向车流在不同标高的平面上行驶，从而消除或减少了冲突点，提高了道路通行能力，节约了运行时间和燃料消耗。本章主要介绍道路立体交叉的组成、分类及立交范围内的线形设计等内容。

9.1 道路立体交叉的类型及选择

9.1.1 立体交叉的组成

立体交叉的组成见图 9-1。

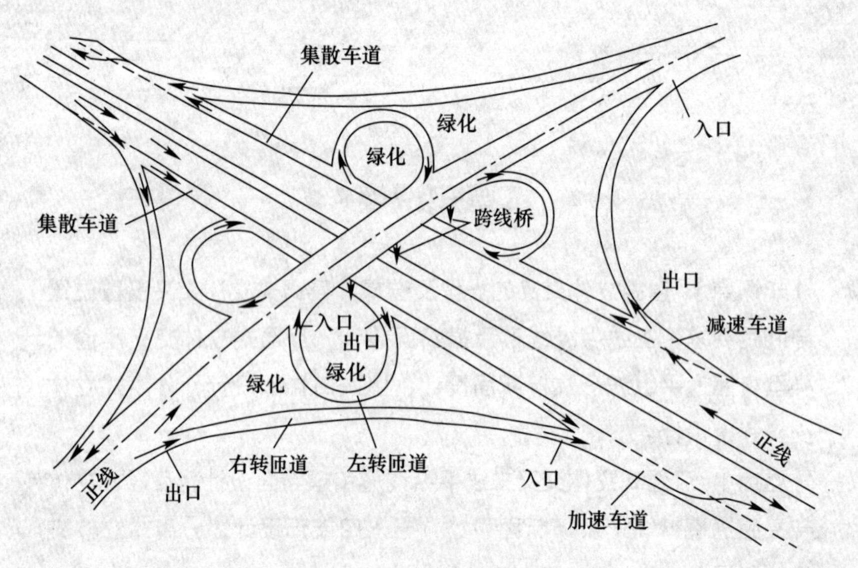

图 9-1 立体交叉的组成

(1) 跨线构造物

跨线构造物是立交实现车流空间分离的主体构造物，包括设于地面以上的跨线桥（上跨式）以及设于地面以下的地道（下穿式）。

(2) 正线

正线是组成立交的主体，指相交道路的直行车行道，主要包括连接跨线构造物两端到地坪标高的引道和交叉范围内引道以外的直行路段。

(3) 匝道

匝道是立交的重要组成部分，是指供上、下相交道路转弯车辆行驶的连接道，有时包括匝道与正线以及匝道与匝道之间的跨线桥或地道。

(4) 出口与入口

由正线驶出进入匝道的道口为出口，由匝道驶入正线的道口为入口。

(5) 变速车道

为适应车辆变速行驶的需要，而在正线右侧的出入口附近设置的附加车道称为变速车道。正线出口端为减速车道，正线入口端为加速车道。

(6) 集散车道

集散车道是与高速干道平行且与之分隔的单向辅助性干道。

立体交叉的设计范围一般指各相交道路出入口变速车道渐变段顶点以内包含的正线、跨线构造物、匝道等的全部区域。

9.1.2 立体交叉的基本类型

道路与道路立体交叉按其交通功能可分为分离式立体交叉和互通式立体交叉。

1. 分离式立体交叉

如图 9-2 所示，一条道路跨越另一条道路，两条道路之间不设置匝道、互不连接，相交道路的交通流之间不能转移过渡的立体交叉称为分离式立体交叉，这种立体交叉完全消除了平面交叉，占地较少、构造简单，但其交通功能受限。

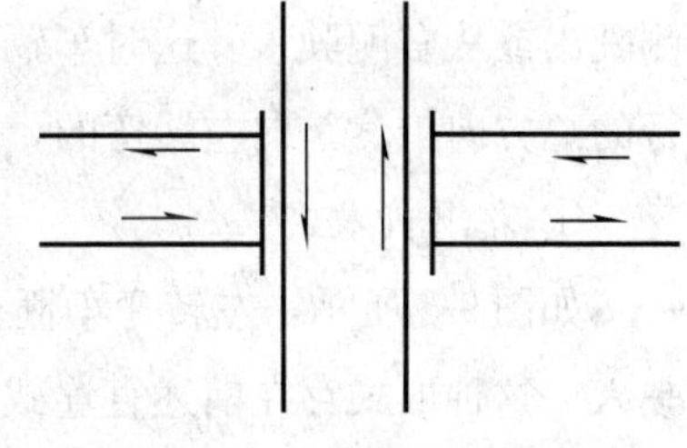

图 9-2 分离式立体交叉

2. 互通式立体交叉

互通式立体交叉通过匝道将相交道路连接起来，可以保证相交道路上车辆的转移运行。这类立体交叉占地多、造价较高，但其交通功能比较完善。

(1) 按交通流线相互关系分类

交通流在立体交叉的行驶轨迹称为交通流线，一个行车方向上的交通流形成一条交通流线。立体交叉交通流线之间的关系有空间分离、交织和平面交叉等三种基本情况，相对应地可将立体交叉分为完全立交型、交织型和不完全立交型三种类型。

1）完全立交型立体交叉

如图 9-3 所示，相交道路的所有交通流线均空间分离的立体交叉称为完全立交型立体交叉。此类立体交叉各转弯方向或主要转弯方向有直接专用匝道，转弯行驶直接方便，无冲突点和交织段，通行能力大，行驶安全，是最理想的立体交叉类型；缺点是立交构造物多，结构复杂，投资较大，在城市中修建与环境不易协调。完全立交型立体交叉主要用于高速公路。

完全立交型立体交叉根据匝道与正线的关系又可分为全定向式和半定向式立体交叉两类。

全定向式互通式立体交叉的左转弯匝道采用直连式匝道，左转弯车辆直接从正线左侧驶出，从左侧汇入相交车道，如图 9-4 所示。该类型立交车辆左侧驶出左侧驶入，

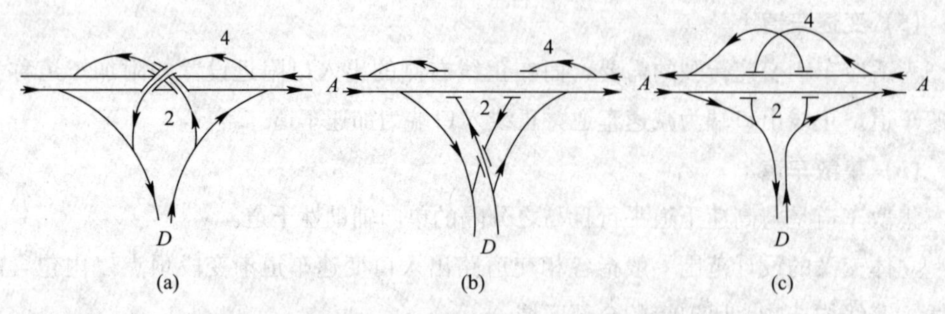

图 9-3　完全立交型立体交叉

行车方向明确，不会在立交处引起错路运行；缺点是跨越构造物较多，相交道路的双向行车之间需有足够间距，重型车和慢速车左侧高速驶出困难且不安全。

半定向式互通式立体交叉的左转弯匝道采用半直连式匝道，左转车辆从正线右侧驶出或从右侧驶入。这时车辆为了左转还需作反向的右转运行，但匝道上车辆运行的总方向仍然是向左转弯的，可以有如下三种形式：

① 左出右入式

如图 9-5 所示，左转弯车辆从正线左侧直接驶出后左转弯，到相交道路时由右侧驶入。这种形式存在前述直连式匝道的缺点，而且构造物较多，其优点是从右侧驶入主线，车辆驶入安全方便。

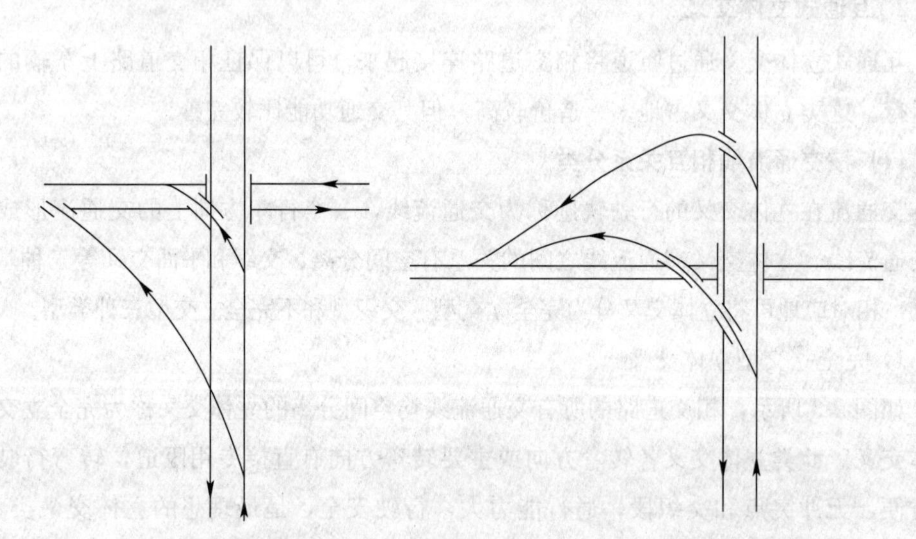

图 9-4　直连式左转弯匝道　　图 9-5　半直连式左转弯匝道—左出右入式

② 右出左入式

如图 9-6 所示，左转弯车辆从正线右侧驶出后左转弯，到相交道路后直接由左侧驶入。这种形式改善了左出的缺点，车辆驶出方便，但仍然存在左进的缺点。

③ 右出右入式

如图 9-7 所示，左转弯车辆都是从正线右侧驶出或驶入，在匝道上左转改变方向。右出右入式是常用的左转弯匝道形式，完全消除了左出左进的缺点，行车安全，但匝道绕行较长，构造物较多。

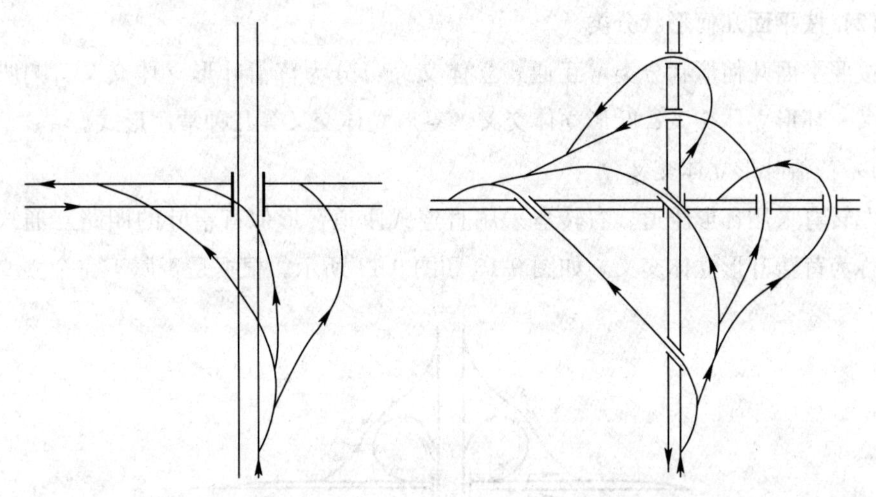

图 9-6　半直连式左转弯匝道——右出左入式

图 9-7　半直连式左转弯匝道——右出右入式

2）交织型立体交叉

相交道路的交通流线之间相互重叠，即存在交织路段，这类立体交叉称为交织型立体交叉。这类立体交叉虽然存在一些交织点，但却完全消除了冲突点，如图 9-8 所示。

3）不完全立交型立体交叉

相交道路的交通流线之间至少存在一个平面冲突点的立体交叉称为不完全立交型立体交叉。此类立体交叉一般通过立交消除直行交通流线间的冲突点，但直行流线与左转流线间所形成的冲突点至少存在一处，如图 9-9 所示。因为存在冲突点，通常只是在干线道路与一般道路

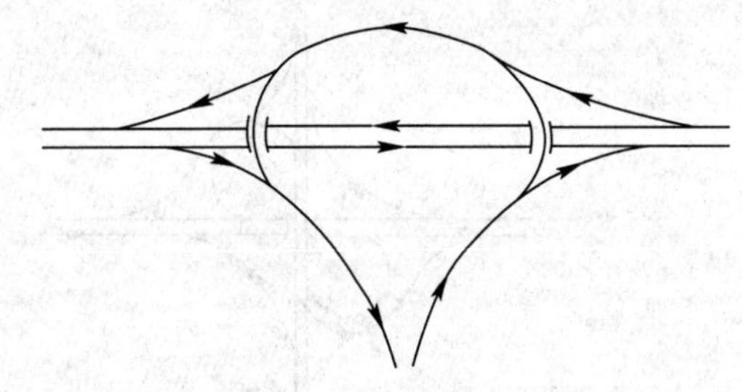

图 9-8　交织型立体交叉

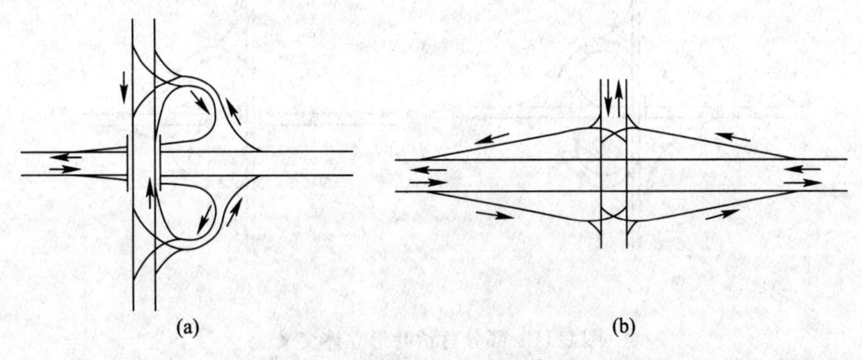

图 9-9　不完全立交型立体交叉

相交的立体交叉上才采用这种类型。这时，应将冲突点安排在一般道路或交通量较小的道路上。

（2）按平面几何形状分类

按照平面几何形状分类，互通式立体交叉可分为苜蓿叶形立体交叉、喇叭形立体交叉、环形立体交叉、叶形立体交叉、菱形立体交叉等几种常用形式。

1）苜蓿叶形立体交叉

左转弯采用环形匝道、右转弯采用直连式匝道，形似苜蓿叶的四路互通式立体交叉称为苜蓿叶形立体交叉，如图 9-10 和图 9-11 所示。根据是否属于完全立交型立

图 9-10　全苜蓿叶形立体交叉

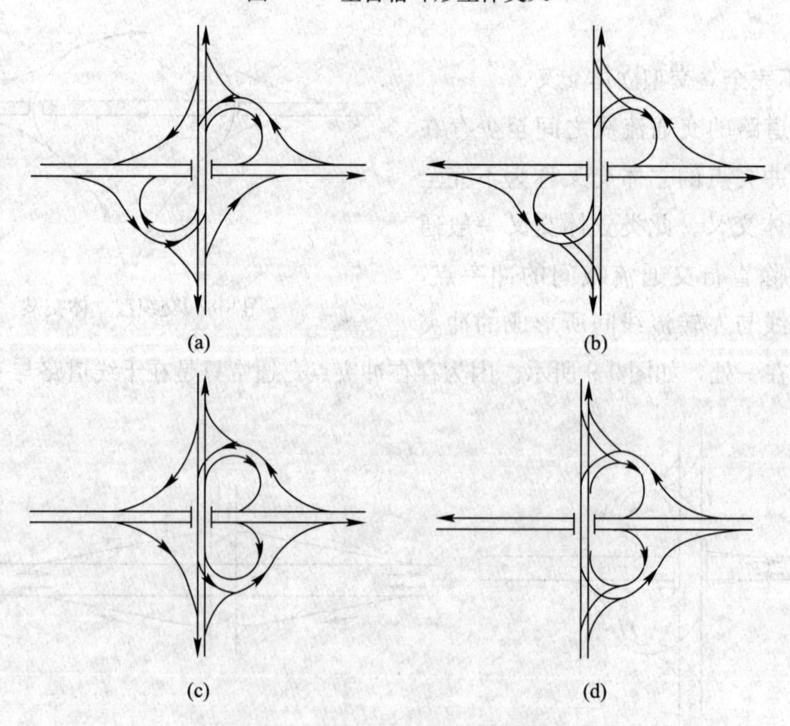

图 9-11　部分苜蓿叶形立体交叉

体交叉，又可分为全苜蓿叶式和部分苜蓿叶式两种。全苜蓿叶形立体交叉的通行能力较大，但占地面积大，适用于左转交通量不大的情况；部分苜蓿叶形立体交叉的通行能力中等，适用于部分象限用地受限的情况。苜蓿叶形立体交叉布设时需选择合理的平曲线半径，以适应地形及行车速度的要求。

2）喇叭形立体交叉

两左转弯匝道分别为半直连式和环形的三路（丁字形或Y形）互通式立体交叉称为喇叭形立体交叉，分为A、B两种形式，主线左转弯出口匝道为半直连式的称作A型，主线左转弯出口匝道为环形的称作B型，如图9-12(a)、(b) 所示。一般情况下宜采用A型；当左转驶离主线的交通量很小、左转进入主线的交通量相对较大或交通量均较小且受地形、地物的限制时，可采用B型。

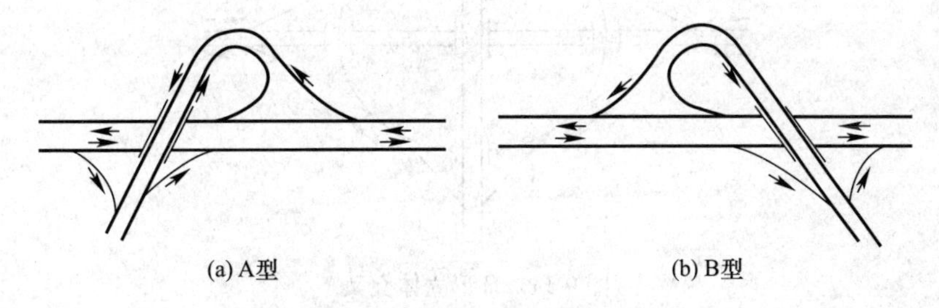

图9-12　三路喇叭形互通式立体交叉

对于四路一般互通式立体交叉，被交叉公路可与主线设分离式立体交叉，主线和被交叉公路上分别设置三路交叉并以主匝道相连。其中主线侧为喇叭形时称为四路喇叭形互通式立体交叉。四路喇叭形互通式立体交叉一般仅适用于设置集中收费站的四路一般互通式立体交叉，其A、B型的选用要点同上。

当主线侧为喇叭形，被交叉道路侧为平面交叉时，称其为四路单喇叭形互通式立体交叉，如图9-13(a) 所示；当主线和被交叉道路侧均采用喇叭形时，称其为四路双喇叭形互通式立体交叉，如图9-13(b) 所示；当主线侧为喇叭形、被交叉道路为T形时，称其为四路喇叭＋T形互通式立体交叉，如图9-13(c) 所示。

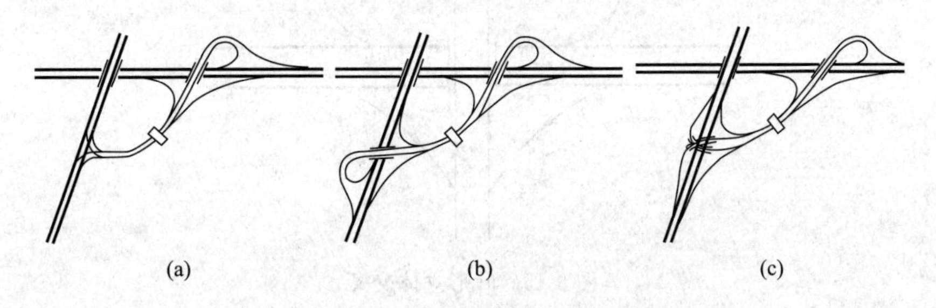

图9-13　四路喇叭形互通式立体交叉

当被交叉公路侧出入交通量较小、平面交叉满足通行能力的要求时，可采用四路单喇叭形互通式立体交叉；当被交叉公路侧出入交通量较大时，可采用四路双喇叭形互通式立体交叉；当被交叉公路侧出入交通量较大且受地形限制时，可采用四路喇叭＋T 形互通式立体交叉。

3）环形立体交叉

如图 9-14 所示，主干线为直通式、次要路线与主干线转弯车道呈环形的互通式立体交叉称为环形立体交叉。

图 9-14　环形立体交叉

环形立体交叉具有结构紧凑、占地面积少、匝道转弯半径大、左转车辆行驶路线短等优点。缺点是左转匝道公用，存在交织段，影响通行能力。

4）叶形立体交叉

如图 9-15 所示，两左转弯匝道均为环形的三路互通式立体交叉称为叶形立体交叉。叶形立体交叉具有造型美观、结构简单、占地较少等优点。缺点是在两环形匝道之间主线存在交织段，对主线直行车流有一定干扰。该类型立体交叉必要时应加设集散车道。

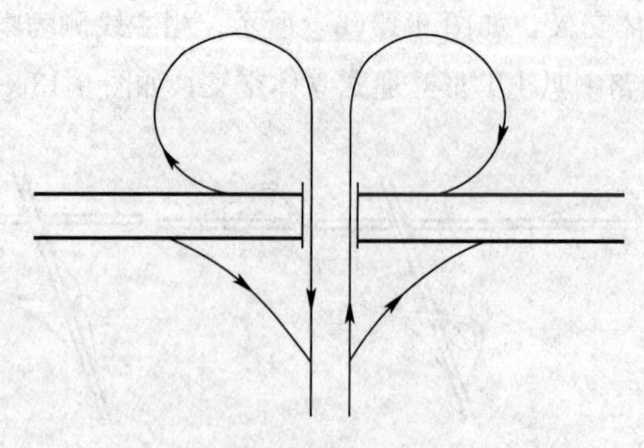

图 9-15　叶形立体交叉

叶形立体交叉适用于各左转弯交通量相当且较小的三路交叉，当被交叉公路远期将延伸形成四路交叉，且规划为苜蓿叶形立体交叉时亦可采用。

5）菱形立体交叉

如图 9-16 所示，设有四条匝道连通相交道路，在次要道路上的连接部分有冲突点的、呈菱形的互通式立体交叉称为菱形立体交叉，其一般用于四路交叉的一般互通式立体交叉。

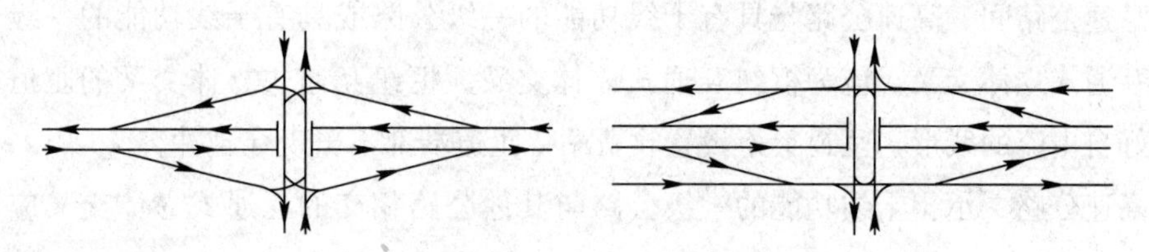

图 9-16 菱形立体交叉

(3) 其他类型分类

互通式立体交叉还有其他多种分类方式，常用的有：

1）按照功能分类

互通式立体交叉按其功能不同而分为一般互通式立体交叉和枢纽互通式立体交叉。一般互通式立体交叉主要用于高速公路等干线公路与地方公路的交叉，应主要服务于地方交通流的接入与集散。枢纽互通式立体交叉主要用于高速公路等干线公路之间的交叉，担负干线公路之间交通流转换的重要功能。

2）按相交道路条数分类

可分为三路交叉、四路交叉和多路交叉。当两处或多处互通式立体交叉相互连接并组合成整体时，形成复合式互通式立体交叉。

9.1.3 公路立体交叉选型

高速公路与其他公路相交，必须采用立体交叉；一级公路同交通量大的其他公路交叉应采用立体交叉；二、三、四级公路间的交叉，其直行交通量大时，宜采用立体交叉。

1. 互通式立体交叉设置条件

符合下列条件者应设置互通式立体交叉：

(1) 高速公路间及其与一级公路相交处；

(2) 高速公路、一级公路与通往县级以上城市、重要政治或经济中心的主要公路相交处；

(3) 高速公路、一级公路与通往重要工矿区、港口、机场、车站和游览胜地的主要公路相交处；

（4）高速公路与通往重要交通源的公路相交而使该公路成为其支线时；

（5）承担干线功能的一级公路间及其与其他干线公路和集散公路相交时；

（6）一级公路平面交叉的通行能力不能满足需要或出现频繁的交通事故时；

（7）由于地形或场地条件等原因设置互通式立体交叉的综合效益大于设置平面交叉时。

高速公路间、高速公路与具有干线功能的一级公路或具有干线功能的一级公路间的互通式立体交叉，应为枢纽互通式立体交叉。枢纽互通式立体交叉的匝道应具有良好自由流的线形，匝道上不设置收费站，匝道端部不出现穿越冲突。

高速公路、承担干线功能的一级公路与其他公路相交的互通式立体交叉应为一般互通式立体交叉，其匝道上可设置收费站，且高速公路出入口以外允许设置平面交叉。

2. 分离式立体交叉设置条件

符合下列条件者应设置分离式立体交叉：

（1）高速公路同其他各等级公路交叉，除因交通转换而设置互通式立体交叉外，均必须设置分离式立体交叉。

（2）具有干线功能的一级公路同其他各级公路交叉，除因交通转换需要而设互通式立体交叉外，为减少平面交叉且相交的公路又不能截断时，应设置分离式立体交叉。

（3）二、三、四级公路间的交叉，直行交通量很大或地形条件适宜，且不考虑转换交通时，可设置分离式立体交叉。

3. 互通式立体交叉选型

公路互通式立体交叉选型应综合考虑相交公路的功能、等级、匝道设计速度、地形、地物、用地条件、交通量、造价及是否设置收费站等因素。

9.1.4 城市道路立体交叉选型

城市道路立体交叉根据相交道路等级、直行及转向（主要是左转）车流行驶特征、非机动车对机动车的干扰等，分为立A类（枢纽立交）、立B类（一般立交）和立C类（分离式立交）三类，其各自的交通流行驶特征如表9-1所示。

表9-1中，立A类立体交叉可进一步划分为：立A1类（全定向、喇叭形、组合式全互通立交）和立A2类（喇叭形、苜蓿叶形、半定向、定向-半定向组合的全互通立交）。立B类立体交叉的主要形式包括：环形、菱形、迂回式、组合式全互通或半互通立交。

城市道路立体交叉类型及交通流行驶特征　　表 9-1

立体交叉类型	直行车流行驶特征	转向车流行驶特征	非机动车及行人干扰情况
立 A 类	连续快速行驶	较少交织、无平面交叉	机非分行、无干扰
立 B 类	主路连续快速行驶，次路存在交织或平面交叉	部分转向交通存在交织或平面交叉	主路机非分行，无干扰；次路机非混行，有干扰
立 C 类	连续行驶	不提供转向功能	—

不同类型立体交叉的设置应根据交叉口在路网中的地位、作用、相交道路的等级，结合交通需求和控制条件确定，并应符合表 9-2 的规定。

城市道路不同类型立体交叉选择　　表 9-2

立体交叉口类型	选型	
	推荐形式	可选形式
快速路—快速路	立 A1 类	—
快速路—主干路	立 B 类	立 A2 类、立 C 类
快速路—次干路	立 C 类	立 B 类
快速路—支路	—	立 C 类
主干路—主干路	—	立 B 类

9.2　互通式立体交叉线形设计

9.2.1　主线线形设计

1. 设置位置与间距要求

(1) 设置位置

确定公路互通式立体交叉的位置时，应综合考虑公路网的现状和规划情况，并设在两相交公路线形指标良好，地形、地质和环境条件有利的位置。与之相连的公路应符合以下条件：

1）连接公路在路网中不应低于次要干道或集散路的功能，不应有较大的横向干扰。

2）通行能力应满足过境和集散交通量的需求。

3）与主要交通源的连接应短捷。

4）分配到路网中的交通量应适当，不应使某些道路或路段负荷过重。

5）根据路网布局等条件而选定的被连通的道路，在通行能力和其他方面不能满足需要时，应进行改建设计。

(2) 设置间距

互通式立体交叉的间距应符合下列规定：

1）大城市、重要工业园区附近的高速公路，其互通式立体交叉的平均间距宜为5～10km，其他地区宜为15～25km。

2）高速公路相邻互通式立体交叉的最小间距不宜小于4km。因路网结构或其他特殊情况限制，经论证相邻互通式立体交叉的间距需适当减小时，其上一互通式立体交叉加速车道渐变段终点至下一互通式立体交叉的减速车道渐变段起点间的距离，不得小于1000m，且应进行专项交通工程设计，设置完善和醒目的标志、标线以及警示、诱导设施；小于1000m且经论证必须设置时，应将两者合并设置为复合式互通式立体交叉。

3）高速公路相邻互通式立体交叉的间距不宜大于30km，西部荒漠戈壁、草原地区和人口稀疏的山区可增大至40km；超过时，应设置与主线立体分离的U形转弯设施。

4）非高速公路互通式立体交叉的最小间距，可参照上述规定执行。条件受限时，经对交织段的通行能力进行验算后可适当减小间距。

互通式立体交叉与相邻的其他有出入口的设施或隧道间距过近时，驾驶人不易识别，对行车安全不利，故应满足如下要求：

1）互通式立体交叉与服务区、停车区、公共汽车停靠站之间的距离应能满足设置出口预告标志的需要；条件受限时，间距可适当减小，但上一入口终点至下一出口起点的距离不应小于1km；否则，当必须设置时，应将两者按类似于复合式互通式立体交叉的方式处理。

2）隧道出口与前方互通式立体交叉的间距，应满足设置出口预告标志的需要；条件受限时，隧道出口至前方互通式立体交叉出口起点的距离不应小于1000m；小于1000m时，应在隧道入口前或隧道内设置预告标志。

3）互通式立体交叉加速车道渐变段终点至前方隧道进口的距离（以“m”计）以不小于设计速度（以“km/h”计）的1倍长度为宜。

2. 立体交叉主线平纵线形

主线设计速度应与路段设计速度一致。

(1) 公路立体交叉

主线线形指标应能保证立交范围内的视距，使驾驶人对前方路况有预知性；合理的主线线形应能保证车流顺畅平滑，变速从容，使整个立交具有良好的运行性能。

公路互通式立体交叉范围内，主线线形的主要平纵线形指标应满足表9-3中的规定。当主要公路以较大的下坡进入互通式立体交叉时，鉴于主线长大下坡路段出口容易发生交通事故，且所接的减速车道为下坡，同时后随的匝道线形指标较低时，主要公路的最大纵坡应有所折减，不得大于括号内的值。

公路互通式立体交叉范围内主线平纵线形指标　　表 9-3

设计速度（km/h）			120	100	80	60
最小圆曲线半径（m）		一般值	2000	1500	1100	500
		极限值	1500	1000	700	350
最小竖曲线半径（m）	凸形	一般值	45000	25000	12000	6000
		极限值	23000	15000	6000	3000
	凹形	一般值	16000	12000	8000	4000
		极限值	12000	8000	4000	2000
最大纵坡（%）		一般值	2	2	3	4.5（4）
		极限值	2	3	4（3.5）	5.5（4.5）

为使驾驶人及时发现互通式立体交叉的出口，按规定驶离主线，从而防止误行，保证行驶安全，互通式立体交叉的引道上应保证对出口位置的判断视距（其物高为 0），其称为识别视距。识别视距应满足表 9-4 的规定，当引道上标志较多或上跨构造物的墩、台净距较小而需要驾驶人注意，因而可能会难以估计至出口的距离时，识别视距宜采用表 9-4 中括号内的值。条件受限制时，识别视距应大于 1.25 倍的主线停车视距。

识别视距　　表 9-4

设计速度（km/h）	120	100	80	60
识别视距（m）	350（460）	290（380）	230（300）	170（240）

（2）城市道路立体交叉

城市道路立体交叉主线平面线形技术要求应与路段一致。在进出立交的主线路段，其行车视距宜大于或等于 1.25 倍的停车视距。

城市道路立体交叉主线机动车道最大纵坡应符合表 9-5 的规定，应采用小于或等于最大纵坡度推荐值，受地形条件或特殊情况限制时，方可采用最大纵坡限制值。

城市道路立体交叉主线机动车道最大纵坡　　表 9-5

设计速度（km/h）	100	80	60	50	40
最大纵坡度推荐值（%）	3	4	5	5.5	6
最大纵坡度限制值（%）	5	6	7		8

山区城市设计速度为 40km/h 的道路，经技术经济论证，最大纵坡可增加 1%。越岭路线连续上坡（或下坡）路段，地形相对高差为 200～500m 时，平均纵坡不应大于 5.5%；地形相对高差大于 500m 时，平均纵坡不应大于 5%。海拔 3000m 以上高原城市道路的最大纵坡推荐值可按表列值减少 1%，最大纵坡折减后若小于 4%，则采用 4%。冰冻积雪地区快速路最大纵坡不得超过 4%，其他道路不得超过 6%。

城市道路立体交叉主线机动车道纵坡最小长度应符合表 9-6 的规定，且应大于相邻竖曲线切线长度之和。

城市道路立体交叉主线机动车道纵坡最小长度 **表 9-6**

设计速度（km/h）	100	80	60	50	40	30	20
最小坡长（m）	250	200	150	140	110	85	60

当城市道路立体交叉主线机动车道纵坡大于表 9-5 所列推荐值时，可按表 9-7 的规定限制坡长。当道路纵坡超过 5%，坡长超过表 9-7 的规定时，应设纵坡缓和段。缓和段的纵坡不应大于 3%，其长度应符合表 9-6 中最小坡长的规定。

城市道路立体交叉主线机动车道纵坡限制坡长 **表 9-7**

设计速度（km/h）	100			80			60			50			40	
纵坡度（%）	4	4.5	5	5	5.5	6	6	6.5	7	6	6.5	7	6.5	7
纵坡限制坡长（m）	700	600	500	600	500	400	400	350	300	350	300	250	300	250

3. 立体交叉主线横断面设计

立交主线部分横断面与基本路段的差异主要体现在车道数上。

(1) 基本车道数和车道数的平衡

基本车道数是指一条道路或其一区段内，根据交通量和通行能力要求所必需的一定数量车道数。高速公路应在全长范围内或重要节点之间的较长路段内保持固定的基本车道数。其基本规则是：相邻的两路段之间，一个方向行车道上的基本车道数的变化不得大于 1。

立交正线处车流会因为分、合流的存在而导致交通量发生变化，为适应车流的变化，保持车流畅通和工程经济，在高速公路上，主线与匝道的分、汇流处应保持车道数的平衡，即图 9-17 所示的各部分的车道数应满足下式的规定：

$$N_C \geqslant N_F + N_E - 1 \tag{9-1}$$

式中 N_C——分流前或汇流后的主线车道数；

N_F——分流后或汇流前的主线车道数；

N_E——匝道车道数。

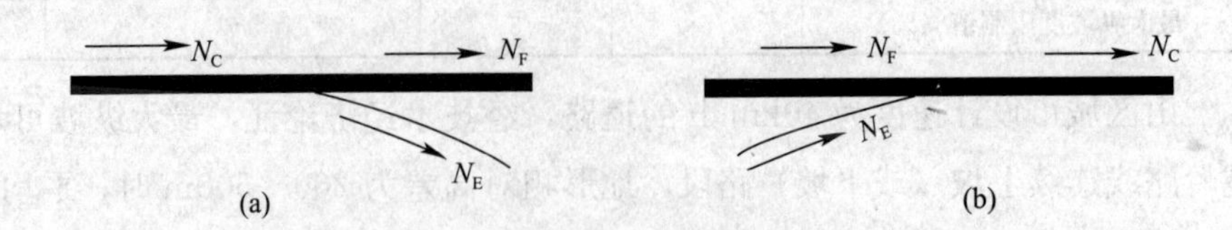

图 9-17 分、汇流处的车道数平衡

(2) 辅助车道

在分、合流处，既要保证车道数平衡，又要保证基本车道数连续。高速公路保持基本车道数 N_B 连续的路段，当互通式立体交叉的匝道车道数 $N_E>1$ 时，出、入口应增设辅助车道，如图 9-18 所示。辅助车道及渐变段的长度应满足表 9-8 中的规定。

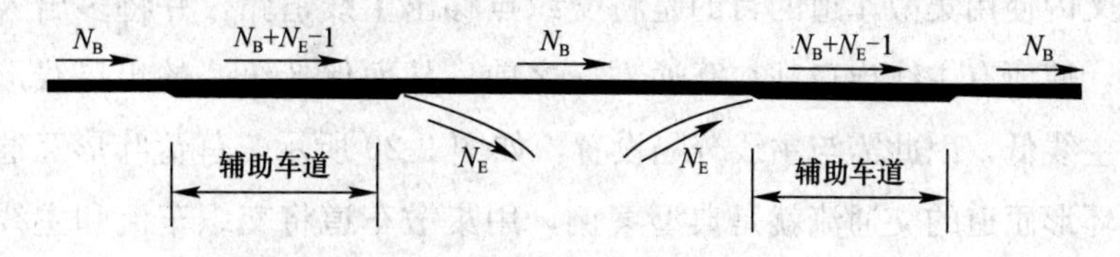

图 9-18　双车道出入口的辅助车道

辅助车道及其渐变段的长度　　**表 9-8**

主线设计速度（km/h）			120	100	80
辅助车道长度（m）	入口		400	350	300
	出口	一般值	580	510	440
		最小值	300	250	200
渐变段长度（m）	入口		180	160	140
	出口		90	80	70

当互通式立体交叉入口与下一个互通式立体交叉出口均设有或其中之一设有辅助车道时，若入口终点至出口起点的距离小于 1000m，则应加长辅助车道而将两者贯通。当交通量大，交织运行比例较高，且增加车道的成本不高时，即使此间距达 2000m，也宜采用贯通的辅助车道。

辅助车道的宽度应与主线车道相同，且与主线车道间不设路缘带。辅助车道右侧的硬路肩，其宽度一般与正常路段的主线硬路肩相同；用地受限时可减窄，但不得小于 1.5m。

（3）主线的分岔、合流

如图 9-19 所示，一条高速公路的一幅行车道分成两条连接到另一条高速公路的多车道匝道分叉部（A），或者由一条高速公路分成两条高速公路的分叉部（A′），应按主线分岔设计。自一条高速公路引出的两条直连式或半直连式多车道匝道汇合成另一条高速公路的一幅行车道（B），或者两条高速公路的同向行车道合并成一条高速公路的一幅行车道（B′）应按主线合流设计。

主线的分岔与合流部的设计应符合车道数平衡的规定，并设置渐变段，其渐变段的设计应符合以下规定：

1）自分岔前或合流后的路幅至增加或减少一条车道的渐变段内，路幅宽度应成线性变化。

2）分岔与合流渐变段的渐变率分别为 1∶40 和 1∶80。

3）渐变段的边线及其邻接的双幅路段的边线线形应连续。

（4）集散车道

集散车道是为了减少进出立体交叉主线的车流交织和进出口数量，在主线道路的一侧或两侧修建的与主线道路平行而又分离供车辆进出的专用车道。在互通式立体交叉内使用集散车道的目的是将交织点移出主线道路，并将多出入口变成单一出入口，使所有主线出口都在互通立交之前，从而保持统一的出口线形。集散车道车速较主线低，因此需与主线分隔设置。如图 9-20 所示，苜蓿叶形互通式立体交叉中两条环形匝道的交通流就是典型案例，用集散车道将交织车流和主线车流分离，保证主线交通的正常运行。

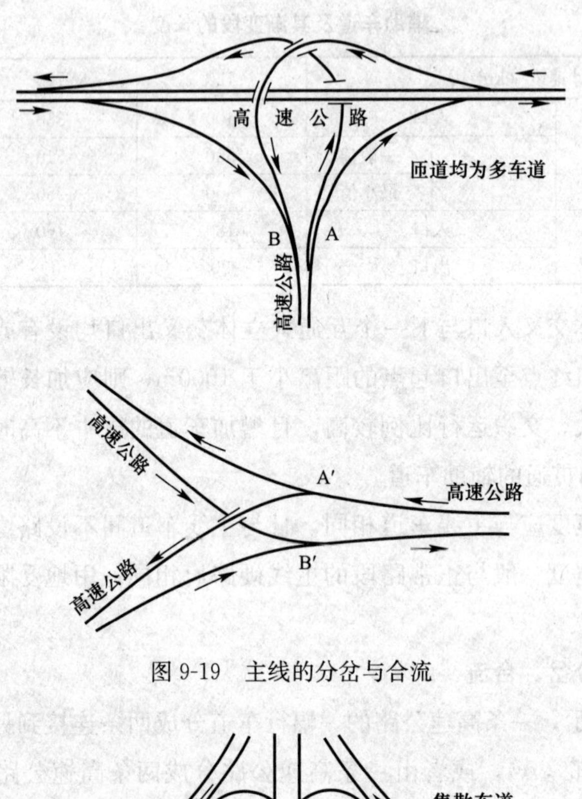

图 9-19 主线的分岔与合流

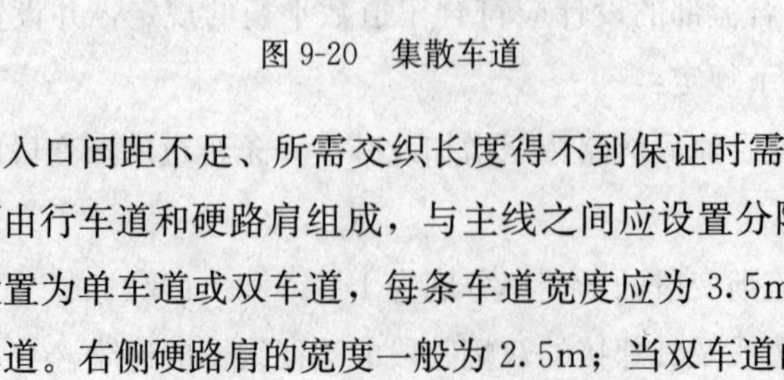

集散车道
主线

图 9-20 集散车道

一般当立交出入口间距不足、所需交织长度得不到保证时需要设置集散车道。集散车道的横断面由行车道和硬路肩组成，与主线之间应设置分隔带。集散车道可根据交通量情况设置为单车道或双车道，每条车道宽度应为 3.5m；交通量较小时，非交织段可为单车道。右侧硬路肩的宽度一般为 2.5m；当双车道的交通量不大于或接近单车道的通行能力时，硬路肩的宽度可减至 1.0m。

集散车道与主线的连接应按出入口对待，并符合车道数平衡的原则。单车道出入口能满足交通量的需要时，可采用单车道出入口的双车道匝道布置形式。

集散车道上相继入口或出口的间距，应满足匝道出入口间距的规定；入口和后继出口的间距应满足交织的需要。

9.2.2 匝道线形设计

1. 匝道的类型

匝道是互通式立体交叉不可缺少的组成部分，是连接相交道路、供各方向转弯车辆通行的道路，是主线之间的联络道路。匝道的布置及线形设计合理与否，直接关系到立体交叉功能的发挥、行车的安全畅通、运营的经济和工程的投资等。

匝道按其基本功能及其与相交道路的关系可分为右转弯匝道和左转弯匝道两大类型。

（1）右转弯匝道

车辆从右侧驶出，右转 90°到相交路线的右侧驶入，一般不需要设置跨线构造物。如图 9-21 所示，（a）称为直接式，（b）称为平行式。当立体交叉右转弯匝道以内还加有环圈式匝道或其他障碍物而需绕远时，这种右转匝道称为外连式，如图 9-21(c) 所示。

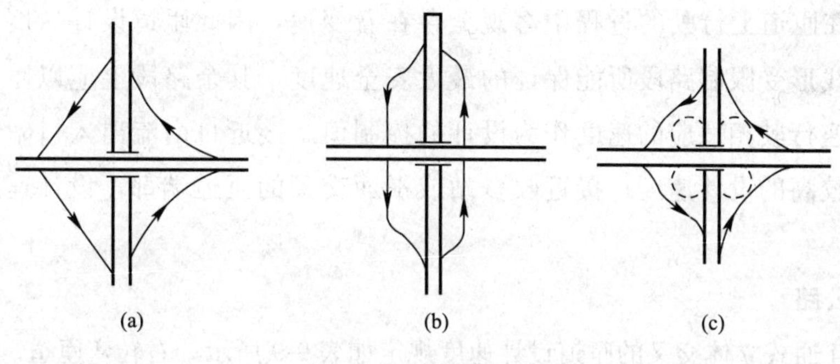

图 9-21 右转弯匝道

（2）左转弯匝道

车辆需转约 90°～270°越过对向车道，除环形左转弯匝道外，至少需要一座跨线构造物。左转弯匝道可以按以下三种形式布设：直连式、半直连式、间接式。其中，直连式又称定向式或左出左进式，半直连式又称半定向式，直连式与半直连式在前述章节已有所介绍；所谓间接式左转弯匝道，即左转弯不向左转，却反向连续右转 270°达到左转目的，形成一个环圈，因而也称为环圈形匝道或环形匝道。其特点是右出右进，行车安全，但平面线形指标不高，行车速度低。

这种匝道从右侧驶出，从右侧汇入，不需要任何跨线结构物就可达到左转弯的目的，是十分巧妙而经济的做法，是苜蓿叶和喇叭形立交的基本组成部分。根据匝道的驶出或驶入位于结构物之前或之后的组合情况，这种匝道可选择如图 9-22 所示的四种形式。

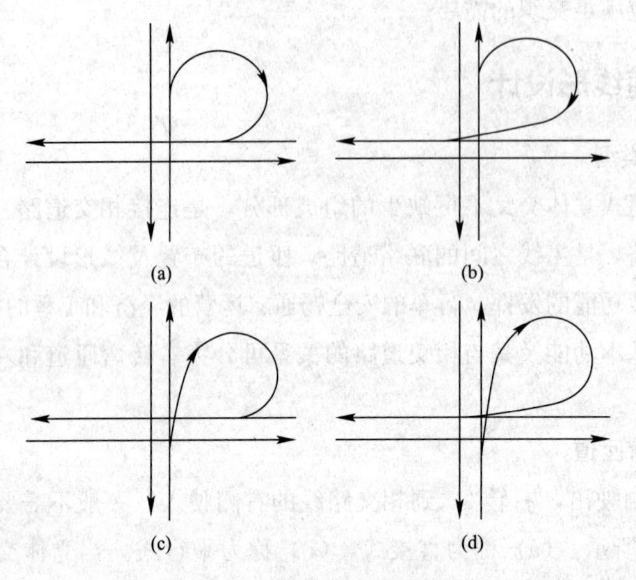

图 9-22 间接式左转弯匝道

2. **匝道设计速度**

汽车在匝道上行驶的过程中客观上存在着变速，因此匝道设计速度实际上应该是匝道线形受限制路段所能保证的最大安全速度，其余路段上应以匝道中必然存在的变速行驶相适应的速度作为设计的控制值。接近自由流出入口附近的匝道部分应有较高的设计速度；接近收费站或平面交叉的匝道端部，设计速度可酌情降低。

(1) 公路

公路互通式立体交叉的匝道设计速度规定如表 9-9 所示，右转弯匝道、直连式或半直连式左转弯匝道宜采用上限或中间值。

公路匝道设计速度 **表 9-9**

匝道类型		直连式	半直连式	环形匝道
匝道设计速度（km/h）	枢纽互通式立交	80、70、60、50	80、70、60、50、40	40
	一般互通式立交	60、50、40	60、50、40	40、35、30

(2) 城市道路

城市道路互通式立体交叉匝道设计速度需根据主线设计速度选取，具体如下：

1）主线设计速度为 100km/h 时，匝道设计速度可取 80km/h 、70km/h、60km/h、50km/h；

2）主线设计速度为80km/h时，匝道设计速度可取50km/h、40km/h、35km/h；

3）主线设计速度为60km/h时，匝道设计速度可取40km/h、35km/h、30km/h、25km/h、20km/h。

互通式立体交叉匝道选用设计速度时应遵循以下原则：

1）右转弯匝道宜采用规定值的上限或中间值；

2）内环匝道宜采用下限值；

3）定向连接匝道宜采用上限或接近上限值；

4）驶出匝道分流端的设计速度不得小于主线设计速度的50%～60%；

5）驶入匝道与加速车道连接处的设计速度应保证车辆驶至加速车道末端的速度能达到主线设计速度的70%。

3. 匝道横断面

匝道的横断面组成、宽度和类型是匝道横断面设计的主要内容。

(1) 匝道横断面组成与宽度

1）公路匝道

公路匝道横断面由以下部分组成：车行道、路缘带、硬路肩、土路肩、中央分隔带，各组成部分宽度应符合以下规定：

① 车行道宽度：3.5m，当匝道设计速度大于60km/h时，可采用3.75m。

② 路缘带宽度：0.5m。

③ 左侧硬路肩（含路缘带）宽度：1.00m。单向双车道匝道设右侧硬路肩供紧急停车使用时，左侧硬路肩可采用0.75m。

④ 右侧硬路肩（含路缘带）宽度：设供紧急停车用硬路肩时为3.0m，条件受限制时可采用1.5m，但为双向分隔式双车道时宜采用2.00m；不设供紧急停车用硬路肩时为1.00m。

⑤ 土路肩宽度：0.75m；条件受限时，不设路侧护栏可采用0.5m。

⑥ 中央分隔带宽度：不小于1.00m。

主线分岔或合流的多车道匝道，其车道、硬路肩的宽度应与主线相同。

2）城市道路匝道

城市道路互通式立体交叉匝道横断面应由车道、分车带、路缘带、停车带和防撞护栏或路肩组成。匝道机动车道宽度应满足表9-10所列数值，表中括号内数值为设计速度不超过40km/h时，或在困难情况下可采用的最小宽度值。单车道匝道必须设置停车带，停车带含一侧路缘带宽度应为2.75m；当为小型车专用匝道时可为2.0m。机非混行匝道车行道宽度应增加非机动车道宽度，一般机动车道与非机动车道应采用物理分隔。

城市道路互通式立体交叉匝道机动车道宽度　　表 9-10

车型及行驶状态	设计速度（km/h）	车道宽度（m）
大型汽车或大小型汽车混行	⩾60	3.75
	<60	3.5（3.25）
小型汽车专用道	⩾60	3.5
	<60	3.25（3.0）

分车带由分隔带及两侧路缘带组成，其宽度应根据匝道设计速度确定，最小值规定如表 9-11 所示，表中的侧向净宽为路缘带与安全带宽度之和。

城市道路互通式立体交叉匝道分车带最小宽度　　表 9-11

分车带类别	中间带			两侧带		
设计速度（km/h）	80～70	60～50	⩽40	80～70	60～50	⩽40
分隔带最小宽度 W_{dm}（m）	1.5	1.5	1.5	1.5	1.5	1.5
路缘带最小宽度 W_{mc}（m）	0.5	0.5	0.25	0.5	0.5	0.25
安全带最小宽度 W_{sc}（m）	0.5	0.25	0.25	0.25	0.25	0.25
最小侧向净宽 W_{l}（m）	1.0	0.75	0.5	0.75	0.75	0.5
分车带最小宽度 W_{sm}（m）	2.5	2.5	2.0	—	—	—

（2）匝道横断面类型及选择

1）公路匝道

根据匝道交通量与匝道长度，将匝道横断面划分为四种类型，如图 9-23 所示，分别为Ⅰ型—单车道匝道、Ⅱ型—双车道匝道（不设供紧急停车用硬路肩）、Ⅲ型—双车道匝道（设供紧急停车用硬路肩）、Ⅳ型—对向分隔式双车道匝道。图中所标宽度不包括曲线加宽值。

各类型匝道横断面的适用条件如下：

①Ⅰ型：交通量 $Q<100$pcu/h、匝道长度小于 500m；或 $100\text{pcu/h}\leqslant Q<1200$pcu/h 、

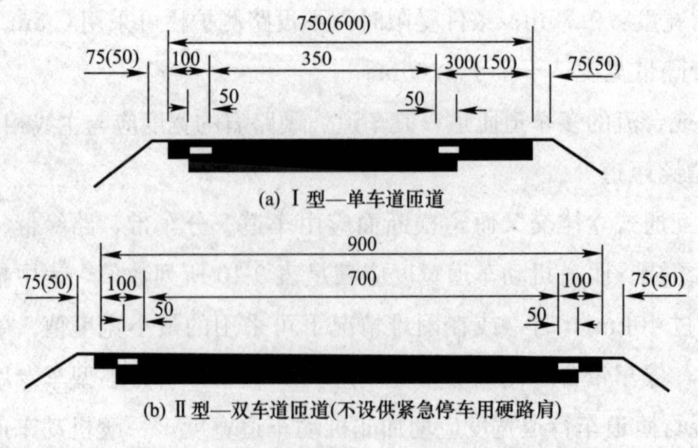

图 9-23　匝道横断面形式（单位：cm）（一）

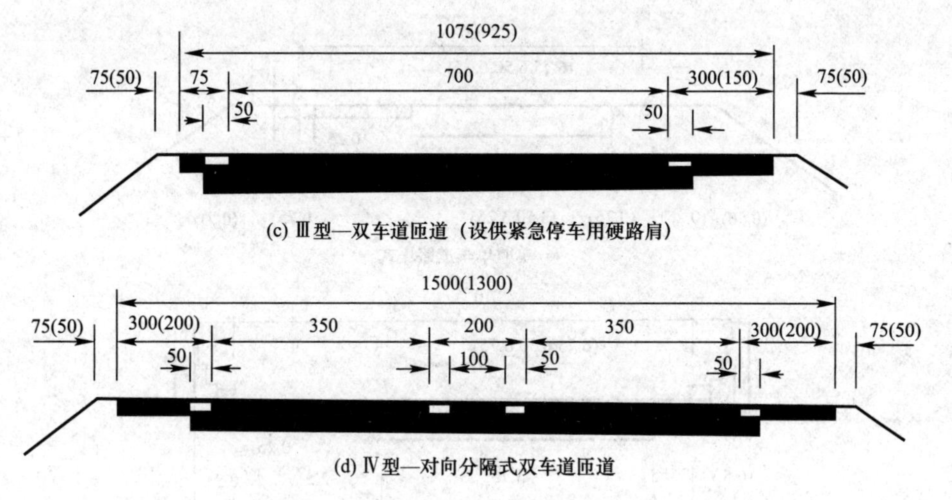

(c) Ⅲ型—双车道匝道（设供紧急停车用硬路肩）

(d) Ⅳ型—对向分隔式双车道匝道

图 9-23　匝道横断面形式（单位：cm）（二）

匝道长度小于等于 500m；环形匝道宜采用单车道匝道，其设计通行能力为 800～1000pcu/h。

② Ⅱ型：交通量 100pcu/h≤Q＜1200pcu/h 、匝道长度大于 500m，应考虑超车之需；或 1200pcu/h≤Q＜1500pcu/h。

③ Ⅲ型：交通量 Q≥1500pcu/h。

④ Ⅳ型：对向分隔式双车道匝道选用。当设计速度小于或等于 40km/h 且位于非高速公路一方时，可采用Ⅱ型。

2）城市道路匝道

匝道横断面布置如图 9-24 所示。对于匝道横断面形式，单向交通应采用单幅式断面，双向交通应采用双向分离式断面，中央分车带困难路段可采用分隔物（钢护栏和混凝土护栏）。

城市道路互通式立体交叉双车道匝道设置应符合下列条件：

① 交通量超过单车道匝道设计通行能力时。

② 单车道匝道和匝道出入口通行能力满足交通需求，但遇以下情况之一应采用双车道匝道，且宜采用划线方式控制出入口为 1 车道：匝道长度大于 300m；预计匝道上或匝道和街道连接处的管制（如信号灯控制）可能形成车辆排队，需增加蓄车空间；纵坡采用极限值的陡坡匝道。

4. 匝道平面线形

匝道平面线形应根据匝道设计速度、交叉类型、交通量、地形、用地条件及造价等因素确定。

(1) 设计要点

匝道平面线形设计要点如下：

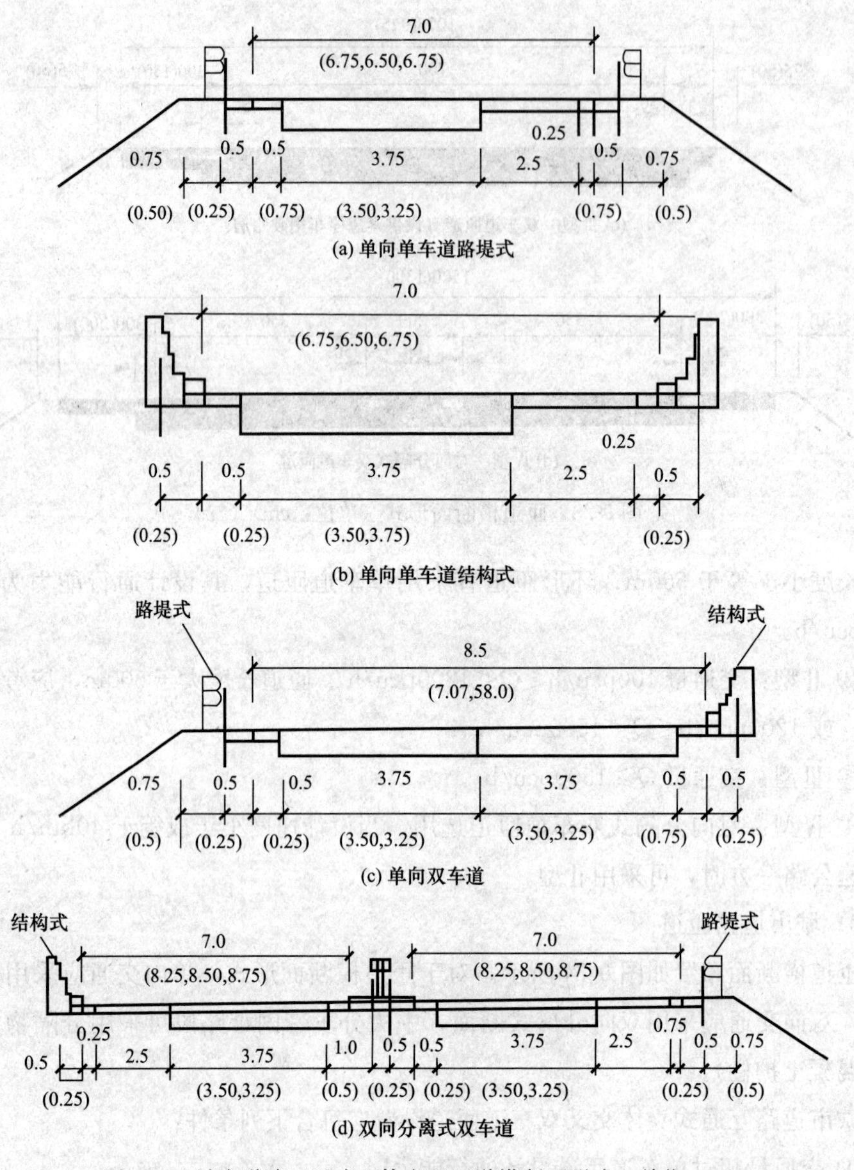

(a) 单向单车道路堤式

(b) 单向单车道结构式

(c) 单向双车道

(d) 双向分离式双车道

图 9-24　城市道路互通式立体交叉匝道横断面形式（单位：m）

1）从出、入口至匝道中平面线形紧迫路段的范围内，圆曲线的半径应与变化的速度相适应。

2）右转弯匝道和左转弯直连式或半直连式匝道应采用较高的平面指标。

3）直连式互通式立体交叉中，纵断面起伏时凸形竖曲线前后的平面线形应一致，或具备良好的线形诱导；严禁在小半径凸形竖曲线后紧接反向平曲线。

4）匝道平面线形指标应与交通量相适应，交通量大的匝道采用较高的平面线形指标。

5）应避免不必要的反向曲线。

6）各要素线形的长度不宜小于3s设计速度行程长度。

7）匝道中径向衔接的复曲线，其大小半径之比不应大于1.5，否则应设回旋线。

(2) 设计指标

1）圆曲线半径

公路匝道的圆曲线最小半径规定如表9-12所示，当受地形条件或其他特殊情况限制时，方可采用极限值。

公路匝道圆曲线的最小半径　　表9-12

匝道设计速度（km/h）		80	70	60	50	40	35	30
匝道圆曲线最小半径（m）	一般值	280	210	150	100	60	40	30
	极限值	230	175	120	80	50	35	25
不设超高的圆曲线最小半径（m）	路拱≤2%	2500	2000	1500	1000	600	500	350

城市道路互通式立体交叉匝道的圆曲线最小半径应符合表9-13的规定，不设缓和曲线的匝道圆曲线最小半径与不设超高情况相同。

城市道路互通式立体交叉匝道的圆曲线最小半径（m）　　表9-13

匝道设计速度（km/h）		80	70	60	50	40	35	30	25	20
积雪冰冻地区		—	—	240	150	90	70	50	35	25
一般地区	不设超高	420	300	200	130	80	60	45	30	20
	$i_{max}=0.02$	315	230	160	105	65	50	35	25	20
	$i_{max}=0.04$	280	205	145	95	60	45	35	25	15
	$i_{max}=0.06$	255	185	130	90	55	40	30	25	15

2）回旋线参数及长度

匝道平面线形中，直线与圆曲线或大半径圆曲线与小半径圆曲线之间应设置缓和曲线，缓和曲线形式采用回旋线。公路匝道及其端部设置回旋线时，其参数及长度宜不小于表9-14中的规定值。

公路匝道回旋线参数及长度　　表9-14

匝道设计速度（km/h）	80	70	60	50	40	35	30
回旋线参数 A（m）	140	100	70	50	35	30	20
回旋线长度（m）	70	60	50	40	35	30	25

城市道路匝道缓和曲线最小长度应符合表9-15的规定。回旋线参数应满足 $A \leqslant 1.5R$，并符合表9-16的规定。匝道反向曲线间的两个回旋线，其参数宜相等，不相等时其比值应小于1.5。回旋线的长度还应满足超高过渡的需要。

城市道路匝道的缓和曲线最小长度 **表 9-15**

匝道设计速度（km/h）	80	70	60	50	40	35	30	25	20
缓和曲线最小长度（m）	75	70	60	50	45	40	35	25	20

城市道路匝道的回旋线参数 **表 9-16**

匝道设计速度（km/h）	80	70	60	50	40	35	30	25	20
回旋线参数 A（m）	135	110	90	70	50	40	35	25	20

3）平曲线与圆曲线最小长度

城市道路互通式立体交叉匝道平曲线可由一条圆曲线及两条缓和曲线组成，也可由两条缓和曲线直接衔接，平曲线与圆曲线长度应大于或等于表 9-17 的规定。

城市道路匝道平曲线与圆曲线最小长度 **表 9-17**

匝道设计速度（km/h）	80	70	60	50	40	35	30	25	20
平曲线最小长度（m）	150	140	120	100	90	80	70	50	40
圆曲线最小长度（m）	70	60	50	45	35	30	25	20	20

4）视距

公路匝道全长范围内应具有不小于表 9-18 中规定的停车视距，积雪冰冻地区应不小于表中括号内的数值。城市道路互通式立体交叉匝道的停车视距不应小于表 9-19 中的规定值，匝道平曲线内侧宜采用视距包络图作为视距界限。

公路匝道停车视距 **表 9-18**

匝道设计速度（km/h）	80	70	60	50	40	35	30
匝道停车视距（m）	110（135）	95（120）	75（100）	65（70）	40（45）	35	30

城市道路匝道停车视距 **表 9-19**

匝道设计速度（km/h）	80	70	60	50	40	35	30	25	20
匝道停车视距（m）	110	90	70	55	40	35	30	25	20

5. 匝道纵断面线形

（1）设计要点

匝道纵断面线形设计要点如下：

1）匝道的纵坡应平缓，并避免不必要的反坡。

2）匝道同主线相连接的部位，其纵断面线形应连续，避免线形的突变。

3）出口匝道宜为上坡匝道。

4）上坡加速或下坡减速的匝道应采用较缓的纵坡，避免采用最大纵坡值。

5）匝道上设置收费站时，邻接收费广场的路段纵坡应平缓，不得以较大的下坡紧接收费广场。

6）匝道端部纵坡变化处应采用较大半径的竖曲线。难以避免反坡时，凸形竖曲线应具有较大的半径，尤其在其后不远有反向平曲线或匝道分、汇流的情况下。

（2）设计指标

1）最大纵坡

公路匝道的最大纵坡规定如表 9-20 所示，表中的规定值因地形困难或用地紧张时可增大 1%，非积雪冰冻地区在特殊困难情况下的最大纵坡可增加 2%。

城市道路匝道最大纵坡不应大于表 9-21 中的规定值，在设计匝道纵断面线形时应平缓，不宜采用断背纵坡线（两同向竖曲线间设置一短直线段）。机非混行匝道纵坡应满足非机动车行驶纵坡要求。匝道驶入（出）主线附近的纵断面，宜与主线有适当长度的平行段。

公路匝道最大纵坡　　表 9-20

匝道设计速度（km/h）			80、70	60、50	40、35、30
最大纵坡（%）	出口匝道	上坡	3	4	5
		下坡	3	3	4
	入口匝道	上坡	3	3	4
		下坡	3	4	5

城市道路匝道最大纵坡　　表 9-21

匝道设计速度（km/h）	匝道最大纵坡（%）				
	80	70	60	50	≤40
一般地区	5	5.5	6	7	8
积雪冰冻地区	4				

2）竖曲线最小半径与长度

公路匝道竖曲线最小半径及长度的规定如表 9-22 所示，表中一般值为正常情况下采用的值，极限值为条件受限时采用的值。城市道路互通式立体交叉各种设计速度的匝道所对应的最小竖曲线半径及竖曲线长度应符合表 9-23 的规定。

公路匝道竖曲线的最小半径及长度　　表 9-22

匝道设计速度（km/h）			80	70	60	50	40	35	30
竖曲线最小半径（m）	凸形	一般值	4500	3500	2000	1600	900	700	500
		极限值	3000	2000	1400	800	450	350	250
	凹形	一般值	3000	2000	1500	1300	900	700	400
		极限值	2000	1500	1000	700	450	350	300
竖曲线最小长度（m）		一般值	100	90	70	60	40	35	30
		极限值	75	60	50	40	35	30	25

城市道路匝道最小竖曲线半径与长度 **表 9-23**

匝道设计速度（km/h）			80	70	60	50	40	35	30	25	20
竖曲线最小半径（m）	凸形	一般值	4500	3000	1800	1200	600	450	400	250	150
		极限值	3000	2000	1200	800	400	300	250	150	100
	凹形	一般值	2700	2025	1500	1050	675	525	375	255	165
		极限值	1800	1350	1000	700	450	350	250	170	110
竖曲线最小长度（m）		一般值	105	90	75	60	55	45	40	30	30
		极限值	70	60	50	40	35	30	25	20	20

6. 匝道的超高与加宽

(1) 匝道的超高及其过渡

匝道超高横坡度应根据设计速度、圆曲线半径、公路条件、自然条件等经计算确定。需注意的是，匝道上的超高横坡度应与匝道上变速过程中的行驶速度相适应。例如，收费站附近和匝道端部的平面交叉附近，其超高横坡度应小于按互通式立体交叉的类别和匝道形式而选定的设计速度所对应的超高横坡度；接近分、汇流点处，超高横坡度就应大一些。

匝道上直线与超高圆曲线之间，或两超高不同的圆曲线之间，应设置超高过渡段。超高过渡段的长度应根据设计速度、横断面的类型、旋转轴的位置及渐变率等因素确定。公路匝道超高渐变率规定如表 9-24 所示。横坡处于水平状态附近时，其超高渐变率不应小于表 9-25 中的规定值。

公路匝道超高渐变率 **表 9-24**

匝道设计速度（km/h）	单向单车道		单向双车道及非分隔式对向双车道	
	左侧路缘带外边线	行车道中心线	左侧路缘带外边线	行车道中心线
80	1/200	1/250	1/150	1/200
70	1/175	1/235	1/135	1/185
60	1/150	1/225	1/125	1/175
50	1/125	1/200	1/100	1/150
≤40	1/100	1/150	1/100	1/150

公路匝道最小超高渐变率 **表 9-25**

断面类型		单向单车道	单向双车道及非分隔式对向双车道
旋转轴位置	行车道中心线	1/800	1/500
	路缘带外边线	1/500	1/300

城市道路立体交叉匝道路拱横坡应满足最低路表排水要求，并不大于 2%。当匝道平曲线半径引起的离心力不能由正常路拱横坡和正常轮胎摩阻力所平衡时，应取消反向横坡，采用单向路拱和设置超高横坡。最大超高横坡度的取值应根据当地气

候、地形、地区性质和交通特点来确定。一般地区最大超高横坡不应超过6%，积雪冰冻地区不应超过3.5%。城市道路匝道超高设置方式有以下三种：车道绕中心线旋转、车道绕内侧边缘线旋转、车道绕外侧边缘线旋转，可根据地形状况、车道数、景观要求、排水需要进行选择，超高渐变率可按表9-26取值。

城市道路匝道超高渐变率 **表9-26**

匝道设计速度（km/h）	20	30	40	50	60	70	80
超高渐变率 $\varepsilon_{中}$	1/100	1/125	1/150	1/160	1/175	1/185	1/200
超高渐变率 $\varepsilon_{边}$	1/50	1/75	1/100	1/115	1/125	1/135	1/150

(2) 匝道圆曲线加宽

1）公路匝道

公路匝道圆曲线部分加宽规定如表9-27所示，表中的加宽值是对图9-23的标准行车道宽度而言的。

公路匝道圆曲线加宽值 **表9-27**

单车道匝道（Ⅰ型）		单向双车道或对向双车道匝道（Ⅱ型）	
圆曲线半径（m）	加宽值（m）	圆曲线半径（m）	加宽值（m）
$25\leqslant R<27$	2.25	$25\leqslant R<26$	3.25
$27\leqslant R<29$	2.00	$26\leqslant R<27$	3.00
$29\leqslant R<32$	1.75	$27\leqslant R<28$	2.75
$32\leqslant R<35$	1.50	$28\leqslant R<30$	2.50
$35\leqslant R<38$	1.25	$30\leqslant R<31$	2.25
$38\leqslant R<43$	1.00	$31\leqslant R<33$	2.00
$43\leqslant R<50$	0.75	$33\leqslant R<35$	1.75
$50\leqslant R<58$	0.50	$35\leqslant R<37$	1.50
$58\leqslant R<70$	0.25	$37\leqslant R<39$	1.25
$R\geqslant70$	0	$39\leqslant R<42$	1.00
		$42\leqslant R<46$	0.75
		$46\leqslant R<50$	0.50
		$50\leqslant R<55$	0.25
		$R\geqslant55$	0

当遇特殊断面时，加宽值应予以调整，使加宽后的总宽度与标准一致。Ⅳ型匝道应按各自车道的曲线半径所对应的加宽值分别加宽；Ⅲ型匝道的加宽值为Ⅱ型的加宽值减去Ⅱ、Ⅲ型两者硬路肩的差值。

2）城市道路匝道

当城市道路匝道圆曲线半径小于等于250m时，应设置加宽，每条车道加宽值应符合表9-28的规定。曲线加宽的过渡应按主线加宽的方式执行。

城市道路匝道加宽值 **表 9-28**

车型	圆曲线半径（m）								
	200<R≤250	150<R≤200	100<R≤150	60<R≤100	50<R≤60	40<R≤50	30<R≤40	20<R≤30	15<R≤20
小型汽车	0.28	0.30	0.32	0.35	0.39	0.40	0.45	0.60	0.70
普通汽车	0.40	0.45	0.60	0.70	0.90	1.00	1.30	1.80	2.40
铰接车	0.45	0.55	0.75	0.95	1.25	1.50	1.90	2.80	3.50

匝道路面加宽的设置应在内侧进行，当内侧加宽有困难，或加宽后对几何线形设计有较大影响时，可在内、外侧均等分配加宽值。在外侧加宽时，其加宽值宜小于车道中心线的缓和曲线内移值。

设置缓和曲线时，加宽缓和段和超高缓和段长度宜采用回旋曲线全长。加宽缓和段的过渡方法可采用以下两种：

① 曲线加宽值在整个缓和曲线全长上作线性分配，如图 9-25 所示，加宽缓和段上任一点的加宽值可按下式计算：

$$b_x = kb \tag{9-2}$$

$$k = L_x / L \tag{9-3}$$

式中 b_x——加宽缓和段上任一点的加宽值（m）；

L_x——加宽缓和段上任一点到加宽缓和段起点的距离（m）；

L——加宽缓和段全长（m）；

b——匝道圆曲线部分路面加宽值（m）。

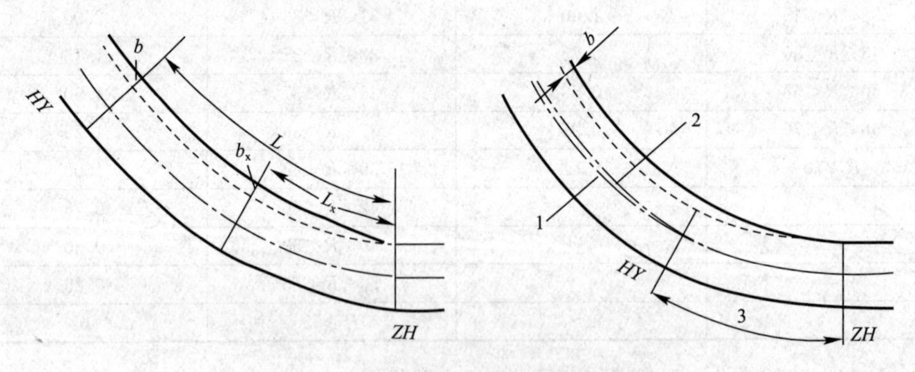

图 9-25 匝道圆曲线部分路面加宽过渡方式

1—原中心线；2—设回旋线后中心线；3—回旋线

② 曲线加宽值在整个缓和曲线全长按高次抛物线分配，匝道曲线加宽值较大，计算过渡曲线不顺适时，可采用下式计算：

$$b_x = (4k^3 - 3k^4)b \tag{9-4}$$

7. 匝道出入口端部设计

互通式立体交叉的出入口除高速匝道外，应设置在主线行车道的右侧，出入口端部的设计内容包括分流鼻与变速车道。

(1) 分流鼻

1) 偏置值与鼻端半径

在主线与匝道的分流处，为了给误行车辆提供返回余地而在行车道边缘加宽一定偏置值形成的楔形端部，称为分流鼻，其布置如图 9-26 所示。

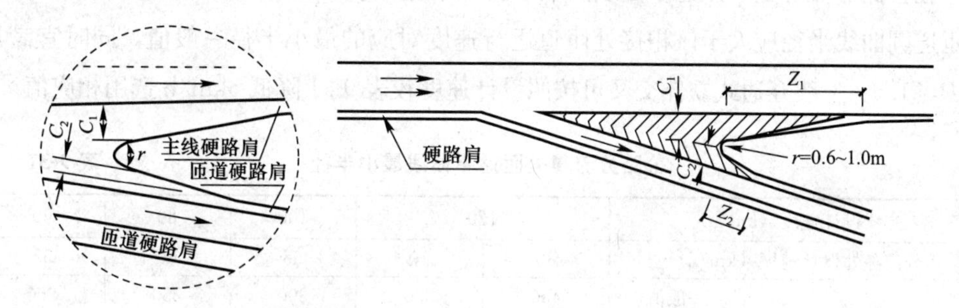

图 9-26 主线与匝道分流处的分流鼻端

偏置加宽值和分流鼻端圆弧半径规定如表 9-29 所示，表中所列的主线分岔时的分流鼻端布置如图 9-27 所示。当主线硬路肩宽度能满足停车宽度要求时，偏置宽度可采用该硬路肩宽度。

分流鼻偏置加宽值及分流鼻端圆弧半径 **表 9-29**

分流方式	主线偏置值 C_1（m）	匝道偏置值 C_2（m）	鼻端半径 r（m）
驶离主线	2.5～3.5	0.6～1.0	0.6～1.0
主线分岔	≥1.80		0.6～1.0

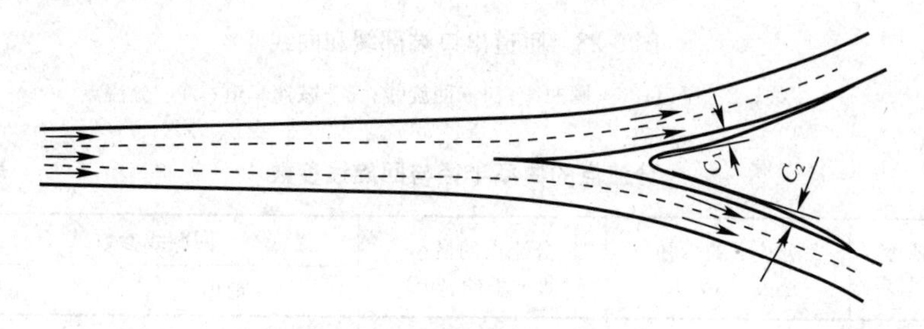

图 9-27 主线分岔时的分流鼻端

2) 偏置加宽渐变率

分流鼻处的加宽路面收敛到正常路面的过渡长度 Z_1 和 Z_2 应不小于表 9-30 中渐变率计算的值。

分流鼻端偏置加宽渐变率 **表 9-30**

设计速度（km/h）	渐变率	设计速度（km/h）	渐变率
120	1/12	60	1/8
100	1/11	≤40	1/7
80	1/10		

3）分流鼻处的匝道平面线形指标

① 公路分流鼻

在公路分流鼻处，匝道平曲线的最小曲率半径如表 9-31 所示。相接分流鼻回旋线的匝道圆曲线半径应大于该相接处匝道运行速度对应的最小半径一般值，同时宜满足 $A/R \leqslant 1.5$。一般互通式立体交叉可按照设计速度较表 9-31 降低 5km/h 选用相应值。

公路分流鼻处匝道平曲线最小半径 **表 9-31**

主线设计速度（km/h）		120		100	80	60
分流鼻处设计速度（km/h）		80	70	65	60	55
最小圆曲线半径（m）	一般值	450	350	300	250	200
	极限值	400	300	250	200	150

② 城市道路分流鼻

如图 9-28 所示，城市道路驶出匝道出口端部在减速车道终点应设置缓和曲线，分流点的曲率半径与回旋线参数应符合表 9-32 的规定。

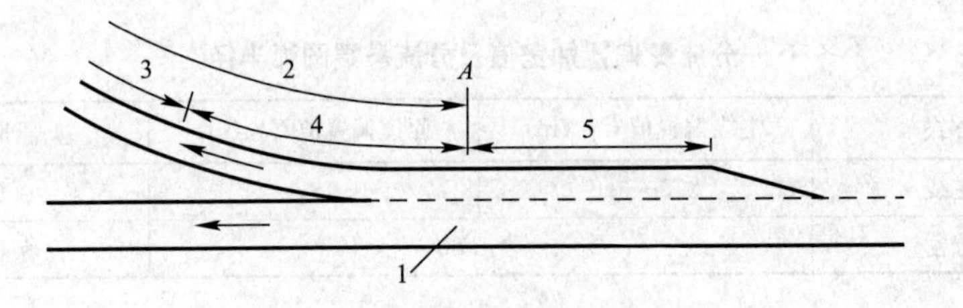

图 9-28 匝道出口端部缓和曲线

1—主线；2—匝道；3—圆曲线；4—回旋线；5—减速车道；A—分流点

分流点的曲率半径与回旋线参数 **表 9-32**

主线设计速度（m）	分流点的行驶速度（km/h）	分流点的最小曲率半径（m）	回旋线参数 A（m）	
			一般值	低限值
120	80	250	110	100
	60	150	70	65
100	55	120	60	55
80	50	100	50	45
60	≤40	70	35	30

此外，汇流鼻前，匝道与主线间应具有如图 9-29 所示的通视三角区。匝道出口

位置应明显，易于识别，宜将出口分流鼻设置在跨线桥等构造物前；当设置在跨线桥后时，匝道出口至跨线桥的距离不应小于150m。

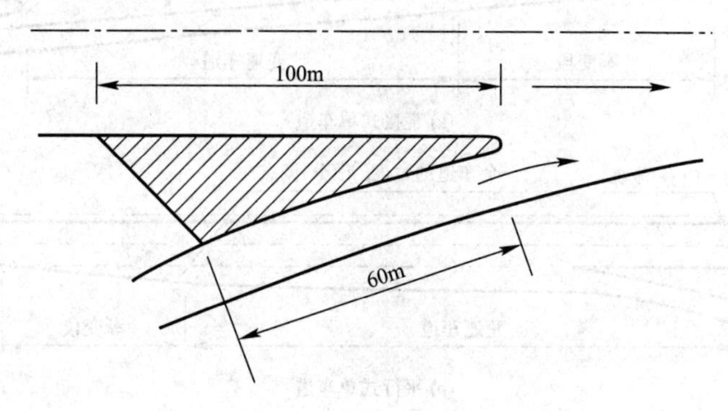

图 9-29 汇流鼻前的通视三角区

(2) 变速车道

在互通式立体交叉匝道出入口处，为适应车辆速度变化的需要，应设置变速车道，分为加速车道和减速车道两类。加速车道是为保证驶入主线的车辆，在进入主线之前，能安全加速以保证汇流所需的距离而设的变速车道。减速车道是为保证车辆驶出高速车流并安全进入低速车道所需的距离而设的变速车道。变速车道应用于互通式立体交叉、高速公路的服务区和公共汽车停靠站、管理与养护设施等与主线衔接出入口处，由于各自的使用特点不同，其几何设计要求不尽相同。变速车道作为互通式立交中主线车道和匝道之间的附加车道，车辆在该区段上实现变速、分流、合流和车道转移等复杂运行行为，若变速车道设计不当，往往会成为枢纽的瓶颈所在，造成行车不便，也容易诱发交通事故。

1）变速车道的形式

变速车道分为直接式与平行式两种，如图 9-30 所示。减速车道宜采用直接式，加速车道宜采用平行式。当变速车道为双车道时，加、减速车道均应采用直接式。

① 平行式

变速车道位置与主线平行设置。其特点是车道划分明确，行车容易辨认，但车辆进出需沿S形曲线行驶，不利于行车。一般加速车道多采用平行式，以减小合流角度。

② 直接式

直接式变速车道不设平行路段，由出、入口沿主线渐变加宽，形成一条附加的变速车道与匝道相连，因此全段均为斜锥形。其特点是线形过渡平顺，与进、出车辆轨迹吻合，有利于行车，但起点不易识别。

2）变速车道的横断面

公路变速车道横断面的组成与单车道匝道基本相同，它由行车道、右路肩（包括路缘带）和左路缘带组成，如图 9-31 所示。

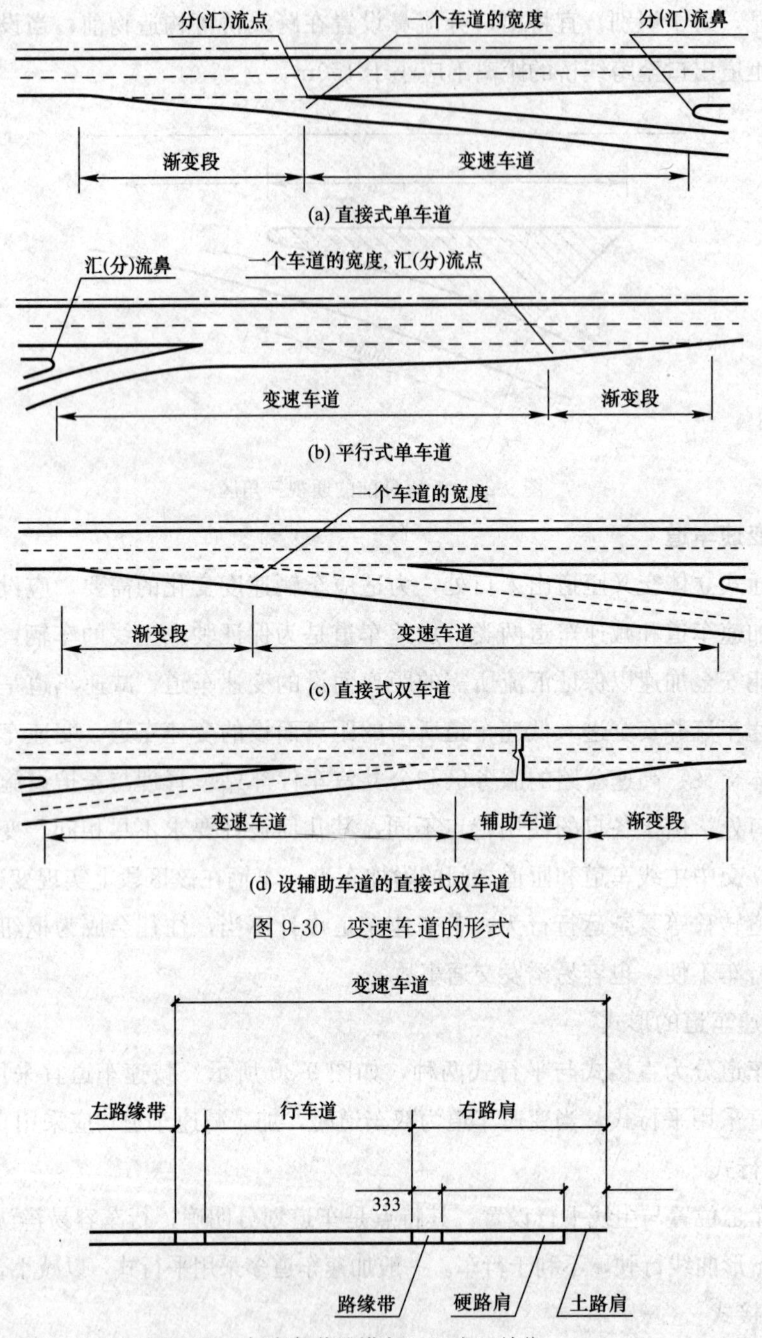

图 9-30 变速车道的形式

图 9-31 变速车道的横断面组成（单位：mm）

公路变速车道宽度宜采用匝道车道宽度。变速车道与主线直行车道之间宜设置路缘带，宽度可采用 0.50m。右侧硬路肩宽度宜采用主线与匝道硬路肩中较宽者的宽度；当条件受限时，右侧硬路肩宽度可适当减窄，但不应小于 1.50m。

如图 9-32 所示，城市道路变速车道横断面位置应由主线的路缘带外侧算起，一条变速车道宽度应为 3.5m。变速车道外侧应另加路缘带，当与高速公路相接时为紧急停车带。

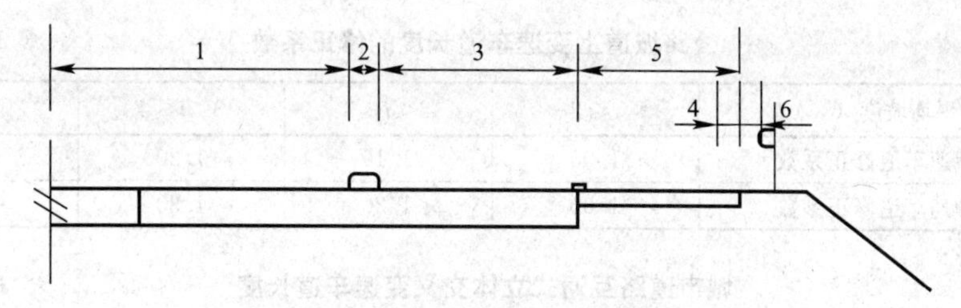

图 9-32 城市道路变速车道横断面

1—主线；2—主线路缘带；3—变速车道；4—路缘带；5—停车带；6—安全道

3）变速车道的长度

变速车道的长度是由车辆进入变速车道时的速度、车辆在变速车道终点时的速度、加减速度三个要素确定的。变速车道的长度为加速或减速车道长度与过渡段长度之和。

① 公路变速车道

公路变速车道的长度应不小于表 9-33 中的规定值，表中单车道入口为平行式，若为直接式则采用括号内的数值；入口为单车道的双车道匝道，其加速车道长度应增加 10m 或 20m。下坡路段的减速车道和上坡路段的加速车道，其长度应有所增加，从而保证行车安全，可按表 9-34 中的修正系数予以修正。

② 城市道路变速车道

城市道路变速车道长度为加速或减速车道长度与过渡段长度之和，应根据主线设计速度采用大于表 9-35 所列数值。

公路变速车道长度及有关参数 **表 9-33**

变速车道类别		主线设计速度（km/h）	变速车道长度（m）	渐变率	渐变段长度（m）
出口	单车道	120	145	1/25	100
		100	125	1/22.5	90
		80	110	1/20	80
		60	95	1/17.5	70
	双车道	120	225	1/22.5	90
		100	190	1/20	80
		80	170	1/17.5	70
		60	140	1/15	60
入口	单车道	120	230	—（1/45）	90（180）
		100	200	—（1/40）	80（160）
		80	180	—（1/40）	70（160）
		60	155	—（1/35）	60（140）
	双车道	120	400	—（1/45）	180
		100	350	—（1/40）	160
		80	310	—（1/37.5）	150
		60	270	—（1/35）	140

公路坡道上变速车道长度的修正系数　　　　表 9-34

主线平均坡度（%）	$i\leqslant 2$	$2<i\leqslant 3$	$3<i\leqslant 4$	$i>4$
下坡减速车道修正系数	1.00	1.10	1.20	1.30
上坡加速车道修正系数	1.00	1.20	1.30	1.40

城市道路互通式立体交叉变速车道长度　　　　表 9-35

主线设计速度（km/h）		120	100	80	60	50	40
减速车道长度（m）	1 车道	100	90	80	70	50	30
	2 车道	150	130	110	90	—	—
加速车道长度（m）	1 车道	200	180	160	120	90	50
	2 车道	300	260	220	160	—	—
渐变段长（m）		70	60	50	45	40	40
出口渐变率		1/25		1/20	1/15		
入口渐变率		1/40		1/30	1/20		

8. 匝道间的汇流、分流

(1) 公路匝道

1）匝道间的汇流

如图 9-33 所示，汇流前的匝道仅为超车之需而采用双车道时，宜在汇流前先并流为单车道，并设置长度不小于 50m 的渐变段。在并流前应设置预告标志，且在并流渐变段内的路面上施划并流标记。

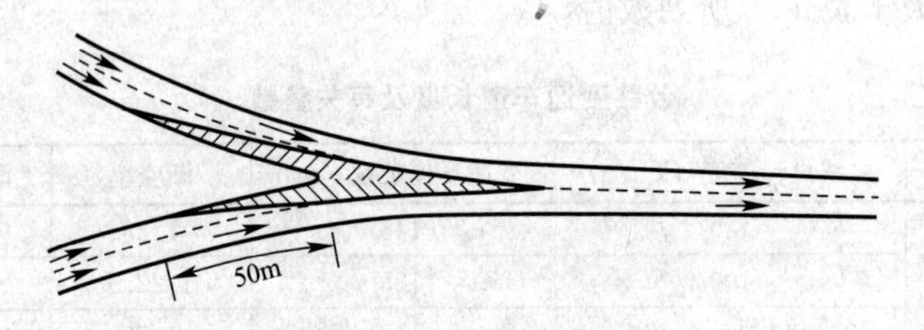

图 9-33　汇流前先并流

2）汇流、分流渐变段

匝道间的汇流、分流前后车道数不同时，应设汇流、分流渐变段，其最小长度规定如表 9-36 所示。

匝道间汇流、分流渐变段的最小长度　　　　表 9-36

汇、分流速度（km/h）	渐变段最小长度（m）	
	汇流	分流
40	70	50
60	90	60
80	120	80

(2) 城市道路匝道

城市道路主要岔口分流、合流应符合下列规定：

1）枢纽立交处，为能在与主线车速基本相同的行驶条件下实现大交通量的分流、合流和路线的转换，道路分岔端部应按分岔方式保证主线基本车道数连续和主线车道数的平衡，必要时增设辅助车道，如图 9-34 所示。其中，相对较次要的分岔流向应靠右侧进出。

2）城市快速路在起讫点处可分成两条定向多车道，与类似的高等级道路相衔接。大交通量的分、合流或路线间交通流转换期间车速基本保持不变。多车道岔口分流、合流端部可按图 9-35 所示方式进行设计。

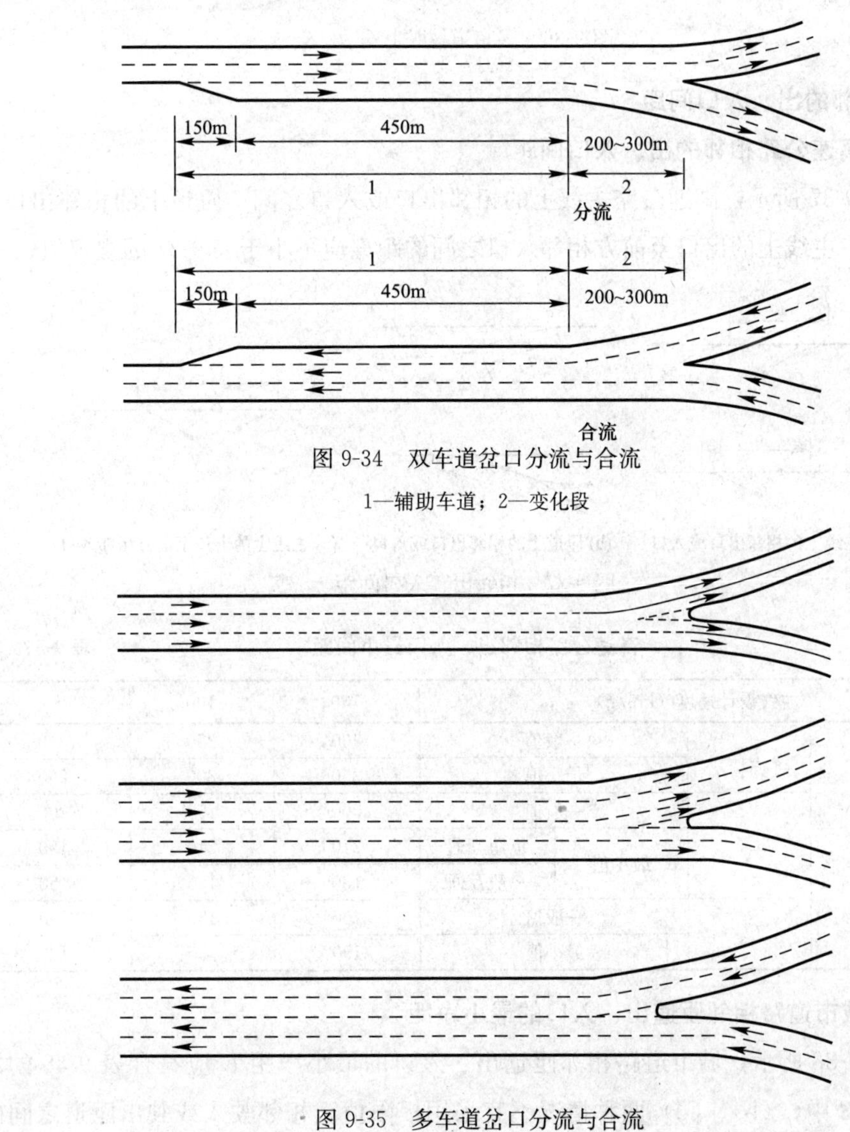

图 9-34　双车道岔口分流与合流

1—辅助车道；2—变化段

图 9-35　多车道岔口分流与合流

3）枢纽立交的主要岔口除了按车道数平衡原则进行设计外，还应按树枝状分岔，以每两个流向分别进行分流、合流设计，如图 9-36 所示。

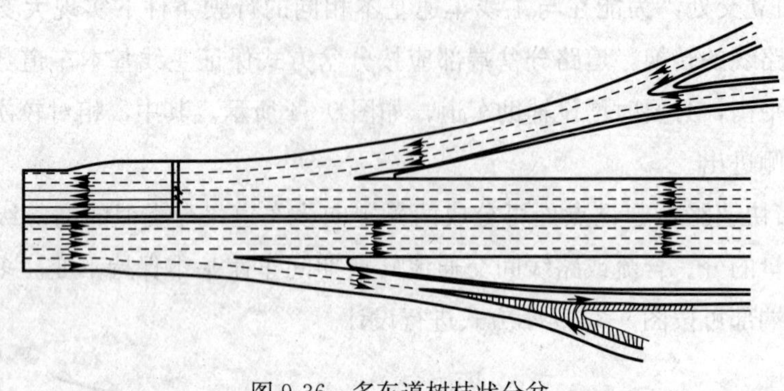

图 9-36　多车道树枝状分岔

9. 相邻的出、入口间距

（1）高速公路相邻的出、入口间距

如图 9-37 所示，高速公路主线上的相邻出口或入口之间、匝道上的相邻出口或入口之间、主线上的出口至前方相邻入口之间的距离应不小于表 9-37 的规定值。

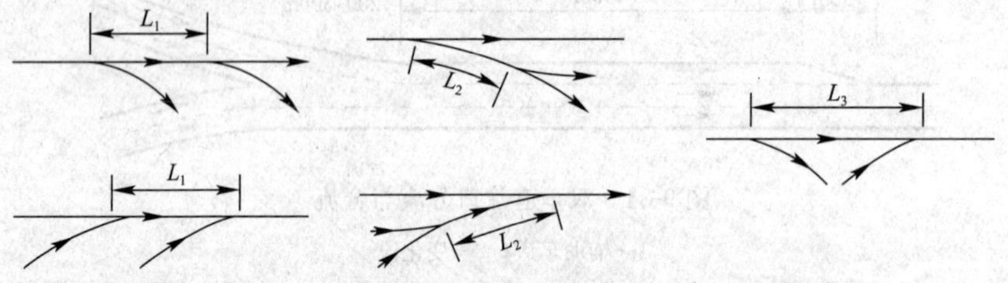

(a) 主线上的相邻出口或入口　(b) 匝道上的相邻出口或入口　(c) 主线上的出口至前方相邻入口

图 9-37　相邻出、入口间距

高速公路相邻出、入口最小间距　　**表 9-37**

主线设计速度（km/h）				120	100	80
出、入口间距（m）	L_1	一般值		400	350	310
		最小值		350	300	260
	L_2	一般值		300	250	200
		最小值	枢纽互通	240	210	190
			一般互通	180	160	150
	L_3	一般值		200	150	150
		最小值		150	150	120

（2）城市道路相邻匝道出、入口的最小净距

如图 9-38 所示，城市道路相邻匝道出、入口的最小净距 L 应符合表 9-38 的规定。图 9-38 中，（b）、（d）两种情况不宜采用极限值。相邻驶入或驶出匝道之间的间距还应考虑变速车道长度及标志之间需要的距离，并按最长需要距离决定取用值。

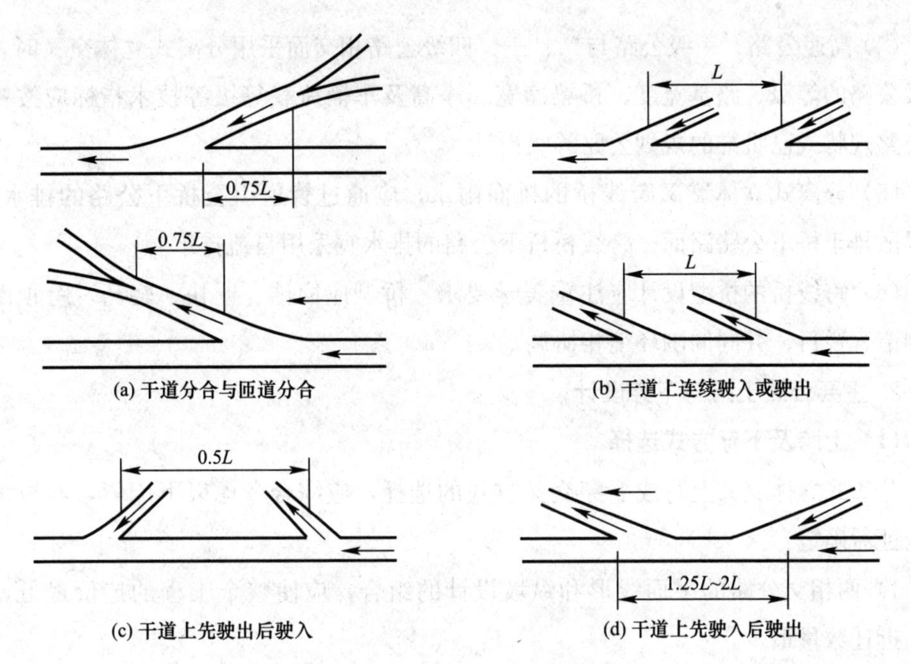

图 9-38　匝道出、入口最小净距

相邻匝道出、入口最小净距 *L*　　**表 9-38**

距离 L（m）	干道设计速度（km/h）					
	120	100	80	60	50	40
极限值	165	140	110	80	70	55
一般值	330	280	220	160	140	110

9.3　分离式立体交叉线形设计

9.3.1　公路分离式立体交叉

1. 总体设计要点

公路分离式立体交叉的总体设计要点如下：

（1）主要公路的平、纵线形应保持直捷、顺适，两相交公路不得因增设分离式立体交叉而使平、纵线形过于弯曲、起伏。

（2）两相交公路以正交或接近正交为宜，且交叉附近平面线形宜为直线或不设超高的大半径曲线。

（3）高速公路、一级公路与二、三、四级公路相交而采用分离式立体交叉时，被交公路的线形、线位应充分利用；当交叉角过小或原线形指标过低时，应采用改线方案。

（4）高速公路、一级公路与二、三、四级公路相交而采用分离式立体交叉时，被交叉公路的等级、路基宽度、桥梁净宽、净高及车辆荷载等级等技术指标应按被交叉公路现状或已批准的规划公路等级设计。

（5）分离式立体交叉跨线桥的桥面雨水，应通过管道引至桥下公路的排水沟，不得散排于桥下公路路面；跨线桥桥下公路的排水宜采用自流排水。

（6）跨线桥的桥型设计应注重美学要求，桥型应简洁、明快、轻巧，跨顶配置应和谐、悦目，并同周围环境相协调。

2. 主要公路上跨与下穿设计

（1）上跨及下穿方式选择

分离式立体交叉上跨或下穿交叉方式的选择，应综合考虑以下因素，经技术经济论证后确定：

1）两相交公路的平面线形和纵坡设计的组合，应使整个工程的造价最低，占地、拆迁数量最少。

2）不良工程地质条件下，主要公路（尤其是高速公路）宜下穿。

3）交叉附近需与现有公路设置平面交叉或为路旁用户提供出、入口的公路宜下穿。

4）交通量大的公路宜下穿。

5）同已街道化的公路相交时，新建公路宜上跨。

6）结合地形、已建工程现状或发展规划，使之同周围景观相协调。

（2）主要公路上跨时设计要点

公路分离式立体交叉中的主要公路上跨时，需遵循以下设计要点：

1）跨线桥布孔和跨径必须满足被交公路建筑限界、视距和前方公路识别、通视的要求。

2）跨线桥下为双车道公路时，不得在对向行车道中间设置中墩。

3）跨线桥下为多车道公路时，在中间带设置中墩，其中墩两侧必须设置防撞护栏，并留有护栏缓冲变形的余地；跨线桥下为无中间带多车道公路，若需在行车道中间设置中墩时，其中墩前后必须增设足够长度的中间带，且中墩两侧必须设置防撞护栏，并留有护栏缓冲变形的余地。

4）跨线桥不得压缩桥下公路横断面的任何组成部分，以及原有的渠道、通信管道等设施，并留有余地。

5）分离式立体交叉或被交叉公路采用分期修建时，跨线桥应按规划规模一次建成。

（3）主要公路下穿时设计要点

公路分离式立体交叉中的主要公路下穿时，需遵循以下设计要点：

1）被交公路的线形、线位应充分利用，当交叉角小或原线形技术指标过低时，宜采用改线方案。

2）被交公路的等级、路基宽度、车辆荷载等级应按现状或已批准的规划设计。

3）跨线桥的桥长和布孔必须满足主要公路的建筑限界、视距和对前方公路识别、通视的要求，主孔宜一孔跨越主要公路全断面，除主孔外应有适当长度的边孔。

4）跨线桥下主要公路（或高速公路）中间带较宽或为四车道以上高速公路，在中间带设置中墩时，中墩两侧必须设置防撞护栏并留有护栏缓冲变形的余地；不得在局部范围内改变中间带宽度而使行车道扭曲。

5）跨线桥下主要公路（或高速公路）附有以边分隔带分离的慢车道、集散车道、附加车道、非机动车道时，可在边分隔带上设置桥墩。当边分隔带较窄时，应在桥墩前后一定范围内加宽，并宜在右方做变宽过渡。

6）跨线桥前方主要公路（或高速公路）有出、入口或平面交叉时，跨线桥应增设供通视用辅助桥孔；主要公路（或高速公路）为曲线时，应满足载重汽车停车视距要求。

7）跨线桥下为路堑时，若路堑不深，宜将桥台置于坡顶之外；若路堑较深或边坡缓长而需在边坡上设置桥台时，则应将桥台置于坡顶附近，不得置于坡脚处。

8）主要公路为高速公路、一级公路时，跨线桥必须设置防撞护栏和防护网，严禁设置商业广告和同交通安全无关的宣传栏目；跨线桥上悬挂交通标志时，不宜采用通栏式，且上下边缘不得超出护栏顶部和边梁外缘底线。

9.3.2 道路与铁路立体交叉

公路与铁路交叉不存在互通问题，所以无需设置连接道，形式简单。根据公路、铁路近年来建设发展现状，特别是对交通安全的关注，以及建设水平、建设条件等，公路与铁路相交时，应首先考虑采用立体交叉。公路与铁路立交形式有公路上跨和下穿两种，应根据总体规划，并考虑地下设施、地形、地质、水文、环境、施工等因素综合比较后确定。

1. 公路与铁路立体交叉

(1) 设置条件

高速公路、一级公路与铁路交叉，必须设置立体交叉。高速铁路、城际铁路和路段旅客列车设计行车速度为140km/h及以上的铁路与公路相交叉时，必须设置立体交叉。

公路与铁路交叉，符合下列情况之一者应设置立体交叉：

1）Ⅰ级铁路与公路交叉时；

2）铁路路段旅客列车设计行车速度大于或等于 120km/h 的地段与公路交叉时；

3）铁路与二级公路交叉时；

4）由于铁路调车作业对公路上行驶的车辆会造成较严重延误时；

5）受地形等条件限制，采用平面交叉会危及公路行车安全时；

6）结合地形或桥涵构造物情况，具备设置立体交叉条件时。

（2）设计要点

1）平纵设计要点

公路与铁路立体交叉的平纵设计应遵循以下要点：

① 公路与铁路立体交叉宜选在双方线形均为直线的地段，或平、纵线形技术指标高且通视良好的地段。

② 公路与铁路立体交叉，以垂直交叉为宜。受地形条件或其他特殊情况限制必须斜交时，应结合公路、铁路的线形条件，尽量设置较大的交叉角度。

③ 高速公路、一级公路与铁路交叉，在考虑铁路对立交桥设置要求的同时，其立交位置应符合该路段公路平、纵线形设计总体布局，使线形连续、均衡、顺适，不得在该局部地段降低技术指标。

④ 公路与铁路立体交叉的改建工程，应根据公路网规划确定公路等级、交叉位置等。由于改善交叉角或移位而改线时，其路线的平、纵技术指标不得低于相衔接路段的一般值，更不得采用相应公路等级的最小值。

⑤ 公路与铁路立体交叉的公路引道范围内，不得设置公路平面交叉。

⑥ 公路与铁路交叉范围内的公路视距要求为：高速公路、一级公路应满足停车视距；二、三、四级公路应满足会车视距。

2）公路上跨铁路设计要点

公路上跨铁路的立体交叉设计应遵循以下要点：

① 公路跨线桥的跨径与净高必须符合 1435mm 标准轨距铁路建筑限界的规定。

② 公路跨线桥的跨径与布孔应根据地形、地质、桥下净空、铁路排水体系、沿线铁路敷设的专用管线位置等综合确定。

③ 公路上跨电气化铁路时，其跨线桥结构形式应按不中断电力输送的施工工艺与方法确定，以不致危及公路施工和铁路行车的安全。

④ 公路跨线桥及其引道的排水系统应自成体系，跨线桥桥面雨水不得直接排至铁路建筑限界范围内。

⑤ 四车道及其以上的公路上跨铁路时，考虑到公路和铁路弯、坡、斜及超高等因素，应对跨线桥的四个周边的铁路建筑限界予以检核。

⑥ 公路跨越铁路时，其公路跨线桥应设防撞护栏和防落网。

3）铁路上跨公路设计要点

铁路上跨公路的立体交叉设计应遵循以下要点：

① 铁路跨线桥的跨径与净高必须符合公路建筑限界的规定。

② 铁路跨越二级公路、三级公路、四级公路时，严禁在行车道上设置中墩；铁路跨越四车道高速公路、一级公路时，不得在中间带设置中墩；铁路跨越六车道及其以上高速公路、一级公路且必须在中间带设置中墩时，中墩两侧必须设防撞护栏，并留足设置防撞护栏和护栏缓冲变形的安全距离。

③ 铁路跨线桥所跨越的宽度应包括该路段公路标准横断面宽度及其所附属的变速车道、爬坡车道、边沟等的宽度。

④ 铁路跨线桥的跨径与布孔应留有足够的侧向余宽，不得将墩、台设置在公路边沟、排水沟以内，并满足公路视距和对前方公路识别的要求。不能满足公路视距与对前方公路识别要求时，应设置边孔。

⑤ 铁路跨越公路时，其铁路跨线桥应设置防落网。

⑥ 铁路跨线桥及其引道的排水系统应自成体系，跨线桥桥面雨水不得直接排至公路建筑限界范围内。

2. 城市道路与铁路立体交叉

(1) 设置条件

城市道路与铁路立体交叉的设置应符合下列条件：

1）城市快速路与铁路交叉、铁路路段旅客列车行车速度超过120km/h的铁路与各级城市道路交叉，必须设置立体交叉。

2）行驶无轨电车或轨道交通的道路与铁路交叉，应设置立体交叉。

3）当铁路道口的年平均日折算小客车交通量与铁路通过火车列数的乘积达到表9-39规定标准时，应设置立体交叉。

设置立体交叉的铁路道口折算交通量（万辆次） **表9-39**

道口侧向净距	铁路路段旅客列车设计行车速度（km/h）		
	120	100	≤80
良好	6.0	12.0	16.0
不良	3.0	6.0	8.0

4）地形条件不利，采用平面交叉危及行车安全时，可设置立体交叉。

5）道路与铁路交叉，机动车交通量不大但非机动车交通量和人流量较大时，可设置人行立体交叉或非机动车与行人合用的立体交叉。

(2) 交叉形式

道路与铁路立体交叉的位置与形式应根据城市总体规划的要求，并根据道路与铁路的等级性质、交通量、交通组成、地形、地下设施、铁路行车瞭望条件、地质、水文、环境要求、城市景观、施工管理等因素综合比较确定。

立体交叉的形式主要有道路上跨和下穿两种。根据具体情况也可采用机动车上跨铁路、非机动车下穿铁路相结合的立体交叉形式。

(3) 线形设计

1) 平纵线形

道路与铁路立体交叉的道路引道范围内不应设平面交叉口，引道以外设置平面交叉口时，应设有不小于 50m 长的平面交叉口缓坡段，其坡度不宜大于 2%。

2) 横断面

道路与铁路立体交叉处，道路车行道宽度不应减窄，人行道宽度可根据行人流量计算确定，但每侧人行道宽度不应小于 1.5m（当汽车专用道路与铁路立体交叉时，可不设置人行道)。立交桥引道或地道引道衔接部分应设置过渡段。

3) 排水设计

道路与铁路立体交叉内应形成完整通畅的排水系统，且应符合下列规定：

① 对立交桥下的地面水，宜采用自流排除；当不能自流排除时，可修建蓄水池调蓄排水或设泵站排水。

② 对道路下穿式立体交叉的地道排水，引道两端纵坡的起点处应设倒坡，并在道路两侧采取截水措施，减少坡底聚水量。

③ 纵坡大于 2%的坡段不宜设置雨水口，应在最低点集中收水，雨水口数量应按设计流量计算确定。

④ 纵坡最低点的位置不宜设置在地道洞体内，宜设置在洞外引道上。当采用泵站排水时，最低点位置宜与泵站位置设在洞体外的同一侧。

小结及学习指导

本章内容包括道路立体交叉的类型及选择，互通式立体交叉设置位置与间距要求、主线平纵线形及横断面设计，互通式立体交叉匝道的类型，匝道平纵线形及横断面设计、出入口端部设计，分离式立体交叉线形设计。

通过本章的学习，学生应达到以下要求：

1. 记忆：熟悉现行标准与规范中对道路立体交叉线形设计的相关规定。

2. 领会：掌握道路立体交叉主线与匝道线形设计的方法。

3. 应用：能应用有关理论和方法完成道路立体交叉设计任务。

4. 分析：能应用有关理论和方法分析道路立体交叉在规划、设计、运营管理阶段所存在的问题。

5. 评价：能针对现状及规划设计阶段的道路立体交叉，从安全、效率及规范满足性等角度进行客观评价。

6. 创造：具备针对道路立体交叉开展科学研究的基本素质，能够针对某一具体问题给出解决方案。

习题及思考题

9-1 立体交叉有哪些类型？各有何特点？

9-2 公路与城市道路立体交叉选型需考虑哪些因素？如何选取？

9-3 互通式立体交叉的设置间距应满足哪些要求？

9-4 立体交叉主线横断面与基本路段的差异有哪些？具体有何要求？

9-5 公路与城市道路匝道横断面的类型有哪些？如何选取？

9-6 匝道平纵线形的设计要点有哪些？超高与加宽设计指标如何选取？

9-7 分流鼻的设计指标有哪些？具体有何设计要求？

9-8 变速车道的类型有哪些？应如何选取？

9-9 变速车道的设计指标有哪些？在设计中应如何选取？

9-10 公路与城市道路相邻匝道间距有何要求？

9-11 公路与公路、公路与铁路分离式立体交叉的设计要点有哪些？

第 9 章真题解析

第 10 章

道路沿线设施与道路景观

本章知识点

【知识点】收费站广场的平面布置及主要技术要求，服务区、停车区的几何布置，客运汽车停靠站的布置，公共停车场的分类及组成，机动车与非机动车停车方式及空间需求，城市公交站台的布置方式及技术要求，快速公交停靠站中分组停靠方式的技术要求，人行天桥的设置条件，道路绿化及道路景观的主要设计原则。

【重点】收费站广场的类型及特点，服务区、停车区的几何布置，机动车停车场的面积与规模计算，公交站台的布置方式及技术要求，人行天桥的设置条件，道路景观的主要设计原则。

【难点】机动车停车场的面积与规模计算。

为满足道路使用者的各种需要，在道路沿线通常设置一定的附属设施，其目的主要是保证行车安全、方便服务、便于运营和管理。本章介绍公路与城市道路沿线涉及的主要服务设施。由于道路沿线的绿化与景观对道路的行车安全及舒适性有重要的影响，本章也对其进行了介绍。

10.1 收费站广场

10.1.1 收费站广场的类型

收费站广场是对通过的车辆收取通行费的交通设施。收费站广场根据其设置的位置可分为两种：一种是直接设在主线上，称为主线收费站广场，多用于主线收费路段的出入口处。由于主线上交通量大，行车速度快，因此主线收费站广场须设置在视野开阔的地方，并在一定范围内设置醒目的标志提醒驾驶员提前减速。另一种收费站是设置在立体交叉匝道或连接线上，称为匝道收费站广场，一般用于主线收费路段之间的互通式立体交叉，以控制相交道路上的车辆进出主线的收费。与主线收费站广场相比，其交通量相对较小，建设规模一般不大，设计时应着重考虑从收费站出口到连接道路的距离，避免主线因交叉点处滞留车辆过多而受影响。其布设方式又可分为集中式、分散式和组合式（图 10-1）。

分散式在互通立交的各个转向象限上都设有收费站，其优点是车辆不需绕行，但人员、设备、服务设施分散，投资大，管理不便，在实际中应用较少。

集中式是在整个互通立交中只设一个收费站，其优点是收费站配套的设备、人员、服务设施相对集中，便于管理，缺点是会限制立交的几何线形，绕行交通量较大。

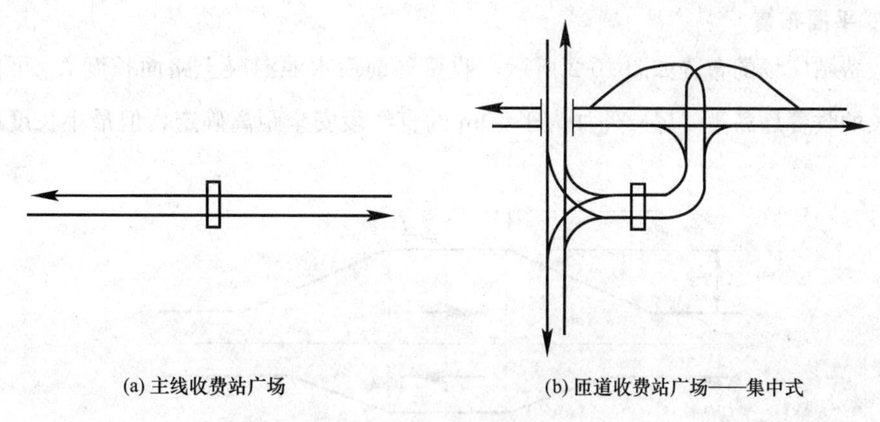

图 10-1　收费站广场类型（一）

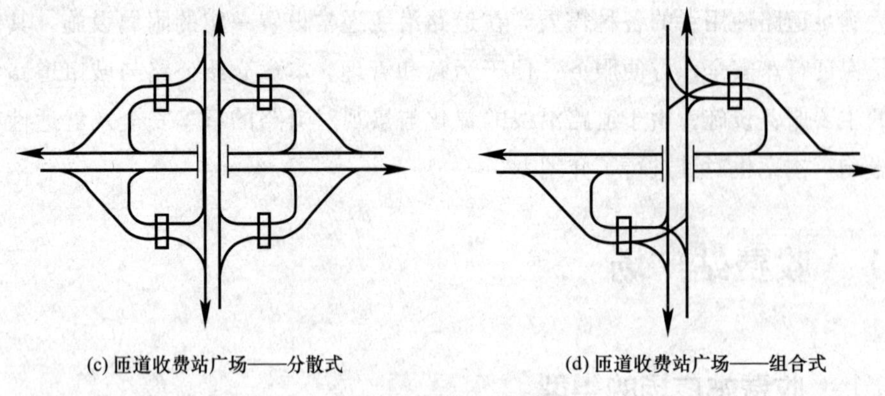

(c) 匝道收费站广场——分散式　　(d) 匝道收费站广场——组合式

图 10-1　收费站广场类型（二）

组合式介于分散式和集中式之间。组合式的优点是根据实际情况，将两个以上象限相邻的收费站集中在一起，但仍多于一个收费站的布置形式，即局部集中，车辆绕行距离适中。缺点是人员、设备、服务设施仍分散，不能集中于一处。

10.1.2　收费站广场的设计要求

1. 线形标准

主线收费站广场的平曲线指标应符合互通式立体交叉主线线形指标的规定，竖曲线指标不应小于主线纵断面设计要求中一般值的规定。收费站广场中心线两侧最小各 100m 范围内纵坡坡度不应大于 2%。应避免收费站设置在凹形竖曲线底部。

匝道收费站广场的平曲线半径不得小于 200m，竖曲线半径不得小于 800m。收费站广场中心线两侧水泥混凝土路面范围内，纵坡坡度不宜大于 2%，条件受限时不应大于 3%。

收费站广场的横坡宜为 1.5%，降雨量大的地区或车道数较多时，考虑排水需要时可为 2%。

2. 平面布置

收费站广场的布置如图 10-2 所示，收费岛前后水泥混凝土路面长度 L_0 可按每侧最长的收费岛岛头（尾）外加大于 10m 的直线段安全距离确定，但最小长度应符

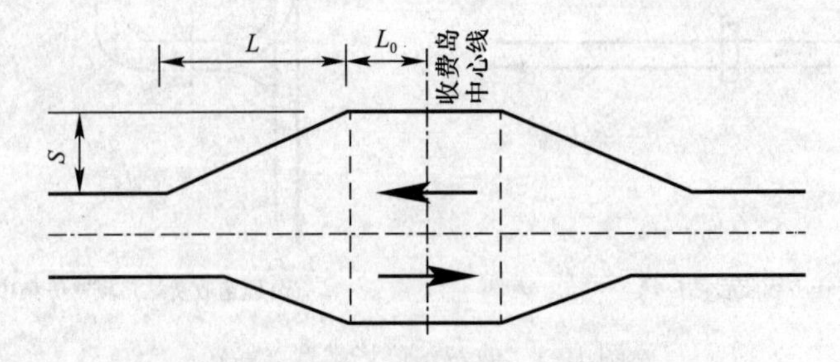

图 10-2　收费站广场布置与过渡段示意图

合表 10-1 的要求。收费站广场两端渐变段过渡应符合表 10-2 的要求。

收费岛前后水泥混凝土路面的最小长度 L_0(m)　　表 10-1

收费广场位置		匝道上	主线上
收费方式	单向	30	50
	双向	25	40

收费站广场两端行车道过渡渐变率　　表 10-2

收费站广场位置	匝道上	主线上
广场收敛渐变率（L/S）	4～6，极限值为 3	6～8

匝道收费站广场中心线至匝道分岔点的距离不宜小于 100m，且不应小于 75m；至被交道路平交点的距离不小于 150m，不能满足时，应增加设置等待车道。

收费站广场横断面组成如图 10-3 所示。收费站广场的宽度包括收费车道、收费岛、路肩（或路缘带）的宽度。收费岛间的车道宽度宜为 3.2m，ETC 车道的宽度宜为 3.5m，超宽车道的宽度宜为 4.5m。收费岛的宽度宜为 2.2m。硬路肩宽度应不小于 0.5m。

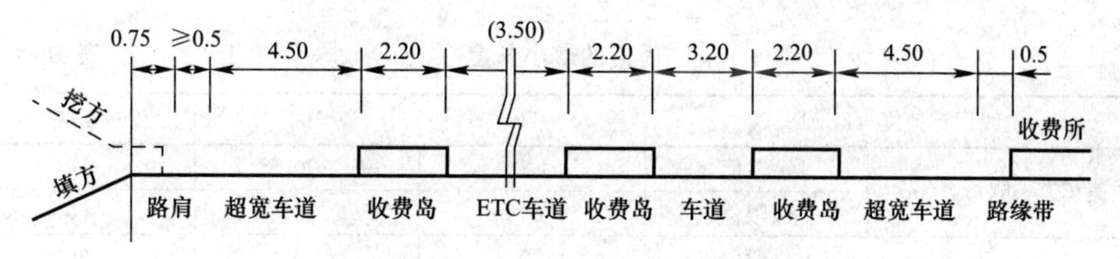

图 10-3　收费站广场横断面组成示意图（单位：m）

10.2　服务区与停车区

服务区是为驾乘人员提供中途休息、进餐等服务，以及为车辆提供停车、加油、维修等必要服务的场所。通常应设置停车场、加油站、车辆维修站、公共厕所、室内外休息区、餐饮、商品零售点等设施；根据公路环境和过往交通的需求还可设置人员住宿、车辆加水等设施。停车区的规模相对服务区较小，服务设施相对较少，但也应至少设置停车场、公共厕所、室外休息区等设施。对于高速公路，通常应设置服务区和停车区，对于一、二级干线公路也宜设服务区和停车区，而其他等级的公路则不作相应要求。

10.2.1　总体布置

服务区、停车区设置间距既要满足服务需求又要考虑其布置的经济性，一般服务区之间的间距宜为 50km，停车区与服务区或两停车区之间的间距宜为 15～25km。而对于交通量较小，供水、供电困难路段，其服务区间距可适当加大。服务区、停车区与互通式立体交叉、隧道的净间距宜大于 2km。条件受限时，可参照互通式立体交叉间距的相关设置要求。

服务区、停车区一般几何布置应包括加（减）速车道、匝道、贯穿车道、停车场等，如图 10-4 所示。

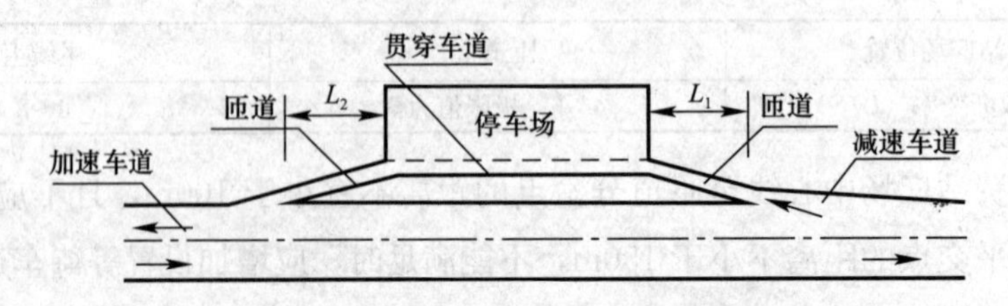

图 10-4　服务区、停车区的匝道、贯穿车道布置示意图

服务区、停车区匝道的设计速度宜采用 40km/h，条件受限时不应小于 30km/h。匝道的最小长度应符合表 10-3 的规定。匝道及加、减速车道几何设计应符合互通式立体交叉的相关规定。

匝道的最小长度　　**表 10-3**

主线设计速度（km/h）		120	100	≤80
减速车道一侧 L_1（m）	一般值	110	90	80
	极限值	80	70	60
加速车道一侧 L_2（m）	一般值	80	70	60
	极限值	60	60	60

贯穿车道的设计速度宜采用 30km/h，通常应采用单向单车道，行车道宽 3.5m，左右侧路缘带各宽 0.5m，其纵断面设计应综合考虑停车场高程及排水需要。

二级公路的服务区、停车区、观景台，根据功能、服务交通量、场地条件等，可采用设置出入匝道和加、减速车道的典型形式，也可采用不设置匝道、与主线布置成整体式的简易形式。简易形式的服务区、停车区、观景台范围内的主线纵坡不应大于 2.5%，主线行车道与停车场用侧分隔带或路面标线区分；停车场的两侧应设置长度相同的加、减速区段，布置可参照客运汽车停靠站加、减速区段（见 10.3.2 节）。停车场沿主线的纵向最小长度宜大于 30m。

10.2.2　区域内主线线形指标

服务区范围内的主线线形指标应符合互通式立体交叉范围内的主线线形指标的要求，停车区范围内的主线线形指标应符合表 10-4 的规定。

停车区范围内的主线线形指标 表 10-4

设计速度（km/h）		120	100	80	60
最小圆曲线半径（m）	一般值	1500	1000	700	500
	极限值	1200	850	600	400
最小凸形竖曲线半径（m）	一般值	45000	25000	12000	6000
	极限值	23000	15000	6000	3000
最小凹形竖曲线半径（m）	一般值	16000	12000	8000	4000
	极限值	12000	8000	4000	2000
最大纵坡（%）	一般值	2	3	4	4.5
	极限值	3	4	5	5.5

注：纵坡应选用一般值以上的指标；在地形受限、条件特殊情况下，可采用最大值。

10.3 客运汽车停靠站

客运汽车停靠站是为了满足人们乘坐中长途汽车出行上下车需要而设置的一种公路服务设施。基于安全角度考虑，高速公路的主线不应设置客运汽车停靠站。当需要设置时，停靠站宜设置在主线之外的互通式立体交叉匝道上（收费站内或外侧）、服务区（停车场）场区内，且就近须对应设置有换乘站，或有联结换乘站或地方道路的人行联络步道。一级及其以下等级的公路主线可设置客运汽车停靠站。

10.3.1 客运汽车停靠站范围的主线线形要求

客运汽车停靠站范围内的平曲线、竖曲线指标应符合表 10-5 的规定，其目的是保证停靠站有良好的通视条件，顺适的平、纵线形过渡。

客运汽车停靠站范围内的主线线形指标 表 10-5

设计速度（km/h）	100	80	60	≤40
最小圆曲线半径（m）	800	500	250	150
最小凸形竖曲线半径（m）	10000	4500	2000	1000
最小凹形竖曲线半径（m）	4500	3000	1500	1000

考虑到客运汽车的停车、起步特点，以及停靠站乘客、行人的安全，客运汽车停靠站范围内主线的最大纵坡应不大于 2%，地形特别困难时应不大于 3%。

10.3.2 客运汽车停靠站的布置

不同公路等级的汽车停靠站的布置要求是不同的。一级公路主线侧客运汽车停靠站布置应包括渐变段、加（减）速车道、停留车道等，其布置如图 10-5 所示，并应符合下列规定：

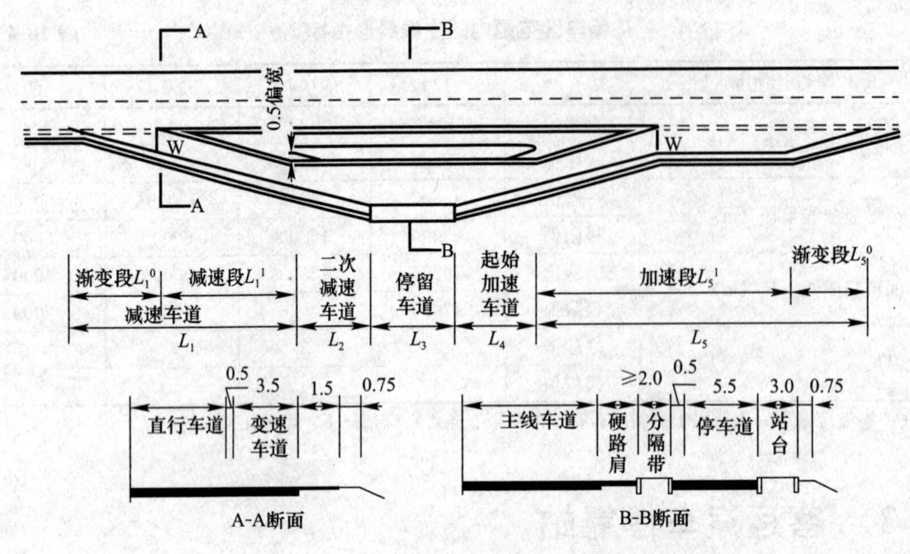

图 10-5　一级公路客运站汽车停靠站示意图（单位：m）

1）停靠区与主线右侧硬路肩之间必须用侧分隔带或护栏隔开。这主要是考虑一级公路主线交通量大、汽车运行速度较高，通过分隔带和护栏隔开可以保障主线和客运汽车停靠站的车辆、行人安全。

2）变速车道及其渐变段长度、停留车道长度应不小于表 10-6 规定。

3）侧分隔带宽应不小于 2.0m，变速车道右侧硬路肩宽 1.50m，停留车道宽应不小于 5.50m，站台宽 3.0m。

一级公路客运汽车停靠站变速车道、停留车道长度　　表 10-6

主线设计速度（km/h）		100	80	60
减速车道 L_1	渐变段 L_1^0（1/20）（m）	70	70	70
	减速段 L_1^1（m）	100	90	70
二次减速车道 L_2（m）		50	50	40
停留车道 L_3（m）		30	30	20
（二次）起始加速车道 L_4（m）		40	40	30
加速车道 L_5	加速段 L_5^1（m）	130	110	80
	渐变段 L_5^0（m）	65	60	50

二级及二级以下公路主线侧客运汽车停靠站的布置应包括加（减）速区段、停留车道等，如图 10-6 所示，应符合下列规定：

1）停靠区与道路行车道之间用路面标线区分。

2）站台前停靠区两侧设置长度相等的加、减速区段，其长度应符合表 10-7 规定。

3）停留车道长度为 15m。

4）相邻行车道边缘线的分隔带（标线）、停留车道、站台宽度依次为 0.5m、3.5m、2.25m。

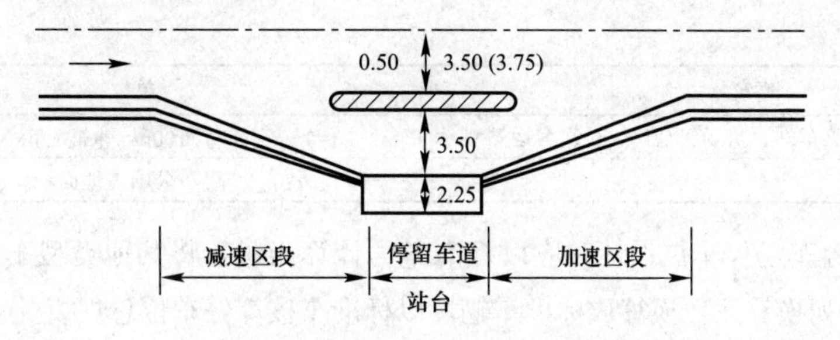

图 10-6　二级及二级以下公路客运站汽车停靠站示意图（单位：m）

二级及以下公路客运汽车停靠站变速区段长度　　表 10-7

主线设计速度（km/h）	80	60	40	30	20
渐变率	1/15	1/12.5	1/10	1/7.5	1/5
加、减速区段长（m）	60	50	40	30	20

10.4　公共停车场

10.4.1　机动车停车场设计

公共停车场是指根据城市规划建造或公共建筑配套专供社会车辆停放的（露天或室内）收费营业性停车场。在大型公共建筑、交通枢纽、人流和车流量大的广场等处均应布置适当容量的公共停车场。一般由出入口、停车位、通道和附属设施组成。停车场按服务对象分为机动车停车场和非机动车停车场，根据构筑物的特点可分为地上、地下停车场。

1. 机动车停车场的面积与规模

城市停车位供给应以建筑物配建停车场提供的停车位为主体，建筑物配建停车场一般占停车位供给总量的85%以上。建筑物配建的停车场车位数量可根据建筑物的功能、用途，考虑服务对象、交通特征等因素确定，并按照相应的比例进行配置，详见表 10-8。

建筑物类别与车位配置关系　　表 10-8

建筑物类别	单位
医院	车位/100m^2 建筑面积
学校	车位/100m^2 建筑面积
宾馆	车位/客房
商场	车位/100m^2 建筑面积
体育馆	车位/100 座位
展览馆、会议中心、剧院	车位/100m^2 建筑面积

续表

建筑物类别	单位
交通枢纽（火车站、机场、港口、长途客运站）	车位/100m^2 建筑面积
公园	车位/公顷占地面积

机动车停车场停车位设计时应以标准车为计算当量，将其他类型车辆停放空间按表 10-9 所列换算系数换算成标准车辆，以标准车核算停车位总规模。

停车场设计车型外廓尺寸和换算系数　　表 10-9

车辆类型		各类车型外廓尺寸（m）			车辆换算系数
		总长	总宽	总高	
机动车	微型汽车	3.2	1.6	1.8	0.7
	小型汽车	5.0	2.0	2.2	1.0
	中型汽车	8.7	2.5	4.0	2.0
	大型汽车	12.0	2.5	4.0	2.5
	铰接车	18.0	2.5	4.0	3.5
自行车		1.93	0.60	1.15	

注：1. 三轮摩托车可按微型汽车尺寸计算；
2. 两轮摩托车可按自行车尺寸计算；
3. 车辆换算系数按面积换算。

通常，地面机动车停车场标准车停放面积宜采用 25～30m^2，地下机动车停车库与地上机动车停车楼标准车停放建筑面积宜采用 30～40m^2，机械式机动车停车库标准车停放建筑面积宜采用 15～25m^2。

机动车换乘停车场应结合城市中心区以外的轨道交通车站、公交枢纽站和公交首末站布设，其停车位供给规模应综合考虑接驳站点客流特征和周边交通条件确定，其中与轨道交通接驳的机动车换乘停车场停车位的供给总量不宜小于轨道交通线网全日客流量的 1‰，且不宜大于 3‰。

停车场应设置无障碍专用停车位和无障碍设施，现行国家标准《无障碍设计规范》GB 50763 规定：建筑基地内总停车数在 100 辆以下时应设置不少于 1 个无障碍机动车停车位，100 辆以上时应设置不少于总停车数 1％的无障碍机动车停车位。

随着电动车和新能源车的快速发展，停车场应结合电动车辆发展需求、停车场规模及用地条件，预留充电设施建设条件，具备充电条件的停车位数量不宜小于停车位总数的 10％。

2. 停车场的设计要求

1）车型尺寸和空间需求

设计停车场时，首先应考虑到设计车型的外轮廓尺寸，现行国家标准《城市综合交通体系规划标准》GB/T 51328 将机动车分为 5 类，并明确了每种车型的外廓尺寸，详见表10-9。除了机动车自身的占地空间外，停车位还应考虑停车后人员的乘降、货物的装卸等需求，预留出一定空间。预留空间通常分为前方、后方以及侧方（向）空间（图10-7），据此可确定汽车与汽车、墙、柱、护栏之间的最小净距，要求可见表10-10。

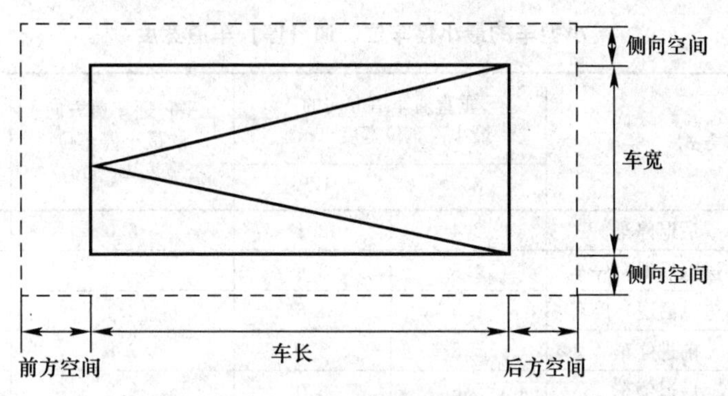

图10-7　机动车的空间需求

汽车与汽车、墙、柱、护栏之间最小净距　　表10-10

项目 \ 机动车类型		微型车、小型车	轻型车	中型车、大型车
平行式停车时机动车间纵向净距（m）		1.20	1.20	2.40
垂直式、斜列式停车时机动车间纵向净距（m）		0.50	0.70	0.80
机动车间横向净距（m）		0.60	0.80	1.00
机动车与柱间净距（m）		0.30	0.30	0.40
机动车与墙、护栏及其他构筑物间净距（m）	纵向	0.50	0.50	0.50
	横向	0.60	0.80	1.00

注：1. 纵向指机动车长度方向，横向指机动车宽度方向；
2. 净距指最近距离，当墙、柱外有突出物时，从其凸出部分外缘算起。

2）停车位的设置

停车场中的停车方式可采用平行式、斜列式（倾角30°、45°、60°）、垂直式或混合式（图10-8）。

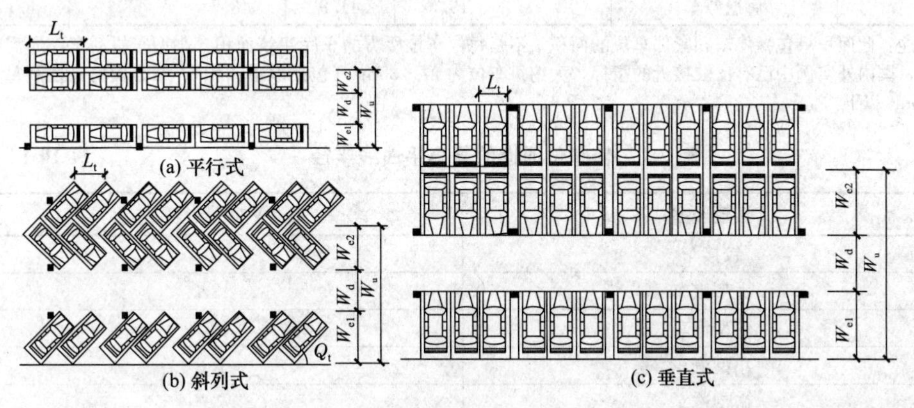

图10-8　停车方式

机动车停车场内车位布置可按停放方式分组安排，每组停车不应超过 50 辆。当各组之间无通道时，应留出大于或等于 6m 的防火通道。机动车最小停车位、通（停）车道宽度可通过计算或作图法求得，且停车场内通道宽度应大于或等于 3.0m，主要停车宽度不应小于 6m。小型车的最小停车位、通（停）车道宽度宜符合表 10-11 的规定。

小型车的最小停车位、通（停）车道宽度　　表 10-11

停车方式			垂直通车道方向的最小停车位宽度（m）		平行通车道方向的最小停车位宽度 L_t（m）	通（停）车道最小宽度 W_d（m）
			W_{e1}	W_{e2}		
平行式		后退停车	2.4	2.1	6.0	3.8
斜列式	30°	前进（后退）停车	4.8	3.6	4.8	3.8
	45°	前进（后退）停车	5.5	4.6	3.4	3.8
	60°	前进停车	5.8	5.0	2.8	4.5
	60°	后退停车	5.8	5.0	2.8	4.2
垂直式		前进停车	5.3	5.1	2.4	9.0
		后退停车	5.3	5.1	2.4	5.5

根据车辆停车方式、车与周围物体间净距、车辆转弯半径的要求，可确定不同车型的最小每停车位面积，如表 10-12 所示。停车位通道的最小平曲线半径见表 10-13。

最小每停车位面积　　表 10-12

停车方式			最小每停车位面积（m^2/辆）					
			微型车	小型车	轻型车	中型车	大货车	大客车
平行式		前进停车	17.4	25.8	41.6	65.6	74.4	86.4
斜列式	30°	前进（后退）停车	19.8	26.4	41.6	59.2	64.4	71.4
	45°	前进（后退）停车	16.4	21.4	40.9	53.0	59	69.5
	60°	前进停车	16.4	20.3	34.3	53.4	59.6	72.0
	60°	后退停车	15.9	19.9	40.3	49.0	54.2	64.4
垂直式		前进停车	16.5	23.5	33.5	59.2	59.2	76.7
		后退停车	13.8	19.3	41.9	48.7	53.9	62.7

注：此面积只包括停车和紧邻车位的面积，不是每停车位所需的车库建筑面积。小型车机动车库所需建筑面积，国内外实例中已有比较接近的指标，大约每车位为 27～35m^2（包括坡道面积），结合国情，控制每车位在 33m^2 以下。

停车位通道的最小平曲线半径　　表 10-13

车辆类型	最小平曲线半径（m）
铰接车	13.0
大型汽车	13.0
中型汽车	10.5
小型汽车	7.0
微型汽车	7.0

3）其他设计要求

机动停车场的出入口应有良好的视野。出入口距离人行过街天桥、地道和桥梁、隧道引道须大于 50m；距离交叉路口须大于 80m。机动车停车场车位指标大于 50 个时，出入口不得少于 2 个；大于 500 个时，出入口不得少于 3 个。停车场进出口净宽单向通行不应小于 5m，双向通行不应小于 7m。停车场出入口应有良好的通视条件，视距三角形范围内的障碍物应予以清除。

为避免停车需求干扰市政交通，机动车停车场的出入口不宜设在主干路上，可设在次干路或支路上，并应远离交叉口。

城市公共停车场宜布置在客流集中的商业区、办公区、医院、体育场馆、旅游风景区及停车供需矛盾突出的居住区，其服务半径不应大于 300m。同时，应考虑车辆噪声、尾气排放等对周边环境的影响。

停车场的竖向设计应与排水相结合，坡度宜为 0.3%～3.0%。

10.4.2 非机动车停车场设计

非机动车单个停车位面积宜采用 1.5～1.8m^2。非机动车停车场布局应考虑停车需求、出行距离因素，结合道路、广场和公共建筑布置，其服务半径宜小于 100m，不应大于 200m，并应满足使用方便、停放安全的要求。非机动车停车场出入口不应少于两个，出入口宽度宜为 2.5～3.5m。场内停车区应分组安排，每组场地长度宜为 15～20m。

非机动车及二轮摩托车应以自行车为计算当量进行停车当量的换算，且车辆换算的当量系数应符合表 10-14 的规定，其布置形式如图 10-9 所示。

非机动车换算当量系数 **表 10-14**

车型	非机动车				二轮摩托车
	自行车	三轮车	电动自行车	机动轮椅车	
换算当量系数	1.0	3.0	1.2	1.5	1.5

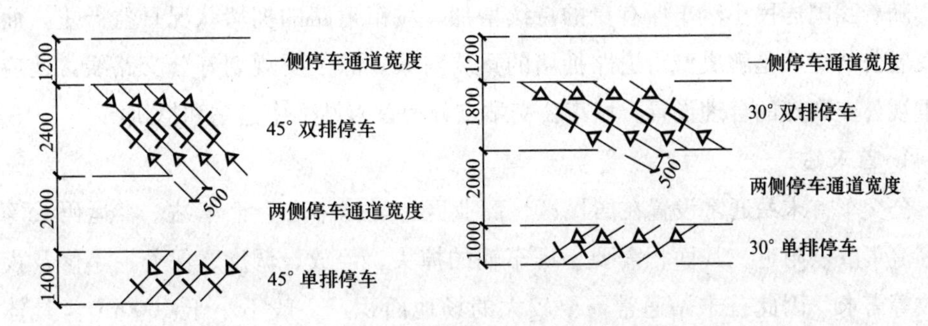

图 10-9 自行车停车宽度和通道宽度（单位：mm）（一）

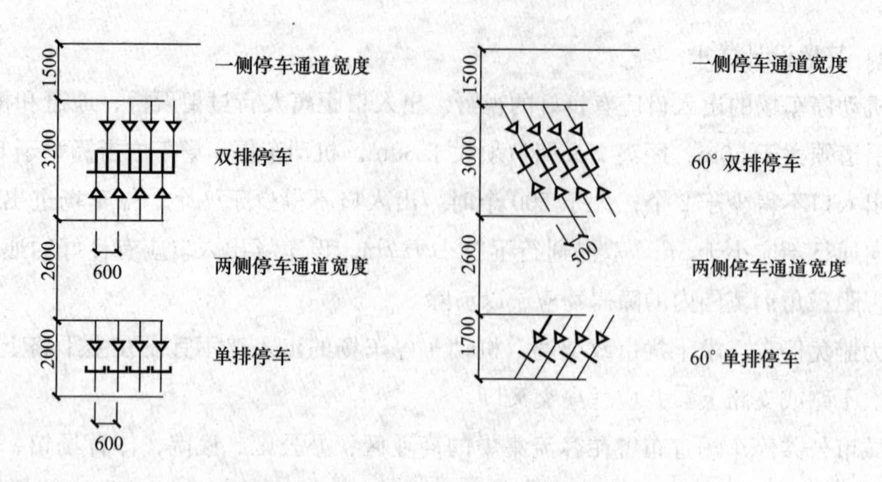

图 10-9　自行车停车宽度和通道宽度（单位：mm）（二）

自行车的停车方式可采取垂直式和斜列式。自行车停车位的宽度、通道宽度应符合表 10-15 的规定。

自行车停车位的宽度和通道宽度　　　　**表 10-15**

停车方式		停车位宽度（m）		车辆横向间距（m）	通道宽度（m）	
		单排停车	双排停车		一侧停车	两侧停车
垂直排列		2.00	3.20	0.60	1.50	2.60
斜排列	60°	1.70	3.00	0.50	1.50	2.60
	45°	1.40	2.40	0.50	1.20	2.00
	30°	1.00	1.80	0.50	1.20	2.00

注：角度为自行车与通道夹角。

10.5　城市道路公交站点设计

10.5.1　公交站点的种类和布置

随着我国居民小汽车保有量的持续增加，城市道路的拥堵状况日益严重，而优先发展公共交通是解决城市道路拥堵的重要对策。除了要规划好公交路线，还应充分重视公交站点的合理设置。城市公交站点分为首末站、中途站和枢纽站。

1. 首末站

公交车首末站通常设置在居民区、商业区、文体中心、火车站、客运码头等主要客流集散点附近。其面积需要考虑车辆的掉头、停放、调度、保养、小修及夜间存放等需求，因此首末站通常需要较大的场地面积，一般不小于 1000m^2，具体来说，每辆标准车的用地面积按 100～120m^2 计算。

2. 中途站

中途站应设置在公共交通线路沿途所经过的客流集散点处，能按要求完成运营车辆安全停靠、便捷通行、方便停车三项主要功能。中途站的站距宜为 400～800m，中途站的设置在同向换乘距离不应大于 50m，异向换乘距离不应大于 100m；在道路平面交叉口和立体交叉口上设置的车站时，需要考虑站点的设置不妨碍交叉口的交通和安全，既不阻挡交叉口视距三角形内的车辆和行人的视线，也不影响停车线前车辆的停车候驶和通行能力，因此，其车站宜安排在交叉口出口道一侧，距交叉口出口缘石转弯半径终点宜为 80～150m。换乘距离不宜大于 150m，并不得大于 200m。郊区站点与平交口的距离，一级公路宜设在 160m 以外，二级及以下公路宜设在 110m 以外。

3. 枢纽站

多条道路公交线路共用首末站时应设置枢纽站，枢纽站可按到达和始发线路条数分类，2～4 条线为小型枢纽站，5～7 条线为中型枢纽站，8 条线以上为大型枢纽站，多种交通方式之间换乘为综合枢纽站。

10.5.2 公交站台的布置方式

公交站台的布置方式通常可分为直接式和港湾式（图 10-10）。直接式公交站台布置方式要求公共交通车辆停靠站时要占用车道，对道路通行能力影响较大，适用于交通量小的道路；城市主、次干路和交通量较大的支路上及郊区的双车道公路，为减少公共交通车站占用车道使道路通行能力受到损失，应布置港湾式停靠站。站台设计主要是确定站台长度和宽度。站台长度和站台宽度应满足车辆停靠、人流集散及相关设施布设的要求。一般站台宽度为 2.0m。公交车站应与周边行人、非机动车系统统一设计，并根据需求设置非机动车停车区域。

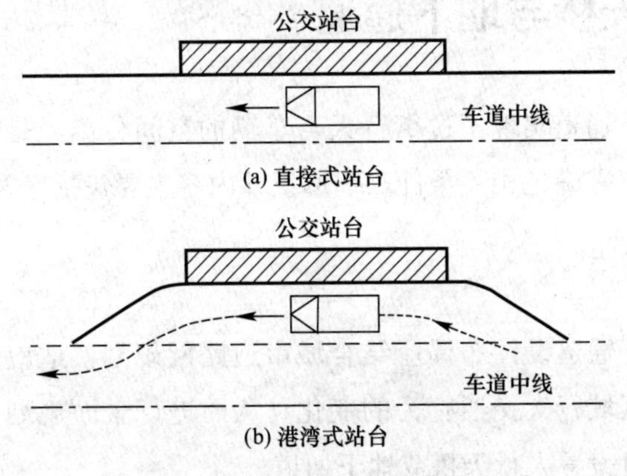

图 10-10 公交站台的布置方式

1. 港湾式停靠站

市区的港湾式停靠站长度，应至少有 2 个停车位，最长不应超过同时停靠 4 辆车的长度，否则应分开设置。

2. 快速公交停靠站

快速公交系统的车站可分为双侧停靠和单侧停靠形式，同一车站两侧可以同时停靠车辆的为双侧停靠形式，车站只能单侧停靠车辆的为单侧停靠形式。主要根据独立线路或组合线路、每站皆停或越站停靠等运营特征、道路资源等因素综合确定。双侧停靠的站台宽度不应小于 5m，单侧停靠的站台宽度不应小于 3m。停车道的宽度不应小于 3m。

顺序停靠方式为车辆按先后到站次序停靠，后车不可超越前车驶入或驶出；分组停靠方式为两组停靠车辆可独立进出车站（图 10-11）。为配合每站皆停、越站、编组车等运营组织方式，顺序停靠时可设港湾停车道，分组停靠方式的车站应设港湾停车道。

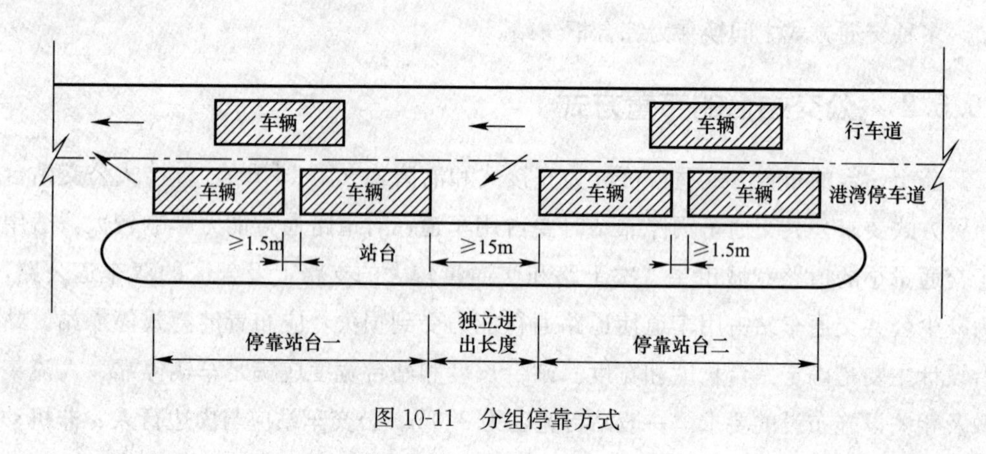

图 10-11　分组停靠方式

10.6　人行天桥与地下通道

人行天桥与地下通道实现了过街行人与车辆的空间分离，是保障行人过街安全的重要手段，其设置需满足相关条件，线形设计内容主要包括净宽与净高设计。

10.6.1　设置条件

人行天桥与地下通道设计布局应结合城市道路网规划，适应交通需求，并应考虑由此引起的附近区域行人交通行为的变化，从而进行全面规划设计。通常在满足下列条件之一时，可设置人行天桥或地下通道。

（1）进入交叉口总行人流量达到 18000p/h，或交叉口的一个进口过街行人流量超过 5000p/h，且同时在交叉口一个进口或路段上双向当量小汽车交通量超过 1200pcu/h。

（2）进入环形交叉口总行人流量达到 18000p/h，且同时进入环形交叉口的当量小汽车交通量达到 2000pcu/h。

（3）行人横过市区封闭式道路、快速干路或机动车道宽度大于 25m 时，可每隔 300～400m 设置一座。

（4）铁路与城市道路相交道口，因列车通过一次阻塞行人超过 1000 人次或道口关闭超过 15min 时。

（5）路段上双向当量小汽车交通量达到 1200pcu/h，或过街行人超过 5000p/h。

（6）复杂交叉口机动车行车方向复杂，对行人有明显危险处。

（7）有特殊需要可设置专用过街设施。

10.6.2 净宽设计

人行天桥与地下通道的净宽设计应满足其必需的通行能力，并应符合下列规定：

（1）人行天桥与地道的通道净宽，应根据设计年限内高峰小时行人流量及设计通行能力计算。人行天桥桥面净宽不宜小于 3m，人行地道通道净宽不宜小于 3.75m。

（2）人行天桥与地道每端梯道或坡道的净宽之和应大于桥面（地面）的 1.2 倍净宽以上，梯（坡）道的最小净宽为 1.8m。

（3）考虑兼顾自行车推车通过时，一条推车带宽按 1m 计，人行天桥或地道净宽按自行车流量计算增加通道净宽，梯（坡）道的最小净宽为 2m。

（4）考虑推自行车的梯道，应采用梯道带坡道的布置方式，一条坡道宽度不宜小于 0.4m，坡道位置视方便推车流向设置。

10.6.3 净高设计

1. 人行天桥

人行天桥桥下净高应符合下列规定：

（1）人行天桥桥下为机动车道时，最小净高为 4.5m，行驶电车时，最小净高为 5.0m。

（2）跨铁路的天桥，其桥下净高应符合现行国家标准《标准轨距铁路限界　第 2 部分：建筑限界》GB 146.2 的规定。

（3）人行天桥桥下为非机动车道时，最小净高为 3.5m，如有从道路两侧的建筑物内驶出的普通汽车需经桥下非机动车道通行时，其最小净高为 4.0m。

（4）人行天桥、梯道或坡道下面为人行道时，净高为 2.5m，最小净高为 2.3m。

(5) 考虑维修或改建道路可能提高路面标高时，其净高应适当提高。

人行天桥桥面净高应符合下列规定：

(1) 最小净高为 2.5m。

(2) 各级架空电缆与天桥、梯（坡）道面最小垂直距离应符合表 10-16 的规定。

人行天桥、梯道、坡道与各级电压电力线间最小垂直距离（m）　　表 10-16

地区	线路电压（kV）					
	配电线			送电线		
	1 以下	1～10	35	60～110	154～220	330
居民区	6.0	6.5	7.0	7.0	7.5	8.5
非居民区	5.0	5.5	6.0	6.0	6.5	7.5

2. 人行地道

人行地道的最小净高应符合下列规定：

(1) 地道通道的最小净高为 2.5m。

(2) 地道梯道踏步中间位置的最小垂直净高为 2.4m，坡道的最小垂直净高为 2.5m，极限为 2.2m。

10.7 道路绿化与景观

10.7.1 道路绿化

1. 道路绿化的意义和作用

道路绿化可缓解因道路施工、营运给沿线地区带来的各种影响，具有美化城市或道路沿线环境、提高道路交通安全和舒适性等功能，其主要作用如下：

(1) 改善道路景观

道路绿化反映着道路建设系统工程的水平，景观绿化能使本来生硬、单调的道路线形变得丰富多彩，创造出许多优美的景观（图 10-12）；能使裸露的挖方路堑、岩石边坡披上绿装，使新建道路对周围环境景观的负面影响降低；能使道路两侧的自然及人文景观资源与环境景观有机地结合并协调起来，使道路构造物（立交桥、服务区、收费站、管养站区）巧妙地融入周围的环境之中，给道路的使用者提供优美宜人、舒适和谐的行车环境。

(2) 吸尘防噪、净化空气

绿色植物体可通过光合作用过程吸收二氧化碳，放出氧气，使道路沿线的空气保持清新。同时植物的叶片还能吸收和阻滞在道路上行驶的车辆排放的尾气中所含的各种有害气体（如 CO、NO_x 等）、烟尘、飘尘及车辆产生的交通噪声，减轻并防治污染、净化和改善大气的环境质量。

图 10-12　道路绿化

（3）固土护坡及防止水土流失

植物体通过根系实现对土壤的固着作用，通过植物枝叶和地被植物的有关作用达到涵养水源的目的，同时能阻止或减少地表径流，降低和防止雨水冲刷路基、路堤、路堑、边沟、边坡，避免水土流失。

（4）视线诱导

道路绿化是司机和游客视野范围内的主要视觉对象，规整亮丽的树木花草，不仅可以给人以优美、舒适的感觉，而且可以提示公路线形的变化，使行驶于公路上的车辆能更安全（图 10-13）。

图 10-13　道路绿化起视线诱导的作用

（5）防眩光

在夜间，对向行驶的车辆之间会因车前灯的强光而造成眩目，给交通安全带来极大的隐患。在道路中央分隔带内种植具有一定高度和冠幅的花和灌木，能够有效地起到防眩遮光的作用，保障行车安全。

（6）降低路面温度

有关试验表明：夏季沥青混凝土路面，温度高达 40～50℃，比草地和林荫处高 1～14℃，绿地气温较非绿地气温一般低 3～5℃，通过景观绿化美化，可以降低路面温度，减轻路面材料的老化，延长道路使用寿命。

2. 道路绿化的设计原则

（1）保证行车安全

道路绿化应符合行车视线和行车净空要求，在视距三角形内和道路交叉口，弯道内侧规定的范围内种植的树木不应影响驾驶员的视线通透，应满足行车视距的要求；道路两侧的行道树不能侵入道路的建筑限界，也不得遮挡交通标志。

(2) 适地适树，保护古树名木

道路绿化应因地制宜，植物种植应适地适树，并符合植物间伴生的生态习性；不适宜绿化的土质，应改善土壤进行绿化；修建道路时，宜保留有价值的原有树木，对古树名木应予以保护。

(3) 乔木、灌木、地被植物相结合

道路绿化应以乔木为主，乔木、灌木、地被植物相结合，在符合植物生态习性的前提下，全面覆盖地面，不得裸露土壤，并创造层次丰富的道路景观。

(4) 道路绿化应与市政公用设施相协调

道路绿化与市政公用设施的相互位置应统筹安排，并保证树木有足够的离地条件与生长空间；道路绿地应根据需要配备灌溉设施；道路绿地的坡向、坡度应符合排水要求并与城市排水系统结合，防止绿地内积水和水土流失。

(5) 道路绿化应与沿线环境和景观协调

道路通过林地、果园时，除因影响视线、妨碍交通或砍伐后有利于获得视线景观外，应充分保留原有树木；道路通过草原和湿地时，应选择乡土物种绿化；道路绿化宜结合当地区域特征，分段栽种不同树种，应避免不同树种、不同高度、不同冠型与色彩频繁变化而产生视距景观的混乱；道路管理养护区、服务区、停车区和互通式立交等区域的绿化设计，应根据总体布局，结合当地自然景观和人文景观，与周围环境相协调。

3. 道路绿化的总体布局和设计

道路绿地率是指道路红线范围内各种绿化带宽度之和占总宽度的百分比。规划不同的道路红线宽度时，应确定相应的道路绿地率，一般园林景观路绿地率不小于40%，红线宽度大于50m的道路绿地率不小于30%，红线宽度在40～50m的道路绿地率不小于25%，红线宽度小于40m的道路绿地率不小于20%。

道路绿化一般指道路红线范围内的绿化，包括分车带绿化、行道树绿化和路侧绿化。分车带绿化是指车行道之间分隔带的绿化，包括位于上下行机动车道之间的中间分车带绿化，以及位于机动车道与非机动车道之间或同方向机动车道之间的两侧分车带绿化。行道树绿化是指布设在人行道与车行道之间，以种植行道树为主的绿化；路侧绿化是指布设在人行道边缘至道路红线之间的绿化。

道路绿化设计应综合考虑沿街建筑性质、环境、日照、通风等因素，分段种植。在同一路段内的树种、形态、高矮与色彩不宜变化过多，并做到整齐规则和谐一致。绿化布置应注意乔木与灌木、落叶与常绿、树木与花卉草皮相结合，色彩和谐，层次鲜明，四季景色不同。为解决中央隔离带植物养护难的问题，种植树木的中央隔离带的最小宽度不应小于1.5m；对窄隔离带上种植的植物，应选择便于养护的品种。

(1) 分车带绿化

分车带绿化的植物配置应形式简洁，树形整齐，排列一致，乔木树干中心至机动车道路缘石外侧距离不宜小于0.75m。中间分车绿带应阻挡相向行驶车辆的眩光，在距相邻机动车道路面高度0.6～1.5m之间的范围内，配置植物的树冠应常年枝叶茂密，其株距不得大于冠幅的5倍。两侧分车绿带宽度大于或等于1.5m时，应以种植乔木为主，并宜乔木、灌木、地被植物相结合，其两侧乔木树冠不宜在机动车道上方搭接。分车绿带宽度小于1.5m时，应以种植灌木为主，灌木、地被植物相结合。

(2) 行道树绿化

行道树绿化种植应以行道树为主，乔木、灌木、地被植物相结合，形成连续的绿带（图10-14）。在行人多的路段，行道树绿带不能连续种植时，行道树之间宜采用透气性路面铺装。树池上宜覆盖池箅子。行道树定种植株距，应以其树种壮年期冠幅为准，最小种植株距应为4m。行道树树干中心至路缘石外侧最小距离宜为0.75m。在道路交叉口视距三角形范围内，行道树绿带应采用通透式配置。

图10-14 中央分车带绿化与行道树

(3) 路侧带绿化

路侧带绿化应根据相邻用地性质、防护和景观要求进行设计，并应保持在路段内的连续与完整的景观效果。路侧绿带宽度大于8m时，可设计成开放式绿地。开放式绿地中，绿化用地面积不得小于该段绿带总面积的70%。濒临江、河、湖、海等水体的路侧绿地，应结合水面与岸线地形设计成滨水绿带。滨水绿带的绿化应在道路和水面之间留出透景线。

(4) 边坡绿化

对于不同坡度的边坡绿化，可采用不同的绿化方式，对于坡度缓于1∶1.5的坡面可种植小乔木或灌木，坡度缓于1∶3的坡面可种植中乔木，坡度缓于1∶4的坡面可种植大乔木。

当边坡较高时，对于挖方路基，人的可视范围基本上在一级平台上下，其上设置种植槽，栽植乔木、灌木可绿化平台，栽植垂藤植物可绿化下边坡，栽植攀缘植物可绿化上一级边坡；对于填方路基，边坡的一级平台栽植乔木，既可绿化边坡，又给驾乘人员以安全感，增加行车安全。

土质或以土质为主的边坡，宜用灌木、地被植物进行绿化；土路肩如需绿化，应选用草皮；对于挡墙、浆砌护坡、石质边坡等，通过在其下栽植攀缘植物或在其顶部栽植垂藤植物，经过一段时期后，可起到很好的美化效果（图 10-15）。

图 10-15　边坡绿化

10.7.2　道路景观

道路景观不同于单纯的造型艺术、观赏景观，为满足运输通行功能，它既具有自身的体态性能、组织结构，同时又包含一定的社会文化、地域、民族等含义，因此，道路景观既具有自然属性，又具有社会属性；既具有功能性、实用性，又具有观赏性、艺术性。

1. 设计内容

道路景观设计，是对道路用地范围内及用地范围外一定宽度和带状走廊里的自然景观与人文景观的保护、利用、开发、创造、设计与完善。其中对人文景观的保护、利用、开发、创造、设计与完善，包括路线线形、道路构造物（挡土墙、护坡、排水、涵洞、隧道、声屏障等）、建筑物、道路绿化、美化，道路设施、交通工程设施等风格形式、质感色彩、比例尺度、协调统一等方面内容。在不同路段、不同工程项目的景观保护、利用、规划设计中，不同的景观内容、处理手段、轻重与深度不尽相同。

2. 设计原则

(1) 以人为本的原则

道路的建设是为车辆和行人服务的，因此道路的规划、景观设计、各种服务设施的配置都要从人的角度出发，满足人的各种生理和心理需要。对于城市道路而言，更是如此，在城市社会中，人是构成城市社会的最基本单元，是城市发展的主体，城市道路景观设计要充分考虑他们的不同要求，反映不同观念，这样才能为广大市民提供最佳服务。

（2）尊重、继承和保护历史的原则

每个城市或地区都有各自独特的历史和文化积淀，这就决定了这些城市或地区的道路景观一定要采用能反映该城市或地区特有历史文化传承的建筑形式、空间尺度、色彩、符号等，这样才能与当地的城市居民的社会价值观吻合，产生文化认同感。因此，城市道路景观设计中应该充分尊重、继承和保护当地的历史文化传统，并融入现代城市文化和城市风貌，使道路景观形成时间上的连续性。

（3）整体性原则

城市道路景观设计要突出城市个性，但也要对城市中各个小环境的共性加以强化，有了这些共同的东西，才形成城市的整体特征和区别于其他城市的个性特征。例如，在道路空间尺度、两侧建筑物的体量组合及色调上对当地文化和历史的理解与表达求得统一；在色彩上，在道路的横断面设计和地面铺装形式上进行变化，既保证城市整体景观的统一，又保证城市道路变化的丰富多彩。同时，道路景观设计的整体性原则还体现在将一条道路作为整体去考虑，统一考虑道路两侧的建筑物、道路文化等。

（4）可持续发展原则

可持续发展的城市建设活动是可持续发展的一个重要组成部分。在城市道路环境的建设中也应坚持这一原则，这就要求在道路景观设计中尽量加强自然景观要素的运用，恢复和创造城市中的生态环境，改变现代城市中沥青、混凝土、玻璃、钢材等工业化材料的大量运用，让人尽量融入自然，与自然共生共存。

（5）经济性原则

道路景观环境构成要素包罗万象，应当把重点放在对公路沿线原有景观资源的保护、利用和开发上，以及道路本身和其沿线设施等人工景观与原有自然环境和社会环境的相融性方面。从经济、实用的原则出发，保护沿线的生态环境、自然和人文景观，并满足交通运输的需求。

3. 设计要点

（1）道路景观设计应合理组合路线的平、纵、横面，保证线形流畅、视野开阔；线位方案比选应将环境景观作为考虑要素。

1）在自然景观单一的路段，其线形设计宜以曲线为主，并保持连续；

2）平、竖曲线的线形几何要素宜均衡、协调；

3）深挖方路段宜对路堑与隧道方案的景观效果进行比选、论证；路线跨越山间谷底时，宜对高路堤与高架桥方案的景观效果进行比选、论证；

4）路线沿横坡较陡的山坡布设时，宜对分离式路基、半挖半填与纵向高架桥方案的景观效果进行比选、论证（图 10-16）。

（2）对公路沿线有景观价值的孤立大树、山丘或建筑等自然景观和人文景观应充分利用，服务区、停车区、观景台的设置宜利用公路沿线景观（图 10-17）。

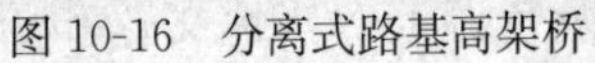

图 10-16　分离式路基高架桥

图 10-17　某道路绕行古树

（3）路基边坡宜以自然流畅的缓坡为主，边沟宜选择浅碟式。

（4）有特殊要求的道路，路面色彩和护栏、路缘石的色彩与形状等宜与沿线自然环境景观相协调。

（5）分离式立交、人行天桥等应根据所处的自然环境和人文环境设计，合理确定桥梁形式、色彩和材质以及各部位比例。

（6）有特殊要求的桥梁宜进行景观照明设计。

（7）声屏障应根据所处自然环境和人文环境的不同，通过色彩、材质和造型进行景观设计。

（8）隧道洞口设计应结合地形、地区的自然和人文特点，与周围环境相协调（图 10-18）；隧道洞内的照明、通风、标志等附属设施和洞壁内饰设计，应综合考虑景观效果。

图 10-18　广东梅河公路隧道洞门景观

（9）互通式立交区设计应从立交的选型、构造物及附属设施色彩、路基边坡坡面和立交区内绿化等方面综合考虑，宜利用原有自然植被，使立交与自然景观有机结合，并与原有地形、地貌和谐统一（图10-19）。

（10）公路服务区、停车区、管理区、观景台等沿线场区及建（构）筑物，应结合当地的人文环境确定建筑风格，并使建（构）筑物本身各部位比例协调，色彩、材质、形状等与周围自然环境相协调（图10-20）。

图10-19　北京菜户营立交桥

图10-20　贵州惠水服务区

（11）公路景观设计应注意防止视觉污染，其用地范围内设置的景观小品，应注意色彩、造型的协调，避免引起视觉混乱；当公路两侧有影响视觉的场所时，宜采取绿化或工程措施予以遮蔽或改善。

小结及学习指导

本章内容包括收费站广场的类型、特点及平面布置技术要求，服务区、停车区的几何布置及其范围内的主线线形指标要求，客运汽车停靠站的布置要求及其范围内的主线线形指标要求，公共停车场的分类及组成，机动车停车场的面积与规模，机动车与非机动车的停车方式及空间需求，城市公交站点的种类、布置方式及技术要求，人行天桥的设置条件及净空与净高设计要求，道路绿化的主要作用，道路景观的主要设计原则。

通过本章的学习，要求了解收费站广场的类型、特点及平面布置技术要求，了解服务区、停车区的几何布置及其范围内的主线线形指标要求，掌握客运汽车停靠站的布置及其范围内的主线线形指标要求，熟悉公共停车场的分类及组成，能根据机动车数量确定机动车停车场的面积与规模，掌握机动车与非机动车的停车方式及空间需求，熟悉城市公交站点的种类、布置方式及技术要求，了解人行天桥的设置条件及净空与净高设计要求，了解道路绿化的主要作用及道路景观的主要设计原则。

习题及思考题

10-1 收费站广场的类型有哪些？各自有哪些优缺点？

10-2 服务区、停车区几何布置通常包括哪些部分？各自的设计要求有哪些？

10-3 不同公路等级的客运汽车停靠站的布置要求有哪些区别？

10-4 道路公交站点的种类有哪些？各自有哪些设计要求？

10-5 公交站台的布置方式有哪些？各自的适用范围是什么？

10-6 机动车停车场的面积与规模如何确定？

10-7 机动车停车场的停车方式有哪些？各有什么特点？

10-8 非机动车停车场的停车方式有哪些？各有什么设计要求？

10-9 人行天桥与地道的净高与净宽设计有哪些要求？

10-10 道路绿化有何意义与作用？

10-11 道路景观设计的基本原则？

第10章真题解析

参考文献

[1] 中华人民共和国交通部. 公路工程基本建设项目设计文件编制办法［M］. 北京：人民交通出版社，2007.

[2] 中华人民共和国交通运输部. 公路项目安全性评价规范：JTG B05—2015［S］. 北京：人民交通出版社，2015.

[3] 国务院. "十三五"现代综合交通运输体系发展规划［EB/OL］. 2017-03-06［2018-03-31］. https://zizhan.mot.gov.cn/sj2019/caiwusjs/faguizd_css/201808/t20180824_3062370.html.

[4] 杨爱国.《公路交通"十二五"发展规划》解读［J］. 中国公路，2012，(9)：56-58.

[5] 徐佑林，洪文革. 日本高速公路给我们的启示［J］. 中国公路，2003，(5)：34-37.

[6] 第二次全国公路普查办公室. 第二次全国公路普查主要数据公布［J］. 中国公路，2002，5 (6)：14-17.

[7] 公安部道路交通安全研究中心，中国大城市道路交通发展研究报告［M］. 北京：中国建筑工业出版社，2015.

[8] 孔令斌. 新世纪前10年城市交通规划发展回顾［J］. 城市交通，2010，8 (2)：1-12.

[9] 中华人民共和国交通运输部. 公路工程技术标准：JTG B01—2014［S］. 北京：人民交通出版社，2014.

[10] 中华人民共和国交通运输部. 公路路线设计规范：JTG D20—2017［S］. 北京：人民交通出版社，2017.

[11] 中华人民共和国住房和城乡建设部. 城市道路工程设计规范：CJJ 37—2012 (2016年版)［S］. 北京：中国建筑工业出版社，2016.

[12] 中华人民共和国住房和城乡建设部. 城市道路路线设计规范：CJJ 193—2012［S］. 北京：中国建筑工业出版社，2012.

[13] 中华人民共和国住房和城乡建设部. 城市道路交叉口规划规范：GB 50647—2011［S］. 北京：中国计划出版社，2011.

[14] 中华人民共和国住房和城乡建设部. 城市道路交叉口设计规程：CJJ 152—2010［S］. 北京：中国建筑工业出版社，2010.

[15] 程国柱. 道路勘测设计［M］. 北京：中国建筑工业出版社，2015.

[16] 程国柱，吴立新. 道路与桥梁设计概论［M］. 北京：人民交通出版社，2013.

[17] 程国柱. 道路线形设计［M］. 北京：知识产权出版社，2014.

[18] 王宏元，钟小明，贾震，等.《公路项目安全性评价规范》释义手册. 北京：人民交通出版社，2016.

[19] 杨少伟. 道路勘测设计［M］. 3版. 北京：人民交通出版社，2012.

[20] 郭忠印. 道路安全工程［M］. 北京：人民交通出版社，2012.

[21] 余志生. 汽车理论［M］. 北京：机械工业出版社，2013.

[22] 尤晓暐. 现代道路勘测设计 [M]. 北京：北京交通大学出版社，清华大学出版社，2016.
[23] 裴玉龙. 道路勘测设计 [M]. 哈尔滨：哈尔滨工业大学出版社，2009.
[24] 许金良，等. 道路勘测设计 [M]. 北京：人民交通出版社，2016.
[25] 杨少伟. 道路勘测设计 [M]. 北京：人民交通出版社，2009.
[26] 胡长龙，等. 道路景观规划与设计 [M]. 北京：机械工业出版社，2012.
[27] 王珂，夏健，杨新海. 城市广场设计 [M]. 南京：东南大学出版社，1999.
[28] 文增寿. 广场设计 [M]. 大连：辽宁美术出版社，2014.
[29] 中华人民共和国住房和城乡建设部. 城市综合交通体系规划标准：GB/T 51328—2018 [S]. 北京：中国建筑工业出版社，2018.
[30] 中华人民共和国住房和城乡建设部. 无障碍设计规范：GB 50763—2012 [S]. 北京：中国建筑工业出版社，2012.
[31] 郑宏. 广场设计 [M]. 北京：中国林业出版社，2000.
[32] 中华人民共和国建设部. 城市道路绿化规划与设计规范：CJJ 75—97 [S]. 北京：建设部标准定额研究所，1997.
[33] 中华人民共和国住房和城乡建设部. 城市停车规划规范：GB/T 51149—2016 [S]. 北京：中国建筑工业出版社，2016.
[34] 关宏志，刘小明. 停车场规划设计与管理 [M]. 北京：人民交通出版社，2003.
[35] 韩相春. 道路交通景观设计 [M]. 哈尔滨：东北林业大学出版社，2005.
[36] 中华人民共和国交通运输部. 公路环境保护设计规范：JTG B04—2010 [S]. 北京：人民交通出版社，2010.
[37] 王文卿. 城市汽车停车场（库）设计手册 [M]. 北京：中国建筑工业出版社，2002.
[38] 中华人民共和国住房和城乡建设部. 城市道路照明设计标准：CJJ 45—2015 [S]. 北京：中国建筑工业出版社，2015.
[39] 汪建平，邓云塘，钱公权. 道路照明 [M]. 上海：复旦大学出版社，2005.
[40] 中华人民共和国住房和城乡建设部. 车库建筑设计规范：JGJ 100—2015 [S]. 北京：中国建筑工业出版社，2015.
[41] 中华人民共和国交通部. 公路建设项目环境影响评价规范：JTG B03—2006 [S]. 北京：人民交通出版社，2006.
[42] 中华人民共和国住房和城乡建设部. 快速公共汽车交通系统设计规范：CJJ 136—2010 [S]. 北京：中国建筑工业出版社，2010.
[43] 中华人民共和国住房和城乡建设部. 城市道路公共交通站、场、厂工程设计规范：CJJ/T 15—2011 [S]. 北京：中国建筑工业出版社，2010.
[44] 刘朝晖，秦仁杰，等. 公路环境与景观设计 [M]. 北京：人民交通出版社，2003.
[45] 中华人民共和国住房和城乡建设部. 2016 年城市建设统计年鉴 [M]. 北京：中国统计出版社，2017.

高等学校土木工程学科专业指导委员会规划教材
(按高等学校土木工程本科指导性专业规范编写)

征订号	书名	作者	定价
V40569	高等学校土木工程本科专业指南	教育部高等学校土木工程专业教学指导分委员会	30.00
V39805	土木工程概论(第二版)(赠教师课件)	周新刚　等	48.00
V40950	土木工程制图(第三版)(含习题集、赠教师课件)	何培斌	128.00
V35996	土木工程测量(第二版)(赠教师课件)	王国辉	75.00
V34199	土木工程材料(第二版)(赠教师课件)	白宪臣	42.00
V20689	土木工程试验(含光盘)	宋彧	32.00
V35121	理论力学(第二版)	温建明	58.00
V23007	理论力学学习指导(赠课件素材)	温建明 韦林	22.00
V38861	材料力学(第二版)(赠教师课件)	曲淑英	58.00
V39895	结构力学(第三版)(赠教师课件)	祁皑　等	68.00
V31667	结构力学学习指导	祁皑	44.00
V36995	流体力学(第二版)(赠教师课件)	吴玮 张维佳	48.00
V23002	土力学(赠教师课件)	王成华	39.00
V22611	基础工程(赠教师课件)	张四平	45.00
V22992	工程地质(赠教师课件)	王桂林	35.00
V22183	工程荷载与可靠度设计原理(赠教师课件)	白国良	28.00
V23001	混凝土结构基本原理(赠教师课件)	朱彦鹏	45.00
V39655	钢结构基本原理(第三版)(赠教师课件)	何若全	45.00
V20827	土木工程施工技术(赠教师课件)	李慧民	35.00
V39483	土木工程施工组织(第二版)(赠教师课件)	赵平	38.00
V34082	建设工程项目管理(第二版)(赠教师课件)	臧秀平	48.00
V39520	建设工程法规(第三版)(赠教师课件,含题库)	李永福　孙晓冰	52.00
V37807	建设工程经济(第二版)(赠教师课件)	刘亚臣	45.00
V26784	混凝土结构设计(建筑工程专业方向适用)	金伟良	25.00
V26758	混凝土结构设计示例	金伟良	18.00
V26977	建筑结构抗震设计(建筑工程专业方向适用)	李宏男	38.00
V29079	建筑工程施工(建筑工程专业方向适用)(赠教师课件)	李建峰	58.00
V29056	钢结构设计(建筑工程专业方向适用)(赠教师课件)	于安林	33.00

续表

征订号	书名	作者	定价
V25577	砌体结构(建筑工程专业方向适用)(赠教师课件)	杨伟军	28.00
V25635	建筑工程造价(建筑工程专业方向适用)(赠教师课件)	徐蓉	38.00
V30554	高层建筑结构设计(建筑工程专业方向适用)(赠教师课件)	赵鸣 李国强	32.00
V25734	地下结构设计(地下工程专业方向适用)(赠教师课件)	许明	39.00
V27221	地下工程施工技术(地下工程专业方向适用)(赠教师课件)	许建聪	30.00
V27594	边坡工程(地下工程专业方向适用)(赠教师课件)	沈明荣	28.00
V35994	桥梁工程(赠教师课件)	李传习	128.00
V41238	道路勘测设计(道路与桥梁工程专业方向适用)(第二版) (赠教师课件和数字资源)	张蕊	72.00
V25562	路基路面工程(道路与桥工程专业方向适用)(赠教师课件)	黄晓明	66.00
V28552	道路桥梁工程概预算(道路与桥工程专业方向适用)	刘伟军	20.00
V26097	铁路车站(铁道工程专业方向适用)	魏庆朝	48.00
V27950	线路设计(铁道工程专业方向适用)(赠教师课件)	易思蓉	42.00
V35604	路基工程(铁道工程专业方向适用)(赠教师课件)	刘建坤 岳祖润	48.00
V30798	隧道工程(铁道工程专业方向适用)(赠教师课件)	宋玉香 刘勇	42.00
V31846	轨道结构(铁道工程专业方向适用)(赠教师课件)	高亮	44.00

注：本套教材均被评为《住房和城乡建设部“十四五”规划教材》。